REGULAÇÃO NO BRASIL
Uma visão multidisciplinar

CB055226

REGULAÇÃO NO BRASIL
Uma visão multidisciplinar

Organizador
SÉRGIO GUERRA

Copyright © Sérgio Guerra

Direitos desta edição reservados à
EDITORA FGV
Rua Jornalista Orlando Dantas, 37
22231-010 | Rio de Janeiro, RJ | Brasil
Tels.: 0800-021-7777 | 21-3799-4427
Fax: 21-3799-4430
editora@fgv.br | pedidoseditora@fgv.br
www.fgv.br/editora

Impresso no Brasil | *Printed in Brazil*

Os conceitos emitidos neste livro são de inteira responsabilidade dos autores.

1ª edição – 2014 (1ª reimpressão – 2014)

Preparação de originais: Sandra Frank
Diagramação: Cristiana Ribas
Revisão: Fernanda Mello
Projeto gráfico de capa: 2abad | inspirado no painel de azulejos da Fundação Getulio Vargas,
    Rio de Janeiro (RJ), criado por Athos Bulcão em 1962

Ficha catalográfica elaborada pela
Biblioteca Mario Henrique Simonsen

Regulação no Brasil : uma visão multidisciplinar / Org. Sérgio Guerra. – Rio de
Janeiro : Editora FGV, 2014.

    432 p.
    Inclui bibliografia.
    ISBN: 978-85-225-1339-0

    1. Poder regulamentar. 2. Agências reguladoras de atividades privadas. I. Guerra,
Sérgio, 1964- II. Fundação Getulio Vargas.

CDD – 341.3221

Sumário

Prefácio   7
Carlos Ivan Simonsen Leal

Notas do organizador   11
Sérgio Guerra

Autores   17

Introdução   25

Capítulo 1. **Regulação do sistema de educação**   31
Antonio Freitas
Ana Tereza Spinola

Capítulo 2. **Regulação e administração pública**   57
Alketa Peci

Capítulo 3. **Regulação financeira no Brasil**   81
Antônio José Maristrello Porto

Capítulo 4. **Direito público e regulação no Brasil**   111
Carlos Ari Sundfeld

Capítulo 5. **Responsabilidade civil dos provedores de internet:
uma década à procura de regulação**   143
Carlos Affonso Pereira de Souza

Capítulo 6. **A regulação da concorrência**   171
Carlos Emmanuel Joppert Ragazzo

Capítulo 7. **O desafio da universalização de telecomunicações:**
um balanço após 15 anos de LGT   203
Caio Mario da Silva Pereira Neto
Mateus Piva Adami

Capítulo 8. **Regulação do setor elétrico no Brasil**   241
Joísa Campanher Dutra

Capítulo 9. **Regulação e aspectos institucionais brasileiros**   261
Luiz Guilherme Schymura

Capítulo 10. **Desafios da regulação de telecomunicações no Brasil**   275
Paulo Todescan Lessa Mattos

Capítulo 11. **Regulação da atividade de petróleo**
e do gás natural no Brasil   299
Patrícia Regina Pinheiro Sampaio

Capítulo 12. **Regulação ambiental**   321
Rômulo Silveira da Rocha Sampaio

Capítulo 13. **A gestão coletiva dos direitos autorais no Brasil:**
a regulação do Ecad e sua reforma   349
Ronaldo Lemos

Capítulo 14. **Regulação estatal sob a ótica da organização**
administrativa brasileira   373
Sérgio Guerra

Capítulo 15. **Regulação econômica e direito penal econômico:**
eficácia e desencontro no crime de evasão de divisas   397
Thiago Bottino

Prefácio

Carlos Ivan Simonsen Leal*

Muito se discute a respeito da regulação estatal, mas pouco se reflete efetivamente sobre o que ela é, como se desenvolve e os diferentes impactos que exerce nas atividades econômicas e administrativas no Brasil.

O fato é que, para o observador mais atento e qualificado, não é difícil encontrar as práticas regulatórias nas diversas relações sociais e políticas. Seja num contexto amplo de relações comerciais internacionais ou num contexto mais restrito de contratação de um serviço de telefonia móvel, o desenvolvimento da regulação é algo presente. Mas por que isso acontece? Como isso se desenvolve efetivamente? Quais são os grandes vetores setoriais da regulação no Brasil?

O presente livro, coordenado pelo professor Sérgio Guerra, contendo textos de professores da Fundação Getulio Vargas, busca justamente apresentar a complexidade do cenário regulatório brasileiro, seus pressupostos e, de uma maneira didática, discutir a regulação em diversas dimensões dos sistemas econômico e social. Seja no ensino, nas telecomunicações ou na estrutura do Estado brasileiro, a regulação se apresenta como algo cada vez mais presente, e o debate sobre ela ainda é muito tímido e pouco inovador. Em regra, os debates sobre regulação têm esvaziado o sentido do termo, especialmente quando o associam a uma escolha racional do

---

* Presidente da Fundação Getulio Vargas (FGV).

legislador frente às transformações do cenário político e econômico atual. A regulação é muito maior do que isso e possui uma forte relação com a interação entre Estado e sociedade, de um lado, e com a configuração política dos atores sociais e econômicos no país.

Não é por acaso que são observadas práticas regulatórias tanto no direito público, comumente associado à figura do Estado, quanto no direito privado, geralmente associado às atividades empresariais. Indo além, as práticas regulatórias se expandem para diversas dimensões da vida em sociedade e, então, extrapolam a própria dicotomia entre público e privado. Trata-se de um novo paradigma, isto é, uma nova forma de conceber o mundo e as relações concretas que nele são desenvolvidas, inclusive no campo do direito.

Este livro materializa uma contribuição genuína às discussões sobre regulação no Brasil. Tomando como referencial as diversas áreas em que as práticas regulatórias se desenvolvem – tais como internet, crime, administração pública, energia elétrica etc. –, o livro busca apresentar ao leitor um panorama sofisticado e denso sobre o tema.

A primeira contribuição do livro é dos professores Antonio Freitas e Ana Tereza Spinola, que buscam analisar a regulação do sistema de educação brasileiro. Os autores apresentam o processo de regulação e supervisão do Estado sobre o sistema educacional brasileiro, com foco especial na educação superior.

Alketa Peci, por sua vez, busca analisar as transformações da administração pública e a influência da regulação. Para tal, analisa algumas contribuições dos estudos em administração pública para a área de regulação, destacando-se a governança como o novo *modus operandi* da administração pública.

Antônio José Maristrello Porto dedica especial esforço à análise da regulação financeira no Brasil, em especial discussão sobre o conceito e fundamentos, com destaque para o sistema financeiro nacional no Brasil.

Carlos Ari Sundfeld resgata, do ponto de vista do direito administrativo, uma discussão sobre os desafios do direito público no contexto regulatório. O autor apresenta os lineamentos gerais do debate jurídico

Prefácio

sobre regulação administrativa no Brasil, além de fazer uma breve avaliação do movimento legislativo em torno da concessão.

O professor Carlos Affonso Pereira de Souza oferece uma análise sobre a responsabilidade civil dos provedores de internet e o desafio da regulação no setor. O autor debate as formas de responsabilização civil dos provedores na internet pelas condutas de seus usuários em diversas situações, além das diversas tentativas de regulação da internet no Brasil.

Carlos Emmanuel Joppert Ragazzo dedica seu texto à discussão sobre a regulação da concorrência no Brasil. Busca analisar o que, exatamente, uma autoridade de defesa da concorrência faz do ponto de vista empírico e teórico. Além disso, analisa como se desenvolve a política de defesa da concorrência em relação a outras políticas de intervenção estatal.

Os autores Caio Mario da Silva Pereira Neto e Mateus Piva Adami analisam o desafio da universalização de telecomunicações no Brasil e realizam um balanço dos 15 anos de Lei Geral de Telecomunicações, sob o pressuposto de que o modelo atual de universalização tem-se distanciado das diretrizes legais, o que enseja diversos desafios regulatórios.

Joísa Campanher Dutra se debruça sobre a regulação do setor elétrico no Brasil. Para tanto, a autora analisa a evolução recente da economia brasileira, que se caracteriza por uma nova posição do país no cenário internacional, evidenciando as mudanças no arcabouço legal e regulatório e apontando desafios na política de desenvolvimento da indústria brasileira.

Luiz Guilherme Schymura analisa a regulação sob a lógica dos aspectos institucionais brasileiros. Parte do pressuposto de que o exercício do papel regulador pelo Estado se torna um desafio normativo, já que se baseia no conceito de bem-estar coletivo, de difícil mensuração. Portanto, torna-se difícil a apresentação de indicadores quantitativos que orientem a política pública.

Paulo Todescan Lessa Mattos discute os desafios da regulação de telecomunicações no Brasil, com foco especial na Agência Nacional de Telecomunicações (Anatel), buscando discutir quais seriam os possíveis desenhos jurídico-institucionais para sua adoção no marco regulatório brasileiro.

Patrícia Regina Pinheiro Sampaio analisa a regulação da atividade de petróleo e do gás natural no Brasil, com o objetivo de oferecer um breve panorama do setor e fazer uma análise do atual arcabouço regulatório. Especial destaque é dado ao regime jurídico das concessões industriais, às novidades trazidas pelo marco regulatório do pré-sal e à disciplina do transporte de gás natural.

Rômulo Silveira da Rocha Sampaio apresenta uma análise minuciosa sobre a regulação ambiental no Brasil, partindo da premissa de que órgãos e autarquias exercem funções típicas de regulação em matéria ambiental, possuindo restrito espaço para fazerem política pública, sempre dentro do escopo e em observância ao instrumento legislativo que os institui.

Em relação aos direitos autorais, Ronaldo Lemos analisa a gestão coletiva destes direitos considerando a regulação do Escritório Central de Arrecadação e Distribuição (Ecad). Busca-se analisar as ilegalidades praticadas no âmbito do Ecad e das sociedades que o compõem, o que levou ao indiciamento de 15 dos seus membros e investigação no Congresso Nacional.

Sérgio Guerra oferece uma interessante análise a respeito da regulação estatal pela ótica da organização administrativa brasileira. O texto busca analisar as transformações do Estado brasileiro nas últimas três décadas, com especial destaque para a atuação executiva estatal por meio da função regulatória na Constituição de 1988. Parte-se da premissa de que o Brasil é um Estado regulador do ponto de vista organizacional, sendo necessário discutir, à luz do sistema jurídico, qual deve ser o fundamento da regulação exercida pelo Estado.

Por fim, Thiago Bottino discute a regulação no direito penal econômico, com foco no crime de evasão de divisas. O texto apresenta uma solução jurídica que compatibiliza os planos da realidade e da legalidade no que tange ao crime de evasão de divisas.

Como se pode facilmente observar, com a combinação dos diversos professores das diferentes escolas e unidades da FGV, chegou-se a um livro de qualidade, com destaque, e que se propõe a conduzir de maneira inovadora os debates sobre regulação no Brasil.

Rio de Janeiro, 5 de novembro de 2012

Notas do organizador

Sérgio Guerra*

À luz do texto constitucional de 1988 podem-se identificar inúmeras formas de atuação do Estado que orientam as escolhas políticas em diversas atuações. O Estado intervém quando proíbe, por meio de lei, a exploração de atividade econômica. Também adota uma forma de ação governamental quando cria um monopólio para a exploração de atividade econômica.

Constitui mecanismo de intervenção do Estado reservar algumas atividades econômicas como sendo serviços públicos e de interesse econômico geral, portanto, executados pelos particulares por meio de concessão, permissão ou autorização (telecomunicações, por exemplo).

A presença do Estado é marcante quando atua na qualidade de agente econômico de forma direta, como nos casos de empresas estatais prestadoras de serviços públicos. A atuação no exercício de atividades determinadas, como o sistema financeiro, é forma de intervenção estatal. Também está o Estado atuando quando disciplina normativamente o exercício de atividades econômicas. Outra forma de gestão pública é a delegação de funções de autorregulação, como ocorre nos conselhos profissionais.

Ao atuar como contratante de bens e serviços, o Estado intervém na economia e fomenta determinados setores. Incentivando ou induzindo a

---

* Professor titular da FGV Direito Rio.

atuação dos agentes econômicos privados ou quando exerce o poder de polícia sobre atividades econômicas, o Estado está exercendo algumas de suas funções. Do ponto de vista ambiental, pode-se inferir, trata-se também de mecanismo estatal de intervenção quando disciplina o exercício de atividades gerais. Parece-nos que essas atividades estatais, que antes mais se enquadravam nas funções clássicas de intervenção direta, fomento, poder de polícia e serviço público, hoje melhor se enquadram, em parte, no conceito aberto de regulação administrativa.

Diante da tecnicidade, a regulação desponta como uma nova categoria que pretende ser suficientemente aberta para remeter o intérprete do direito e de outros sistemas a um tipo de função dotada de riqueza e dinamismo sensivelmente maiores do que a mera intervenção legal ou regulamentar. Em vista da permeação de dados da realidade no direito, notadamente pelas novas relações sociais, econômicas, científicas e, especialmente, tecnológicas, a filtragem dos novos ramos do conhecimento para a adequação da tecnologia jurídica tem-se tornado cada vez mais problemática. Podemos identificar esse aspecto nos diversos capítulos deste livro.

As atuais escolhas administrativas remetem à regulação de diversos subsistemas (e não mais à simples intervenção direta, fomento, exercício do poder de polícia ou serviço público) de atividades privadas, permeados pelo sistema social. A categoria "regulação administrativa" se apresenta como uma nova etapa, uma real evolução do processo de mutação da escolha estatal que supera a base clássica estruturada sob o binômio "oportunidade e conveniência".

Nas lúcidas palavras do professor Carlos Ivan Simonsen Leal no prefácio a esta obra: "Trata-se de um novo paradigma, isto é, uma nova forma de conceber o mundo e as relações concretas que nele são desenvolvidas, inclusive no campo do direito". Parece-nos que a regulação está mais próxima da linha do pensamento autopoiético, em que situações reais se deparam com uma clausura autorreferencial dos subsistemas, mas que, ao mesmo tempo, permite brotar, de forma cíclica, a produção de encaminhamentos decorrentes dessas próprias condições originárias de produção interna com os outros subsistemas.

Notas do organizador

O regulador deve deixar de fazer suas escolhas com base exclusivamente em sua ótica, naquilo que reputa ser conveniente e oportuno, de difícil – se não impossível – compreensão e sindicabilidade por terceiros, para encarar o caso concreto de modo sistemático e transparente, numa interpretação que deve ser analítica e empírica.

A regulação estatal pode se materializar por diversas formas. Adotar ou não regulação estatal descentralizada é, portanto, uma questão de escolha política, governamental. Atualmente, podemos identificar seis mecanismos estatais (espécies) para operacionalizar a regulação estatal (gênero).

O primeiro é a regulação direta, exercida por ministérios e secretarias. Exemplo dessa regulação direta está nos serviços postais. Recentemente, o Ministério das Comunicações editou portaria acerca de indicadores e universalização dos serviços prestados pela Empresa Brasileira de Correios e Telégrafos.

Um segundo modelo de regulação estatal está associado às autarquias comuns, como o Ibama, que regula as atividades potencialmente poluidoras do meio ambiente no âmbito federal. Essas autarquias são vinculadas (e não subordinadas) aos ministérios, porém seus membros dirigentes são indicados pelos ministros e, a qualquer hora, podem ser destituídos (não gozam de real autonomia frente ao poder central).

Um terceiro modelo de regulação estatal é exercido por agências executivas. Atualmente, só existe uma no Brasil: o Inmetro. Essa autarquia promove a regulação com ligeira autonomia frente às autarquias comuns. Isso significa que seus dirigentes também podem deixar, a critério exclusivo da chefia do Poder Executivo, seus cargos em comissão.

Identificamos um quarto modelo: as entidades reguladoras denominadas "autarquias especiais". Nessa categoria há as agências reguladoras, a CVM e o Cade. Tais entidades não são subordinadas ao poder público central; possuem órgãos de direção colegiados em que cada diretor recebe um mandato. Detêm autonomia administrativa, financeira e independência decisória (última palavra no setor regulado).

Em quinto lugar, podemos identificar os conselhos profissionais (Creci, CRM etc.) como espécie de regulador estatal por promoverem a autorregulação das profissões regulamentadas.

Em sexto lugar, apontamos a autorregulação exercida pela Ordem dos Advogados do Brasil, como entidade *sui generis*, conforme já decidiu o Supremo Tribunal Federal.

Diante dessa grande complexidade que vem caracterizando a atuação estatal nos mais variados subsistemas (organizacional, econômico, social, educacional, telecomunicações, petróleo, gás, energia elétrica etc.), surgiu a ideia de reunir artigos acerca da regulação estatal brasileira por enfoques diversos.

É nesse cenário que trazemos à comunidade técnica e acadêmica as contribuições doutrinárias de um grupo de professores doutores da Fundação Getulio Vargas, com *expertise* na regulação dos diversos subsistemas a que me referi. Visam contribuir para a elevação dos debates sobre os limites de atuação estatal sobre atividades econômicas e sociais, para o aprimoramento de organismos públicos municipais, estaduais e federais, bem como consolidar o conhecimento das dinâmicas e práticas dos mercados regulados.

A conclusão desta obra é fruto da generosidade dos seus coautores, professores Ana Tereza Spinola, Alketa Peci, Antonio de Araújo Freitas Júnior, Antônio José Maristrello Porto, Carlos Ari Sundfeld, Carlos Affonso Pereira de Souza, Carlos Emmanuel Joppert Ragazzo, Caio Mario da Silva Pereira Neto, Joísa Campanher Dutra, Luiz Guilherme Schymura, Mateus Piva Adami, Paulo Todescan Lessa Mattos, Patrícia Regina Pinheiro Sampaio, Rômulo Silveira da Rocha Sampaio, Ronaldo Lemos e Thiago Bottino. Gentilmente, apresentaram seus textos seguindo o tempo e o padrão estabelecidos.

São enfrentados, de forma objetiva, temas atuais, modernos e de excelência, fazendo deste livro uma contribuição que se propõe a ser uma consolidação das ações regulatórias do Estado brasileiro nas mais variadas áreas e setores (subsistemas). Visa ser uma base atual de consulta para professores, estudantes e profissionais que atuam nos setores regulados aqui abordados.

Notas do organizador

Agradecemos a todos que colaboraram e, com o destaque que merece, registramos especial agradecimento ao professor doutor Carlos Ivan Simonsen Leal, presidente da Fundação Getulio Vargas, que não só estimulou a realização da presente obra, mas, generosamente, a prefaciou; à diretora da Editora FGV, professora doutora Marieta de Moraes Ferreira, que compreendeu a importância e o espírito científico desta obra, tornando-a realidade em curto espaço de tempo, e ao professor doutor Felipe Asensi, coordenador de publicações da FGV Direito Rio, pela condução dos trabalhos de apoio na organização dos textos.

Rio de Janeiro, janeiro de 2013

Autores

Organizador

Sérgio Guerra

Pós-doutor em administração pública pela Escola Brasileira de Administração Pública e de Empresas (Ebape/FGV). Doutor e mestre em direito. Professor titular de direito administrativo da Escola de Direito do Rio de Janeiro da Fundação Getulio Vargas (FGV Direito Rio). Editor da *Revista de Direito Administrativo (RDA)*.

Colaboradores

Alketa Peci

Professora da Escola Brasileira de Administração Pública e de Empresas (Ebape/FGV). Pesquisadora do CNPq e do programa Cientista do Nosso Estado (Faperj). Foi pesquisadora visitante da George Washington University (EUA). Atua na coordenação acadêmica do curso de mestrado em administração pública da Ebape e em projetos de consultoria e pesquisa para o Tribunal de Contas da União, a Casa Civil da Presidência da República, o Ministério da Defesa e governos estaduais. Sua experiência inclui ensino, pesquisas e consultorias nas áreas de teoria das organizações, administração pública, regulação e reformas administrativas.

Ana Tereza Spinola

Coordenadora executiva da Pró-Reitoria de Ensino, Pesquisa e Pós--graduação da Fundação Getulio Vargas (FGV). Coordenadora da Diretoria de Integração Acadêmica da FGV. Trabalhou na área de gestão acadêmica, sendo coordenadora de ensino em IES (1992-2003). Mestre em administração pela FGV/RJ. Pós-graduada em finanças pela Pontifícia Universidade Católica do Rio de Janeiro (PUC-Rio). Professora desde 1987, atualmente leciona a disciplina de Negociação na Escola de Direito do Rio de Janeiro da Fundação Getulio Vargas (FGV Direito Rio) e nos cursos de pós-graduação da FGV Management.

Antonio Freitas

Pró-reitor de ensino, pesquisa e pós-graduação da Fundação Getulio Vargas (FGV). Diretor de Integração Acadêmica da FGV. Coordenador e pesquisador da FGV do Núcleo de Estudos em Gestão, Qualidade e Competitividade no Ensino Superior, com diversos artigos publicados. Membro da Academia Brasileira de Educação (ABE). Diretor técnico da Sociedade Nacional de Agricultura (SNA). Ex-conselheiro do Conselho Nacional de Educação (CNE), na Câmara de Ensino Superior. Ex-diretor executivo do Instituto de Desenvolvimento Educacional (IDE) da FGV, responsável pela Central de Qualidade e pelo Programa de Certificação. Presidente do Consejo Latinoamericano de Escuela de Administración (Cladea). Ex-presidente da Associação Nacional dos Cursos de Graduação em Administração (Angrad). Ex-diretor da Associação Nacional de Programas de Pós-graduação em Administração (Anpad). Conselheiro da Fundação de Apoio à Escola Técnica do Rio de Janeiro (Faetec). Mestre em engenharia de produção pela Universidade Federal do Rio de Janeiro (1976). PhD pela North Carolina State University (1982). Doutor em engenharia industrial pela Syracuse University (1980). Pós-doutor pela University of Michigan (1990).

Antônio José Maristrello Porto

Professor da Escola de Direito do Rio de Janeiro da Fundação Getulio Vargas (FGV Direito Rio) e coordenador do Centro de Pesquisa em Direito e Economia (CPDE). Doutor e LL.M. em direito pela Universidade de Illinois. Bacharel em direito pela Fundação de Ensino Octávio Bastos.

Carlos Ari Sundfeld

Professor fundador da Escola de Direito de São Paulo da Fundação Getulio Vargas (Direito GV). Presidente da Sociedade Brasileira de Direito Público (SBDP). Doutor e mestre em direito pela Pontifícia Universidade Católica de São Paulo (PUC-SP).

Carlos Affonso Pereira de Souza

Doutor e mestre em direito civil pela Universidade do Estado do Rio de Janeiro (Uerj). Bacharel pela Pontifícia Universidade Católica do Rio de Janeiro (PUC-Rio). Vice-coordenador adjunto do Centro de Tecnologia e Sociedade (CTS) da Escola de Direito do Rio de Janeiro da Fundação Getulio Vargas (FGV Direito Rio). Membro da Comissão de Direito Autoral da Ordem dos Advogados do Brasil (OAB/RJ).

Carlos Emmanuel Joppert Ragazzo

Mestre e doutor em direito pela Universidade do Estado do Rio de Janeiro (Uerj). LL.M. pela New York University (NYU). Membro da New York Bar Association. Ex-conselheiro e atual superintendente geral do Conselho Administrativo e Defesa Econômica (Cade). Gestor governamental (EPPGG). Professor adjunto da Escola de Direito do Rio de Janeiro da Fundação Getulio Vargas (FGV Direito Rio).

Caio Mario da Silva Pereira Neto

Mestre (LL.M) e doutor (JSD) em direito pela Universidade de Yale, professor de direito econômico da Escola de Direito de São Paulo da Fundação Getulio Vargas (Direito GV) e colaborador nos cursos do GVLaw e da Sociedade Brasileira de Direito Publico (SBDP). *Afilliated fellow* do Information Society Project da Yale Law School. Advogado especialista nas áreas de antitruste, direito público e regulação.

Joísa Campanher Dutra

Doutora em economia pela Escola de Pós-Graduação em Economia (EPGE/FGV). Foi diretora da Agência Nacional de Energia Elétrica (2005-2009). Em 2010, foi *visiting scholar* na Harvard Kennedy School of Government, Harvard University. É professora da Fundação Getulio Vargas (FGV) e coordenadora do Centro de Regulação da FGV. Tem experiência na área de economia, com ênfase em leilões, atuando principalmente nos seguintes temas: economia da regulação, economia de energia, economia experimental e economia de contratos.

Autores

Luiz Guilherme Schymura

Doutor em economia pela Escola de Pós-Graduação em Economia (EPGE/FGV), com pós-doutorado em economia na The Warton School The University of Pensylvania. De 2002 a 2004 foi presidente da Agência Nacional de Telecomunicações (Anatel) e desde 2004 é diretor do Instituto Brasileiro de Economia (Ibre/FGV).

Mateus Piva Adami

Mestre em direito do Estado pela Universidade de São Paulo (USP). Advogado especialista nas áreas de direito público e regulação em São Paulo.

Paulo Todescan Lessa Mattos

Doutor em direito pela Universidade de São Paulo (USP), professor de direito econômico da Fundação Getulio Vargas no Rio de Janeiro, pesquisador permanente do Centro Brasileiro de Análise e Planejamento (Cebrap). Foi *Fulbright visiting scholar* na Yale Law School. Foi diretor vice-presidente de regulamentação, *wholesale* e estratégia de negócios de empresa de telecomunicações e exerceu função de superintendente do Banco Nacional de Desenvolvimento Econômico e Social (BNDES). Atualmente é diretor de investimentos em infraestrutura de empresa gestora de fundos de investimentos.

Patrícia Regina Pinheiro Sampaio

Professora da Escola de Direito do Rio de Janeiro da Fundação Getulio Vargas (FGV Direito Rio) e pesquisadora do Centro de Pesquisa em Direito e Economia (CPDE/FGV Direito Rio). Doutora e mestre pela Faculdade de Direito da Universidade de São Paulo (USP).

Rômulo Silveira da Rocha Sampaio

Doutor e mestre (LL.M) em direito ambiental pela Pace University School of Law (Nova York, EUA). Mestre em direito econômico e social pela Pontifícia Universidade Católica do Paraná (PUCPR). Coordenador do Programa de Direito e Meio Ambiente (PDMA) e professor pesquisador Escola de Direito do Rio de Janeiro da Fundação Getulio Vargas (FGV Direito Rio). Professor visitante da Pace University School of Law e da Georgia State University College of Law (Atlanta, EUA).

Ronaldo Lemos

Fundador e coordenador do Centro de Tecnologia e Sociedade (CTS) da Escola de Direito do Rio de Janeiro da Fundação Getulio Vargas (FGV Direito Rio). É professor titular da mesma instituição. É mestre em direito pela Universidade de Harvard e doutor em direito pela Universidade de São Paulo (USP). Foi professor visitante nas universidades de Oxford (2005) e Princeton (2011). É um dos membros do Conselho de Comunicação Social, criado pela Constituição Federal, com sede no Senado.

Sérgio Guerra

Pós-Doutor em administração pública pela Escola Brasileira de Administração Pública e de Empresas (Ebape/FGV). Doutor e mestre em direito. Professor titular de direito administrativo da Escola de Direito do Rio de Janeiro da Fundação Getulio Vargas (FGV Direito Rio), onde ocupa o cargo de vice-diretor de Ensino, Pesquisa e Pós-Graduação. Editor da *Revista de Direito Administrativo (RDA)*.

Thiago Bottino

Doutor e mestre em direito pela Pontifícia Universidade Católica do Rio de Janeiro (PUC-Rio). Professor de direito penal econômico da Escola de Direito do Rio de Janeiro da Fundação Getulio Vargas (FGV Direito Rio), onde ocupa o cargo de coordenador da graduação. Membro efetivo da Comissão Permanente do Instituto dos Advogados Brasileiros (IAB).

Introdução

É interessante notar como as diversas formas de Estado que se constituíram ao longo do tempo foram progressivamente se transformando cada vez mais rapidamente. Certamente, o Estado liberal do século XVIII é diferente do Estado social do século XX. Conforme os séculos foram passando, estas formas de Estado foram recebendo novas significações, formatações, estruturas e formas de se relacionarem com a sociedade civil.

Porém, com a velocidade das transformações no final do século XX e neste século em que estamos, mudanças ocorrem num ritmo mais rápido do que aquele em que o Estado se desenvolve e deve se desenvolver. Hoje em dia, em poucos anos, podemos observar diversas transformações sociais, políticas e econômicas que impõem novos desafios ao Estado, que variam desde questões administrativas de reforma do aparelho estatal até a regulação de serviços públicos, concorrência, meio ambiente, sistema financeiro etc. Isto enseja uma discussão cada vez mais séria a respeito de qual o presente e o futuro do Estado!

Em meio a esta dinamicidade da vida social, política e econômica atual, muito se debate sobre a forma ideal de atuação da administração pública brasileira. Parece ser bastante consensual que esta atuação deva ser sensível às principais demandas e especificidades sociais contemporâneas, além de trazer como vetor de atuação do Estado a clara necessidade de ser ágil, eficiente, e, assim, ter a capacidade de resolver os problemas cotidianos da população.

Mas, de fato, por que essa questão vem se intensificando e pautando os debates mais recentes sobre a atuação da administração pública? Um fato é, entre nós, de superlativa importância para essa ordem de questões. Despontou no Brasil, nas letras promulgadas da Carta Cidadã de 1988, o desenho de um novo Estado de direito de feição fortemente democrática. Isto ensejou a necessidade de estruturar a ordem social focada no trabalho, bem-estar e justiça social, e a ordem econômica nos pilares da livre iniciativa e da valorização do trabalho humano. Ao Estado coube, de um lado, atuar diretamente na manutenção das ordens social e econômica e, de outro, normatizar, fiscalizar e regular o mundo cotidiano em que tais ordens se desenvolveriam.

Sob o ideal de que compete ao Estado formular políticas públicas visando, cumulativamente, regular a competitividade nos mercados e promover o bem comum da sociedade (meio), o foco, a meta maior passa a ser alcançar instrumentos de elevação e proteção da dignidade da pessoa humana (fim). Originariamente pensado como um dever de abstenção dos indivíduos em afetar a dignidade alheia, este princípio passou a ser pensado na relação entre Estado e sociedade, ensejando uma reconfiguração substantiva dos pressupostos de atuação estatal no cotidiano dos atores sociais, políticos e econômicos.

Deste modo, conforme se observa de forma bastante consensual em diversos livros e reflexões, surge uma nova forma de pensar os diversos temas contemporâneos de Estado – tais como sistema financeiro, concorrência, meio ambiente e petróleo – de forma sistêmica. Isto implica reconhecer que o direito e as práticas dos atores aos quais ele se destina são permeados por uma rede de saberes, conhecimentos, lógicas e formas de agir e funcionar que só são compreensíveis de uma maneira interdisciplinar, empírica e aderente à realidade social, econômica e política do país.

No Brasil, do conhecido intervencionismo exacerbado do Poder Executivo no campo econômico, que se expressou principalmente entre as décadas de 1960 e 1980, observa-se o fortalecimento da atuação estatal regulatória, com desafios atinentes à alta complexidade cotidiana e às questões sociais que demandam novas soluções para atingir o bem-estar do cidadão.

Um dos principais traços dessa fase pela qual passa a sociedade brasileira está no fato de que a atuação estatal, em determinado aspecto do conjunto social, tende a produzir reflexos em outro segmento e afetar, inclusive, o direito individual. Diante da enorme diversidade de interesses contrapostos e da pluralidade de atores que atuam na vida pública do país, a implementação de políticas públicas frequentemente não atende de forma satisfatória a todos os desejos e expectativas dos brasileiros.

Diante desses desafios, trazidos, em parte, pela forte complexidade cotidiana e impostos pela Constituição Federal de 1988, não há dúvida de que as ações governamentais necessitam de maior eficácia e de melhor aplicação dos recursos orçamentários. Isto problematiza substancialmente o que se desenvolve sob o rótulo da vetusta escolha discricionária.

De fato, nos dias de hoje, em meio à relevância da prestação de serviços públicos e do cenário econômico nacional e internacional, o Estado deve funcionar de maneira eficiente e eficaz. Mais precisamente, o Estado deve ser um instrumento para o desenvolvimento nacional, de um lado, e prestar contas de suas atividades, de outro. Portanto, as áreas que abrangem políticas públicas voltadas à distribuição de renda, alimentação, oferta de empregos, segurança, investimentos em educação, acesso à justiça, melhorias na saúde e programas de infraestrutura para moradia e saneamento básico tornam-se o foco central do planejamento do Estado. Vale ressaltar que, no caso brasileiro, isto não é uma mera necessidade conjuntural, mas, principalmente, uma imposição explícita aos governos pelo atual sistema constitucional. Contudo ainda hoje deparamo-nos, no país, com certa "opacidade" no planejamento e na capacidade para implementar, adequadamente, as políticas públicas nessas áreas essenciais para o desenvolvimento da sociedade.

Em suma, se o Estado brasileiro passa a ser regulador, com objetivos bem-definidos em termos de respeito aos direitos fundamentais e reserva de atividades econômicas ao setor privado, a sociedade atual necessita de uma governança pública orientada, especialmente, para a transparência dos resultados alcançados com a ação governamental.

O acompanhamento dos resultados deve, sempre que possível, ser realizado, objetivamente, por meio de indicadores de desempenho, métricas e índices, que, de alguma forma, abandonem o casuísmo e traduzam as consequências das ações políticas, das escolhas públicas, em melhores condições de vida para a população.

Ademais, vive-se, sob a forma de Estado regulador, uma fase em que a organização pública não é capaz de planejar, financiar e executar, isoladamente, todos os investimentos estratégicos necessários para o desenvolvimento do país. É necessária, como vem ocorrendo nos últimos anos, a formação de consórcios e parcerias entre governos das diferentes esferas (União, estados e municípios), entidades da administração indireta, organismos internacionais, organizações não governamentais e empresas privadas. Só assim o governo poderá viabilizar a execução de diversos programas estruturados nas políticas públicas.

Neste sentido, o governo federal já cogitou a mudança na forma de executar algumas de suas ações em áreas estratégicas. Seguindo tal posicionamento, órgãos da administração federal passariam a trabalhar em um novo formato de atuação: a administração gerencial. Pretendeu-se criar na administração pública brasileira uma nova mentalidade, uma cultura gerencial nos moldes do que já é praticado pelas organizações que estão enfrentando desafios de modernização.

Entre as várias ações, foram criadas ou reestruturadas, no bojo do processo de desestatização, as entidades reguladoras independentes – autarquias especiais vinculadas, e não subordinadas, ao poder público central –, com funções neutrais e de caráter técnico. Tais entidades passaram a compor, ao menos em parte, a chamada administração descentralizada ou indireta. Criou-se, ainda, modelo de organização social (OS), visando transferir certas atuações estatais em campos sociais para entidades filantrópicas e sem fins lucrativos por meio de fomentos e incentivos.

A criação de entes estatais reguladores seguiu a tendência internacional de reformar a administração pública mediante a elaboração de novas ferramentas gerenciais, jurídicas, financeiras e técnicas. As entidades reguladoras independentes, com suas características próprias, estão implantadas em diversos países. A título exemplificativo, é possível destacar a existência das seguintes "agências" ao redor do mundo: as *independent regulatory commissions* estadunidenses, as *autorités administratives indépendantes* francesas, as *autorità indipendenti* italianas, as *administraciones independientes* espanholas, as *régies* canadenses, as *ambetswerk* suecas e finlandesas e os *ministerialfreien Raums* germânicos.

Cumpre destacar, ainda, que o processo de unificação europeia tornou quase que imperativa a necessidade de coordenar a atividade das diversas agências reguladoras de cada país com vistas à maior eficiência e transparência. Assim, ao longo do tempo foram criadas inúmeras instituições com esse objetivo. Entre nós, as que receberam maior destaque foram agências reguladoras. Além disso, foram disciplinados novos modelos regulatórios no interior do Conselho Administrativo de Defesa da Concorrência (Cade) e da Comissão de Valores Mobiliários (CVM), entre outras instituições.

Como se vê, buscou-se, no início da segunda metade da década de 1990, implantar um novo marco teórico para a administração pública. O modelo até então seguido – pela ótica de um corpo burocrático clássico – encontrava-se em posição subordinada hierarquicamente aos interesses governamentais. As entidades reguladoras, ao contrário, foram estruturadas apenas vinculadas ao poder público central, com foco na implementação continuada das políticas de Estado e buscando a separação entre os processos de formulação e execução de políticas públicas. Naquele contexto histórico, partiu-se da ideia de que havia questões em que a visão política, inerente ao ciclo eleitoral e à contingência governamental, poderia afetar a adoção de práticas que precisam de continuidade e segurança jurídica. Portanto, o cenário regulatório valoriza, incentiva o desenvolvimento de práticas de Estado – e não de governo.

Assim, compreendido o desenho constitucional em que vivemos no Brasil, identificadas as bases teóricas da organização da administração pública e com o ingresso de novos atores com missão regulatória sistêmica, dotados de certa autonomia funcional e independência decisória, pretende-se, com este livro, apresentar a complexidade do cenário regulatório no Brasil.

Inspirado e orientado por diversas pesquisas e reflexões desenvolvidas na Fundação Getulio Vargas, o livro busca oferecer a pesquisadores e profissionais do direito as discussões de referência para o desenvolvimento de pesquisas inovadoras e de elevado nível de excelência acadêmica nos mais diversos temas de regulação.

A promessa do livro é ousada, inovadora e plural. Aqui são trabalhados assuntos que variam desde a regulação de serviços públicos até uma discussão aprofundada sobre petróleo, telecomunicações, internet, direitos autorais, meio ambiente, sistema financeiro, crimes econômicos etc. O objetivo dos diversos autores consiste em oferecer aos leitores uma concepção ampliada de toda a complexidade que envolve o processo regulatório brasileiro, assim como seus limites e desafios.

Em meio às diversas discussões realizadas ao longo do livro, pretende-se estimular uma reflexão sólida que contribua, ao menos, em quatro dimensões: (a) assegurar o conhecimento do repertório fundamental, conceitual e terminológico do direito regulatório brasileiro para além das doutrinas clássicas do pensamento jurídico dogmático; (b) estimular o raciocínio analítico, crítico e propositivo, voltado para a solução de problemas; (c) compreender o direito enquanto norma (a dogmática jurídica) e também enquanto decisão (a pragmática jurídica) articuladas com as teorias sociais e políticas contemporâneas; (d) enfatizar o direito, conhecimento e prática, como centro dos debates nacionais e globais, instrumento privilegiado da cidadania e principal responsável pela formulação de alternativas institucionais de nossa democracia.

Faz parte da missão da FGV a produção de bens públicos a partir de suas atividades regulares e, neste sentido, o livro extrapola a finalidade de apenas discutir o que há de mais contemporâneo em regulação. Trata-se de pensar ações, estratégias, programas e políticas para o aperfeiçoamento institucional do país, na forma de Estado regulador, além de contribuir para o fortalecimento da democracia e da dignidade da pessoa humana.

Capítulo 1
Regulação do sistema de educação
*Antonio Freitas**
*Ana Tereza Spinola***

Introdução

O sistema educacional é um sistema social complexo, em que existe uma multiplicidade de fontes e de atores envolvidos: governo, alunos, pais de alunos, professores, comunidades, mantenedores, instituições de ensino

* Pró-reitor de ensino, pesquisa e pós-graduação da Fundação Getulio Vargas (FGV). Presidente do Consejo Latinoamericano de Administración of Schools (Cladea). Membro da Academia Brasileira de Educação (ABE). Conselheiro da Fundação de Apoio à Escola Técnica (Faetec). Conselheiro da Câmara de Educação Superior (CES) do Conselho Nacional de Educação (CNE) no período de 2008-2012. Coordenador do Centro de Pesquisa sobre Qualidade e Competitividade da Educação Superior. Membro do Steering Committee of the Principles of Responsible Management Education (PRME/Global Forum – UN). Graduado em engenharia civil na Escola Politécnica de Pernambuco, mestre em engenharia de produção pela UFRJ, doutor em engenharia industrial pela Universidade de Syracuse, PhD pela North Carolina State University e pós-doutor pela Universidade de Michigan.
** Coordenadora executiva da Pró-Reitoria de Ensino, Pesquisa e Pós-graduação da Fundação Getulio Vargas (FGV). Professora de negociação da Escola de Direito do Rio de Janeiro da Fundação Getulio Vargas (FGV Direito Rio) e da Escola Brasileira de Administração Pública e de Empresas (Ebape/FGV). Pesquisadora do Centro de Pesquisa sobre Qualidade e Competitividade da Educação Superior. Mestre em economia pela Ebape. Especialista em pesquisa operacional pela Universidade Federal do Rio de Janeiro (UFRJ) e em finanças corporativas pela Pontifícia Universidade Católica do Rio de Janeiro (PUC-Rio).

públicas e privadas, o mundo dos negócios e a indústria, os setores públicos e privados da economia, os meios de comunicação, as associações profissionais e a sociedade. Exige-se que as instituições de ensino assumam responsabilidades com a sociedade e prestem contas dos recursos públicos, privados, nacionais e internacionais ali investidos. Para que haja uma harmonia entre esses diferentes interesses, fontes e atores, faz-se necessário regulamentar a atividade educacional de forma a oferecer, com qualidade, cursos, infraestrutura, formação de professores e de alunos capazes de enfrentar o desafio de um mercado profissional cada vez mais competitivo e globalizado.

A Declaração Mundial sobre a Educação Superior da Unesco dimensiona as questões de excelência, qualidade e avaliação da educação:

> Art. 6º. [...] a) A relevância da educação superior deve ser avaliada em termos do ajuste entre o que a sociedade espera das instituições e o que estas realizam. Isto requer padrões éticos, imparcialidade política, capacidade crítica e, ao mesmo tempo, uma articulação melhor com os problemas da sociedade e do mundo do trabalho, baseando orientações de longo prazo em objetivos e necessidades sociais, incluindo o respeito às culturas e a proteção do meio ambiente.[1]

A posição do Brasil com relação à educação está indicada na Constituição da República Federativa do Brasil, de 1988, conforme se observa no art. 205:

> A educação, direito de todos e dever do Estado e da família, será promovida e incentivada com a colaboração da sociedade, visando ao pleno desenvolvimento da pessoa, seu preparo para o exercício da cidadania e sua qualificação para o trabalho.

---

[1] UNESCO. Conferência Mundial sobre Educação Superior. *Declaração mundial sobre educação superior no século XXI*: visão e ação – 1998. Paris: Unesco, 1998. Disponível em: <www.direitoshumanos.usp.br/index.php/Direito-a-Educa%C3%A7%C3%A3o/declaracao-mundial-sobre-educacao-superior-no-seculo-xxi-visao-e-acao.html>. Acesso em: 4 fev. 2013.

Regulação do sistema de educação

Ainda na Constituição brasileira de 1988 estão definidos os princípios que nortearão o ensino, dos quais se destacam, no art. 206:

I. igualdade de condições para o acesso e permanência na escola;
II. liberdade de aprender, ensinar, pesquisar e divulgar o pensamento, a arte e o saber;
III. pluralismo de ideias e de concepções pedagógicas, e coexistência de instituições públicas e privadas de ensino; [...]
VI. gestão democrática do ensino público, na forma da lei;
VII. garantia de padrão de qualidade. [...].

Para garantir a execução da educação para todos, o Estado legislou por meio da Lei nº 9.394, de 10/12/1996 (Lei de Diretrizes e Bases da Educação Nacional – LDB), que, mais especificamente para a educação superior, foi complementada pelo Decreto nº 5.773, de 9/5/2006, e pela Lei nº 10.861/2001, de 14/4/2004 (Lei do Sistema Nacional de Avaliação da Educação Superior – Sinaes). A interpretação, a normatização e a execução definidas pela legislação indicada são realizadas por portarias normativas, resoluções, deliberações, normas e pareceres exarados pelos órgãos integrantes do sistema federal de ensino.

Diante de um cenário tão complexo que envolve a responsabilidade do Estado em garantir a educação como um direito de todos, a limitação de recursos, questões de autonomia e soberania do Estado, o progresso científico e tecnológico além da necessidade de competência científica e tecnológica para garantir a qualidade do ensino básico, secundário, técnico e superior, faz-se necessário *avaliar regularmente* o sistema educacional, como uma forma de garantir a eficácia na qualificação geral dos estudantes.

O Estado, diante da sua responsabilidade, exerce um poder regulador, fiscalizando, controlando os serviços prestados, utilizando diferentes instrumentos de avaliação que permitem aquilatar o desempenho individual dos alunos, dos cursos e das instituições. Os instrumentos de avaliação oferecem *feedbacks* sobre desempenho da instituição de ensino superior

(IES) e permitem, com as mesmas métricas, a comparação do desempenho de qualidade entre as diversas instituições de ensino, e o atendimento aos indicadores de qualidade mínimos, definidos pelo governo federal.

Lei nº 9.394, de 10/12/1996:
Lei de Diretrizes e Bases da Educação Nacional (LDB)

A primeira LDB foi promulgada em 1961, depois de muitos anos de debates. Em 1996 ocorreu a última atualização – Lei nº 9.394, de 10/12/1996 (LDB/1996),[2] que define e regulariza o sistema de educação brasileiro, de acordo com a Constituição, em todos os níveis, desde a creche, incorporada aos sistemas de ensino, até as universidades, além de todas as outras modalidades de ensino – básico, fundamental, médio e superior, profissional e tecnológico, de jovens e adultos, incluindo a educação especial, indígena, no campo e o ensino a distância.

De acordo com Pino e colaboradores,[3] podem-se considerar os seguintes aspectos como os mais relevantes na política de regulação da educação, instituída com a Lei de Diretrizes e Bases (LDB):

> [...] (1) reorganização do espaço e tempo escolar em suas diferentes dimensões (gestão, ciclos escolares, classes de aceleração, parâmetros curriculares nacionais – PCNs –, projetos pedagógicos); (2) avaliação do sistema, das escolas e dos alunos; (3) financiamento, particularmente o FUNDEF e atualmente o FUNDEB e sua distribuição regional; (4) educação infantil e desobrigação do governo; (5) formação inicial e continuada do professor e a sua profissionalização/valorização que, articulando-se aos efeitos de outras políticas de regulação, afetam o trabalho docente, provocando a precarização do seu trabalho.

---

[2] BRASIL. Casa Civil. Subchefia para Assuntos Jurídicos. *Lei nº 9.394, de 20 de dezembro de 1996*: estabelece as diretrizes e bases da educação nacional. 6. ed. Brasília: Biblioteca Digital da Câmara dos Deputados, 2011. Disponível em: <http://bd.camara.gov.br/bd/bitstream/handle/bdcamara/2762/ldb_6ed.pdf?sequence=7>. Acesso em: 2 jul. 2012.

[3] PINO, I. et al. Editorial. *Educação e Sociedade*, Campinas, v. 26, n. 92, p. 719-723, out. 2005. Edição especial. Disponível em: <www.cedes.unicamp.br>. Acesso em: 4 fev. 2013.

Assim, a LDB/1996 estabelece as diretrizes e bases da educação nacional, com os objetivos de definição dos princípios e fins da educação, da organização da educação nacional, do cumprimento das normas gerais, da autorização de funcionamento, da avaliação de qualidade, dos níveis e modalidades da educação e ensino, dos profissionais da educação e dos recursos financeiros (capacidade de autofinanciamento).

Em seu art. 1º, a LDB/1996 indica o pensamento sobre a abrangência da educação:

Art. 1º. A educação abrange os processos formativos que se desenvolvem na vida familiar, na convivência humana, no trabalho, nas instituições de ensino e pesquisa, nos movimentos sociais e organizações da sociedade civil e nas manifestações culturais.

§1º. Esta lei disciplina a educação escolar, que se desenvolve, predominantemente, por meio do ensino, em instituições próprias.

§2º. A educação escolar deverá vincular-se ao mundo do trabalho e à prática social.

Com relação aos princípios e fins da educação, a LDB/1996 define:

Art. 2º. A educação, dever da família e do Estado, inspirada nos princípios de liberdade e nos ideais de solidariedade humana, tem por finalidade o pleno desenvolvimento do educando, seu preparo para o exercício da cidadania e sua qualificação para o trabalho.

Art. 3º. O ensino será ministrado com base nos seguintes princípios:

I. igualdade de condições para o acesso e permanência na escola;

II. liberdade de aprender, ensinar, pesquisar e divulgar a cultura, o pensamento, a arte e o saber;

III. pluralismo de ideias e de concepções pedagógicas;

IV. respeito à liberdade e apreço à tolerância;

V. coexistência de instituições públicas e privadas de ensino;

VI. gratuidade do ensino público em estabelecimentos oficiais;

VII. valorização do profissional da educação escolar;

VIII. gestão democrática do ensino público, na forma desta lei e da legislação dos sistemas de ensino;

IX. garantia de padrão de qualidade;

X. valorização da experiência extraescolar;

XI. vinculação entre a educação escolar, o trabalho e as práticas sociais.

A LDB/1996 introduziu o conceito de *educação básica*, compreendendo a educação infantil (creches, para crianças de zero a três anos, e pré-escola, para crianças de quatro e cinco anos); o ensino fundamental, com nove anos de duração (obrigatório por força da Constituição Federal), dividido entre o ensino fundamental I para as crianças com idades entre seis e 10 anos, compreendendo cinco anos de estudo, e o ensino fundamental II com quatro anos de estudo, para atender aos jovens na faixa de 11 a 14 anos de idade; e o ensino médio, com três anos de estudos, para alunos com idades entre 15 e 17 anos.

A responsabilidade com a educação é distribuída entre as esferas federal, estadual e municipal, que asseguram, prioritariamente, aos seus níveis, a educação superior, o ensino médio e o ensino fundamental, respectivamente, conforme arts. 8º, 9º, 10 e 11 da LDB:

> Art. 8º. A União, os Estados, o Distrito Federal e os municípios organizarão, em regime de colaboração, os respectivos sistemas de ensino.
>
> §1º. Caberá à União a coordenação da política nacional de educação, articulando os diferentes níveis e sistemas e exercendo função normativa, redistributiva e supletiva em relação às demais instâncias educacionais. [...]
>
> Art. 9º. A União incumbir-se-á de:
> [...]
> IX. autorizar, reconhecer, credenciar, supervisionar e avaliar, respectivamente, os cursos das instituições de educação superior e os estabelecimentos do seu sistema de ensino. [...]

Regulação do sistema de educação

Art. 10. Os Estados incumbir-se-ão de:

I. organizar, manter e desenvolver os órgãos e instituições oficiais dos seus sistemas de ensino;

[...]

VI. assegurar o ensino fundamental e oferecer, com prioridade, o ensino médio.

Parágrafo único. Ao Distrito Federal aplicar-se-ão as competências referentes aos Estados e aos Municípios.

Art. 11. Os Municípios incumbir-se-ão de:

I. organizar, manter e desenvolver os órgãos e instituições oficiais dos seus sistemas de ensino, integrando-os às políticas e planos educacionais da União e dos Estados;

[...]

V. oferecer a educação infantil em creches e pré-escolas, e, com prioridade, o ensino fundamental, permitida a atuação em outros níveis de ensino somente quando estiverem atendidas plenamente as necessidades de sua área de competência e com recursos acima dos percentuais mínimos vinculados pela Constituição Federal à manutenção e desenvolvimento do ensino.

Parágrafo único. Os Municípios poderão optar, ainda, por se integrar ao sistema estadual de ensino ou compor com ele um sistema único de educação básica.

A educação superior abrange programas e cursos sequenciais por campo de saber, graduação, aperfeiçoamento e pós-graduação (art. 44 da LDB). A pós-graduação compreende os programas de especialização (mínimo de 360 horas, também denominada pós-graduação *lato sensu*), de mestrado acadêmico, doutorado e mestrado profissional, estes *stricto sensu* – abertos a candidatos diplomados nos cursos de graduação.

A educação de jovens e de adultos (EJA), para aqueles que não tiveram oportunidade de ingressar na escola na idade própria, a educação profissional, a educação especial (com estímulo à integração ao ensino regular), a educação indígena e, a educação a distância (EAD) também integram a Lei das Diretrizes e Bases da Educação Nacional.

A criação da LDB

foi acompanhada por certa expectativa de que os novos marcos legais da educação nacional representariam um impulso da educação brasileira em direção a uma maior equidade nas oportunidades de escolarização e a resultados mais promissores no rendimento escolar.[4]

A LDB manteve, por determinação constitucional, o modelo universitário humboldtiano, que associa ensino e pesquisa – com o acréscimo da extensão. Também, de forma pioneira, destacou as atividades do ensino superior, introduzindo a pós-graduação e a pesquisa acadêmica na universidade pública.[5]

Estrutura do sistema federal de ensino

Como definido na LDB:

> Art. 16. O sistema federal de ensino compreende:
> I. as instituições de ensino mantidas pela União;
> II. as instituições de educação superior criadas e mantidas pela iniciativa privada;
> III. os órgãos federais de educação.

O ministro de Estado da Educação é autoridade máxima da educação superior no sistema federal de ensino (art. 4º do Decreto nº 5.773/2006). A regulação e supervisão do sistema de ensino realizam-se por meio das diferentes secretarias, a saber: Secretaria de Educação Básica, Secretaria

---

[4] CASTRO, Marcelo L. Ottoni de. *A educação brasileira nos dez anos da LDB*. Brasília: Consultoria Legislativa do Senado Federal. Coordenação de Estudos, jun. 2007. p. 4. Disponível em: <www.senado.gov.br/senado/conleg/textos_discussao/td33-marceloottonicastro.pdf>. Acesso em: 2 jul. 2012.

[5] Ibid.

Regulação do sistema de educação

de Educação Continuada, Secretaria de Alfabetização, Secretaria de Diversidade e Inclusão, Secretaria de Educação Profissional e Tecnológica, Secretaria de Articulação com os Sistemas de Ensino, Secretaria de Regulação e Supervisão da Educação Superior e Secretaria de Educação Superior.

Na administração indireta, tem-se o Instituto Nacional de Pesquisas Educacionais (Inep), a Fundação Nacional do Desenvolvimento da Educação (FNDE), a Fundação Joaquim Nabuco (Fundaj) e a Coordenação de Aperfeiçoamento de Pessoal de Nível Superior (Capes).

O Conselho Nacional de Educação atua por meio das câmaras de educação básica (CEBs) e da educação superior (CES), com competência para exercer atribuições normativas, deliberativas e de assessoramento do ministro de Estado da Educação (art. 6º do Decreto nº 5.773/2006). Sua função normativa está prevista na LDB, conforme explicitado no §1º do art. 9º: "Na estrutura educacional, haverá um Conselho Nacional de Educação, com funções normativas e de supervisão e atividade permanente, criado por lei".

A regulação da educação superior no Brasil

A educação superior tem como objetivo fazer a intermediação entre o indivíduo e a sociedade, provendo conhecimentos, habilidades e capacidade de aprendizagem permanente, para atender às crescentes demandas do mercado de trabalho.

Na década de 1970, o crescimento do número de cursos e de matrículas no ensino superior foi significativo, o que levou o Ministério da Educação a criar o Programa de Avaliação da Reforma Universitária (Paru), voltado para o credenciamento e a avaliação das instituições de ensino superior.

Em 1985 foi constituído o Grupo Executivo para a Reforma da Educação Superior (Geres), que apresentou proposta de avaliação do desempenho institucional e da qualidade dos cursos, a qual poderia ser aferida por meio de exames aplicados aos formandos e cuja formulação e execução estaria centralizada na Secretaria de Educação Superior. Em seguida, no ano de 1990, foi criado o Programa de Avaliação Institucional das Universidades Brasileiras (Paiub), com maior aceitação do meio acadêmico, em que as IES promoveriam a autoavaliação institucional para os projetos educacionais.

Em 1995, o Exame Nacional de Cursos (ENC) foi criado pela Lei nº 9.131 para avaliar todos os concluintes da graduação. Como complemento ao ENC, em 1996 foi estabelecida a avaliação das condições de ensino, que incluía, além da avaliação discente, a avaliação das dimensões (i) de organização didático-pedagógica, (ii) do corpo docente, e (iii) da infraestrutura, e que serviu de base para a criação do Sistema de Avaliação da Educação Superior (Sinaes), em 2004.

A organização das funções de regulação, supervisão e avaliação de instituições de educação superior e cursos superiores de graduação e sequenciais no sistema federal de ensino é regida pela LDB/1996, em seu art 9º:

> Art. 9º. A União incumbir-se-á de:
> [...]
> V. coletar, analisar e disseminar informações sobre a educação;
> VI. assegurar processo nacional de avaliação do rendimento escolar no ensino fundamental, médio e superior, em colaboração com os sistemas de ensino, objetivando a definição de prioridades e a melhoria da qualidade do ensino;
> VII. baixar normas gerais sobre cursos de graduação e pós-graduação;
> VIII. assegurar processo nacional de avaliação das instituições de educação superior, com a cooperação dos sistemas que tiverem responsabilidade sobre este nível de ensino;
> IX. autorizar, reconhecer, credenciar, supervisionar e avaliar, respectivamente, os cursos das instituições de educação superior e os estabelecimentos do seu sistema de ensino. [...]

Também é regida pelo Decreto nº 5.773/2006:

Regulação do sistema de educação

Art. 1º. Este Decreto dispõe sobre o exercício das funções de regulação, supervisão e avaliação de instituições de educação superior e cursos superiores de graduação e sequenciais no sistema federal de ensino.

§1º. A regulação será realizada por meio de atos administrativos autorizativos do funcionamento de instituições de educação superior e de cursos de graduação e sequenciais.

§2º. A supervisão será realizada a fim de zelar pela conformidade da oferta de educação superior no sistema federal de ensino com a legislação aplicável.

§3º. A avaliação realizada pelo Sistema Nacional de Avaliação da Educação Superior – SINAES constituirá referencial básico para os processos de regulação e supervisão da educação superior, a fim de promover a melhoria de sua qualidade.

Art. 2º. O sistema federal de ensino superior compreende as instituições federais de educação superior, as instituições de educação superior criadas e mantidas pela iniciativa privada e os órgãos federais de educação superior.

As funções de regulação e supervisão da educação superior, em suas respectivas áreas de atuação são exercidas pelas secretarias – Secretaria de Regulação e Supervisão da Educação Superior (Seres), Secretaria de Educação Superior (Sesu) – que integram o Ministério da Educação (MEC), conforme arts. 3º, 4º e 5º do Decreto nº 5.773/1996:

Art. 3º. As competências para as funções de regulação, supervisão e avaliação serão exercidas pelo Ministério da Educação, pelo Conselho Nacional de Educação – CNE, pelo Instituto Nacional de Estudos e Pesquisas Educacionais Anísio Teixeira – INEP, e pela Comissão Nacional de Avaliação da Educação Superior – CONAES, na forma deste Decreto.

Art. 4º. Ao Ministro de Estado da Educação, como autoridade máxima da educação superior no sistema federal de ensino, compete, no que respeita às funções disciplinadas por este Decreto:

I. homologar deliberações do CNE em pedidos de credenciamento e recredenciamento de instituições de educação superior;

II. homologar os instrumentos de avaliação elaborados pelo INEP;

III. homologar os pareceres da CONAES;

IV. homologar pareceres e propostas de atos normativos aprovadas pelo CNE; e

V. expedir normas e instruções para a execução de leis, decretos e regulamentos.

Art. 5º. No que diz respeito à matéria objeto deste Decreto, compete ao Ministério da Educação, por intermédio de suas Secretarias, exercer as funções de regulação e supervisão da educação superior, em suas respectivas áreas de atuação.

§1º. No âmbito do Ministério da Educação, além do Ministro de Estado da Educação, desempenharão as funções regidas por este Decreto a Secretaria de Educação Superior, a Secretaria de Educação Profissional e Tecnológica e a Secretaria de Educação a Distância, na execução de suas respectivas competências.

São órgãos colegiados do MEC para a educação superior, a Comissão Nacional de Avaliação da Educação Superior (Conaes) e a Comissão Técnica de Acompanhamento da Avaliação (CTAA). A Conaes é responsável pela coordenação e supervisão do Sinaes, propondo e avaliando as dinâmicas, procedimentos e mecanismos da avaliação institucional de cursos e de desempenho dos estudantes, entre outros. A CTAA tem a finalidade de "acompanhar os processos periódicos de avaliação institucional externa e dos cursos de graduação do Sistema Nacional de Avaliação da Educação Superior (Sinaes)".[6]

No que tange à pós-graduação, a Coordenação de Aperfeiçoamento de Pessoal de Nível Superior (Capes) é responsável pela regulação, avaliação dos programas de pós-graduação *stricto sensu*, acesso

---

[6] Art. 9º da Portaria nº 1.027, de 15/5/2006, do Ministério da Educação.

Regulação do sistema de educação

e divulgação da produção científica e investimentos na formação de recursos de alto nível no país e exterior. Compete-lhe também a promoção da cooperação científica internacional e indução e fomento da formação inicial e continuada de professores para a educação básica nos formatos presencial e a distância, na busca de um padrão de excelência acadêmica.

Funcionamento das instituições de ensino superior

O funcionamento das IES, a oferta de curso superior, os atos autorizativos e os limites da atuação dos agentes públicos e privados estão regulamentados no art. 10 do Decreto nº 5.773/1996:

Art. 10. O funcionamento de instituição de educação superior e a oferta de curso superior dependem de ato autorizativo do Poder Público, nos termos deste Decreto.

§1º. São modalidades de atos autorizativos os atos administrativos de credenciamento e recredenciamento de instituições de educação superior e de autorização, reconhecimento e renovação de reconhecimento de cursos superiores, bem como suas respectivas modificações.

§2º. Os atos autorizativos fixam os limites da atuação dos agentes públicos e privados em matéria de educação superior.

§3º. A autorização e o reconhecimento de cursos, bem como o credenciamento de instituições de educação superior, terão prazos limitados, sendo renovados, periodicamente, após processo regular de avaliação, nos termos da Lei nº 10.861, de 14 de abril de 2004.

§4º. Qualquer modificação na forma de atuação dos agentes da educação superior após a expedição do ato autorizativo, relativa à mantenedora, à abrangência geográfica das atividades, habilitações, vagas, endereço de oferta dos cursos ou qualquer outro elemento relevante para o exercício das funções educacionais, depende de modificação do ato autorizativo originário, que se processará na forma de pedido de aditamento.

Para a criação de uma instituição de ensino superior (IES), é necessário que o mantenedor abra um processo no MEC para fins de credenciamento, que deve estar associado à autorização de no mínimo um e no máximo cinco cursos, como estabelecido na Portaria Normativa MEC nº 40, de 12/12/2007:

> Art. 8º. [...]
> §1º. O pedido de credenciamento deve ser acompanhado do pedido de autorização de pelo menos um curso, nos termos do art. 67 do Decreto nº 5.773, de 2006, e de no máximo 5 (cinco) cursos.

Este processo, uma vez cadastrado no *e-mec*,[7] será avaliado por uma comissão de professores constituída pelo INEP, voltada para analisar a viabilidade de credenciamento da IES. Esta comissão é composta por professores de diferentes áreas e realizará visita à instituição, utilizando os instrumentos de avaliação institucional. Nesta avaliação (credenciamento) será dada especial atenção ao Plano de Desenvolvimento Institucional (PDI) e às dimensões: organização institucional, corpo social e instalações físicas[8] (art. 15, §5º, da Portaria Normativa MEC nº 40, de 12/12/2007).

Para iniciar a oferta de um curso de graduação, a IES depende de autorização do Ministério da Educação, à exceção das universidades e dos centros universitários que, por terem autonomia, independem de autorização para a abertura de curso superior. No entanto, essas instituições devem informar à secretaria competente os cursos abertos para fins de supervisão, avaliação e posterior reconhecimento (art. 28, §2º, do Decreto nº 5.773, de 9/5/2006).

Para a autorização do curso, será constituída outra comissão de avaliadores, designada pelo Inep, composta de professores da área do curso a ser

---

[7] Sistema criado em 2007 para fazer a tramitação eletrônica dos processos de regulamentação, pela internet. O sistema permite a abertura e o acompanhamento dos processos pelas instituições, de forma simplificada e transparente.

[8] Instrumento de avaliação institucional – credenciamento (atualizado em set. 2010). Disponível em: <http://download.inep.gov.br/download/superior/institucional/2010/instrumento_avaliacao_para_credenciamento_IES.pdf>. Acesso em: 4 fev. 2013.

Regulação do sistema de educação

avaliado. Esta comissão avaliará *in loco* as condições de oferta, com base nas informações prestadas pela IES no seu projeto pedagógico de curso (PPC), com relação às dimensões de organização didático-pedagógica, corpo docente e infraestrutura, associadas ao curso em análise.

No processo de autorização dos cursos de graduação de direito, medicina, odontologia e psicologia, inclusive em universidades e centros universitários, a Secretaria de Educação Superior considera a manifestação do Conselho Federal da Ordem dos Advogados do Brasil e do Conselho Nacional de Saúde (art. 28, §2º, do Decreto nº 5.773, de 9/5/2006).

Tanto o ato de credenciamento quanto o de autorização do curso, uma vez avaliados pelo Inep, têm seu processo encaminhado à Secretaria de Regulação e Supervisão (Seres) para análise e posterior encaminhamento ao CNE, que deliberará sobre a concessão ou não de credenciamento e autorização de curso.

Ao ser credenciada, a IES recebe uma licença para funcionamento durante três anos no caso das faculdades e centros universitários, e de cinco anos no caso de universidades. Findo este prazo, a IES é obrigada a solicitar uma renovação da sua licença de funcionamento, denominada recredenciamento, com prazos para licenciamento de cinco e 10 anos, respectivamente. Para tal, nova visita *ao local* será realizada por avaliadores do Inep, que aferirão a IES de acordo com o instrumento de avaliação institucional, agora específico para o recredenciamento.

> Art. 32. Após a autorização do curso, a instituição compromete-se a observar, no mínimo, o padrão de qualidade e as condições em que se deu a autorização, as quais serão verificadas por ocasião do reconhecimento e das renovações de reconhecimento.[9]

Os prazos de validade dos atos de credenciamento e recredenciamento de IES estão definidos na Portaria Normativa nº 1, de 25/1/2013, em seu anexo III. Esta portaria normativa, em seu art. 2º, estabelece que os prazos para os

---

[9] Portaria Normativa MEC nº 40, de 12/12/2007.

processos de credenciamento, recredenciamento e segundo recredenciamento serão definidos em função da organização acadêmica – faculdades, centros universitários e universidades; da condicionalidade – conceitos institucionais e índice geral de curso (IGC).

No caso dos cursos, a autorização tem validade de um ciclo avaliativo. Findo esse prazo, a IES deverá solicitar o reconhecimento do curso, que dependerá de nova avaliação *in loco* e/ou das notas auferidas nas avaliações regulares do MEC (exame nacional de desempenho de estudantes – Enade; índice geral de cursos – IGC; e conceito preliminar de curso – CPC).

> Art. 33. As avaliações para efeito de recredenciamento de instituição ou renovação de reconhecimento de curso serão realizadas conforme o ciclo avaliativo do SINAES, previsto no art. 59 do Decreto nº 5.773, de 2006.
> §1º. O ciclo avaliativo compreende a realização periódica de autoavaliação de instituições, avaliação externa de instituições e avaliação de cursos de graduação e programas de cursos sequenciais.[10]

Depois do reconhecimento do curso, a cada ciclo avaliativo, a IES deverá solicitar a renovação do reconhecimento dos seus cursos, individualmente.

> Art. 31. [...]
> §3º. A avaliação realizada por ocasião do reconhecimento do curso aferirá a permanência das condições informadas por ocasião da autorização, bem como o atendimento satisfatório aos requisitos de qualidade definidos no instrumento de avaliação apropriado.[11]

O credenciamento é solicitado uma única vez, salvo alteração da organização administrativa de uma IES, de faculdade para centro universitário ou deste para universidade.

---

[10] Ibid.

[11] Ibid.

Regulação do sistema de educação

No caso dos centros universitários, a Resolução CNE/CES nº 1, de 20/12/2010, indica a precondição para análise da alteração:

Art. 2º. A criação de Centros Universitários será feita por credenciamento de Faculdades já credenciadas, em funcionamento regular há, no mínimo, 6 (seis) anos, e que tenham obtido conceito igual ou superior a 4 (quatro), na avaliação institucional externa, no ciclo avaliativo do Sistema Nacional de Avaliação da Educação Superior (SINAES) imediatamente anterior.

Para o credenciamento das universidades resultantes da transformação de centros universitários, a Resolução CNE/CES nº 3, de 14/10/2010, que regulamenta o art. 52 da Lei nº 9.394, de 20/12/2006, indica como período de carência:

Art. 2º. A criação de universidades será feita por credenciamento de centros universitários recredenciados, em funcionamento regular nessa categoria institucional há, no mínimo, 9 (nove) anos.

Atendida a precondição do período de carência, tanto para universidades como para centros universitários, outros requisitos mínimos são exigidos: dedicação dos docentes (tempo parcial e integral); titulação acadêmica; quantidade de cursos de graduação reconhecidos e com conceito satisfatório; conceito institucional (CI); índice geral de cursos (IGC); oferta regular de programas de mestrado e doutorado (no caso de universidades); plano de desenvolvimento institucional (PDI); programa de extensão; programa de iniciação científica; plano de carreira e política de capacitação docente; biblioteca com planos fundamentados de expansão física e de acervo, entre outros (art. 3º da Resolução CNE/CES nº 1, de 20/12/2010, e Resolução CNE/CES nº 3, de 14/10/2010).

Sistema de avaliação de ensino

Com o objetivo de subsidiar a formulação e implementação de políticas públicas para a área educacional a partir de parâmetros de qualidade e equidade, operacionalizando a avaliação e produzindo informações claras e confiáveis aos gestores, pesquisadores, educadores e público em geral, foi criado o Instituto Nacional de Estudos e Pesquisas Educacionais Anísio Teixeira (Inep), autarquia federal vinculada ao MEC. O Inep tem como missão promover estudos, pesquisas e avaliações sobre o sistema educacional brasileiro.[12]

Como atividade regulada, o ensino superior brasileiro é avaliado, sistematicamente, de acordo com a Lei do Sinaes (Lei nº 10.861/2004) – sob a coordenação e supervisão da Comissão Nacional de Avaliação da Educação Superior (Conaes) –, que define:

> Art. 1º. [...]
> §1º. O SINAES tem por finalidade a melhoria da qualidade da educação superior, a orientação da expansão da sua oferta, o aumento permanente da sua eficácia institucional e efetividade acadêmica e social e, especialmente, a promoção do aprofundamento dos compromissos e responsabilidades sociais das instituições de educação superior, por meio da valorização de sua missão pública, da promoção dos valores democráticos, do respeito à diferença e à diversidade, da afirmação da autonomia e da identidade institucional.

A Lei do Sinaes é regida pelos princípios de responsabilidade social, como a qualidade da educação superior, reconhecimento da diversidade do sistema, respeito à identidade, à missão e à história das instituições, globalidade – avaliação de forma orgânica/integrada – e continuidade do processo avaliativo:

---

[12] Disponível em: <www.mec.gov.br>. Acesso em: 4 fev. 2013.

Art. 2º. O SINAES, ao promover a avaliação de instituições, de cursos e de desempenho dos estudantes, deverá assegurar:

I. avaliação institucional, interna e externa, contemplando a análise global e integrada das dimensões, estruturas, relações, compromisso social, atividades, finalidades e responsabilidades sociais das instituições de educação superior e de seus cursos;

II. o caráter público de todos os procedimentos, dados e resultados dos processos avaliativos;

III. o respeito à identidade e à diversidade de instituições e de cursos;

IV. a participação do corpo discente, docente e técnico-administrativo das instituições de educação superior, e da sociedade civil, por meio de suas representações.

Parágrafo único. Os resultados da avaliação referida no *caput* deste artigo constituirão referencial básico dos processos de regulação e supervisão da educação superior, neles compreendidos o credenciamento e a renovação de credenciamento de instituições de educação superior, a autorização, o reconhecimento e a renovação de reconhecimento de cursos de graduação.

O sistema de qualidade é baseado no tripé de avaliação – (i) institucional; (ii) do corpo docente; e, (iii) de estudantes –, que reflete, principalmente, aspectos de ensino, pesquisa, extensão, responsabilidade social, desempenho dos alunos, gestão da instituição, corpo docente, instalações.

O Sinaes propõe uma avaliação institucional integrada por diversos instrumentos complementares que serão incorporados ao conjunto de instrumentos constitutivos do processo global de regulação e avaliação:

- autoavaliação, conduzida pela CPA (Comissão Própria de Avaliação);
- avaliação externa, realizada por pares pertencentes à comunidade acadêmica e científica;
- censo da educação, que traz importantes elementos de reflexão para a comunidade acadêmica, o Estado e a população em geral;
- cadastros de docentes, de cursos e da instituição, que formarão a base para a orientação permanente de pais, alunos e da sociedade em geral sobre o desempenho de cursos e instituições.

As informações, resultantes dos instrumentos de avaliação definidos pelo Sinaes, serão utilizadas para orientação referente à eficácia institucional e à efetividade acadêmica e social das IES, orientação de políticas públicas e orientação de processos decisórios por parte de estudantes, pais de alunos, instituições acadêmicas e público em geral, no que diz respeito à realidade dos cursos e das instituições.

No que se refere às avaliações, o art. 2º da Lei nº 10.861/2004 estabelece:

> Art. 2º. O SINAES, ao promover a avaliação de instituições, de cursos e de desempenho dos estudantes, deverá assegurar:
> I. avaliação institucional, interna e externa, contemplando a análise global e integrada das dimensões, estruturas, relações, compromisso social, atividades, finalidades e responsabilidades sociais das instituições de educação superior e de seus cursos;
> II. o caráter público de todos os procedimentos, dados e resultados dos processos avaliativos;
> III. o respeito à identidade e à diversidade de instituições e de cursos;
> IV. a participação do corpo discente, docente e técnico-administrativo das instituições de educação superior, e da sociedade civil, por meio de suas representações.
> Parágrafo único. Os resultados da avaliação referida no *caput* deste artigo constituirão referencial básico dos processos de regulação e supervisão da educação superior, neles compreendidos o credenciamento e a renovação de credenciamento de instituições de educação superior, a autorização, o reconhecimento e a renovação de reconhecimento de cursos de graduação.
>
> Art. 3º. A avaliação das instituições de educação superior terá por objetivo identificar o seu perfil e o significado de sua atuação, por meio de suas atividades, cursos, programas, projetos e setores, considerando as diferentes dimensões institucionais, dentre elas obrigatoriamente as seguintes: [...]

Assim, a avaliação dos cursos será realizada não só considerando-se as dimensões de organização didático-pedagógica, perfil do corpo docente

Regulação do sistema de educação

e instalações físicas, mas também uma avaliação dos estudantes, através do exame nacional de desempenho de estudantes (Enade), aplicado, periodicamente aos alunos de todos os cursos de graduação, ao final do primeiro e do último anos de curso.

Indicadores de avaliação

A regulação da educação exige um acompanhamento permanente das condições de oferta dos cursos de graduação e pós-graduação.

Entre os diversos indicadores de avaliação estão o índice geral de cursos da instituição (IGC), o conceito preliminar de curso (CPC), o indicador de diferença entre os desempenhos observado e esperado (conceito IDD), o exame nacional de desempenho de estudantes (Enade), para a graduação, e nota Capes, para a pós-graduação.

O Inep realiza duas avaliações *in loco*, a saber: de cursos e institucional. As avaliações dos cursos *in loco* são realizadas para os atos de autorização, reconhecimento e renovação de reconhecimento, ocorrem a cada ciclo avaliativo e conferem, ao término da análise de inúmeras variáveis, um conceito de curso (CC). As avaliações institucionais são realizadas para os atos de credenciamento e recredenciamento e conferem, ao término da análise de inúmeras variáveis, um conceito institucional (CI). A continuidade dos cursos e da IES dependem de avaliações positivas do CI e CC.

> Art. 33-A. As avaliações do ciclo avaliativo serão orientadas por indicadores de qualidade e gerarão conceitos de avaliação de instituições e cursos superiores, expedidos periodicamente pelo INEP, em cumprimento à Lei nº 10.861, de 2004, na forma desta Portaria Normativa.
>
> §1º. Os conceitos de avaliação serão expressos numa escala de cinco níveis, em que os níveis iguais ou superiores a 3 (três) indicam qualidade satisfatória.
>
> § 2º. Os indicadores de qualidade serão expressos numa escala de cinco níveis, em que os níveis iguais ou superiores a 3 (três) indicam qualidade satisfatória e, no caso de instituições também serão apresentados em escala contínua.

Art. 33-B. São indicadores de qualidade, calculados pelo INEP, com base nos resultados do ENADE e demais insumos constantes das bases de dados do MEC, segundo metodologia própria, aprovada pela CONAES, atendidos os parâmetros da Lei nº 10.861, de 2004:

I. *de cursos superiores*: o Conceito Preliminar de Curso (CPC), instituído pela Portaria Normativa nº 4, de 05 de agosto de 2008;

II. *de instituições de educação superior*: o Índice Geral de Cursos Avaliados da Instituição (IGC), instituído pela Portaria Normativa nº 12, de 05 de setembro de 2008;

III. de desempenho de estudantes: o conceito obtido a partir dos resultados do ENADE; [...][13]

O IGC é o indicador de qualidade das IES que consolida as avaliações dos cursos de graduação e de pós-graduação (mestrado profissional, mestrado acadêmico e doutorado). Os indicadores utilizados são o CPC (para a graduação) e a nota Capes (para a pós-graduação), ponderados pela distribuição dos alunos dos cursos de graduação e de pós-graduação.

O CPC é um conceito resultante da ponderação de 40% do resultado do Enade, 30% do conceito IDD e 30% das variáveis de insumo (corpo docente, infraestrutura e programa pedagógico, advindos do censo e do questionário Enade). O Enade tem o objetivo de aferir o rendimento dos alunos dos cursos de graduação em relação aos conteúdos programáticos, suas habilidades e competências. O IDD tem o propósito de avaliar comparativamente o desempenho dos estudantes concluintes em relação aos resultados obtidos, em média, pelas demais instituições cujos perfis dos estudantes que nelas ingressam são semelhantes.

A avaliação dos programas de pós-graduação é realizada pela Capes e compreende a realização do acompanhamento anual e de uma avaliação trienal do desempenho de todos os programas e cursos, cujos resultados são expressos pela atribuição de uma nota na escala de "1" a "7", que, com

---

[13] Portaria Normativa MEC nº 40/2007.

base na deliberação CNE/MEC, passa a ser critério da renovação de "reconhecimento", a vigorar no triênio subsequente à avaliação institucional.

Conclusão

A dimensão do problema da educação no Brasil – um país se aproximando de 200 milhões de habitantes, com a sétima economia do mundo, que se posiciona, em um *ranking* de 65 países, como o 53º colocado em leitura e ciências e o 57º colocado em matemática[14] – é um desafio para todos. A seguir, estão apresentados alguns dados sobre a educação no Brasil.

De acordo com dados do Inep/MEC 2011, a educação básica totalizava 46.732 mil matrículas. Destas, cerca de 65% no ensino fundamental, distribuídas em 16.360 mil no ensino fundamental I e 13.997 mil no ensino fundamental II. O ensino médio concentrava cerca de 20% do total de matrículas da educação básica, participação essa reduzida em relação ao ensino fundamental, devido à estrutura social e econômica da população, que conduz o estudante, mais precocemente, ao mercado de trabalho.[15]

Constata-se uma grande disparidade entre o volume de alunos matriculados no ensino básico e aqueles que cursam o ensino superior. Excetuando a educação profissional, tem-se um grande número de matrículas nas séries iniciais do sistema educacional brasileiro, comparativamente ao ensino superior, configurando-se um elevado índice de evasão.

Com relação à educação superior, de acordo com dados do Inep 2011, o Brasil totalizava 2.365 instituições de ensino que ofereciam, em conjunto, um total de 29.376 cursos de graduação, em diversas áreas do saber, congregando um total de 6.608 mil alunos matriculados, tanto no

---

[14] Índice Pisa – Programa Internacional de Avaliação de Alunos: sistema que produz indicadores educacionais em nível mundial. Ver: <http://educarparacrescer.abril.com.br/blog/boletim-educacao/2010/12/07/desempenho-brasilpisa- melhora-mas-ainda-estamos-longe-de-uma-educacao--de-qualidade/>. Acesso em: 4 fev. 2013.

[15] INEP. *Sinopse estatística da educação básica – 2011*. Disponível em: <http://portal.inep.gov.br/basica-censo-escolar-sinopse-sinopse>. Acesso em: 4 fev. 2013.

ensino presencial quanto nos ensinos tecnológico e a distância.[16] De acordo com informações da Capes 2010, os alunos dos cursos de pós-graduação *stricto sensu* estão assim distribuídos: 60% de mestrado acadêmico, 10% de mestrado profissional e 30% de doutorado.

A educação é um problema de todos nós. Está comprovado que quanto mais anos de estudo, maiores são as oportunidades de elevação da renda. As escolas devem estar comprometidas com a excelência, devem entusiasmar o aluno para a aquisição do conhecimento ensinando-os a raciocinar, desenvolver a criatividade, a imaginação e o espírito de iniciativa.

As escolas devem rever seus projetos pedagógicos, atentar para as questões da sustentabilidade, da interdisciplinaridade, continuamente, além de buscar foco, um formato de curso que atenda às expectativas, espaço físico adequado com equipamentos e laboratórios de qualidade, biblioteca, áreas comuns e de convivência.

Trata-se de um desafio enorme, o país avançou em escolaridade no ciclo básico, mas ainda possui milhões de jovens que não estudam, não trabalham e nem buscam emprego. Precisamos trazer esses jovens para a escola e mantê-los lá. A educação é fundamental para o desenvolvimento econômico.

Referências

BRASIL. Casa Civil. Subchefia para Assuntos Jurídicos. *Lei nº 9.394, de 20 de dezembro de 1996*: estabelece as diretrizes e bases da educação nacional. 6. ed. Brasília: Biblioteca Digital da Câmara dos Deputados, 2011. Disponível em: <http://bd.camara.gov.br/bd/bitstream/handle/bdcamara/2762/ldb_6ed. pdf?sequence=7>. Acesso em: 2 jul. 2012.

CASTRO, Marcelo L. Ottoni de. *A educação brasileira nos dez anos da LDB*. Brasília: Consultoria Legislativa do Senado Federal. Coordenação de Estudos, jun. 2007. Disponível em: <www.senado.gov.br/senado/conleg/textos_discussao/td33-marceloottonicastro.pdf>. Acesso em: 2 jul. 2012.

---

[16] INEP. *Sinopse estatística da educação superior – 2011*. Disponível em: <http://portal.inep.gov. br/superior-censosuperior-sinopse>. Acesso em: 4 fev. 2013.

CUNHA, Luiz Antônio. O ensino superior no octênio FHC. *Educação e Sociedade*, Campinas, v. 24, n. 82, p. 37-61, abr. 2003. Disponível em: <www.cedes.unicamp.br>. Acesso em: 2 jul. 2012.

PINO, I. et al. Editorial. *Educação e Sociedade*, Campinas, v. 26, n. 92, p. 719-723, out. 2005. Edição especial. Disponível em: <www.cedes.unicamp.br>. Acesso em: 4 fev. 2013.

UNESCO. Conferência Mundial sobre Educação Superior. *Declaração mundial sobre educação superior no século XXI*: visão e ação – 1998. Paris: Unesco, 1998. Disponível em: <www.direitoshumanos.usp.br/index.php/Direito-a-Educa%C3%A7%C3%A3o/declaracao-mundial-sobre-educacao-superior-no-seculo-xxi-visao-e-acao.html>. Acesso em: 4 fev. 2013.

WEBER, Silke. Avaliação e regulação da educação superior: conquistas e impasses. *Educação e Sociedade*, Campinas, v. 31, n. 113, p. 1247-1269, out./dez. 2010. Disponível em: <www.cedes.unicamp.br >. Aceso em: 2 jul. 2012.

Legislação

Decreto nº 5.224, de 1º de outubro de 2004.

Decreto nº 5.773, de 9 de maio de 2006.

Decreto nº 5.786, de 24 de maio de 2006.

Lei nº 9.394, de 20 de dezembro de 1996.

Lei nº 11.892, de 29 de dezembro de 2008.

Portaria Normativa MEC nº 40, de 12 de dezembro de 2007.

Portaria MEC nº 1.264, de 17 de outubro de 2008.

Sites

IGC:
<http://download.inep.gov.br/educacao_superior/enade/notas_tecnicas/2010/Nota_Tecnica_IGC_2010.pdf>.

Enade:

<http://download.inep.gov.br/educacao_superior/enade/notas_tecnicas/2010/Nota_Tecnica_Conceito_Enade_2010.pdf>.

CPC:

<http://download.inep.gov.br/educacao_superior/enade/notas_tecnicas/2010/nota_tecnica_cpc_05092011.pdf>.

Instrumentos de avaliação: <http://download.inep.gov.br/educacao_superior/avaliacao_cursos_graduacao/instrumentos/2012/instrumento_com_alteracoes_maio_12.pdf>.

Inep:

<www.inep.gov.br>;

<http://portal.inep.gov.br/superior-avaliacao_institucional>;

<http://download.inep.gov.br/download/superior/institucional/2010/instrumento_avaliacao_institucional_externa_recredenciamento.pdf>;

<http://download.inep.gov.br/download/superior/institucional/2010/instrumento_avaliacao_para_credenciamento_IES.pdf>.

Capítulo 2
Regulação e administração pública

Alketa Peci*

Introdução

A relação entre regulação e administração pública é multifacetada e dinâmica, assim como a própria natureza desses conceitos. O ponto em comum, que reúne ou afasta os dois conceitos de acordo com as diversas trajetórias histórico-contextuais, é o próprio processo de transformação do Estado e do papel que este desempenha na vida econômica e social.

Este capítulo busca analisar três dimensões da intrínseca relação entre regulação e administração pública, buscando, principalmente, elucidar algumas contribuições dos estudos em administração pública para a área de regulação.

Inicialmente, a partir de uma visão histórica do surgimento do conceito de regulação e administração pública, no período de final do século

---

* Professora da Escola Brasileira de Administração Pública e de Empresas (Ebape/FGV). Pesquisadora do CNPq e do programa Cientista do Nosso Estado (Faperj). Foi pesquisadora visitante da George Washington University (EUA). Atua na coordenação acadêmica do curso de mestrado em Administração Pública da Ebape e em projetos de consultoria e pesquisa para o Tribunal de Contas da União, a Casa Civil da Presidência da República, o Ministério da Defesa e governos estaduais. Sua experiência inclui ensino, pesquisas e consultorias nas áreas de teoria das organizações, administração pública, regulação e reformas administrativas.

XIX ao início do século XX no contexto norte-americano, analisar-se-á o debate de demarcação "política *versus* administração". A importância desde debate reside na crítica ao próprio modelo de agência independente que se difunde massivamente quase um século depois em outros contextos nacionais, negligenciando as contribuições de autores clássicos da área de administração pública.

A seguir, será apresentada uma literatura mais recente, que busca analisar os processos de difusão de modelos e de instrumentos regulatórios em diversos conceitos nacionais, destacando não apenas o *rationale* para adoção mimética de estruturas organizacionais ou instrumentos regulatórios (o mais recente, a *Avaliação de impacto regulatório*), mas também as resistências e transformações que surgem localmente, no contexto de adoção. É uma contribuição importante dos pesquisadores de administração pública identificar condicionantes políticos, institucionais e culturais que possibilitam ou dificultam a adoção desses modelos e instrumentos em diferentes contextos locais.

Por fim, o texto também analisará a relação entre o papel contemporâneo do Estado regulador e as transformações nas próprias funções e natureza da administração pública. Enxergando a regulação a partir de uma perspectiva mais macro, que se refere a uma transformação profunda das relações que o Estado estabelece com a sociedade, incluindo aqui o mercado e a sociedade civil organizada, destacar-se-á a governança como o novo *modus operandi* da administração pública e as características da rede de relações contratuais que a sustenta.

Regulação e administração pública: resgatando o debate "política *versus* administração"

O debate acerca da regulação entra na agenda acadêmica nas duas últimas décadas acompanhando a mudança estrutural advinda das reformas de desestatização, que modificaram o papel historicamente desempenhado pelo Estado brasileiro, caracterizado pela forte presença direta e indireta na vida econômica e social.[1] O movimento de difusão das agências reguladoras de natureza independente acompanha essa mudança quando, a partir de 1995, se institucionalizam no país dezenas de entes regulatórios no nível federal, estadual e municipal.[2]

O modelo de agência independente se inspira explicitamente no contexto norte-americano. Entretanto, a discussão conceitual dissociou-se de uma análise histórica da regulação no contexto norte-americano, que revela especificidades importantes, seja no que tange à própria concepção da "regulação" enquanto instrumento de intervenção estatal, seja no que tange ao papel das agências independentes.

De fato, a regulação no contexto americano acompanha a proliferação das atividades administrativas do Estado, tornando-se difícil distinguir, nas primeiras entidades independentes, a função regulatória de outras funções administrativas. A primeira agência regulatória foi criada em 1887 com o objetivo de regular o comércio promovido via ferrovias americanas – a Interstate Commerce Comission (ICC), respondendo à crescente indignação do público em relação às práticas de tarifas abusivas de transporte ferroviário. Seus poderes de *enforcement* foram expandidos no decorrer do governo Roosevelt. A partir de 1940 seu espectro regulatório incluiu, além das ferrovias, todos os tipos de transporte (com exceção de aviões). Os poderes regulatórios da comissão foram progressivamente expandidos por meio de novas leis, baseadas em interpretações mais abrangentes da Suprema Corte da Cláusula de Comércio, presente na Constituição.[3]

De forma geral, e se diferenciando substancialmente da reforma de cunho neoliberal do final de século XX, a regulação nos EUA surge

---

[1] ABRANCHES, S. Privatização, mudança estrutural e regulação. In: FÓRUM NACIONAL O DAY AFTER DA PRIVATIZAÇÃO DA INFRAESTRUTURA, 11. *Anais...* Rio de Janeiro, 1999; PIRES, J. C. L. Capacity, efficiency and contemporary regulatory approaches in the Brazilian energy sector: the experiences of Aneel and ANP. *Ensaios BNDES*, Rio de Janeiro, dez. 1999.
[2] MARTINS, H. F. *Reforma do Estado na era FHC*: diversidade ou fragmentação da agenda de políticas de gestão pública. Tese (doutorado) – Ebape/FGV, Rio de Janeiro, 2004; MELO, M. A. As agências reguladoras: gênese, desenho institucional e governança. In: ABRUCIO, F. L.; LOUREIRO, M. R. (Org.). *O Estado numa era de reformas*: os anos FHC. Brasília, 2002. parte 2. (Col. Gestão Pública.)
[3] BREYER, S. G. *Regulation and its reform*. Cambridge, MA: Harvard University Press, 1982.

como defesa à excessiva competição e assume um caráter intervencionista, potencializado por um ambiente caracterizado por crises profundas do capitalismo e por uma ideologia favorável à maior participação do Estado na vida econômica e social. No entanto, é a partir de 1960 que a regulação cresceu na maioria de setores, a partir de esforços do governo federal e dos estaduais de controlar preços e barreiras de entrada nos principais setores de serviços públicos. As agências federais passaram a regular rodovias, aviação, telecomunicações, energia elétrica, televisão, gás natural, enquanto os governos estaduais regulavam a parte intraestadual destes mesmos setores, estabelecendo desta forma um sistema descentralizado e compartilhado de funções regulatórias.[4]

O caráter intervencionista associado ao papel regulatório do Estado também inspirou, na contramão, as reformas relacionadas às entidades reguladoras. A onda neoliberal presente nas políticas governamentais a partir dos anos 1980, com o governo Reagan, associou a regulação à intervenção. A desregulamentação apresentou-se como um dos principais objetivos da reforma, marcando a extinção de diferentes agências reguladoras (como a ICC).

Dessa forma, a regulação no contexto americano se fez presente de forma cíclica, caracterizada por diferentes graus de intervenção regulatória. Consequentemente, distinguir a regulação do domínio inteiro da atividade governamental torna-se uma tarefa difícil e controversa.[5] As estratégias de reforma, dependendo das linhas políticas e ideologias, resumem-se, na sua grande maioria, em maior ou menor grau de regulação, assim como maior ou menor presença de estruturas burocráticas criadas para estes fins. Reformar o Estado implica ampliar ou reduzir suas funções regulatórias e as entidades burocráticas instituídas para tais fins.

Dessa forma, o exercício da atividade regulatória coincide, em boa parte, com a esfera de atuação da administração pública. De fato, no contexto americano, a regulação se define como a circunscrição governa-

---

[4] Ibid.

[5] WILSON, W. O estudo da administração. In: WALDO, Dwight. *Problemas e aspectos da administração pública*. São Paulo: Pioneira, 1966; BREYER, S. G. *Regulation and its reform*, 1982, op. cit.

mental de uma gama de condutas permissíveis aos indivíduos e grupos[6] e não se limita apenas à ação de comissões e agências (independentes ou não) com atuação em áreas de infraestrutura.

As raízes dessa concepção, assim como a forma peculiar de sua manifestação institucional – caracterizada pela existência de agências públicas com relativa independência com relação ao controle executivo – encontram-se no discurso dos *founding fathers* da administração pública. Em 1887, Woodrow Wilson, futuro presidente dos Estados Unidos da América, publica um artigo titulado "O estudo da administração",[7] que, basicamente, marca o surgimento da disciplina de administração pública enquanto um novo e distinto campo de conhecimento.

Para Wilson, a administração pública é governo em ação, tornando o conceito muito próximo do sentido atribuído à regulação. A administração nasce do desafio imposto pela multidão monárquica chamada "opinião pública" e pela crescente presença da intervenção estatal na vida econômica e social. Desde sua origem, apreende que sua força geradora – a democracia – torna seu trabalho árduo, complexo e de natureza incremental. Para lidar com esta relação ambígua entre democracia e administração, o autor propõe a clara distinção entre a administração e a política: questões administrativas não são questões políticas, embora a política estabeleça as tarefas da administração. Assim, Wilson define a administração pública como a execução detalhada e sistemática da lei pública. Cada aplicação particular da lei geral é um ato de administração. Para Wilson, os efeitos negativos da divisão política e administração poderiam ser equilibrados via autoridade da crítica exercida pela opinião pública. Outros autores clássicos, como Goodnow e Willoghby, apoiam essa divisão e destacam a relevância da função administrativa, negligenciado na clássica divisão tripartite de poder entre Executivo, Legislativo e Judiciário.

Resumindo, todos os autores clássicos de administração compartilham o pressuposto de que existem duas partes do processo governamental:

---

[6] FESLER, J. W. Independent regulatory agencies. In: MARX, F. M. (Org.). *Elements of public administration*. Upper Saddle River, NJ: Prentice-Hall, 1959.

[7] WILSON, W. "O estudo da administração", 1966, op. cit.

decisão e execução, política e administração; que a administração é um campo definido de *expertise* do qual a política é e deve ser excluída.[8] Essa concepção da administração pública enquanto função distinta governamental influenciou a consolidação de um marco institucional caracterizado por agências públicas de natureza relativamente independente, cujo principal objetivo, pelo menos em termos teóricos, é o desempenho da função administrativa do governo.

Dessa forma, no contexto norte-americano, proliferou uma série de agências públicas situadas num *continuum* de dependência e independência com relação ao controle executivo, não necessariamente relacionadas com a regulação de serviços públicos, mas se referindo, basicamente, ao exercício da função administrativa.

O conceito de independência refere-se não apenas à sua distinção da esfera da política, mas também à distância de centros econômicos de poder, distinguindo a independência:

a) *com relação aos fins procurados*, que diz respeito à formulação e à administração de políticas públicas sem a influência de interesses políticos e econômicos; e

b) *com relação aos meios para alcançar esses fins*, que se refere ao *status* organizacional de independência ou à isolação dos centros de poder econômicos ou políticos.[9]

O objetivo da independência assegurou-se via uma série de medidas organizacionais que – décadas depois – se replicariam no modelo da agência independente difundido pelas reformas regulatórias internacionais, entre as quais se destacam a criação de conselhos diretivos baseados numa composição bipartidária e mandatos não coincidentes entre os membros, formas de apontamento e desligamento dos membros via Senado e impossibilidade de demissão *ad nutum*, independência financeira, entre outras.

Dessa forma, o que se busca via agências independentes é a consolidação da divisão entre política e administração, de forma a possibilitar a especialização decorrente da divisão do trabalho (pensar/fazer) e poten-

---

[8] WALDO, D. *The administrative State*. Nova York: The Ronald Press Company, 1948.

[9] FESLER, J. W. "Independent regulatory agencies", 1959, op. cit.

cializar capacidades técnicas necessárias para o desempenho das tarefas administrativas. A independência no contexto americano não implica insulamento político ou econômico; ao contrário, o modelo de agência reconhece a impossibilidade de equidistância do órgão regulador em relação aos grupos de interesse. Para o desempenho da função política, é necessário fortalecer o sistema de eleição, enquanto para o desempenho da função administrativa é necessário contar com a *expertise* obtida via um adequado sistema meritocrático.[10]

Ao mesmo tempo que ganhava ferrenhos defensores, a divisão entre política e administração (materializada na independência de agências) suscitava profundas críticas que apontavam sua inconsistência conceitual e empírica. Waldo[11] resume as principais críticas:

> governar é um processo contínuo, cujas fases, mesmo conceitualmente distintas, tornam-se indistinguíveis na prática;

> política e administração não são duas categorias mutuamente excludentes, mas dois aspectos intimamente relacionados do mesmo processo;

> isolar a administração da política e o governo da economia pode comprometer nossa capacidade de raciocínio;

> a dicotomia demonstra-se falsa quando observada a atividade diária dos funcionários públicos, os quais apresentam poder discricionário, em menor ou maior grau, e não se concentram apenas no fazer/implementar políticas.

O fato é que a distinção entre política e administração apresenta-se como um debate ultrapassado nas teorias de administração pública desde os anos 1940. Uma das consequências mais relevantes desse debate é que a própria existência da regulação deve-se à impossibilidade prática de distinguir as fases do processo governamental, a política da administração. Segundo Fesler,[12] a regulação nasce por causa das falhas na clareza das regras emitidas pelo Poder Legislativo, da ambiguidade das normas de conduta necessárias para governar a vida econômica e social. Os objetivos

---

[10] WALDO, D. *The administrative State*, 1948, op. cit.

[11] Ibid.

[12] FESLER, J. W. "Independent regulatory agencies", 1959, op. cit.

da regulação – definir tarifas justas e razoáveis de energia e transporte, promover condições razoáveis à proteção da vida, saúde e segurança do trabalhador etc. – apresentam-se de forma ambígua e passível de questionamento por parte dos interessados, cabendo à parte técnica (a administração) maior poder discricionário. Esta incompatibilidade torna-se cada vez maior com o crescimento e a maior complexidade das funções do Estado ao longo da história.

Resumindo, os debates dos teóricos da administração pública demonstram, há tempo, os limites conceituais e práticos do modelo de agências independentes, que assumem várias nuances, decorrentes da impossibilidade do ideal da divisão entre política e administração. Mesmo assim, é nessa disfunção que pode ser encontrada a origem e a lógica subjacente à regulação e à sua difusão via agências independentes. Pollitt e colaboradores[13] destacam algumas das razões que justificam a predominância dessas entidades: (a) especialização de funções, permitindo maior profissionalização; (b) incentivos na motivação dos funcionários e dirigentes; (c) o suposto distanciamento de intervenções políticas e o potencial incentivo que isso pode fornecer aos gestores; (d) em alguns contextos, maior flexibilidade na seleção, treinamento e promoção no funcionalismo público; (e) maior transparência dos órgãos; e, por fim, (f) maior aproximação dos órgãos especializados de sua clientela.

Processos de difusão de agências e dos instrumentos regulatórios: convergência ou divergência?

Uma vertente importante da literatura mais recente trata dos mecanismos de difusão de modelos, agências e instrumentos regulatórios, e traz também importantes contribuições no que tange à regulação. Particularmente, a maior contribuição destes estudos diz respeito ao questionamento da relação entre a criação de agências reguladoras e a reforma de desesta-

---

[13] POLLITT, C. et al. Agency fever? Analysis of an international fashion. *Journal of Comparative Policy Analysis*: research and practice, n. 3, p. 271-290, 2001.

tização, que atribui ao processo de difusão de agências independentes, principalmente, aos ganhos decorrentes da: (a) redução de custos de tomada de decisão; e (b) necessidade de assegurar a credibilidade dos compromissos de longo prazo dos contratos, além dos prazos políticos.[14] É principalmente esta última explicação, caracterizada como mecanismo de difusão *bottom-up*,[15] que tem predominado também no contexto brasileiro para explicar a proliferação de agências reguladoras como estruturas mais adequadas de governança no contexto da pós-privatização.[16]

Entretanto, outros fatores desempenham um papel relevante na difusão das agências independentes em diversos contextos nacionais. Gilardi e Levi-Faur[17] destacam a relevância de *mecanismos verticais* de difusão, que se referem a pressões, formais ou informais, de organismos internacionais e movimentos regionais, assim como de *mecanismos horizontais* de difusão que se referem a influências originadas de um país para outro, de um setor para outro ou, dentro do mesmo país, da União para estados ou municípios.[18] Estes movimentos são inspirados no novo institucionalismo de DiMaggio e Powell,[19] que buscam explicar o alto grau de similitude no modelo de agência "independente", como consequência do isomorfismo normativo ou mimético – uma difusão de modelos considerados "legítimos", mas não

---

[14] A esse respeito, ver MAJONE, Giandomenico. Two logics of delegation: agency and fiduciary relations in EU governance. *European Union Politics*, n. 2, p. 103-122, fev. 2001.

[15] GILARDI, Fabrizio. The formal independence of regulators: a comparison of 17 countries and 7 sectors. *Swiss Political Science Review*, v. 11, n. 4, p. 139-167, 2005.

[16] MUELLER, Bernardo P.; PEREIRA, Carlos. Credibility and the design of regulatory agencies in Brazil. *Brazilian Journal of Political Economy*, v. 22, n. 3, p. 87, jul./ set. 2002; PACHECO, R. S. Agências reguladoras no Brasil: Ulisses e as sereias ou Narciso e Eco? In: CONGRESSO INTERNACIONAL DEL CLAD SOBRE LA REFORMA DEL ESTADO Y DE LA ADMINISTRACIÓN PÚBLICA, 8., Panamá, 2003. *Anais...* Panamá: Clad, 2003.

[17] GILARDI, F.; LEVI-FAUR, D. The institutional foundations of regulatory capitalism: the diffusion of independent regulatory agencies in western Europe. *Annals of the American Academy of Political and Social Science*, n. 598, p. 84-101, 2005.

[18] JORDANA, Jacint; LEVI-FAUR, David; FERNANDEZ MARÍN, Xavier. The global diffusion of regulatory agencies: channels of transfer and stages of diffusion. *Ibei Working Papers*, n. 28, dez. 2011.

[19] DIMAGGIO, P. J.; POWELL, W. The iron cage revisited: institutional isomorphism and collective rationality in organizational fields. *American Sociological Review*, n. 48, p. 147-160, 1983.

necessariamente eficientes. Jordana, Levi-Faur e Fernandez Marín[20] contribuem para esta discussão comprovando empiricamente a predominância das transferências setoriais no estágio de incubação e de *takeoff* do processo de difusão das agências. Estes mecanismos ajudam a compreender a adoção de modelo de agência no caso da Ancine ou Anvisa, que ocorreria não em razão de o modelo ser eficiente para o setor, mas por ser percebido como legítimo, como decorrência do processo mimético de difusão.

Este arcabouço conceitual parte da premissa de que existe um processo *convergente* de difusão de agências e de modelos regulatórios, sem considerar as especificidades locais e as possíveis diferenças na adoção e na operacionalização destes modelos. Esta é a perspectiva defendida por uma corrente alternativa de pesquisas que busca compreender a *divergência* nos modelos organizacionais e nos instrumentos regulatórios adotados em diferentes contextos locais. Para autores como Christensen e Laegreid,[21] Verhoest e Laegreid,[22] Pollitt e colaboradores,[23] Pollitt e Bouckaert[24] ou Smullen,[25] as agências e outros instrumentos regulatórios diferem substancialmente nas trajetórias, na forma de operacionalização e na retórica que os sustentam. Em outras palavras, a convergência acima observada seria apenas de forma, mas não de conteúdo.

Autores que buscam compreender as razões dessa divergência atribuem o fenômeno a:

a) variáveis de natureza *política* e *institucional* presentes no contexto doméstico de adoção, tais como natureza da burocracia e do processo

---

[20] Ibid.

[21] CHRISTENSEN, T.; LAEGREID, P. Competing principles of agency organization: the reorganization of a reform. In: EGPA CONFERENCE. *Paper*, Bucareste, 7-9 set. 2011.

[22] VERHOEST, Koen; LAEGREID, P. Organizing public sector agencies: challenges and reflections. In: LAEGREID P.; VERHOEST, K. (Ed.). *Governance of public sector organizations*: proliferation, autonomy and performance. Hampshire: Palgrave Macmillan, 2010. p. 275-297.

[23] POLLITT, C. et al. "Agency fever?", 2001, op. cit.

[24] POLLITT, C.; BOUCKAERT, G. *Public management reform*. 2. ed. Oxford: Oxford University Press, 2004.

[25] SMULLEN, A. Translating agency reform through durable rhetorical styles: comparing official agency talk across consensus and adversarial contexts. *Public Administration*, v. 88, n. 4, p. 943-959, 2010.

político ou as posições dos principais atores envolvidos no processo regulatório.[26] De fato, modismos internacionais são modificados de acordo com valores institucionais e culturais do aparato político-administrativo local e de acordo com especificidades internas do processo de tomada de decisão;[27] ou

b) escassez de *capacidades organizativas ou processuais*, como falta de recursos humanos treinados, sistemas de informação precários, desenho inadequado de modelos ou atos normativos, entre outros.[28] Esta última visão predomina também nas recomendações – que impulsionam a difusão mimética de "formas" – de organismos internacionais, como a Organização para Cooperação e Desenvolvimento Econômico (OCDE) ou o Banco Mundial.

A compreensão do processo de difusão das agências e dos modelos regulatórios torna-se relevante quando se considera que o Brasil é um caso típico de explosão do modelo de "agência independente" ou de difusão de outros modelos e instrumentos regulatórios. No país, existem mais de cinquenta agências reguladoras (federais e estaduais), que abrangem uma gama de funções e atividades díspares do ponto de vista dos mecanismos *bottom-up* e tentativas de novos modismos regulatórios internacionais, como a análise de impacto regulatório (AIR).

O contexto regulatório brasileiro é caracterizado por algumas especificidades que influenciam o processo de difusão de agências ou de novos

---

[26] RADAELLI, C. M. Diffusion without convergence: how political context shapes the adoption of regulatory impact assessment. *Journal of European Public Policy*, v. 12, n. 5, p. 843-924, 2005; RADAELLI, C. M. Desperately seeking regulatory impact assessment: diary of a reflective researcher. *Evaluation*, v. 15, n. 1, p. 31-48, 2009.

[27] YESILKAGIT, K.; CHRISTENSEN, J. G. Institutional design and formal autonomy: political versus historical and cultural explanations. *Journal of Public Administration Research and Theory*, n. 29, p. 53-74, 2009.

[28] JACOBS, C. The role of regulatory impact assessment in democratization: selected cases from the transition States of central and eastern Europe. *Working Paper 101*, Center on Regulation and Competition, University of Manchester, 2005. KIRKPATRICK, C; PARKER, D; ZHANG Y-F. Regulatory impact assessment in developing and transition economies: a survey of current practice and recommendation for further development. *Working Paper 83*, Center on Regulation and Competition, University of Manchester, 2003; KIRKPATRICK, C; PARKER, D; ZHANG Y-F. Regulatory impact assessment in developing and transition economies: a survey of current practice. *Public Money & Management*, v. 24, n. 5, p. 291-296, 2004.

instrumentos regulatórios. Destaca-se, primeiramente, uma predominância da concepção econômica da regulação. De fato, a regulação está relacionada com a mudança no papel do Estado decorrente dos processos de desregulamentação e privatização dos anos 1990, uma reforma com consequências econômicas, políticas e institucionais. A regulação foi definida em termos de instrumentos econômicos que coíbem os comportamentos anticompetitivos das empresas. Diferentemente de outros contextos, onde a regulação se refere ao poder normativo do Estado de forma mais ampla, existe certa confusão entre os diferentes *stakeholders* dominantes do contexto brasileiro sobre o papel da regulação, predominando a visão econômica. À medida que se difundem os modelos de agência independente em diversos setores, além da infraestrutura, ou que se buscam novos instrumentos de melhoria da qualidade regulatória (baseados nesta visão mais abrange da regulação), essa visão economicista da regulação encontra dificuldades de adaptação.

De fato, os primeiros anos da reforma centraram-se na criação de entidades regulatórias independentes em setores de serviços públicos como eletricidade ou telecomunicações, abordando, principalmente, o formato organizacional e o papel institucional desses órgãos. Embora tenham objetivos e atuação diferentes, as agências brasileiras são caracterizadas por um alto grau de isomorfismo organizacional. Formalmente, estas dependem dos ministérios, os quais são responsáveis por formular políticas regulatórias. No entanto, ao longo dos anos, o corpo técnico das agências, o conhecimento especializado desses órgãos e o esvaziamento dos ministérios contribuíram para concentrar o processo de formulação e implementação de políticas regulatórias nas agências, abrindo espaço para questionamentos do modelo.[29]

A difusão do formato organizacional de agência independente em setores como água, saúde suplementar, vigilância sanitária ou cinema respondeu a outro movimento estrutural – a necessidade de flexibilizar a

---

[29] PECI, A. Reforma regulatória brasileira dos anos 90 à luz do modelo de Kleber Nascimento. *Revista de Administração Contemporânea*, v. 11, n. 1, p. 11-30, 2007; MARTINS, H. F. *Reforma do Estado na era FHC*, 2004, op. cit.; MELO, M. A. "As agências reguladoras", 2002, op. cit.

burocracia. De fato, outros setores da administração pública almejavam a independência dos entes regulatórios como uma forma de obter maior autonomia de gestão, desencadeando um processo mimético de difusão horizontal. Dessa forma, o estabelecimento das agências brasileiras deve ser encarado como parte de um movimento maior de mudança estrutural, a flexibilização da gestão pública, que encontrou espaço fértil de proliferação no contexto da desestatização.[30] Mais uma vez, especificidades locais influenciaram o processo de difusão dos órgãos regulatórios independentes.

Nessa linha de estudos, Peci e Sobral[31] buscaram analisar o processo de adoção da análise de impacto regulatório no Brasil. A AIR é um dos instrumentos disponíveis para melhorar a qualidade da regulação e consiste na análise e avaliação dos possíveis benefícios, custos e impactos de regulamentações novas ou já existentes.[32] A OCDE[33] recomendou a adoção do instrumento no relatório "Brasil: fortalecendo a governança pelo crescimento", visando à melhoria da qualidade regulatória, com base em uma perspectiva de "governo como um todo", que privilegia a definição mais ampla da regulação, além da dimensão econômica, e aproximando-se da regulamentação como poder normativo. Por isso, além dos entes regulatórios independentes, o relatório recomenda que a AIR seja adotada por todos os órgãos com poder de regulamentação (OCDE, 2008a).

A pesquisa buscou compreender como as especificidades contextuais influenciarão o processo de difusão da AIR no Brasil, integrando as perspectivas política e organizacional sobre a adoção do instrumento em

---

[30] PECI, A. "Reforma regulatória brasileira dos anos 90 à luz do modelo de Kleber Nascimento", 2007, op. cit.

[31] PECI, Alketa; SOBRAL, Filipe. Regulatory impact assessment: how political and organizational forces influence its diffusion in a developing country. *Regulation & Governance*, v. 5, p. 204-220, 2011.

[32] ORGANISATION FOR ECONOMIC CO-OPERATION AND DEVELOPMENT (OECD). *Building an institutional framework for regulatory impact analysis*: guidance for policy makers. Paris: OCDE, 2008b.

[33] ORGANISATION FOR ECONOMIC CO-OPERATION AND DEVELOPMENT (OECD). Brasil: fortalecendo a governança regulatória. *Relatório sobre reforma regulatória*. Brasília: OCDE, 2008a.

países em desenvolvimento. Especificamente, este estudo baseou-se nas seguintes categorias de análise:

a) *Familiaridade do conceito.* A AIR está sendo introduzida no Brasil, e estudos demonstram que, nos países em desenvolvimento, pode prevalecer certa ambiguidade conceitual sobre o instrumento entre os principais *stakeholders*.[34] Os próprios conceitos de regulação *versus* regulamentação são controversos, considerando que prevalece, no país, uma perspectiva econômica da regulação.

b) *Capacidades organizacionais.* Capacidades existentes nas entidades com poder de regulamentação, em termos organizacionais, podem influenciar positivamente ou negativamente o processo de difusão da AIR.

c) *Contexto burocrático.* A concentração da autoridade regulatória apenas em alguns órgãos ou sua descentralização para um número grande de agências independentes, como no caso brasileiro, pode influenciar a implementação da AIR e motivar os representantes políticos a exercer controle sobre o processo de decisão das agências independentes;

d) *Processo de políticas públicas.* Peculiaridades do processo de políticas públicas, como alta fragmentação e falta de coordenação entre diversas unidades e agências governamentais, disparidades em termos de modelos organizacionais ou instrumentos regulatórios – aproximando-se de um modelo *garbage-can* –, podem também influenciar o processo de difusão da AIR.

e) *Atores centrais nas políticas regulatórias.* Considerando a fase introdutória da AIR no contexto brasileiro, representantes das agências reguladoras, líderes políticos e representantes dos ministérios destacam-se entre os atores principais que podem influenciar a adoção do instrumento.

Em termos teóricos, essa pesquisa, que contou com entrevistas com altos dirigentes e *stakeholders* direta e indiretamente envolvidos no processo de regulação, corrobora a tese da "difusão sem convergência" da

---

[34] KIRKPATRICK, C; PARKER, D; ZHANG Y-F. "Regulatory impact assessment in developing and transition economies: a survey of current practice", 2004, op. cit.

AIR, defendida por Radaelli.[35] De fato, o caso brasileiro de adoção da AIR também revela que os processos de difusão de políticas públicas dependem sempre do contexto local de adoção. Estes adaptam-se, de maneira dinâmica, às diversas combinações de variáveis de natureza política e organizacional – sempre singulares na sua manifestação local. Logo, é de esperar um distanciamento, em maior ou menor grau, de um modelo ideal da AIR, de natureza racional e empiricista, intimamente relacionado com o contexto norte-americano. Esse distanciamento pode influenciar a estratégia de adoção da AIR no Brasil, assim como os resultados, alguns imprevisíveis, advindos da adoção desse instrumento pelo governo federal.

Concretamente, a pesquisa demonstrou, diferentemente dos estudos dominantes acerca da AIR em países em desenvolvimento, que existem sólidas capacidades organizacionais no contexto brasileiro e estas podem influenciar positivamente a adoção do instrumento. Entretanto, essas capacidades, embora necessárias, não são suficientes para evitar a falta de convergência em práticas futuras de AIR, uma vez que importantes variáveis políticas também podem influenciar o processo de difusão do instrumento. Essas variáveis dependem do contexto local de adoção e, no caso brasileiro, relacionam-se, principalmente, com as especificidades do contexto burocrático e do processo de políticas públicas.

Resumindo, os estudos acima citados buscam demonstrar os possíveis limites da difusão mimética de modelos regulatórios internacionais no contexto local, assim como os processos de transformação que naturalmente ocorrem no decorrer do processo de adoção. De forma geral, esses trabalhos se contrapõem aos relatórios de organismos internacionais que focam, quase exclusivamente, a falta de capacidades organizacionais do governo brasileiro – como mais um caso de país em desenvolvimento. De fato, demonstrando que existem sólidas capacidades organizacionais, mas que os processos de adoção são naturalmente divergentes de um contexto para outro, espera-se contribuir para a prática de administração pública,

---

[35] RADAELLI, C. M. "Diffusion without convergence: how political context shapes the adoption of regulatory impact assessment", 2005, op. cit; RADAELLI, C. M. "Desperately seeking regulatory impact assessment: diary of a reflective researcher", 2009, op. cit.

adaptando modelos e instrumentos regulatórios às especificidades e às potencialidades que o país apresenta.

Regulação e governança

Vista a partir de uma perspectiva mais abrangente, a regulação modifica substancialmente a relação do Estado com o setor privado e com a própria sociedade civil organizada. Esse movimento é reconhecido no campo de administração pública com o termo "governança".

A governança entra no vocabulário da gestão pública nas duas últimas décadas, englobando conceitos contraditórios teórica e ideologicamente. Segundo Peters e Pierre,[36] a governança é uma contrapartida à concepção tradicional da administração pública. Seus principais focos de análise são os limites da ação do governo, bem como as relações estabelecidas entre governo e setor privado. Para Prats i Catalá,[37] a governança é um movimento que se faz presente nos anos 1990 e se refere ao reconhecimento da importância da boa interação entre governo, sociedade civil e setor privado.

No contexto europeu e estadunidense, a governança se refere à existência de alguns elementos que se materializam a partir das reformas neoliberais implementadas em grande escala a partir dos anos 1970:

a) *O domínio das redes em políticas públicas.* Desde a concepção de Castells[38] sobre o Estado em rede até os dias de hoje prevalece a ideia de que as redes, definidas *stricto sensu* como coleções amorfas de atores públicos, privados e sem fins lucrativos, dominam a esfera da administração

---

[36] PETERS, Guy; PIERRE, John. Governance without government? Rethinking public administration. *Journal of Public Administration Research and Theory*, v. 8, n. 2, 1998.

[37] PRATS I CATALÁ, Joan. Veinte años de modernización administrativa en los países de la OCDE: leciones aprendidas. In: SEMINÁRIO INTERNACIONAL SOBRE MODERNIZACION DEL ESTADO. *Anais...* Buenos Aires, 2006.

[38] CASTELLS, Manuel. *La era de la información*: economía, sociedad y cultura – la sociedad red. Madri: Alianza, 1996. v. 1.

pública.[39] Para alguns, as redes são vistas como um processo natural decorrente da abertura econômica e democratização,[40] enquanto para outros se referem ao domínio do setor privado sobre o setor público, decorrente do processo da perda de legitimidade deste último.[41]

b) *O controle cede lugar à influência*. Geralmente, nessas redes de políticas públicas, o governo perde seu poder central e a capacidade de controlar diretamente os atores e os recursos e passa a usar mais a capacidade de influência.

c) *Uso de recursos públicos e privados*. A existência e a institucionalização de parcerias formais e informais entre o setor público e o privado tornam possível o uso híbrido de recursos públicos e privados.

d) *Criação de modelos organizacionais híbridos*. Em alguns casos, a mistura dos recursos se dá via organizações híbridas do tipo *quangos* (Reino Unido), que tornam possível a operacionalização do conceito da governança.

Entretanto, é importante observar que o conceito de governança é substancialmente diferente dos movimentos de inspiração neoliberal dos anos 1990 e apresenta a tentativa de uma nova síntese das relações do Estado com o mercado e com a sociedade civil organizada.

Governança é um conceito essencialmente democrático: a redução do Estado como consequência das reformas neoliberais pode ter diminuído seu peso e transformado seu papel, mas o aumento das parcerias com o setor privado e com o terceiro setor também é impulsionado pela crescente pressão da sociedade. A *new public management* (NPM) é ideologicamente marcada pelo neoliberalismo e busca tornar as organizações públicas similares às privadas, reconhecendo apenas a diferença no produto a ser entregue. A governança reconhece a importância das organizações públicas na rede de articulação com o privado.

---

[39] LOYOLA, Elisabeth; MOURA, Suzana. Análise de redes: uma contribuição aos estudos organizacionais. In: FISCHER, Tânia (Org.). *Gestão estratégica*: cidades estratégicas e organizações locais. Rio de Janeiro: FGV, 1996; MANDELL, Myrna P. Community collaboration: working through network structures. *Policy Studies Review*, v. 16, n. 1, p. 42-64, 1999; MARSH, D.; RHODES, R. A. W (Org.). *Policy networks in British government*. Oxford: Clarendon, 1992.

[40] MANDELL, Myrna P. "Community collaboration", 1999, op. cit.

[41] PETERS, Guy; PIERRE, John. "Governance without government?", 1998, op. cit.

Governança tem foco interorganizacional: diferentemente da NPM, cujo principal foco são as práticas intraorganizacionais, a governança estimula as redes interorganizacionais como formas alternativas para o alcance do interesse público. O setor público é responsável pelo controle político e pelo desenvolvimento de estratégias que sustentam a capacidade de ação do governo. A NPM busca mudar o setor público, tornando-o próximo ao privado.

Governança sustenta-se em bases ideológicas diferenciadas da NPM: a governança é maleável em diferentes contextos ideológicos ou culturais. De fato, redes interorganizacionais, intersetoriais e gestão integrada podem ser implementadas gradativamente, em diversos contextos socioculturais, adaptando-se às suas características. Já a NPM sustenta-se pela ideologia neoliberal e busca a penetração das forças do mercado no setor público.

Não existe um modelo único de governança: diferentemente do modelo burocrático, a governança não pretende ser um modelo organizativo e funcional de validade universal. A governança é multifacetada e plural, busca eficiência adaptativa e exige flexibilidade, experimentação e aprendizagem via prova e erro.

Resumindo, a governança deriva da cultura política do país no qual se insere, enquanto a NPM não demonstra essa sensibilidade contextual e ideológica. Dessa forma, é de se esperar que os desenhos institucionais da governança sejam diferentes, dependendo do contexto em que são aplicados. De forma mais ampla, o conceito de governança pode ser utilizado na teoria de administração pública para qualificar as relações que o Estado (domínio dos políticos e burocratas) desenvolve com o setor privado (domínio das empresas e consumidores) e o terceiro setor (domínio da cidadania organizada em torno dos seus interesses). É essa interseção de relações entre o Estado, o setor privado e o terceiro setor que se torna principal foco de pesquisa para os pesquisadores de administração pública na atualidade.

Conclusões

Este capítulo buscou apresentar algumas discussões que se situam na interface das áreas de administração pública e regulação, ilustrando algumas contribuições advindas das pesquisas originadas nas duas áreas.

Inicialmente, resgatou-se a contribuição histórica de autores clássicos de administração pública no que tange ao debate política × administração, materializado no modelo de agência "independente". Uma análise histórica do surgimento do modelo no contexto norte-americano demonstra que a regulação nos EUA nasce como resultado da pressão da sociedade civil e consolida-se, desde sua origem, como uma política de intervenção estatal, que proliferava via estruturas burocráticas de regulação, sem intervenção direta na economia. Difere aqui substancialmente do caso brasileiro, em que a regulação se circunscreve à atuação de agências independentes em vários setores até então diretamente operados pelo Estado. Assim, a (in)dependência das entidades reguladoras (ou não) reflete um debate teórico de longa data e há tempo ultrapassado no contexto da administração pública. Fruto de um contexto histórico e ideológico caracterizado por crescente complexidade da ação do Estado e pela crença nas tecnologias administrativas, o modelo de agência independente buscou consolidar um ente de natureza técnica nas mãos de especialistas com *expertise* administrativa/técnica e independentes de excessivos controles governamentais. A experiência, no entanto, demonstrou que, com o tempo, os ganhos resultantes da especialização eram suplantados por excessos de funções e poderes por parte das agências com maiores poderes discricionários, como também se manifestou no caso das agências brasileiras, criticadas por acumularem funções de formulação e execução de políticas públicas. Entretanto, esse caráter técnico e a tendência à independência também asseguram ganhos de eficiência e sustentam o modelo – de forma cíclica – ao longo dos anos e em diversos contextos.

A literatura contemporânea de administração pública reconhece a força de um movimento de difusão do modelo da agência independente e de outros instrumentos regulatórios em vários contextos internacionais e contribui para desvendar outros fatores, para além da credibilidade dos contratos, que impulsionam a difusão. A maior contribuição da administração pública diz respeito ao reconhecimento do mimetismo de forma – copiam-se formatos organizacionais e vários instrumentos regulatórios –, ao passo que diagnostica uma divergência substancial na operacionalização desses modelos em diversos contextos locais.

Várias pesquisas buscam compreender o papel de variáveis políticas e institucionais nesses processos de difusão, e são particularmente interessantes porque avançam na crítica das recomendações de organismos internacionais que partem da premissa de existência de escassa capacidade organizativa ou procedimental em países em desenvolvimento como barreiras a reformas de melhoria regulatória.

Por fim, o texto busca demonstrar que as transformações decorrentes do papel regulatório do Estado, em países como Brasil, colocam em pauta dos pesquisadores de administração pública o conceito de governança que é utilizado para qualificar as relações que o Estado desenvolve com o setor privado e com o terceiro setor.

Referências

ABRANCHES, S. Privatização, mudança estrutural e regulação. In: FÓRUM NACIONAL O DAY AFTER DA PRIVATIZAÇÃO DA INFRAESTRUTURA, 11. *Anais...* Rio de Janeiro, 1999.

BREYER, S. G. *Regulation and its reform*. Cambridge, MA: Harvard University Press, 1982.

CASTELLS, Manuel. *La era de la información*: economía, sociedad y cultura – la sociedad red. Madri: Alianza, 1996. v. 1.

CHRISTENSEN, T.; LAEGREID, P. Competing principles of agency organization: the reorganization of a reform. In: EGPA CONFERENCE. *Paper*. Bucareste, 7-9 set. 2011.

DIMAGGIO, P. J.; POWELL, W. The iron cage revisited: institutional isomorphism and collective rationality in organizational fields. *American Sociological Review*, n. 48, p. 147-160, 1983.

FADUL, E. M. C. Reforma do Estado e serviços públicos: transformação de um modelo ou adaptação a uma nova ordem social? In: SEMINÁRIO INTERNACIONAL SOBRE REESTRUTURAÇÃO E REFORMA DO ESTADO. BRASIL E AMÉRICA LATINA NO PROCESSO DE GLOBALIZAÇÃO, 1998, São Paulo. *Anais...* São Paulo: FEA/FIA/USP, 1998.

FESLER, J. W. Independent regulatory agencies. In: MARX, F. M. (Org.). *Elements of public administration*. Upper Saddle River, NJ: Prentice-Hall, 1959.

GILARDI, Fabrizio. The formal independence of regulators: a comparison of 17 countries and 7 sectors. *Swiss Political Science Review*, v. 11, n. 4, p. 139-167, 2005.

_____; LEVI-FAUR, D. The institutional foundations of regulatory capitalism: the diffusion of independent regulatory agencies in western Europe. *Annals of the American Academy of Political and Social Science*, n. 598, p. 84-101, 2005.

JACOBS, C. The role of regulatory impact assessment in democratization: selected cases from the transition States of central and eastern Europe. *Working paper 101*. Center on Regulation and Competition, University of Manchester, 2005.

JORDANA, Jacint; LEVI-FAUR, David; FERNANDEZ MARÍN, Xavier. The global diffusion of regulatory agencies: channels of transfer and stages of diffusion. *Ibei working papers*, n. 28, dez. 2011.

KIRKPATRICK, C; PARKER, D; ZHANG Y-F. Regulatory impact assessment in developing and transition economies: a survey of current practice and recommendation for further development. *Working paper 83*. Center on Regulation and Competition, University of Manchester, 2003.

_____; _____; _____. Regulatory impact assessment in developing and transition economies: a survey of current practice. *Public Money & Management*, v. 24, n. 5, p. 291-296, 2004.

LEVY, Brian; SPILLER, Pablo T. The institutional foundations of regulatory commitment: a comparative analysis of telecommunications regulation. *Journal of Law Economics and Organisation*, v. 10, n. 2, p. 201-246, 1994.

LOYOLA, Elisabeth; MOURA, Suzana. Análise de redes: uma contribuição aos estudos organizacionais. In: FISCHER, Tânia (Org.). *Gestão estratégica*: cidades estratégicas e organizações locais. Rio de Janeiro: FGV, 1996.

MAJONE, Giandomenico. Two logics of delegation: agency and fiduciary relations in EU governance. *European Union Politics*, n. 2, p. 103-122, fev. 2001.

MANDELL, Myrna P. Community collaboration: working through network structures. *Policy Studies Review*, v. 16, n. 1, p. 42-64, 1999.

MARSH, D.; RHODES, R. A. W (Org.). *Policy networks in British government*. Oxford: Clarendon, 1992.

MARTINS, H. F. *Reforma do Estado na era FHC*: diversidade ou fragmentação da agenda de políticas de gestão pública. Tese (doutorado) – Ebape/FGV, Rio de Janeiro, 2004.

MELO, M. A. As agências reguladoras: gênese, desenho institucional e governança. In: ABRUCIO, F. L.; LOUREIRO, M. R. (Org.). *O Estado numa era de reformas*: os anos FHC. Brasília, 2002. parte 2. (Col. Gestão pública.)

MUELLER, Bernardo P.; PEREIRA, Carlos. Credibility and the design of regulatory agencies in Brazil. *Brazilian Journal of Political Economy*, v. 22, n. 3, p. 87, jul./ set. 2002.

ORGANISATION FOR ECONOMIC CO-OPERATION AND DEVELOPMENT (OECD). Brasil: fortalecendo a governança regulatória. *Relatório sobre reforma regulatória*. Brasília: OCDE, 2008a.

_____. *Building an institutional framework for regulatory impact analysis*: guidance for policy makers. Paris: OCDE, 2008b.

PACHECO, R. S. Agências reguladoras no Brasil: Ulisses e as sereias ou Narciso e Eco? In: CONGRESSO INTERNACIONAL DEL CLAD SOBRE LA REFORMA DEL ESTADO Y DE LA ADMINISTRACIÓN PÚBLICA, 8., Panamá, 2003. *Anais...* Panamá: Clad, 2003.

PECI, A. Reforma regulatória brasileira dos anos 90 à luz do modelo de Kleber Nascimento. *Revista de Administração Contemporânea*, v. 11, n. 1, p. 11-30, 2007.

_____; SOBRAL, Filipe. Regulatory impact assessment: how political and organizational forces influence its diffusion in a developing country. *Regulation & Governance*, v. 5, p. 204-220, 2011.

PEREIRA, C.; SINGH, Shane; MUELLER, Bernardo. Political institutions, policymaking, and policy stability in Latin America. *Latin American Politics and Society*, v. 53, p. 59-89, 2011.

PEREIRA, L. C. B. Estado, aparelho de Estado e sociedade civil. *Lua Nova*: revista de cultura e política, n. 36, 1995.

PETERS, Guy; PIERRE, John. Governance without government? Rethinking public administration. *Journal of Public Administration Research and Theory*, v. 8, n. 2, 1998.

PIRES, J. C. L. Capacity, efficiency and contemporary regulatory approaches in the Brazilian energy sector: the experiences of Aneel and ANP. *Ensaios BNDES*, Rio de Janeiro, dez. 1999.

POLLITT, C.; BOUCKAERT, G. *Public management reform*. 2. ed. Oxford: Oxford University Press, 2004.

_____ et al. Agency fever? Analysis of an international fashion. *Journal of Comparative Policy Analysis*: research and practice, n. 3, p. 271-290, 2001.

PRATS I CATALÁ, Joan. Veinte años de modernización administrativa em los países de la OCDE: leciones aprendidas. In: SEMINÁRIO INTERNACIONAL SOBRE MODERNIZACION DEL ESTADO. *Anais...* Buenos Aires, 2006.

RADAELLI, C. M. Diffusion without convergence: how political context shapes the adoption of regulatory impact assessment. *Journal of European Public Policy*, v. 12, n. 5, p. 843-924, 2005.

_____. Desperately seeking regulatory impact assessment: diary of a reflective researcher. *Evaluation*, v. 15, n. 1, p. 31-48, 2009.

SMULLEN, A. Translating agency reform through durable rhetorical styles: comparing official agency talk across consensus and adversarial contexts. *Public Administration*, v. 88, n. 4, p. 943-959, 2010.

STIGLER, G. J. *The citizen and the State*: essays on regulation. Chicago: University of Chicago Press, 1975.

VERHOEST, Koen; LAEGREID, P. Organizing public sector agencies: challenges and reflections. In: LAEGREID P.; VERHOEST, K. (Ed.). *Governance of public sector organizations*: proliferation, autonomy and performance. Hampshire: Palgrave Macmillan, 2010. p. 275-297.

WALDO, D. *The administrative State*. Nova York: The Ronald Press Company, 1948.

WILSON, J. Q. *The politics of regulation*. Nova York: Basic Books, 1980.

WILSON, W. O estudo da administração. In: WALDO, Dwight. *Problemas e aspectos da administração pública*. São Paulo: Pioneira, 1966.

YESILKAGIT, K.; CHRISTENSEN, J. G. Institutional design and formal autonomy: political versus historical and cultural explanations. *Journal of Public Administration Research and Theory*, n. 29, p. 53-74, 2009.

Capítulo 3
Regulação financeira no Brasil
*Antônio José Maristrello Porto**

Introdução[1]

Este capítulo não tem por objetivo esgotar as nuances da regulação financeira no Brasil, mas trabalhar alguns tópicos desta área e oferecer ao leitor um encaminhamento pela literatura especializada que se aprofunda em cada um (e em outros) dos tópicos aqui abordados, de forma mais completa. Enfatiza-se, pois, o caráter introdutório do presente capítulo e sua função de guia ao leitor para buscas mais específicas e densas, a partir de referências aqui destacadas. Para tanto, inicia-se com uma abordagem geral sobre as peculiaridades do sistema financeiro e, posteriormente, adentra-se nas especificidades do sistema financeiro brasileiro.

---

* Graduado em direito pela Fundação de Ensino Octávio Bastos, LL.M. pela University of Illinois, doutor em direito pela University of Illinois. Atualmente, é professor pesquisador da Escola de Direito do Rio de Janeiro da Fundação Getulio Vargas (FGV Direito Rio) e coordenador do Centro de Pesquisa em Direito e Economia (CPDE) da mesma instituição.

[1] O autor agradece a assistência de pesquisa de Andrea Romualdo Lavourinha.

O sistema financeiro

O sistema financeiro, como o conhecemos, é uma extensão do sistema monetário e envolve (i) a realização de pagamentos, com a transferência local de moeda para a aquisição de bens e serviços; (ii) a gestão de moeda para consumo futuro, relacionando as preferências por liquidez e risco; e (iii) o monitoramento e a realocação de riscos.[2]

As instituições financeiras são aquelas responsáveis por intermediar os recursos financeiros entre os agentes econômicos, por exemplo, entre poupadores e tomadores de empréstimo, superavitários e deficitários. Vale citar também, como parte do sistema, as compensações,[3] o sistema de seguros[4] e a suavização do consumo ao longo do tempo.

A intermediação realizada pelas instituições financeiras pode ocorrer de duas formas: direta e indiretamente.[5] A intermediação indireta, especificamente, dá-se quando uma instituição financeira (banco ou cooperativa de crédito) faz a conexão entre aquele que necessita de recursos e aquele que possui excesso de recurso, o poupador. Não há contato entre as partes, mas entre cada uma e a instituição financeira, que se apresenta como intermediadora da transação. Sendo assim, a instituição financeira se torna responsável por avaliar quais tomadores merecem recursos, por monitorar o pagamento e cobrar um valor pelo serviço prestado.

A forma direta é observada mais comumente no mercado de capitais. O fluxo de recursos ocorre entre poupador e tomador de recursos. As

---

[2] PINHEIRO, Armando Castelar; SADDI, Jairo. *Direito, economia e mercados*. Rio de Janeiro: Elsevier, 2005. p. 433-434. Com efeito, segundo os autores, "de forma algo resumida, podemos dizer que o sistema financeiro: (i) realiza pagamentos, que são a contrapartida da compra de bens e serviços, e transfere moeda de um local para outro; (ii) guarda a moeda (poupança) daqueles que desejam postergar os seus gastos, alocando-a da forma mais eficiente do ponto de vista econômico, levando em conta as preferências individuais de retorno, liquidez e risco; (iii) seleciona, monitora, distribui e realoca riscos".

[3] As compensações possibilitam a liquidação de créditos e débitos recíprocos.

[4] É o caso das seguradoras, que transferem recursos das pessoas não afetadas por sinistro para aquelas que foram afetadas.

[5] PINHEIRO, Armando Castelar; SADDI, Jairo. *Direito, economia e mercados*, 2005, op. cit., p. 436.

instituições que atuam no mercado de capitais, como as corretoras, objetivam facilitar a conexão entre poupador e tomador de recursos de forma
a auxiliar a reduzir os custos de transação entre eles. As operações nesse
mercado ocorrem, em geral, na forma de títulos, enquanto na operação
indireta, através de contratos.

Vale notar que há grandes diferenças entre essas duas modalidades de
intermediação, que impactarão o risco assumido pelas partes. Quando da
intermediação direta, as instituições financeiras transmutam recursos, ou
seja, transformam-nos quanto ao seu (i) tamanho – é o caso de pequenos
poupadores, que investem em grandes operações sem incorrer nos custos
inerentes a estas; (ii) qualidade – visto que os bancos podem emitir títulos, em seu nome, com melhor qualidade quanto ao retorno e ao risco;
ou (iii) maturidade – adquirem-se, de poupadores, títulos de maturidade
curta, os quais podem ser transmutados em títulos de maturidade longa
para os tomadores de recurso. Suponhamos uma situação em que diversas
famílias venderam seus bens (joias e mobília, por exemplo) e aplicaram
estes recursos em títulos de curto prazo de um determinado "banco A".
A instituição financeira pode se utilizar desses recursos, a fim de fornecer
um empréstimo de longo prazo para uma família que deseja iniciar um
novo negócio, cuja maturação levará anos, e cujo sucesso é dubitável. Nesse
caso, as três transformações podem ser observadas. Pequenas aplicações de
poupadores tornaram-se grande aporte para os tomadores de empréstimo.
Os poupadores assumiram o risco de investir no "banco A", enquanto este
assumiu um risco, ainda maior, ao emprestar recursos para geração de um
novo negócio. Desse modo, títulos de curto prazo tornaram-se empréstimo
de longo prazo. Apenas pelas maturidades distintas, já podemos perceber
o risco da operação: os ativos dessas instituições ficam mais ilíquidos do
que seus passivos. Em outras palavras, alterando-se essa maturidade, a
instituição financeira compromete parcialmente sua capacidade de honrar
suas próprias dívidas, com relação a seus próprios credores.[6]

---

[6] Para melhor compreensão do papel das instituições financeiras no financiamento do setor
privado, ver STULZ, René. Does financial structure matter for economic growth? A corporate
finance perspective. In: DEMIRGÜC-KUNT, Asli; LEVINE, Ross. *Financial structure and*

A ineficiência do sistema e a solução eficaz

Uma forma de o mercado regular a quantidade de empréstimo em circulação, incentivar ou desincentivar inadimplências, dá-se por meio do valor da taxa de juros cobrada. A ideia é simples: *ceteris paribus* quanto menor a taxa de juros, maior o nível de crédito ofertado e maior o volume de propostas recebidas pelos que possuem excesso de recursos (que aceitam investir até em projetos pouco lucrativos). Por outro lado, quanto maiores as taxas de juros, menor o número de propostas recebidas. Os ofertantes de crédito investirão apenas nas propostas que apresentam bom retorno ao investimento realizado.

Há, porém, um limite nesse sistema. Isso porque, se o emprestador aumentar excessivamente a taxa de juros cobrada, acabará por alocar boa parte de seus recursos em projetos de alto risco, deixando de fora os de baixo risco e menor retorno. Em outras palavras, trata-se de um problema de seleção adversa.[7] Durante a vigência do empréstimo, ainda há outro problema de assimetria de informação. O credor tem dificuldade de monitorar como seus recursos estão sendo aplicados, a fim de garantir

---

economic growth: a cross-country comparison of banks, markets, and development. Cambridge: MIT, 2001. p. 154-155.

[7] Seleção adversa é um problema causado pela assimetria de informação e se manifesta ainda antes da realização da transação. Tal conceito econômico é caracterizado pela possibilidade de serem selecionados como devedores os tomadores de risco ruim. Aqueles que se aventuram a receber o crédito independentemente da taxa de juros cobrada, já que não intentam honrar seus compromissos, são selecionados como tomadores do empréstimo. A literatura aborda, com frequência, o exemplo do contrato de seguro. Nesse sentido, "*when there is adverse selection, people who know they have a higher risk of claiming than the average of the group will buy the insurance, whereas those who have a below-average risk may decide it is too expensive to be worth buying. In this case, premiums set according to the average risk will not be sufficient to cover the claims that eventually arise, because among the people who have bought the policy more will have above-average risk than below-average risk. Putting up the premium will not solve this problem, for as the premium rises the insurance policy will become unattractive to more of the people who know they have a lower risk of claiming. One way to reduce adverse selection is to make the purchase of insurance compulsory, so that those for whom insurance priced for average risk is unattractive are not able to opt out*" (ECONOMICS A-Z terms beginning with A. *The Economist*. Disponível em: <www.economist.com/economics-a-to--z#node-21529329>. Acesso em: 2 fev. 2013). Ver também KRUGMAN, Paul; WELLS, Robin. *Introdução à economia*. Rio de Janeiro: Elsevier, 2007. p. 386.

a capacidade de adimplemento futuro da obrigação contraída. Trata-se do risco moral.[8]

Paralelamente, credores independentes, ou seja, aqueles que não fazem parte do sistema financeiro e que, portanto, não contam com uma estrutura burocrática analítica semelhante à dos bancos, sofrem por não conseguirem informações mais precisas sobre o risco relacionado aos potenciais projetos que receberiam investimentos. Apresentam, ainda, dificuldades de avaliar o real risco de inadimplência em todas as situações.

Nesse contexto, as instituições financeiras, em especial os bancos, apresentam-se como ponto de eficiência do sistema. Eles detêm tecnologias que auxiliam na atração de diversas solicitações de empréstimo, avaliam riscos, retornos, monitoram projetos e contam com uma estrutura jurídica em caso de inadimplemento. A intermediação indireta, apesar de, em princípio, mais cara, apresenta vantagem comparativa em relação à direta na execução dessas atividades, caracterizadas pela presença de economias de escala e escopo.[9]

A instituição financeira também pode se utilizar de uma relação continuada com o tomador de recursos, que pode lhe dar acesso a informações de caráter privado, protegidas pela Lei do Sigilo Bancário. Considerando-se também o interesse do tomador de recurso de manter uma boa relação, torna-se possível o monitoramento e a avaliação da

---

[8] Risco moral é o termo utilizado para denotar a alteração de comportamento perante o risco, quando modificada alguma circunstância. "O problema dos incentivos distorcidos surge quando um indivíduo tem informação privilegiada sobre suas próprias ações, mas outro carrega o custo de uma falta de cuidado ou falta de esforço. Isso é conhecido como *risco moral*. Para lidar com o risco moral é necessário dar aos indivíduos com informação privilegiada algum interesse pessoal no que acontece, um interesse que lhe dê motivo para fazer esforço mesmo quando os outros não podem verificar se esse esforço foi feito. O risco moral é uma das razões pelas quais os vendedores em muitas lojas recebem uma comissão sobre suas vendas: é difícil para os gerentes ter certeza sobre os vendedores que estão realmente trabalhando" (KRUGMAN, Paul; WELLS, Robin. *Introdução à economia*, 2007, op. cit., p. 387).

[9] Economia de escala significa que o custo médio por unidade decresce à medida que crescem os volumes do produto. Economias de escopo ocorrem quando se torna mais barato agregar produções de diferentes bens do que fazê-los separadamente. Podem, por exemplo, utilizar a mesma matéria-prima.

instituição e permite-se, inclusive, a concessão de benefícios aos bons tomadores de empréstimo.[10]

Outra eficiência promovida pela instituição financeira relaciona-se à sua capacidade de transformar uma situação de incerteza em uma de quase certeza, transferindo os riscos envolvidos aos agentes que melhor lidam com os mesmos, tal como ocorre no caso dos seguros. Nesse mesmo sentido, instituições financeiras, na posição de intermediárias, recebem recursos das cobranças de taxas de prestação de serviço e, principalmente, do *spread* bancário.[11]

Por que regular o mercado financeiro?

Um sistema financeiro robusto e atuante é uma variável importante para o desenvolvimento econômico de um país.[12] Desse modo, merecem especial

---

[10] O Brasil aprovou a Lei nº 12.414/2011, que disciplina a formação e consulta a banco de dados com informações de adimplemento de pessoas naturais e jurídicas, para formação de histórico de crédito. Facilitou-se, com isso, o reconhecimento dos bons tomadores de empréstimo e, portanto, a efetiva concessão de benefícios aos mesmos. A medida legislativa também vai ao encontro da literatura microeconômica, a qual preceitua que o fenômeno da informação assimétrica gera uma falha de mercado e que sua correção proporciona um funcionamento mais eficiente do sistema. Ver: PORTO, Antônio José Maristrello. O direito e a economia do cadastro positivo. *Revista de Direito Empresarial*, Curitiba, n. 14, p. 35-48, jul./dez. 2010. (Coord.: RIBEIRO, Marcia Carla Pereira; GONÇALVES, Oksandro.)

[11] *Spread* é a diferença entre a taxa de captação paga pela obtenção do recurso do poupador e a taxa do empréstimo concedido, praticada pelo banco (PINHEIRO, Armando Castelar; SADDI, Jairo. *Direito, economia e mercados*, 2005, op. cit., p. 445).

[12] Pesquisas demonstram que "*financial development exerts a large positive impact on economic growth. The conclusion emerges from cross-country studies, industry-level studies, firm-level studies, and time-series evaluations*" (BECK, Thorsten et. al. Financial structure and economic development: firm, industry, and country evidence. In: DEMIRGÜÇ-KUNT, Asli; LEVINE, Ross (Ed.). *Financial structure and economic growth*: a cross-country comparison of banks, markets, and development. Cambridge: MIT, 2001. p. 189). Ainda assim, dúvidas e questionamentos se originam dessa premissa. Os mesmos autores levantam o seguinte questionamento acerca de diversos tipos de sistemas financeiros e sua relação com o crescimento econômico: "[...] *the positive relationship between growth and financial development prompts the following question: Which specific types of financial systems are particularly conducive to new firm formation, existing firm expansion, industrial success, and overall economic growth?*".

atenção os mecanismos que contribuem para a manutenção e o desenvolvimento deste sistema. Nesse sentido, a regulação é uma modalidade de intervenção estatal, que visa à manutenção e ao desenvolvimento do sistema financeiro, atuando de modo a sanar falhas de mercado. Assim, seu escopo seria o de maximizar a eficiência econômica e defender o interesse público, nos casos em que o mercado não está funcionando de modo satisfatório. Com efeito, os bens jurídicos a serem tutelados pelo Estado no mercado financeiro são, em última instância, a confiança do público poupador nas instituições financeiras, a fidúcia dos agentes econômicos em sua moeda, bem como a certeza jurídica quanto à execução dos títulos de crédito, no caso de eventual inadimplência.

Justifica-se a intervenção, em razão das especificidades das instituições financeiras, em especial pelo fato de o destinatário final da regulação ser o consumidor final de serviços bancários, ou seja, a sociedade como um todo. Nesse sentido, há argumentos jurídicos e econômicos que corroboram tal entendimento.

Perspectiva econômica

Grande parte da instabilidade no mercado financeiro tem relação com uma questão temporal específica. Ao contrário da maioria das atividades comerciais, cujas transações são realizadas simultaneamente, a atividade financeira é marcada pela fidúcia: é necessário um lapso temporal entre a tomada do empréstimo e seu devido pagamento. Sendo assim, há duas razões centrais relacionadas à importância da regulação financeira. A primeira é de caráter macroeconômico e está ligada à criação de moeda e de canais de transmissão de política monetária.[13]

O Banco Central (Bacen) possui mecanismos de monitoramento e controle tanto da oferta total de moeda na economia quanto da base

---

[13] PINHEIRO, Armando Castelar; SADDI, Jairo. *Direito, economia e mercados*, 2005, op. cit., p. 449.

monetária[14] voluntária ou não. À razão entre a oferta total de moeda e a base monetária dá-se o nome de multiplicador monetário, importante ferramenta a ser influenciada pela política monetária do governo com vistas ao controle da inflação. O Bacen possui como principais instrumentos regulatórios a proporção de depósitos compulsórios sobre depósitos à vista e a prazo, a taxa de redesconto (*i.e.*, quanto o Bacen cobra para socorrer bancos com problemas de liquidez) e a realização de operações no mercado aberto, aumentando ou reduzindo a base monetária.

A segunda razão a justificar a regulação financeira é de natureza microeconômica e pauta-se em três objetivos: estabilidade, eficiência e equidade. Esses objetivos apresentam algumas incompatibilidades intrínsecas. Por exemplo, o aumento da eficiência por redução de controles, apesar de contribuir para a redução de custos, pode gerar perdas de estabilidade no sistema.

A motivação e a natureza da regulação microeconômica são razoavelmente diferentes, a depender de a intermediação ocorrer de forma direta ou indireta.[15] No caso da intermediação direta, a decisão e o risco pertencem à esfera do poupador. Nesse caso, o papel da regulação é garantir ao poupador acesso a informações em quantidade e qualidade suficientes, a fim de que ele tome uma decisão mais informada e monitore adequadamente o risco de sua aplicação. Tal espécie de regulação é denominada informacional.

Por outro lado, quando a intermediação ocorre de forma indireta, o intermediário financeiro decide onde e como aplicar os recursos, e, assim, assume o risco da operação. O regulador, portanto, tem como desafio dosar o risco assumido pelo intermediário, de forma a estimular operações arriscadas, mas socialmente desejáveis. Paralelamente, deve garantir a solvência do intermediador e possibilitar a devolução dos recursos aplicados pelos poupadores. A esse tipo de regulação dá-se o nome de regulação prudencial.

---

[14] Entende-se por base monetária a soma do papel moeda com as reservas bancárias no Banco Central do Brasil (ibid., p. 449-450).

[15] Ibid., p. 436.

Duas são as motivações da regulação prudencial. Primeiramente, ela visa proteger os recursos dos indivíduos e empresas que mantêm depósitos à vista e outras aplicações nas instituições financeiras – bancos, seguradoras e fundos, por exemplo. A origem dessa proteção é a concepção de poupadores como entes com carência de incentivos, informação e recursos necessários para monitorar e influenciar a gestão das instituições intermediadoras e sua política de aplicação de recursos. Assim, é o órgão regulador capaz de representá-los ativamente.

Além disso, a regulação prudencial promove a segurança e a eficiência do sistema de pagamentos. Como o sistema bancário funciona de forma interligada e alavancada, a quebra de um único banco poderia gerar desconfiança, a qual recairia sobre todo sistema financeiro, gerando um efeito dominó, conhecido como risco sistêmico.[16]

O regulador deparara-se com três fontes principais de risco: aquela proveniente do crédito, das taxas de juros e, por fim, da liquidez. Existem ainda os riscos fora do balanço, frequentemente associados ao uso de derivativos e operações de seguro realizadas pelos bancos. O regulador busca limitar a propensão ao risco das instituições financeiras, sem a pretensão de eliminá-las. Com as devidas adaptações, o mesmo se aplica às seguradoras e aos fundos de pensão.

O risco de crédito, ou de inadimplência, ocorre quando um indivíduo deixa de honrar sua dívida com a instituição e esta tem de arcar com esses custos. No nível microeconômico, vige a lei dos grandes números – quanto

---

[16] O risco sistêmico se relaciona "à possibilidade de transmissão de perdas entre os agentes do mercado por meio do risco de crédito existente em suas relações contratuais. Essa interdependência entre as instituições financeiras pode ser responsável por disseminar aos clientes das outras instituições a sensação de que, se um agente teve uma performance ruim e entrou em insolvência, possivelmente os outros atores no mercado sofram de males semelhantes. Ocorre, então, o abalo da confiança e, por conseguinte, um efeito de contágio, que pode ocasionar uma demanda por saques superior à capacidade dos bancos. Trata-se, portanto, de um risco do mercado como um todo e não de uma instituição específica, razão pela qual sua gestão incumbiria mais propriamente ao regulador do que aos agentes econômicos" (SAMPAIO, Patrícia; LAVOURINHA, Andréa. Considerações finais: notas sobre concorrência e regulação no setor bancário nacional. In: PORTO, Antônio José Maristrello; GONÇALVES, Antônio Carlos Porto; SAMPAIO, Patrícia Regina P. (Org.). *Regulação financeira para advogados*. Rio de Janeiro: Elsevier; FGV, 2012. p. 124).

maior o número de operações realizadas, menor a possibilidade de uma inadimplência de fato impactar o balanço do banco. Entretanto, se um evento macroeconômico ocorrer, como uma grave contração econômica, a instituição financeira poderá enfrentar um processo generalizado de não pagamento. Esse risco é amenizado, por exemplo, pela exigência de garantias e pela partilha de informações sobre bons e maus pagadores.

O risco de liquidez bancária acontece quando não há certeza de que os credores serão pagos em tempo. Isso ocorre como resultado direto da transmutação de prazos dos ativos, realizada pelas instituições financeiras. Ao contrário da maioria dos ativos bancários, os depósitos à vista e muitas poupanças têm liquidez imediata. Esse problema se conecta ao do risco sistêmico uma vez que, em momento de pânico, muitos clientes decidem sacar recursos ao mesmo tempo, levando os bancos a sofrer um colapso, causado pela crise de liquidez. Há mecanismos de proteção ao sistema, no que se refere, especificamente, ao risco de contágio de uma crise eventual de liquidez. Exemplo disso é o fato de o Bacen figurar, muitas vezes, como emprestador de última instância, assim como a exigência de reservas compulsórias e seguros de depósito.

Quanto às transações fora de balanço, os bancos expandiram suas operações com produtos mais sofisticados de gestão de liquidez, como operações de *swaps* e de *hedge*. Na prática, apesar de não estarem no balanço contábil do banco, são transações muito alavancadas, o que exige monitoramento e regulação forte por parte dos agentes estatais.

Perspectiva jurídica

Além dos aspectos micro e macroeconômico já destacados, no âmbito do direito, há princípios jurídicos correspondentes, tais como os elencados pelo professor Roberto Quiroga,[17] os quais fundamentam a regulação microeconômica. O primeiro princípio é o de *proteção da mobilização*

---

[17] QUIROGA, Roberto. Os princípios formadores do direito do mercado financeiro. In: _____ (Org.). *Aspectos atuais do direito do mercado financeiro e de capitais*. São Paulo: Dialética, 1999.

da poupança nacional,[18] que basicamente diz respeito à própria função da intermediação financeira de transferir riqueza de agentes superavitários para agentes deficitários com intuito de gerar riquezas.

O segundo princípio é o de *proteção da economia popular*,[19] expressão cunhada na Constituição da República (CR), que objetiva a promoção do desenvolvimento equilibrado do país e o alcance dos interesses da coletividade. Assim, é dever proteger a economia popular, por exemplo, da insolvência bancária. Tal princípio está conectado a um terceiro, de *estabilidade da entidade financeira*, pois, se o sistema sofrer um colapso, serão os poupadores da economia popular as principais vítimas.

Um quarto princípio relaciona-se ao *sigilo bancário*,[20] consagrado no ordenamento jurídico como direito fundamental pelo art. 5º, X e XII, da CF/88. Informações sobre valores depositados, aplicados ou sacados, são resguardadas pela proteção à privacidade. Por fim, há o quinto princípio, de *proteção da transparência de informação*, que trata da importância do fornecimento de informações transparentes ao público investidor. O escopo deste é a proteção daqueles que não têm acesso a informações e estariam, assim, em desvantagem em relação aos demais.[21]

Esses cinco princípios orientam a elaboração dos vários diplomas legais que disciplinam o sistema financeiro nacional, em especial no que tange à questão da solvência bancária, de sorte a evitar o aparecimento de riscos sistêmicos e garantir o funcionamento normal e eficiente das instituições financeiras. Tal regime jurídico diferenciado não é desprovido de questionamentos. Tendo em vista que indústrias também quebram e podem contaminar a economia, mantém-se a pergunta: o que tornaria o setor financeiro tão especial a ponto de receber uma regulação própria?

---

[18] PINHEIRO, Armando Castelar; SADDI, Jairo. *Direito, economia e mercados*, 2005, op. cit., p. 451.

[19] Ibid.

[20] Ibid.

[21] Ibid.

A primeira razão seria a diferença entre os tipos de credores envolvidos. Nos setores não financeiros, os credores são, em geral, investidores profissionais, como fundos de pensão e bancos, por exemplo. Grandes credores se diferenciam dos pequenos por sua capacidade, em geral, de influenciar e monitorar a gestão das empresas em que investem.[22] A estrutura passiva das instituições financeiras se diferencia bastante daquela das empresas. Seus credores são, muitas vezes, também seus clientes, o que reduz o incentivo para que eles monitorem os investimentos dessas instituições. Isso ocorre pela dificuldade de o cliente se ver também como credor dessas instituições.

Além disso, os credores normalmente são pequenos, dispersos, pouco informados e sem capacidade para monitorar o desempenho e o risco assumidos pelas instituições financeiras. Ademais, as instituições financeiras operam com maior descasamento entre liquidez de seus ativos e passivos e de forma bem mais alavancada que outras empresas. Da mesma forma, cada credor individual tem menos incentivo para monitorar o desempenho global da instituição.

Há uma forte defesa da regulação bancária em nome do interesse público no que tange à "democratização" do crédito, por exemplo, o acesso ao crédito de todos os potenciais habilitados ao seu recebimento. Somente com alguma regulação, tal como a permissão de subsídios ou a destinação específica de valores para determinados setores como crédito para microempresa ou habitacional, por exemplo, pode-se atingir essa democratização. Ainda nessa linha, a regulação é capaz de impedir, do ponto de vista concorrencial, a prática de condutas monopolísticas ou a competição predatória. O ato de influir no comportamento dos agentes, restringindo ou reequilibrando seus incentivos de forma a melhor alinhá-los com o interesse social, parte do regulador. Exemplos de tal influência são, entre outros, as vedações de fusões que causem domínio de mercado, a restrição à entrada em certos mercados e os requerimentos de capital mínimo para impedir alavancagem predatória.

---

[22] Ibid., p. 452-453.

Regulação do mercado financeiro no Brasil

Sistema financeiro nacional (SFN)

O sistema financeiro brasileiro estrutura-se através da combinação de instituições financeiras públicas e privadas.[23] Há diversos tipos de instituições financeiras, tais como as que captam depósitos à vista, aquelas que emprestam ou investem recursos sem captação de depósitos à vista – se apenas são intermediárias no mercado de compra e venda de títulos –, entre outras. Com tamanha diversidade de atividades, é de se esperar uma gama de órgãos reguladores que se responsabilizem pelas instituições de forma mais especializada, normatizando suas atividades, monitorando riscos e fiscalizando.[24]

Até 1964, as funções da autoridade monetária ficavam a cargo de três órgãos. O primeiro era a Superintendência de Moeda e Crédito (Sumoc), responsável por diversas atividades típicas de um banco central, como a fixação de depósitos compulsórios, da taxa de redesconto e emprestador de última instância para bancos que estivessem com problemas de liquidez. Tal instituição era a representante do país nos órgãos internacionais responsáveis por temas financeiros. Além disso, supervisionava a atuação de bancos comerciais e gerenciava a política cambial e a edição de normas, tais como as notórias instruções n°s 70 e 113 da Sumoc, respectivamente sobre leilões cambiais e importação de máquinas e equipamentos sem necessidade de cobertura cambial. A Sumoc foi criada no ano de 1945, como consequência das discussões de Bretton Woods. Representava a tentativa de se atribuírem funções de um banco central a um órgão que não exercia atuação comercial; as funções a ela atribuídas pertenciam ao Banco do Brasil. O segundo órgão do SFN era o Banco do Brasil (BB) – o

---

[23] ASSAF NETO, Alexandre. *Mercado financeiro*. 6. ed. São Paulo: Atlas, 2005. p. 79.

[24] Ibid., p. 81. Ver também: ESTRELA, Márcio Antônio; ORSI, Ricardo Vieira. *Moeda, sistema financeiro e Banco Central*: uma abordagem prática e teórica sobre o funcionamento de uma autoridade monetária no mundo e no Brasil. [S.l.: s.n.], 2010. p. 130. Disponível em: <www.concursosnivelmedio.com/download/bacen2010.pdf>. Acesso em: 27 abr. 2013.

banco governamental orientado a executar políticas monetárias e cambiais determinadas pela Sumoc. Assim, cabia ao BB o controle das operações de comércio exterior, o recebimento e administração dos depósitos compulsórios e voluntários dos bancos comerciais e a execução de operações de câmbio em nome de empresas públicas e do Tesouro Nacional – o terceiro órgão do sistema financeiro, responsável pela emissão de papel-moeda.

A alteração desse tripé se materializou a partir do ano de 1964. Tal modificação se deu com o intuito de gerar maior estabilidade monetária, a qual havia sido afetada pelo contexto de alta inflação que imperava desde a década anterior. Duas leis de alta relevância foram editadas: a Lei nº 4.595/1964 (Lei dos Bancos), que regula as instituições financeiras, e a Lei nº 4.728/1965, que dispunha sobre o mercado de capitais. Formava-se, assim, o arcabouço geral do que é, hoje, conhecido como o sistema financeiro nacional (SFN).

Pouco foi alterado desde então. Vale citar, como outros marcos normativos relevantes, a Lei nº 6.024/1974, que dispõe acerca da liquidação de instituições financeiras, e a Lei nº 7.492/1986, sobre crimes contra o sistema financeiro.

No topo da pirâmide normativa, instituída a partir de 1964, encontram-se os conselhos responsáveis pelos mercados bancário e de capitais (Conselho Monetário Nacional – CMN); o de seguros e fundos abertos de previdência (Conselho Nacional de Seguros Privados – CNSP); e o de previdência fechada (Conselho de Gestão da Previdência Complementar – CGPC). Entre esses, o CMN destaca-se como o mais relevante e influente conselho, por ser o órgão deliberativo máximo de todo SFN. Ele é responsável por definir as bases e diretrizes da regulação macroeconômica do SFN. Sendo assim, "ao CMN compete estabelecer as diretrizes gerais das políticas monetária, cambial e creditícia; regular a constituição, o funcionamento e a fiscalização de instituições financeiras e disciplinar os instrumentos de política monetária e cambial",[25] harmonizando o balanço de pagamentos e buscando condições favoráveis ao desenvolvimento coesivo da economia nacional.

---

[25] Disponível em: <www.fazenda.gov.br/portugues/orgaos/cmn/cmn.asp>. Acesso em: 2 fev. 2013.

São três os membros do CNM: o ministro da Fazenda, que preside o conselho, o ministro do Planejamento, Orçamento e Gestão e o presidente do Banco Central do Brasil (este último tem entre suas funções as de secretaria-executiva, organização e assessoramento das sessões deliberativas).[26] Os membros do conselho reúnem-se uma vez ao mês para deliberar sobre assuntos relacionados às competências do CMN. As matérias aprovadas são regulamentadas por meio de resoluções, normativas de caráter público, sempre divulgado no *Diário Oficial da União* e na página de normativos do Banco Central do Brasil.

Os poderes normativos do CMN foram limitados na CF/88. Apesar de resgatadas antigas prerrogativas do Poder Legislativo, permitiu-se que se prorrogasse por lei a delegação ou atribuição de competências normativas do Congresso a órgãos do Poder Executivo, como a Comissão de Valores Mobiliários (CVM), o que foi realizado em relação às políticas monetária e cambial.

Paralelamente, o Conselho Nacional de Seguros Privados (CNSP) é o órgão responsável por fixar diretrizes e normas da política nacional de seguros privados. Assim, cuida de regular a constituição, organização, funcionamento e fiscalização das atividades a ele subordinadas, bem como a aplicação das penalidades correspondentes previstas. Além disso, fixa características gerais dos contratos e estabelece diretrizes gerais das atividades de seguro, resseguro, previdência privada aberta e capitalização.

Por sua vez, o Conselho Nacional de Previdência Complementar (CNPC), que veio a substituir o antigo Conselho de Gestão da Previdência Complementar (CGPC) a partir de 2009, exerce a função de órgão regulador do regime de previdência complementar operado pelas entidades fechadas de previdência complementar. Desse modo, formula e acompanha políticas de previdência complementar a serem operadas pelos fundos de pensão. Presidido pelo ministro da Previdência Social, o CNPC conta ainda com um órgão interno cujo pronunciamento encerra a instância administrativa do processo: Câmara de Recursos da Previdência Complementar (CRPC).

---

[26] Cf. art. 6º do Decreto nº 1.307/1994.

Abaixo desses conselhos, há quatro principais órgãos reguladores/ supervisores, responsáveis pela aplicação das normas por eles emanadas. Estes regulamentam as diretrizes gerais fixadas pelas instituições normativas e fiscalizam as atividades e o cumprimento das determinações e normativas estabelecidas pelas instituições sob sua alçada.

O primeiro e mais relevante órgão é o Bacen, autarquia federal criada pela mencionada Lei dos Bancos (nº 4.595/1964). É o principal executor das orientações do CMN. Mantendo sua sede em Brasília, tem representações nas capitais de nove estados: Rio Grande do Sul, Paraná, São Paulo, Rio de Janeiro, Minas Gerais, Bahia, Pernambuco, Ceará e Pará.

A missão do Bacen é a de "assegurar a estabilidade do poder de compra da moeda e um sistema financeiro sólido e eficiente". Ademais, também é de sua alçada zelar pela adequada liquidez da economia; manter as reservas internacionais em níveis adequados; estimular a formação de poupança nacional; zelar pela estabilidade e promover o permanente aperfeiçoamento do sistema financeiro.[27]

Entre suas atribuições normais de banco central, destacam-se: emitir moeda; executar serviços de meio circulante e de compensação de cheques e outros papéis entre bancos; transferir recursos e emprestar, em última instância, para bancos com problemas de liquidez momentânea. Atua também como depositário das reservas compulsórias e voluntárias dos bancos, efetua operações de compra e venda de títulos públicos federais, exerce o controle de crédito, fiscaliza as instituições financeiras e autoriza seu funcionamento. Ademais, estabelece condições para o exercício de quaisquer cargos de direção nessas instituições, vigia a interferência de outras empresas nos mercados financeiros e de capitais e, finalmente, controla o fluxo de capitais estrangeiros no país.

Com base em seu planejamento estratégico para os anos de 2010 a 2014, o qual tem por escopo estabelecer um foco de atuação para a instituição no mencionado período, foram definidos oito objetivos estratégicos para o Bacen:[28]

---

[27] Disponível em: <www.bcb.gov.br/?planobc>. Acesso em: 8 jul. 2012.

[28] Ibid.

- assegurar o cumprimento das metas de inflação estabelecidas pelo Conselho Monetário Nacional;
- assegurar a solidez e o regular funcionamento do sistema financeiro nacional;
- promover a eficiência do sistema financeiro nacional e a inclusão financeira da população;
- assegurar o suprimento de numerário adequado às necessidades da sociedade;
- aprimorar o marco regulatório para o cumprimento da missão institucional;
- promover melhorias na comunicação e no relacionamento com os públicos interno e externo;
- aprimorar a governança, a estrutura e gestão da Instituição; e
- fortalecer a inserção internacional da Instituição.

O segundo órgão federal, também vinculado ao Ministério da Fazenda, é a CVM, instituída pela Lei nº 6.385/1976. Esta é responsável por regulamentar, desenvolver, controlar e fiscalizar o mercado de valores mobiliários no país. Para este fim, cabe-lhe assegurar o funcionamento regular e eficiente dos mercados de bolsa e balcão, onde ocorre a comercialização dos ativos mobiliários; proteger os titulares de valores mobiliários; evitar e coibir modalidades de fraude e manipulação no mercado; assegurar o acesso do público a informações sobre valores mobiliários negociados e sobre as companhias que os tenham emitido; assegurar a observância de práticas comerciais equitativas no mercado de valores mobiliários; estimular a formação de poupança e sua aplicação nos valores mobiliários; promover a expansão e o funcionamento eficiente e regular do mercado de ações e, por fim, estimular as aplicações permanentes em ações do capital social das companhias abertas.[29]

O terceiro órgão é a Superintendência de Seguros Privados (Susep), autarquia vinculada ao Ministério da Fazenda criada pelo Decreto-Lei nº 73, de novembro de 1966. É "responsável pelo controle e fiscalização do

---

[29] Art. 4º da Lei nº 6.385/1976.

mercado de seguro, previdência privada aberta, capitalização resseguro".[30] No último caso, compartilha competência com o IRB-Brasil Re S.A., empresa estatal criada pelo Decreto-Lei nº 1.186, de 1939, que, além de órgão regulador, também é monopolista nas operações de resseguros[31] no Brasil.

Entre as atribuições da Susep podem-se destacar sua função de executar a política traçada pelo CNSP; fiscalizar a constituição, organização, funcionamento e operação das sociedades sob sua alçada; atuar para proteger a captação de poupança popular que se efetua por meio de operações de seguro, previdência privada aberta, de capitalização e resseguro; zelar pela defesa dos interesses dos consumidores dos mercados supervisionados; promover o aperfeiçoamento das instituições e dos instrumentos operacionais a eles vinculados; promover a estabilidade dos mercados sob sua jurisdição; zelar pela liquidez e solvência das sociedades que integram o mercado; disciplinar e acompanhar os investimentos daquelas entidades, em especial os efetuados em bens garantidores de provisões técnicas; promover os serviços de secretaria executiva do CNSP.[32]

O quarto órgão é a Superintendência Nacional de Previdência Complementar (Previc), criada pela Lei nº 12.154/2009, em substituição à Secretaria de Previdência Complementar (SPC). A Previc é uma autarquia de natureza especial, vinculada ao Ministério da Previdência Social, com autonomia administrativa, financeira e patrimônio próprio. Ao contrário das agências reguladoras, seus diretores não têm mandatos fixos e podem ser substituídos a qualquer tempo pelo executivo. Além dos recursos do orçamento geral da União, a Previc conta ainda, como fontes de receita com uma taxa quadrimestral paga por cada fundo de pensão e com recursos originários de eventuais penalidades aplicadas, decorrentes de fiscalização ou execução judicial.

---

[30] Disponível em: <www.susep.gov.br/menu/a-susep/apresentacao>. Acesso em: 2 fev. 2013.

[31] Resseguro consiste em transferir para outras seguradoras, inclusive no exterior, o risco assumido por uma empresa seguradora, objetivando reduzir sua responsabilidade, tipicamente em operação de alto valor. Por meio do resseguro, operações que poderiam ter um efeito individual muito elevado ficam pulverizadas nas carteiras de muitas instituições, resgatando o espírito de que a posição passiva das seguradoras deve ser caracterizada por riscos pequenos e não correlacionados.

[32] Disponível em: <www.susep.gov.br/menu/a-susep/apresentacao>. Acesso em: 2 fev. 2013.

"A Previc atua como entidade de fiscalização e de supervisão das entidades fechadas de previdência complementar [fundos de pensão] e de execução das políticas para o regime de previdência complementar operado pelas entidades fechadas."[33] Ela propõe edição de normas ao CNPC, avalia impactos das normas e fomenta o intercâmbio de experiências nacionais e internacionais. Tal instituição se relaciona com os órgãos normativos do SFN para averiguação da observância das exigências legais de aplicação das reservas técnicas, fundos especiais e provisões, que as entidades sob sua jurisdição são obrigadas a constituir. A lei que criou a Previc estabeleceu, também, que o Bacen, a CVM e os órgãos de fiscalização da previdência complementar devem manter permanentemente um intercâmbio de informações, disponibilizar suas bases de dados de forma a garantir a supervisão contínua das operações realizadas no âmbito da competência de cada órgão.

Instituições operadoras do SFN

Instituições supervisionadas pelo Bacen

As instituições supervisionadas pelo Bacen são agrupadas em três categorias principais, que se diferenciam, principalmente, pelas suas prerrogativas de atuação. O primeiro grupo agrega as instituições que são captadoras de depósitos à vista, ou seja, que mantêm uma carteira de depósitos à vista da sociedade. Nessa categoria, estão inseridos os bancos múltiplos que tenham carteira comercial.[34] Estes, quer sejam privados ou públicos, também realizam operações ativas, passivas e acessórias de diversas instituições financeiras através das seguintes carteiras: comercial, de investimento e/ou desenvolvimento, de crédito imobiliário, de arrendamento

---

[33] Disponível em: <www.bcb.gov.br/pre/composicao/spc.asp>. Acesso em: 2 fev. 2013.

[34] Para que um banco múltiplo possa inserir-se nessa categoria, é necessário que tenha uma carteira comercial, aquela capaz de receber depósitos à vista. É possível haver bancos múltiplos sem carteira comercial. Estes, porém, pertencerão a outra categoria.

mercantil e crédito, e de financiamento. Cada operação se sujeita às normas legais e regulamentares correspondentes àquelas aplicáveis às instituições correspondentes às suas carteiras. Para serem constituídos, os bancos múltiplos precisam ter ao menos duas carteiras, sendo pelo menos uma delas, mandatoriamente, comercial ou de investimento. Precisam ainda estar organizados na forma de sociedade anônima. As instituições com carteira comercial podem captar depósitos à vista, mas devem conter, segundo a Resolução CMN nº 2.099/1994, a expressão "banco" em sua denominação social.

Na mesma categoria estão os bancos comerciais, instituições financeiras privadas ou públicas, cujo escopo é ofertar recursos necessários para financiamentos de curto e médio prazos para setores como comércio, indústria e pessoa física. Apesar de sua atividade principal ser a captação de depósitos à vista, lhes é permitida a captação a prazo. Assim como os bancos múltiplos, devem conter a denominação "banco" e ser constituídos na forma de sociedade anônima.

Deve-se citar, separadamente, a Caixa Econômica Federal (CEF), empresa pública, vinculada ao Ministério da Fazenda, criada em 1861 e regulada pelo Decreto-Lei nº 759, de 12 de agosto de 1969. Sua característica distintiva dos demais bancos comerciais é a prioridade de empréstimos e financiamentos a programas e projetos de assistência social, educação e trabalho. A CEF pode realizar operações de crédito direto ao consumidor para financiamento de bens de consumo durável, empréstimos sob garantia de penhor industrial e caução de títulos, além de deter o monopólio dos empréstimos sob penhor de bens pessoais e da venda de bilhetes de loteria federal. Ela também é responsável por centralizar o recolhimento e posterior aplicação de todos os recursos oriundos do Fundo de Garantia do Tempo de Serviço (FGTS). Ademais, também integra o Sistema Brasileiro de Poupança e Empréstimo (SBPE) e o Sistema Financeiro de Habitação (SFH).

Os últimos agentes econômicos pertencentes à primeira categoria são as cooperativas de crédito, instituições financeiras constituídas na forma de sociedade cooperativa, sem fins lucrativos e não sujeitas ao regime de falências. Por serem autorizadas a captar depósitos à vista, estão aptas a emitir moeda escritural, o que as habilita a serem consideradas instituições bancárias. Tal entendimento, porém, não é pacífico. De qualquer maneira, a Lei Complementar nº 130/2009 reafirmou a competência do CMN sobre o segmento cooperativo e determinou as competências do Bacen sobre essas entidades. As cooperativas podem se originar tanto no meio rural quanto urbano. Eventuais resultados positivos auferidos com suas operações são repartidos entre seus associados, do mesmo odo que, em caso de resultado negativo, perdas são rateadas entre eles. Às cooperativas de crédito é vedada a utilização do termo "banco" em sua denominação, devendo-se adotar, em seu lugar, a palavra "cooperativa". Há, entretanto, uma categoria especial de banco múltiplo ou comercial conhecida como banco cooperativo, quando é controlado por cooperativas centrais de crédito que detêm no mínimo 51% das ações com direito a voto. Submetem-se à legislação relativa aos bancos múltiplos ou comerciais em geral.

O segundo grupo de instituições financeiras corresponde àquelas que não captam depósitos à vista, mas administram recursos próprios. Podem ser citadas as agências de fomento, os bancos de desenvolvimento, os bancos de investimento e as sociedades de crédito. As agências de fomento possuem como objeto social a concessão de financiamento de capital fixo e de giro associado a projetos na unidade da Federação onde se situa sua sede. Cada unidade da Federação só pode constituir uma agência de fomento, sempre na forma de sociedade anônima de capital fechado. São essencialmente instituições repassadoras de recursos: não podem captar recursos junto ao público, recorrer ao redesconto, nem ter participação societária em outras instituições financeiras.

As associações de poupança e empréstimo são sociedades civis que objetivam o mercado imobiliário e o Sistema Financeiro da Habitação. Estas associações podem emitir letras e cédulas hipotecárias, realizar depósitos de cadernetas de poupança, receber depósitos interfinanceiros e empréstimos externos.

Bancos de desenvolvimento são instituições financeiras controladas pelos governos estaduais, com objetivo de proporcionar suprimento de recursos necessários ao financiamento de programas e projetos, com vistas à promoção do desenvolvimento econômico e social do respectivo estado. Para promoção de seus empréstimos e financiamentos, tais bancos captam recursos através de operações de depósitos a prazo, empréstimos externos, emissão ou endosso de cédulas hipotecárias, emissão de cédulas pignoratícias de debêntures e títulos de desenvolvimento econômico.

Devem adotar em sua denominação a expressão "banco de desenvolvimento". Além disso, têm sede na capital do respectivo estado controlador e adotam a forma de sociedade anônima. Atualmente, há três representantes dessa categoria no Brasil: o Banco Regional de Desenvolvimento do Extremo Sul (BRDE), compreendendo os estados da Região Sul e estado do Mato Grosso do Sul; Banco de Desenvolvimento de Minas Gerais (BDMG); e Banco de Desenvolvimento do Espírito Santo (Bandes).

Os bancos de investimento, por outro lado, são instituições financeiras especializadas em operações de participação societárias de caráter temporário, de financiamento da atividade produtiva para suprimento de capital fixo e de giro e de administração de recursos de terceiros. Devem ser constituído na forma de sociedade anônima e conter, em sua denominação social, a expressão "banco de investimento". Não possuem conta-corrente, tendo de captar recursos via depósitos a prazo, repasses de recursos externos e internos, e venda de cotas de fundos de investimentos por eles administrados.

Por outro lado, há o Banco Nacional de Desenvolvimento Econômico e Social (BNDES), empresa pública federal com personalidade jurídica de direito privado e patrimônio próprio. Sua criação data de 1952. É entidade vinculada ao Ministério de Desenvolvimento, Indústria e Comércio Exterior, e tem como objetivo apoiar empreendimentos que contribuam para o desenvolvimento do país, com vistas à melhoria da competitividade da economia brasileira e elevação da qualidade de vida da população. Nesse sentido, o BNDES financia grandes empreendimentos industriais e de infraestrutura, agricultura, comércio, programas especiais de apoio ao desenvolvimento de micro, pequenas e médias empresas, bem como investimentos sociais direcionados para educação, saúde, saneamento básico, transporte coletivo de massa, entre outros. Suas linhas de apoio contemplam financiamentos de longo prazo e custos competitivos para o desenvolvimento de projetos de investimento e para comercialização de máquinas e equipamentos novos, fabricados no país, bem como para o incremento das exportações brasileiras, área liderada pela subsidiária Agência Especial de Financiamento Industrial (Finame). Contribui também para o fortalecimento da estrutura de capital das empresas privadas e desenvolvimento do mercado de capitais através de sua subsidiária BNDESPAR.

Concomitantemente, há também as sociedades de crédito, financiamento e investimento, conhecidas como financeiras, instituídas por portaria do Ministério da Fazenda, em 1959. São instituições financeiras privadas, na forma de sociedade anônima, que têm como objetivo básico a realização de financiamentos para aquisição de bens, serviços e capital de giro, capitalizando-se através de letras de câmbio.

Assemelham-se às sociedades de crédito imobiliário (Lei nº 4.380/1964), estas captadoras de recursos via depósitos de poupança, emissão de letras e cédulas hipotecárias, depósitos interfinanceiros, aplicando os mesmos no financiamento para construção de habitações, crédito para compra ou reforma de casa própria, financiamento de capital de giro de empresas incorporadoras, produtoras e distribuidoras de material de construção.

Outra importante sociedade de crédito a ser mencionada é aquela voltada ao microempreendedor (Lei nº 10.194/2001), qual seja a sociedade de crédito ao microempreendedor. Tal espécie de entidade tem por objeto social exclusivo a concessão de financiamentos e prestação de garantias a pessoas físicas e jurídicas classificadas como microempresas, com vistas à viabilização de empreendimentos de natureza profissional, comercial ou industrial de pequeno porte. Deve ser constituída na forma de companhia fechada ou de sociedade por cotas de responsabilidade limitada. É impedida de captar, em qualquer forma, recursos junto ao público, bem como de emitir títulos e valores mobiliários destinados a oferta pública. Em contrapartida, pode obter repasses e empréstimos originários de instituições nacionais, estrangeiras, sejam elas voltadas ou não à ação de fomento e ao desenvolvimento ou fundos oficiais. Pode, também, realizar aplicações no mercado financeiro e ceder créditos.

Por fim, há o grupo dos demais intermediários financeiros e administradores de recursos de terceiros, que guardam como característica principal o fato de, além de não receberem depósitos, ocuparem-se da administração de recursos de terceiros. As administradoras de consórcios integram essa categoria. As operações de consórcio têm origem nos anos 1960 e se prestam a financiar a aquisição de bens de qualquer natureza, em especial os de consumo duráveis. As administradoras de consórcio são reguladas pelas leis nº 5.768/1971 e nº 11.795/2008 e são constituídas como sociedades não personificadas, com autonomia patrimonial e contábil, que coletam poupança de seus consorciados. Objetivam, com isso, a aquisição de bens ou serviços, por meio de autofinanciamento.

Paralelamente, as sociedades de arrendamento mercantil são constituídas na forma de sociedade anônima e têm como principal escopo as operações de arrendamento mercantil (*o leasing*) de bens móveis, de produção nacional ou estrangeira, e de bens imóveis, pela entidade arrendadora para fins de uso próprio do arrendatário.

Já as sociedades corretoras são aquelas constituídas na forma de S.A. ou cotas de responsabilidade limitada que operam um entre dois possíveis objetos. Serão sociedades corretoras de câmbio quando seu objeto social exclusivo for a intermediação de operações de câmbio ou o mercado de câmbio. Serão sociedades corretoras de títulos e valores mobiliários quando entre seus objetivos constarem: operar em bolsa de valores, sendo associadas a elas e participando de seus pregões; subscrever emissão de títulos e valores mobiliários no mercado, assim como realizar a compra, venda e administração dos mesmos; exercer funções de agente fiduciário; praticar operações de compra e venda de metais preciosos, no mercado físico, por conta própria ou de terceiros. Além da supervisão do Bacen, dado que operam com títulos mobiliários, também estão submetidas à supervisão da CVM.

Também no escopo do Bacen e da CVM encontram-se as sociedades distribuidoras de títulos e valores mobiliários, responsáveis pela intermediação junto aos clientes. Assim, intermediam oferta pública e distribuição de títulos e valores mobiliários no mercado, administram e custodiam tais carteiras, instituem, organizam e administram fundos e clubes de investimento e efetuam lançamentos públicos de ações. Em 2009, o Bacen e a CVM editaram a Decisão-Conjunta nº 17, autorizando essas sociedades a operarem diretamente nos ambientes e sistemas de negociação da bolsa de valores. Desse modo, extinguiram a exclusividade anterior das sociedades corretoras.

Instituições supervisionadas pela CVM[35]

Além das já citadas sociedades corretoras e das distribuidoras de títulos e valores mobiliários, a CVM tem como encargo a supervisão de duas outras instituições: a bolsa de valores e a bolsa de mercadorias e futuros.

Como associações privadas, dotadas de autonomia patrimonial e financeira, diferenciam-se pelo campo de atuação. A primeira se encarrega de permitir a seus membros a realização de transação de compra e venda de títulos mobiliários pertencentes a pessoas jurídicas públicas e privadas, em mercado livre ou aberto, enquanto a bolsa de mercadorias e futuros se ocupa de efetuar o registro, a compensação e a liquidação, física e financeira, das operações realizadas em pregão ou sistema eletrônico. Para tanto, desenvolve, organiza e operacionaliza o mercado de derivativos, buscando proporcionar aos agentes econômicos a oportunidade de efetuar operações de *hedging* (proteção) ante flutuações de preço de *commodities*, índice, taxas de juros, moedas e metais, bem como de todo e qualquer instrumento ou variável macroeconômica cuja incerteza de preço futuro possa impactar negativamente suas atividades.

---

[35] ESTRELA, Márcio Antônio; ORSI, Ricardo Vieira. *Moeda, sistema financeiro e Banco Central*, 2010, op. cit., p. 129.

Instituições supervisionadas pela Susep

A Susep se encarrega de supervisionar instituições que atuem no mercado de seguros privados. Assim, sob sua supervisão se encontram as sociedades seguradoras, especializadas em pactuar contratos pelos quais assumem obrigação de pagar ao contratante (segurado) uma indenização em caso de ocorrência de sinistro ou fato preestabelecido. A Susep também é responsável por supervisionar as sociedades de capitalização que compactuam em contrato o recebimento periódico de depósito de prestações pecuniárias pelo contratante, com direito de resgatar parte do valor corrigido à taxa de juros preestabelecida e após certo lapso temporal.

A supervisão se estende ainda às entidades abertas de previdência complementar, sociedades anônimas que objetivam instituir e operar planos e benefícios de caráter previdenciário concedidos em forma de renda continuada ou pagamento único, acessíveis a quaisquer pessoas físicas.

Instituições supervisionadas pela Previc

A Previc supervisiona as entidades de previdência complementar, mais conhecidas como fundos de pensão. Estes fundos são organizados sob forma de fundação ou sociedade civil, sem fins lucrativos, e são acessíveis, exclusivamente, aos empregados ou servidores de um dos entes patrocinadores, ou seja, empresas, grupo de empresas, União, estados, Distrito Federal, municípios, ou de um dos entes instituidores.

Outras instituições operadoras

Os fundos de investimento são uma comunhão de recursos para aplicação em carteira diversificada de ativos financeiros, títulos e valores mobiliários, e demais modalidades de papéis disponíveis em mercado. Podem ser constituídos na forma de condomínio aberto ou fechado, ou seja, que permitem ou não o resgate das cotas a qualquer tempo. Ademais, são regidos por regulamento que dispõe sobre prazos de duração e têm na Assembleia Geral seu principal fórum de decisão.

O estatuto define a característica do fundo, que determina sua rentabilidade pelo grau de risco assumido. Os valores aplicados no fundo não estão garantidos pelo FGC (Fundo Garantidor de Crédito), diferentemente da maior parte dos depósitos efetuados por correntistas em conta investimento ou corrente.

Os administradores de fundos são instituições financeiras legalizadas perante os órgãos administrativos e reguladores (CVM e Bacen), e determinam a política e o regulamento de cada fundo. Existe uma importante distinção entre um fundo de investimento, pessoa jurídica própria, e a instituição gestora. Assim, recursos aplicados num fundo ficam resguardados de eventuais problemas financeiros de sua administradora, salvo na hipótese de ter investimentos nos papéis de sua gestora.

Cabe ao CMN autorizar a criação e funcionamento dos fundos, à CVM controlar e acompanhar sua gestão, e ao Bacen normatizar e monitorar os fundos, dado seu potencial impacto financeiro e monetário. Como espécies do gênero fundo de investimento, podemos citar: os fundos de curto prazo, referenciados, de renda fixa, de ações, cambiais, multimercado, entre outros. Estão autorizados a administrar fundos financeiros diversos tipos de instituições financeiras, como os bancos comerciais, as caixas econômicas, os bancos de investimento, as sociedades de crédito, financiamento e investimento, as sociedades corretoras de títulos e valores mobiliários e os bancos múltiplos.

Outra importante instituição são as administradoras de cartões de crédito, que constituem importante ferramenta para pagamentos de varejo. Elas podem ser estruturadas de duas formas: na forma de bancos e, portanto, são objeto de supervisão do Bacen, ou de administradoras que não são organizadas na forma de banco e que não têm supervisão prevista em lei.

Conclusão

Apesar de introdutório, o presente capítulo abordou temas essenciais ao sistema financeiro, à regulação financeira e aos membros do sistema financeiro nacional, assim como tratou de conceitos atinentes à economia e ao direito. Espera-se, com isso, restarem mais claros ao leitor aspectos básicos relativos ao tema.

Referências

ASSAF NETO, Alexandre Assaf. *Mercado financeiro*. 6. ed. São Paulo: Atlas, 2005.

BECK, Thorsten et al. Financial structure and economic development: firm, industry, and country evidence. In: DEMIRGÜÇ-KUNT, Asli; LEVINE, Ross (Ed.). *Financial structure and economic growth*: a cross-country comparison of banks, markets, and development. Cambridge: MIT, 2001.

ECONOMICS A-Z terms beginning with A. *The Economist*. Disponível em: <www.economist.com/economics-a-to-z#node-21529329>. Acesso em: 2 fev. 2013.

ESTRELA, Márcio Antônio; ORSI, Ricardo Vieira. *Moeda, sistema financeiro e Banco Central*: uma abordagem prática e teórica sobre o funcionamento de uma autoridade monetária no mundo e no Brasil. [S.l.: s.n.], 2010. Disponível em: <www.concursosnivelmedio.com/download/bacen2010.pdf>. Acesso em: 27 abr. 2013.

KRUGMAN, Paul; WELLS, Robin. *Introdução à economia*. Rio de Janeiro: Elsevier, 2007.

PINHEIRO, Armando Castelar; SADDI, Jairo. *Direito, economia e mercados*. Rio de Janeiro: Elsevier, 2005.

PORTO, Antônio José Maristrello. O direito e a economia do cadastro positivo. *Revista de Direito Empresarial*, Curitiba, n. 14, p. 35-48, jul./dez. 2010. (Coord.: RIBEIRO, Marcia Carla Pereira; GONÇALVES, Oksandro.)

_____; GONÇALVES, Antônio Carlos Porto; SAMPAIO, Patrícia Regina P. (Org.). *Regulação financeira para advogados*. Rio de Janeiro: Elsevier; FGV, 2012.

QUIROGA, Roberto. Os princípios formadores do direito do mercado financeiro. In: _____ (Org.). *Aspectos atuais do direito do mercado financeiro e de capitais*. São Paulo: Dialética, 1999.

SAMPAIO, Patrícia; LAVOURINHA, Andréa. Considerações finais: notas sobre concorrência e regulação no setor bancário nacional. In: PORTO, Antônio José Maristrello; GONÇALVES, Antônio Carlos Porto; SAMPAIO, Patrícia Regina P. (Org.). *Regulação financeira para advogados*. Rio de Janeiro: Elsevier; FGV, 2012.

STULZ, René. Does financial structure matter for economic growth? A corporate finance perspective. In DEMIRGÜC-KUNT, Asli; LEVINE, Ross. *Financial structure and economic growth*: a cross-country comparison of banks, markets, and development. Cambridge: MIT, 2001.

Capítulo 4
Direito público e regulação no Brasil

Carlos Ari Sundfeld*

Direito e regulação

O direito como um todo, por seus vários ramos, disciplina os negócios, as operações econômicas dentro do mercado, envolvendo geração ou circulação de bens, de serviços e da riqueza em geral. Transações necessitam ser constituídas por instrumentos jurídicos, vinculando sujeitos em torno de prestações de valor econômico, que criam relações jurídicas, gerando direitos e obrigações de diferentes espécies. A execução e a estabilidade desses direitos e obrigações precisam ser garantidas juridicamente. O direito como um todo é, portanto, essencial às operações econômicas: determina o espaço em que elas podem ocorrer e condiciona sua montagem, a definição de seu conteúdo e sua efetiva execução.

Mas nem sempre é o direito administrativo que está presente. Operações entre sujeitos não estatais (duas empresas do setor privado, por

---

* Professor da Escola de Direito de São Paulo da Fundação Getulio Vargas (Direito GV) e da Pontifícia Universidade Católica de São Paulo (PUC-SP). Presidente da Sociedade Brasileira de Direito Público. Advogado em São Paulo.

exemplo) e cuja montagem, conteúdo e execução não sejam alvo de regulação administrativa realizam-se no campo apenas do direito privado. Quando, porém, houver regulação administrativa – isto é, regulação feita por autoridades da administração pública – ou quando entes estatais forem os sujeitos da operação, aí ela estará submetida ao direito administrativo dos negócios, ao lado dos condicionamentos de direito privado.

A administração pública, ao atuar como sujeito em operações econômicas ou como reguladora da economia, está condicionada pelas normas de direito administrativo, edita atos e normas de direito administrativo ou usa instrumentos de direito administrativo. Assim, o ambiente jurídico dos negócios, em grande medida, é determinado pelas características do direito administrativo dos negócios em vigor, isto é, pela parcela do direito administrativo que cuida ou resulta da regulação administrativa dos negócios ou que trata dos negócios de que a administração é parte. Os debates jurídicos mais frequentes sobre regulação no Brasil dizem respeito à regulação administrativa, envolvendo, portanto, ideias e figuras presentes nessa área: a do direito administrativo dos negócios.

Os mecanismos jurídicos sobre regulação pública podem ser de direito público geral, como as leis, ou de direito administrativo em sentido estrito, como os regulamentos administrativos, os contratos públicos, os processos administrativos e os atos administrativos.

A presença generalizada do termo regulação no debate jurídico brasileiro é relativamente recente. Embora o uso normativo da palavra já existisse – bastando mencionar que a Constituição de 1988, em seu art. 174, *caput*, havia reconhecido ao Estado o papel de "agente normativo e regulador da atividade econômica" – ela não designava uma imagem forte das mentes dos aplicadores e autores jurídicos. Isso começou a mudar a partir de 1995, quando as emendas constitucionais nos 8 e 9 mandaram instituir "órgãos reguladores" dos setores de telecomunicações e petróleo, o que desencadeou uma onda de criação de "agências reguladoras" e, rapidamente, transformou a ideia de regulação em lugar-comum jurídico.

A existência da regulação pública resulta da opção do Estado por influir na organização das relações humanas de modo constante e profundo, com o uso do poder de autoridade. Não há conceito jurídico exato de regulação pública, ideia de contornos relativamente incertos e flutuantes, inclusive na legislação. Mas, em geral, no âmbito jurídico essa expressão tem servido para designar o conjunto das intervenções estatais, principalmente sobre os agentes econômicos, e, portanto, o conjunto de condicionamentos jurídicos a que essas intervenções se sujeitam e de mecanismos jurídicos que essas intervenções geram.

Essa regulação, como espécie de intervenção estatal, manifesta-se tanto por poderes e ações com objetivos diretamente econômicos (o controle de preços e tarifas, a admissão de novos agentes no mercado, o controle de concentrações empresarias, a repressão de infrações à ordem econômica) como por outros com justificativas diversas, mas reflexos também econômicos (medidas ambientais, urbanísticas, de normalização, de disciplina das profissões etc.).

Fazem regulação tanto autoridades cuja missão seja cuidar de setor específico (o mercado de ações, as telecomunicações, a energia, os seguros de saúde, o petróleo etc.) como autoridades com poderes sobre todos os agentes da economia (ex.: órgãos ambientais, de defesa da concorrência, de trânsito etc.). A regulação tanto atinge agentes de setores abertos, em princípio, à iniciativa privada (o comércio, a indústria, os serviços comuns, enfim, as chamadas "atividades privadas", ou "atividades econômicas em sentido estrito") como agentes admitidos em áreas reservadas, em tese, ao Estado (prestação de "serviços públicos", exploração de "bens públicos" e de "monopólios" estatais).

No caso brasileiro, talvez os desafios jurídicos mais interessantes dos últimos anos sejam sobre a regulação que envolve a celebração e gestão de contratos públicos – contratos que, em geral, a legislação denomina "de concessão". Essa legislação vem crescendo, criou variações em torno das ideias mais antigas de concessão e tem sido amplamente aplicada. Por isso, a opção deste capítulo é de, após apresentar, nos tópicos iniciais, os lineamentos gerais do debate jurídico sobre regulação administrativa, fazer uma breve avaliação do movimento legislativo em torno da concessão.

A regulação e suas condicionantes

A carga significativa do termo regulação tem vindo menos dele mesmo e mais de sua associação ao adjetivo *econômica*. A regulação a que a Constituição e as leis recentes aludem é, para nós, uma regulação da economia (ou regulação econômica). Isso imediatamente vincula a regulação aos debates fundamentais da teoria econômica, especialmente os relativos à liberdade econômica, ao poder econômico e à eficiência econômica.

O objeto "operações econômicas" tem características que devem ser consideradas pela disciplina jurídica respectiva, limitando as escolhas do legislador, do regulador administrativo e dos intérpretes (juristas, advogados, juízes etc.). O desenvolvimento econômico de qualquer país depende de esse ambiente ser favorável à realização de operações econômicas, geradoras de riqueza, de modo que o direito administrativo dos negócios tem de levar esse interesse em conta quando calibra, incentiva ou protege as operações.

O conjunto de normas e de organizações administrativas relativas aos negócios tem de gerar operações juridicamente consistentes, propiciando eficiência econômica e concorrência, mas também equilíbrio com outros valores institucionais.

Na realização de seus fins, a administração pública pode ou não lançar mão de negócios; se o faz, tem de se submeter a um regime jurídico coerente com a lógica econômica. Essa lógica tem também de ser considerada na regulação administrativa, que não pode tratar negócios de modo incompatível com sua natureza. Em suma, a lógica econômica é elemento constitutivo do direito administrativo dos negócios.

Operações econômicas são trocas, em geral voluntárias, envolvendo objetos precificados. Outras operações estatais, as operações institucionais, não têm essas características.

O Estado pode obter recursos por meio de empréstimos ou de tributação. O empréstimo é um negócio: as partes se vinculam voluntariamente e trocam prestações consideradas equivalentes, quanto a seu valor econômico. Na tributação não há isso; a relação é institucional. Se o Estado usa sua própria estrutura de administração direta para prestar serviços de saúde à população, são institucionais os vínculos com quem fornece os recursos financeiros (contribuintes, por meio de tributos), com quem recebe os serviços (a população, atendida gratuitamente) e com quem trabalha (os servidores estatutários, cujo regime de direitos e de remuneração é determinado por lei). Nesse caso, a lógica negocial econômica não entra em pauta em nenhuma das relações envolvidas.

Se, para a prestação de assistência à saúde da população, o Estado contrata uma empresa e a remunera pelos serviços, há, quanto a essa etapa, a substituição da lógica puramente institucional pela dos negócios. O próprio Estado será parte em um negócio e, para esse específico fim, o serviço de saúde tem de ser tratado como objeto de uma transação econômica (*mercadoria*, para usar uma expressão estigmatizada, mas correta). Mas a relação do usuário com o devedor do serviço (o Estado e seu delegado, contratado para o serviço) não tem as características de negócio, resolvendo-se no plano puramente institucional.

No caso da assistência privada à saúde, em que o usuário contrata e paga os serviços ao prestador, a operação é de natureza econômica; é um negócio, em toda a sua extensão. Atualmente, essa atividade é regulada pelo Estado, por várias razões. A regulação não é um negócio, não é uma operação econômica, mas uma intervenção institucional no âmbito negocial; todavia, essa intervenção é limitada pela lógica negocial, que não pode ser suprimida simplesmente pela regulação. A administração reguladora o que faz é opor condicionamentos institucionais à lógica puramente econômica dos negócios.

Quando é parte em negócios, como no contrato de concessão de aeroportos, a administração se insere em uma relação cuja lógica é econômica. A viabilidade de a administração engajar-se em relações desse tipo, o grau de engajamento possível e o modo como se engaja são, todavia, condicionados por fins institucionais, que são a razão última de ser do Estado.

A justificativa da existência de um direito dos negócios específico à administração pública é, assim, a necessidade de impor condicionamentos institucionais a negócios de que a administração ou é parte ou é reguladora. O desafio central é fazê-lo sem desnaturar os negócios, sem comprometer sua lógica econômica; se esse comprometimento ocorrer, o sistema não fará sentido. Portanto, para ser capaz de incentivar, proteger e calibrar adequadamente os negócios, o direito administrativo precisa conciliar os condicionamentos institucionais com a lógica que é própria das operações econômicas. A irracionalidade econômica seria um vício fatal ao direito administrativo dos negócios. Para impedir que ela apareça, é preciso evitar defeitos na modelagem jurídica dos mecanismos de regulação administrativa (incluindo as contratações com função regulatória) ou na modelagem jurídica das organizações estatais dela encarregadas. É preciso, ainda, impedir que normas, interpretações ou concepções jurídicas contrárias a essa lógica acabem por se impor.

Ao tratar de operações econômicas, o direito administrativo dos negócios modela mecanismos (medidas, instrumentos e organizações estatais). A questão, para a qual os juristas podem decisivamente contribuir, é a de saber da consistência jurídica dessa modelagem, isto é, o quanto as características de funcionamento desses mecanismos jurídicos permitem ou não que eles realizem os fins a que foram dirigidos.

A modelagem dos mecanismos tem de ser feita usando os elementos do direito, de modo que a discussão sobre ela supõe conhecimentos profissionais jurídicos, embora sem se limitar a isso.[1] Esses conhecimentos

---

[1] Para dar um exemplo simples: a discussão sobre se o tabelamento legal dos juros favorece ou não o desenvolvimento está além do campo jurídico, mas o jurista seria, sim, um profissional a consultar no debate sobre a viabilidade normativa. O tabelamento viola algum direito constitucionalmente garantido? É incompatível com alguma lei? É autorizado por lei? Já foi condenada por algum órgão de controle? O jurista também pode discutir sobre o melhor modo de introduzir esse tabelamento no direito. Um aspecto é o do melhor tipo de regulação. Usar normas de conteúdo bem determinado ou de conteúdo muito aberto? Tipificar penalmente o desrespeito ao limite dos juros? Declarar nulos os contratos? Anuláveis? Exigir licença estatal para cada operação financeira? Outro aspecto é o do melhor veículo para implementar a regulação. Uma lei diretamente? Acordo do Estado com os bancos? Decreto ou outro ato administrativo autorizado em lei? Súmula judicial? Outro aspecto, ainda, é o do organismo estatal competente. É o Congresso Nacional? A Câmara de vereadores? O ministro da Fazenda? O Banco Central? O Ministério Público, por termo de ajustamento de conduta com os bancos? O jurista tem, por fim, os elementos para avaliar as probabilidades de contestação da medida nos organismos de controle jurídico, e de sucesso dessa contestação.

se referem a questões como conteúdo dos direitos e deveres vigentes, institutos jurídicos existentes, tipos conhecidos de disciplina jurídica, espécies de diplomas normativos disponíveis, divisão de competências entre organismos estatais, instrumentos existentes para judicialização e outros controles, experiências jurídicas acumuladas etc.

Há modos juridicamente melhores ou piores de adotar uma política em favor do desenvolvimento econômico. Em alguma medida, é possível fazer testes de consistência nos mecanismos do direito administrativo dos negócios para avaliar sua qualidade jurídica. Mecanismos juridicamente inconsistentes podem ser melhorados ou substituídos.

Para que o direito administrativo dos negócios atinja seus fins, certas virtudes gerais precisam estar presentes em suas normas: racionalidade, simplicidade, previsibilidade, estabilidade e adaptabilidade. Especificamente quanto à administração reguladora, as medidas de autoridade e os instrumentos devem servir para desenvolver (incentivar, proteger e calibrar) os negócios, além de propiciar a realização de outros valores institucionais, como a justiça social, a proteção dos consumidores, a preservação ambiental e da saúde etc. Em termos estritamente jurídicos, a boa regulação é a que propicia operações com direitos e obrigações bem determinados, protegidas contra alterações arbitrárias e vinculadas a um sistema de execução e de solução de conflitos rápido, acessível e justo.

Evidentemente, a produção da regulação administrativa pode ser adequada ou não. Uma regulação de qualidade atende a finalidades variadas, entre elas a de reforçar os negócios. Os instrumentos jurídicos para a qualidade da regulação (tanto os relativos à organização institucional como à mecânica processual-administrativa) têm de ser capazes de evitar falhas regulatórias nocivas aos negócios. Entre esses instrumentos estão a autonomia de agências reguladoras, os requisitos formais e processuais para edição de atos administrativos regulatórios, a consulta pública para edição de normas de regulação e o estudo de impacto regulatório para alteração da regulação.

Setores reservados ao Estado e regulação

A intervenção estatal na economia é muito antiga. No Antigo Regime, pressupunha-se a existência, em favor do Estado, de um amplíssimo poder quanto a isso, inclusive para monopolizar atividades econômicas, de modo que esse poder bastava como base para qualquer intervenção, inclusive regulatória. Mas o princípio se inverteu com o advento do liberalismo, que se expressou juridicamente nas constituições surgidas nos séculos XVIII e XIX. A partir daí, seria consagrada, como direito individual básico, a liberdade de comércio e indústria, a liberdade econômica. Na Constituição brasileira de 1824, por exemplo, esse direito foi consagrado pelo art. 179, XXIV. Na Constituição de 1988, o art. 170, muito expressivamente, diz que a "livre iniciativa" é um dos fundamentos da "ordem econômica".

A consequência é que a reserva ou monopolização de setores da economia pelo Estado passou a ser admitida apenas como exceção a esse princípio geral de liberdade econômica, dependendo de ressalva normativa. Tratando dessas exceções, as sucessivas constituições (como a brasileira de 1988) vêm prevendo a reserva da titularidade de alguns bens, atividades e serviços em favor do poder público (União, estados, Distrito Federal ou municípios), ou a possibilidade de leis posteriores o fazerem, em certas condições.

Nesses campos de exceção, que lhe pertencem, o Estado pode naturalmente atuar de modo direto, como agente explorador ou prestador do serviço, ou de modo apenas indireto, por meio de particular que aja como seu delegado ou autorizado. A regulação pública sobre essas atividades – que são estatais, mesmo se exercidas por particular delegado ou autorizado – é uma intervenção perfeitamente natural, não necessitando de outro fundamento além da titularidade pública.

De acordo com a época, o lugar e as orientações, essa regulação vai assumindo formas jurídicas diversificadas. Mas todas elas buscam estabelecer, entre o Estado e seus delegados ou autorizados, vínculos regulatórios constantes, de natureza negocial, com conteúdo adaptável. Nesse campo, a regulação nunca é um episódio, mas relação contínua, com vínculos dotados de constância. Sua constituição e transformação não vêm apenas de atos de autoridade estatal: são vínculos dependentes da vontade de o regulado se engajar e permanecer engajado, e cujas bases essenciais não podem ser destruídas por uma das partes. São, assim, vínculos negociais. Direitos, competências e deveres entre regulador e regulado estão sempre em processo de construção: são adaptáveis.

A Constituição e as leis, ao estabelecerem a titularidade, pelo poder público, de certas atividades, fazem-no com objetivos bastante variados. Não há um projeto constitucional único em relação a todos eles, do qual resultem objetivos comuns a atingir, mecanismos de exploração uniformizados ou regime jurídico universal. São exemplos, na Constituição brasileira de 1988, os serviços do art. 21, XI e XII, que pertencem à União, e os do art. 30, V, do município, bem como a exploração de jazidas e outros recursos naturais, pertencente à União segundo os arts. 176 e 177.

A circunstância de essas atividades se incluírem no campo da reserva estatal potencialmente as sujeita a condicionamentos de grande intensidade, bem como a técnicas próprias de regulação. Isso não significa que todas essas atividades se submetam a idênticos princípios e regras, mas apenas que, em relação a elas, o legislador dispõe de um amplo poder de conformação. Compreender o regime jurídico das atividades estatais exploradas por particulares supõe, portanto, a pesquisa e consideração da legislação de regência.

A Constituição, ao reservar certos setores econômicos para o Estado, exclui o dever constitucional de observância, em relação a eles, de dois dos princípios gerais da ordem econômica, previstos no art. 170: os da *livre iniciativa* (correlato do direito individual de empreender livremente) e da *livre concorrência*.

Nos campos definidos constitucionalmente como estatais (serviços públicos, atividades monopolizadas e bens públicos), incumbe ao Estado constituído (à União, aos estados, ao Distrito Federal e aos municípios, conforme o caso) deliberar livremente quanto à estrutura do mercado. São juridicamente viáveis tanto a opção pela exploração monopolista, estatal (uma empresa estatal como única prestadora do serviço) ou privada (via concessão com direito a exclusividade na exploração) como a preferência por uma exploração concorrencial. Tudo isso se comporta nos efeitos do art. 175 da Constituição.

Algumas reformas empreendidas no Brasil na década de 1990 no âmbito federal tiveram, entre suas diretrizes gerais, a desregulação do mercado de serviços estatais, entendida como tal a eliminação ou atenuação de barreiras regulatórias à livre concorrência entre prestadores (como as restrições ao ingresso no mercado e o controle estatal de preços ou tarifas). Isso ocorreu, por exemplo, em telecomunicações (Lei nº 9.472, de 16 de julho de 1997).

Mas não há, para os distintos entes estatais titulares de serviços, dever constitucional de implementar programas de desregulação, ou de fazê-lo com a velocidade ou profundidade tal ou qual. A decisão quanto a isso cabe ao legislador e, com base nas leis, aos administradores legalmente incumbidos dos serviços. Assim, por exemplo, quanto ao serviço de distribuição local de gás canalizado, os estados da Federação, que são seus titulares (CF/88, art. 25, §2º) são livres para escolherem, segundo seus próprios critérios, o modelo regulatório de sua preferência – monopolista ou concorrencial.

Em relação aos preços (tarifas) dos serviços estatais, o legislador também pode optar entre diferentes soluções regulatórias. A política tarifária é determinada pela lei, e não pela Constituição. Assim, quanto à regulação dos preços, cabe à lei escolher entre as mais variadas opções. A natureza estatal das atividades envolvidas não é constitucionalmente incompatível com a fruição, pelo explorador privado, de liberdade econômica relativa a preços. Cabe à lei decidir a respeito. Um serviço regulado quanto a outros aspectos (qualidade, estrutura de mercado, compartilhamento de infraestrutura etc.) pode ficar legalmente sujeito à liberdade tarifária, com preços determinados pelos próprios prestadores (em função, por exemplo, da competição, de suas estratégias empresariais, do comportamento da economia), sem controle estatal. Há vários exemplos desse tipo no Brasil: radiodifusão, televisão de acesso condicionado, transporte aéreo, terminais portuários, entre outros.

Segundo as políticas do legislador – e do regulador administrativo, autorizado pela lei –, a atuação regulatória do Estado em relação aos serviços estatais pode ser de grande restrição à liberdade empresarial ou, ao contrário, pode ser orientada pelo modelo da desregulação, voltado à competição entre prestadores, por exemplo.

A profundidade da regulação nos setores de titularidade pública tem variado bastante, de modo que flutuam também os graus de liberdade conferida pelo Estado aos particulares que atuam como seus delegados ou autorizados. Essa flutuação vem impactando a legislação e a teoria.

A teoria mais clássica sobre contratos de concessão e sobre os poderes da administração pública concedente – teoria construída nas últimas décadas do século XIX e cujo prestígio no Brasil permaneceu até a década de 1980 – foi inspirada por uma visão bastante interventiva, segundo a qual os poderes administrativos sobre a concessão independeriam de previsão expressa e teriam sempre de ser interpretados ampliativamente. Era, portanto, uma teoria a serviço da regulação o mais profunda possível.

Todavia, a partir do início da década de 1990, veio uma importante reação legislativa a essa concepção. Leis setoriais começaram a surgir, com projetos regulatórios diferentes, em alguns casos menos interventivos (serviços aéreos são um exemplo), e tornaram obsoleta a teoria mais interventiva, que até então se pretendia o *status* de teoria geral. Esse novo quadro normativo, decorrente de expressa deliberação do legislador, tornou inviável a afirmação, a partir de então, da existência de um princípio jurídico de regulação sempre o mais profunda possível das atividades de titularidade pública.

Assim, atualmente as figuras jurídico-administrativas que servem à delegação dessas atividades (o contrato de concessão e outras) podem, segundo o previsto em lei e nos instrumentos de outorga, servir a projetos regulatórios bastante variados, não havendo fundamento jurídico para um princípio superior geral que exija sempre regulações administrativas de grande intensidade.

Liberdade econômica e regulação

Nos campos de atividade em que não há reserva estatal (por exemplo, o comércio e a indústria) vigora a liberdade econômica plena, de base constitucional. Daí estas perguntas cruciais: pode haver regulação pública de atividades livres? Em que medida o princípio de liberdade (que está na própria Constituição) limita ou condiciona a regulação de atividades privadas pelo Estado? Que espécie de regulação pode, sem confrontar essa liberdade, ser feita pela lei, pelos regulamentos ou por atos administrativos?

As respostas têm variado bastante no tempo, sob a influência de muitos fatores. Mas é significativa a tendência – que se mantém constante – de considerar compatíveis com o direito à liberdade econômica níveis cada vez maiores de regulação, legal ou administrativa, com instrumentos cada vez mais variados e potentes. De modo geral, o direito constitucional à liberdade econômica não tem sido uma barreira muito forte ao aumento da regulação das atividades privadas.

Descobrir como a visão jurídica sobre o conteúdo do princípio de liberdade econômica pôde ir se amoldando dessa forma impressionante é, no fundo, perceber que a interpretação do direito – não só nesse caso, mas nele também – é sempre modelada pelas ideias e experiências correntes no mundo. Sem grande espanto, juristas mais recentes leem com novas referências os textos normativos velhos, e fazem dele intepretações que espantariam seus ancestrais. De modo que, sobre liberdade econômica e regulação, basta dizer isto: o aumento constante da regulação foi sempre motivado por motivos políticos, conjunturais, pragmáticos, ou por convicções econômicas, e a interpretação jurídica sobre o princípio de liberdade simplesmente se ajustou.

No caso brasileiro, também um fator mais técnico influiu na contínua compressão das ideias sobre liberdade constitucional econômica, facilitando sua seguida adaptação ao ambiente infraconstitucional sempre mais interventivo em matéria de regulação. É que, ao longo de todo o século XX, tivemos muitas mudanças no próprio texto das constituições, com o permanente acréscimo de mais e mais normas prevendo regulação, explícita ou implicitamente. Assim, os que criticam novas intervenções regulatórias por julgá-las contrárias à genérica liberdade econômica, acabam tendo de reconhecer que fragmentos textuais da própria Constituição parecem dar ao menos alguma base às sucessivas medidas.

Os debates sobre a viabilidade jurídica de o Estado regular os preços de atividades privadas ilustram bem o fenômeno que se está aqui relatando. Historicamente, a liberdade de preços havia-se afirmado como decorrência natural do princípio constitucional de liberdade econômica. Assim, o empresariado tinha bons argumentos para reagir contra as iniciativas, que o Estado foi adotando aos poucos para regular preços privados. Só que esses argumentos acabaram vencidos pela invocação de outras normas da Constituição, alusivas a finalidades sociais,[2] ou pela realidade dos fatos, como a necessidade de enfrentar situações conjunturais.[3]

---

[2] No Brasil, possivelmente o caso mais discutido tenha sido o dos preços escolares, objeto de sucessivos decretos-lei, medidas provisórias, leis, decretos e outros atos administrativos, que instituíram e disciplinaram mecanismos de espécie e intensidade muito variada para sua regulação. Tendo em vista que a Constituição de 1988, em seu art. 209, *caput*, havia conferido liberdade à iniciativa privada quanto aos serviços de ensino – os quais, segundo o inciso II do mesmo artigo, dependem apenas de autorização para funcionar, e não de concessão ou permissão – as entidades particulares de ensino sustentaram a tese de que seria inconstitucional a regulação de seus preços, pois isso importaria submetê-las a uma "política tarifária", a qual é possível apenas para concessionárias e permissionárias de serviços públicos, de acordo com a literalidade do art. 175, parágrafo único, III, da CF. O Supremo Tribunal Federal afastou a tese, ao julgar a Ação Direta de Inconstitucionalidade (ADIn) nº 319-DF, proposta contra a Lei nº 8.039/1990, e o fez afirmando ser constitucional a lei que regule "a política de preços de bens e serviços", com o objetivo de conciliar o fundamento da livre iniciativa e o princípio da livre concorrência com os da defesa do consumidor e da redução das desigualdades sociais, em conformidade com os ditames da justiça social (STF Pleno. Rel. min. Moreira Alves, julgado em 4/12/1992, maioria, RTJ 149/666). Observe-se que, na fundamentação de sua decisão, o STF não negou o caráter de "serviço privado" do ensino prestado por particulares.

[3] A luta contra a inflação nas décadas de 1980 e 1990 gerou inúmeros "planos econômicos", sendo o primeiro o "Plano Cruzado", de 1986, e o último o "Plano Real", de 1995. Todos eles trataram da regulação de preços, instituindo mecanismos como o congelamento, o tabelamento, a deflação etc. A partir da edição da nova Constituição, em 1988, instaurou-se intenso debate doutrinário sobre a constitucionalidade dessas normas, que estariam em choque com os princípios gerais da atividade econômica (veja-se, a respeito dessa polêmica, a resenha e a análise de argumentos feitas por GRAU, Eros. *A ordem econômica na Constituição de 1988*. 3. ed. São Paulo: Malheiros, 1998. cap. 6, p. 194 e segs.). Entretanto, os argumentos no sentido da inconstitucionalidade da

O formato constitucional determina também uma diferença cultural importante entre o debate jurídico brasileiro sobre regulação e o que se trava nos Estados Unidos e na Inglaterra. Nesses países, os antigos textos jurídicos fundamentais permanecem intactos até hoje (no caso norte--americano, a Constituição de 1787). O direito à liberdade econômica está genericamente garantido nesses textos, e neles não há normas pontuais que possam servir de fundamento muito específico às regulações novas. Assim, é natural que, para discutir a viabilidade jurídica de novas regulações, se busque determinar o conteúdo essencial da liberdade constitucional econômica a partir de formulações mais abstratas, de teoria econômica ou política, e não diretamente pela leitura dos textos normativos fundamentais, que afinal de contas têm poucas especificações a oferecer. Enquanto, para esse fim, os juristas norte-americanos trabalham com sistemas teóricos mais abstratos, no Brasil, havendo inúmeras normas na Constituição com algo a dizer sobre regulação, os juristas tendem a se focar mais em suas complexidades textuais.

Mesmo a interpretação das normas fundamentais tendendo, no geral, a se adaptar às vontades políticas de mais e mais regulação, os limites jurídicos dessas intervenções continuam em permanente discussão. Em outros termos: esses limites se supõem juridicamente existentes, de modo que a regulação não pode ser excessiva, arbitrária ou destrutiva, pois isso seria obviamente incompatível com um princípio constitucional de liberdade econômica (seja qual for sua abrangência). Assim, de tempos em tempos novos debates surgem sobre a validade de alguma regulação face ao princípio da liberdade. Em alguns casos, a regulação acaba invalidada. No Brasil, exemplo disso nos últimos anos foram decisões do Supremo Tribunal Federal que consideraram excessivas algumas restrições impostas ao exercício de certas profissões (as exigências de curso superior específico para a profissão de jornalista e de registro na Ordem dos Músicos para os músicos profissionais).

---

regulação de preços por violação dos princípios da ordem econômica não foram acolhidos pelo Supremo Tribunal Federal, que se limitou a exigir o respeito, pelas normas de regulação, do ato jurídico perfeito e do direito adquirido, em virtude do art. 5º, XXXVI, da CF (como exemplo, consultar a própria ADIn nº 319-DF, citada).

A regulação e a teoria do direito administrativo

As áreas de conhecimento (e as profissionais), conquanto frequentemente reúnam um complexo de noções, organizam-se sobre número reduzido de imagens fundadoras, que formam a visão comum do operador. Na cabeça de muitos administrativistas brasileiros, a oposição *serviço público × atividade privada* – imagem fundadora, daquelas óbvias, dispensando esforço mais consistente de justificação – tem sido a chave tradicional para compreender o exercício de autoridade sobre setores da economia. Por essa visão, se algo é serviço público, deveria sujeitar-se ao *poder estatal concedente*; se é atividade econômica privada, a sujeição seria outra: ao *poder de polícia estatal.*

Um efeito positivo da adoção do termo *regulação* é superar essa dualidade radical "serviços públicos × atividades econômicas". O termo regulação está ligado aos debates sobre a intervenção estatal na economia, debates esses de teoria econômica, especialmente norte-americana (onde não se usa a dualidade poder concedente × poder de polícia). No Brasil, ainda estamos nos acostumando a usar termo único para designar tanto a autoridade sobre, por exemplo, o setor elétrico (serviço público, em nossa tradição) como sobre o setor financeiro (atividade privada). Mas tudo agora é regulação: sobre serviços de saneamento básico, transportes coletivos, venda de medicamentos, plantio de transgênicos etc.

Têm importância a desvalorização da dicotomia (poder concedente sobre os serviços públicos × poder de polícia sobre as atividades privadas) e o consequente prestígio da figura generalizante (poder de regulação). O uso de classificações aprioristicas tem efeito discriminador, levando os sujeitos a tratar diferentemente os elementos de conjuntos distintos, simplesmente porque discriminar é coerente com a afirmação inicial de diferença. Assim, quando uma classificação sai de uso, os sujeitos naturalmente buscam novos pontos de referência. É justamente disso que se precisa para forçar a superação do anacronismo.

A figura da *regulação* é necessária à teoria do direito administrativo brasileiro contemporâneo, que sem ela carece de categorias suficientes e adequadas para bem compreender e organizar a operacionalização do direito positivo. O instrumental teórico consagrado – formado pela visão clássica de conceitos contrapostos, como os de serviço público × atividade privada, poder concedente × poder de polícia e outros relacionados –, além de incapaz de servir à compreensão dos problemas e soluções jurídicas ligadas à intervenção do Estado na economia, está em franco desacordo com o ordenamento atual. O uso da figura da regulação é o caminho para superar essa deficiência e gerar reflexão nova.

Durante certo período, os administrativistas brasileiros em geral entendiam que os serviços públicos estavam submetidos a regime jurídico bastante uniforme. Mas isso foi superado. Na origem, os grandes serviços públicos eram muito simples, tecnológica e economicamente, de modo que sua disciplina jurídica também não era complexa. O modelo geral, no passado, foi a exploração monopolista, não concorrencial (por concessionárias privadas ou empresas estatais), mas isso foi sendo abandonado ou mitigado em muitos setores. Em suma, a uniformidade dos serviços públicos quanto ao regime jurídico foi mudando com o tempo. Cada serviço desses é, hoje, objeto de universo jurídico com peculiaridades muito próprias.

Os administrativistas do passado também costumavam dizer que os serviços públicos, em bloco, tinham regime jurídico muito diferente – oposto mesmo – ao das atividades econômicas privadas. Mas, com o passar dos anos, muitas dessas diferenças foram atenuadas, com novas soluções regulatórias, tanto para serviços públicos como para atividades privadas. Em muitos casos, ocorreu convergência dos modelos econômicos de exploração, outrora distintos, o que também aproximou os modelos jurídicos em muitos aspectos.

Alguns juristas brasileiros ainda dizem haver, implícita nas dobras da Constituição de 1988, a imposição de um regime jurídico único para a exploração dos serviços públicos. Veem isso especialmente pela presença, em certos dispositivos constitucionais, de terminologia jurídica clássica (serviços públicos, concessão, autorização, taxa, tarifa etc.). Mas é exagerado extrair daí que o legislador não possa adotar diferentes soluções normativas na regulação desses serviços, pois a Constituição não vincula os termos tradicionais a soluções regulatórias do passado. Ao contrário, em sucessivas passagens, ela remete *às leis* a disciplina dos direitos e deveres de prestadores, de usuários e do poder público (um exemplo é o art. 175).

A teoria brasileira mais tradicional do direito administrativo sofre ainda de um problema de autoafirmação. Explicar e divulgar conceitos fundadores da disciplina, aceitos pela tradição específica (coisas como interesse público, ato administrativo, contrato administrativo, bem público, poder de polícia, pessoa de direito público, entre outros), ainda parece ser a missão do especialista. Assegurar a permanência desses conceitos frente a um direito positivo em mutação e usá-los sempre para enfrentar casos concretos são atitudes comuns. Parece haver o temor de que o perecimento de algum dos conceitos fundadores provoque a perda de identidade – e, assim, a morte – do direito administrativo, de seus pressupostos políticos e de sua teoria, levando de roldão os próprios administrativistas. Por isso, eles se fazem defensores da tradição teórica e constroem um muro para protegê-la.

Os contemporâneos, contudo, vêm se comportando de outro modo, na convicção de que a elaboração – e, portanto, troca – dos pontos de partida deve ser feita de modo permanente em qualquer área do conhecimento. E a petrificação tem de ser combatida muito especialmente no campo do conhecimento jurídico, pois ela traduz a pretensão, própria do estamento dos juristas, de controlar o direito positivo, determinando seus caminhos, quando o certo é o contrário.

Deve-se combater o conhecimento jurídico assentado em megaconceitos, produtos da decomposição global, supostamente pelo "método científico", da realidade jurídica em classes perfeitamente distinguíveis. Quando o direito administrativo foi objeto de sua teorização fundadora, a grande preocupação era demonstrar que ele constituía classe distinta do direito civil; o trabalho doutrinário se focou, então, na identificação daquilo que pudesse defini-lo em oposição à outra classe. Decorreu disso o entusiasmo com a classificação, derivada daquela, que opôs serviço público a atividade privada (tomados como o contrário um do outro). Mas o direito positivo atual não tem compromisso maior com tais classificações e conceitos, sendo construído por necessidades e objetivos muito concretos (frequentemente incoerentes), alterados com rapidez.

É imprópria a aplicação, no caso, do "método científico". Ramos do direito não são resultado de rigorosa classificação científica, mas de puro uso cultural, ligado à história da legislação, da política, da jurisprudência, do ensino e das práticas profissionais. O direito administrativo, como ramo do conhecimento, não pode assim se compor de um conjunto de conceitos construídos rigorosamente pelo processo de dedução lógica. Ele é, isto sim, reunião de *figuras*, imagens necessariamente imprecisas, representando realidades jurídicas em operação e mutação constantes.[4]

A ideia de serviço público e a regulação

A ideia jurídica de *serviço público* está diretamente relacionada com a prática do direito administrativo e, em decorrência das transformações no modelo de Estado, passou por modificações profundas desde sua concepção. Para compreender essas mudanças conceituais, é preciso entender quais foram as principais alterações no papel do Estado ao longo do tempo, em especial naquilo que possa ter uma relação mais estreita com o direito administrativo.

---

[4] O que distingue o *conceito* da *figura*? Ambos objetivam a representação mental de algo. Mas o conceito supõe esforço prévio de ordenação intelectual completa das realidades, cujas características são identificadas e comparadas, gerando uma classificação. Conceituar é, então, revelar com precisão a essência de algo, pela indicação das propriedades que o caracterizam, distinguindo-o de outros objetos, segundo o "método científico". Já a figura é a tentativa de representação pragmática de certo fenômeno e das tendências a ele ligadas, a partir da observação de seu funcionamento, com suas regularidades e irregularidades. As figuras não têm limites perfeitamente definidos; umas fazem sombras em outras, em movimentação permanente. As figuras correspondem a certos usos, que podem variar. Os estudiosos do direito precisam desapegar-se da velha tradição dos conceitos e acostumar-se às holografias, figuras tridimensionais que mudam segundo a localização de quem as contempla. O fascínio dos conceitos é compreensível, pois eles prometem regularidade, previsibilidade e simplicidade. Mas seu defeito é, simplesmente, a incompatibilidade com o mundo que dizem representar.

No Brasil, três expressões se destacam para referir o que seriam diferentes modelos de Estado. O *Estado liberal*, durante o século XIX; o *Estado empresário*, nas primeiras décadas do século XX até o início da década de 1990; e o *Estado regulador*, que corresponderia ao momento presente.

O século XIX foi marcado por um Estado liberal associado a um direito administrativo liberal. Nesse período, a ideia de que o Estado não deveria intervir gerou a noção de *serviço público* como um privilégio do Estado, e não como um *direito* da sociedade. O Estado deveria deixar a economia funcionar, segundo os princípios da liberdade e da livre iniciativa. A atividade econômica organizar-se-ia a partir desses dois princípios. Ao Estado caberiam outras preocupações, como a justiça, a organização administrativa, a unidade e a segurança, que marcaram, inclusive, a primeira grande obra sobre direito administrativo no Brasil imperial. O livro *Ensaio sobre o direito administrativo* (1862), de Paulino José Soares de Souza (visconde do Uruguai), refletia uma forte preocupação com a formação do Estado, a organização da administração e a centralização da autoridade pública.

A Revolução Industrial marcou o advento de novas tecnologias, que permitiram o surgimento de novos serviços, como os transportes ferroviários e a energia elétrica. A essas atividades, tão importantes para o desenvolvimento do Estado, foi dado um tratamento especial, de modo a impedir sua exploração sem o controle do poder público. O traço liberal de então passou a ter uma exceção na medida em que se criou uma oposição entre essas atividades, que se convencionou chamar de *serviços públicos*, e as *atividades econômicas comuns*. O Estado passou a ter poder sobre as atividades ligadas aos *serviços públicos*.

Como o Estado não possuía recursos para investir na implementação e no desenvolvimento dos serviços públicos, era preciso atrair capitais interessados em suprir essa carência. Para diminuir a incerteza e os riscos de apostar em atividades então recentes, sobretudo no setor de ferrovias, o Estado concedeu aos interessados o direito de explorar os serviços públicos em um regime de monopólio. Daí o sentido histórico da noção de serviço público como um *poder do Estado*. Sem esse poder, não haveria justificativa para a criação desses monopólios que atrairiam os investimentos necessários ao desenvolvimento do país.

Nesse período, a relação estabelecida entre o Estado e os particulares prestadores de serviços representou, para o direito administrativo, a consolidação da dicotomia *direito público* e *direito privado*. Havia a necessidade de diferenciar os institutos típicos do direito privado e os institutos típicos do direito administrativo. Essa tarefa foi empreendida pelos administrativistas franceses do final do século XIX, que criaram as noções de personalidade pública, bens públicos, contratos públicos e responsabilidade do Estado. Todas elas em sentido oposto às noções do direito privado. O direito administrativo surgiu como um espelho que refletia invertido o direito privado.

Essa tendência de opor os conceitos do direito privado aos do direito administrativo se verificou, no Brasil, principalmente durante o século XIX e na primeira metade do século seguinte.

Durante a Primeira República, aquelas ideias do visconde do Uruguai cederam lugar a novas preocupações. Com a consolidação do Estado brasileiro, outros desafios entraram na agenda, como a radicalização do projeto liberal-econômico, que mereceu especial atenção do administrativista gaúcho Alcides Cruz, em seu livro *Direito administrativo brasileiro* (1911). O Estado liberal-econômico permaneceu até a década de 1930, quando o desenvolvimento se tornou uma função do poder público. A partir daí, o Estado assumiu as vestes empresariais, com as empresas estatais e as autarquias. O direito administrativo, então, passou a se preocupar com a criação de estruturas capazes de dar conta das novas funções do Estado.

Quando o Estado deixou de seguir o modelo liberal de não intervenção para se tornar um Estado empresário, responsável pelo desenvolvimento social e econômico, a expressão "serviço público" adquiriu um novo sentido. Esse novo sentido havia sido identificado pelo administrativista francês Léon Duguit. Para ele, a prestação dos serviços públicos deveria consistir em *dever* do Estado. Dessa forma, a autoridade estatal passou a estar vinculada a uma *função* específica de atender ao interesse público. E apenas para atender ao interesse público é que o Estado poderia exercer sua autoridade. Nesse contexto, o direito administrativo deveria abandonar seu caráter imperialista para ser construído com base em ideais republicanos.

Até a década de 1990, no entanto, essa construção jurídica abstrata não produziu efeitos relevantes no sentido de impor ao Estado obrigações ou deveres efetivos de realizar certas prestações a particulares. No setor de telecomunicações, por exemplo, em que havia uma grande *holding* estatal que controlava uma série de empresas espalhadas pelo Brasil, nunca se pensou em propor ações judiciais para obrigá-la a instalar linhas telefônicas, ou para que as tarifas fossem reduzidas. Uma explicação para isso é que, em grande parte, as atuações do Estado eram consideradas como decorrentes de um poder da autoridade, como no século XIX. Por esse motivo, o Estado não tinha de fato deveres jurídicos de fazer prestações em relação a ninguém.

Isso significa que as ideias de serviço público de meados do século XX (de dever, de função) serviram bem para organizar e construir as estruturas do direito administrativo brasileiro, mas serviram pouco para sua vida cotidiana. Essas belas afirmações de princípio nunca foram tão fortes juridicamente quanto o foram no discurso político, pois nunca geraram o reconhecimento de que o Estado teria o *dever jurídico* de fazer prestações aos particulares.

Essa concepção de serviço público começou a mudar, no Brasil, a partir da Constituição Federal de 1988 e dos direitos que ela assegurou. Um exemplo paradigmático de como isso ocorre é a Constituição afirmar, expressamente, que a educação é um direito de todos e que o não oferecimento da educação fundamental gratuita gera ao Estado o dever de custear o estudo do prejudicado em uma escola privada (art. 208, §§1º e 2º c/c art. 213, §1º). Toda aquela construção teórica do serviço público passa, então, a valer para a prática do direito administrativo. Se o Estado não cumprir seu dever de prestar determinados serviços, ele sofrerá consequências jurídicas por força da própria Constituição Federal.

Aparentemente, esse fenômeno levaria necessariamente ao aumento no tamanho do Estado. No entanto, com a crise fiscal dos anos 1980 e 1990, o Estado se viu obrigado a fugir dessa tendência e começou a privatizar algumas de suas empresas. Desse modo, em lugar de ser sempre prestador direto dessas atividades, o Estado reforçaria também sua atuação como *agente regulador*.

A noção de serviço público como um dever do Estado permanece, tanto que os administrativistas continuam a utilizá-la. Esse movimento, de compreender o serviço público com um dever, foi tão forte que acabou superando uma antiga disputa entre juristas franceses e ingleses. O direito administrativo, no início, era algo próprio dos franceses. Para os ingleses, ao contrário, não existia direito administrativo. A visão anglo-saxônica ligava o direito administrativo à autoridade e aos privilégios do Estado, o que afastava dessa disciplina o pensamento liberal. E é por isso que os constitucionalistas ingleses, no final do século XIX, insistiam em dizer que na Inglaterra não havia direito administrativo. Na medida em que o direito administrativo deixa de ser o direito do privilégio e passa a ser o direito das funções e dos deveres públicos, a postura dos juristas ingleses muda. Hoje, aliás, é comum encontrar o direito administrativo no currículo das faculdades inglesas e americanas. Ao invés de ser o direito do privilégio, o direito administrativo se tornou o *direito do controle da administração pública*. Ao longo do século XX, com o fim do Estado puramente liberal, o direito administrativo passa a ser visto como o direito da regulação, sobretudo nos Estados Unidos.

Hoje, o direito administrativo pretende enfrentar os desafios da regulação. A expressão serviço público assume, então, dois sentidos. Aquele original, como um privilégio do Estado, e aquele ligado aos direitos da sociedade, como um *dever* da autoridade. No Brasil, o ressurgimento das concessões, a partir das privatizações, trouxe de volta a ideia de que os serviços públicos seriam um privilégio do Estado. Uma empresa concessionária só pode desempenhar a atividade porque o Estado lhe concedeu esse *privilégio*. A consolidação do Código de Defesa do Consumidor e a criação das agências reguladoras – quando o Estado assume declaradamente seu papel de regulador –, por outro lado, retomam a ideia de serviço público de Duguit, de dever do Estado e direito dos administrados.

A regulação, então, passa a ter um caráter social, na medida em que busca garantir o acesso e a qualidade dos serviços públicos para toda a coletividade. A aprovação da Lei Nacional do Saneamento Básico (Lei nº 11.445, de 5 de janeiro de 2007) é um bom exemplo de regulação social. Um dos principais objetivos ao editá-la foi enquadrar as empresas estaduais prestadoras do serviço que, apesar dos altos investimentos e da expansão a partir de 1970, atuavam pouco preocupadas com a universalização.

Sem adentrar nas minúcias da lei, a verdade é que, com ela, pretende-se a universalização total do serviço de saneamento básico. Para alcançar essa meta, optou-se por obrigar os titulares do serviço a criarem agências reguladoras para o setor, de modo a impor deveres aos prestadores e a criar direitos para os consumidores e para os não consumidores, que possuem direito à expansão do serviço. Nota-se, neste ponto, a noção de serviço público como o dever a que se referia Duguit. A regulação social para universalizar o serviço de saneamento tem entre suas justificativas a ideia de que essa atividade é um serviço público. Por esse motivo, não só seus usuários têm direitos, como também aqueles que ainda não usufruem o serviço por falta de acesso. Consequentemente, seu prestador deve não só cuidar do serviço já existente como também ampliá-lo a maior número de indivíduos.

A expressão serviço público assume, então, utilidades diferentes no direito administrativo contemporâneo. Às vezes como um privilégio do Estado – justificativa do poder estatal de regular –, às vezes como um direito dos administrados – justificativa de uma regulação que proteja esses direitos. Compreender essas diferenças é fundamental para avaliar as mudanças na prática do direito administrativo.

No início do direito administrativo, a ideia de serviço público era um de seus conceitos basilares, que permitia dividir o mundo entre *público* e *privado*. Atualmente, em termos práticos, essa divisão não serve mais. Quando se dividiu o mundo em público e privado, o direito privado era o *direito do Código Civil*. Atualmente, a vida privada, embora ainda conte com o Código Civil, é regulada pelo direito de modo muito distinto. O direito privado de hoje não é apenas o que está no Código Civil.

Por esse motivo, atividades aparentemente estranhas à noção de serviço público possuem um regime jurídico muito semelhante, como os bancos e os seguros. Apesar de não serem classificadas como serviços públicos, essas atividades do sistema financeiro são reguladas por normas parecidas com as que regulam os serviços públicos tradicionais.

No Brasil, o sistema financeiro foi o primeiro a ganhar um órgão regulador bem-organizado. O Banco Central – a *agência reguladora* de maior tradição no Brasil – exerce um poder regulador exemplar, de modo a influenciar as práticas das demais agências existentes. E foi justamente em relação ao Banco Central, sobretudo ao longo das décadas de 1960 e 1970, que primeiro se discutiu sobre a validade ou a invalidade de um poder normativo exercido pela administração pública. Hoje em dia, ao contrário, as agências reguladoras editam normas sem que ninguém considere isso espantoso, apesar das críticas, inclusive no campo da constitucionalidade.

O Banco Central foi uma espécie de desbravador da regulação. Ninguém jamais considerou o sistema financeiro como um serviço público, mas ele é intensamente regulado por técnicas semelhantes às técnicas de regulação do serviço público. Isso mostra que uma atividade que sempre se entendeu como livre, que não é própria ou exclusiva do Estado, mudou seu regime jurídico, submetendo-se a uma intensa regulação, assim como as atividades tradicionalmente chamadas de serviços públicos, como a produção e distribuição de energia elétrica.

É importante deixar claro que o serviço público, enquanto conceito estruturante do direito administrativo, perdeu importância. Apesar disso, a expressão *serviço público* continua fazendo parte do discurso político-jurídico como um lugar-comum. Em muitas frases feitas e aforismos, em pareceres e artigos doutrinários, a expressão serviço público costuma ser usada, mesmo sem compromisso com técnicas jurídicas ou com grandes noções estruturantes. São exemplos: o Estado deve cuidar do serviço público, o serviço público não pode parar, o serviço público não pode dar lucro, o serviço público tem de ser protegido etc.

Apesar de constantemente usados, nem todos esses lugares-comuns possuem justificativa normativa na Constituição Federal ou na legislação, não obstante a doutrina frequentemente vinculá-los a dispositivos constitucionais e legais. Do art. 21, III, da CF/88,[5] por exemplo, alguns disseram que, por supostamente serem serviços públicos, os serviços de telecomunicações não poderiam parar, teriam de ser protegidos e não deveriam dar lucro, dependendo das concepções de cada um, como se tudo isso estivesse escrito na Constituição, o que não é verdade.

A regulação por meio de parcerias público-privadas

A expressão *parceria público-privada* (PPP) vem servindo, no Brasil como em outros países, antes de mais nada, para designar a tendência de modificação das relações da administração pública com os particulares, sobretudo a partir do final do século XX. Essa tendência poderia ser designada por outro termo – *privatização*. Trata-se da transferência, por diferentes mecanismos contratuais, de atividades do Estado a particulares, sem que o Estado perca o controle ou a regulação do setor. A expressão PPP, então, refere uma série de experiências ligadas ao amplo programa de privatização ou reforma do Estado, acabando por se transformar em um gênero, abrangendo variantes, nem sempre submetidas a regime jurídico comum e nem sempre ligadas ao mesmo tipo de experiência de gestão.

Entre os contratos de parceria, estão aqueles pelos quais o Estado transfere a particulares o ônus de fazer grandes investimentos na implantação ou melhoria da infraestrutura pública, mantendo para si um papel de regulador. Nesse caso, os contratados são empresas. Uma vasta legislação existe no Brasil a esse respeito.

Uma lei federal de concessão foi editada (Lei nº 8.987/1995), criando um regime geral, de aplicação nacional (isto é, à União, aos estados e aos municípios), para o contrato que hoje chamamos como de *concessão comum*. O modelo básico desse contrato foi a concessão de serviço público ou de obra pública, que o Brasil há muito tempo importara do direito

---

[5] "Art. 21. Compete à União: [...] XI. explorar, diretamente ou mediante autorização, concessão ou permissão, os serviços de telecomunicações, nos termos da lei, que disporá sobre a organização dos serviços, a criação de um órgão regulador e outros aspectos institucionais;"

francês, mas até então era disciplinado apenas em leis setoriais. O que fez a Lei de Concessão foi, sem renegar as ideias tradicionais, modificá-las parcialmente, no que fosse útil para aumentar a segurança do concessionário e, assim, tornar mais atrativa a relação.

Tradicionalmente, o objeto desse tipo de contrato é a delegação, pelo Estado ao concessionário, da implantação ou gestão de um empreendimento público, ficando os investimentos a cargo do concessionário, para serem recuperados com a posterior exploração, em geral por tarifas pagas pelos usuários finais. Segundo o modelo tradicional, o concedente deveria ter extensos poderes para modificar as condições de implantação ou exploração do empreendimento, desde que respeitasse o equilíbrio econômico-financeiro e, assim, não impusesse prejuízos injustos ao concessionário. Essa premissa foi mantida pela Lei de Concessão. Mas a lei inviabilizou na prática a chamada encampação pelo Estado, isto é, a extinção do contrato antes do prazo, por questões de interesse público. A encampação passou a depender de dois requisitos de difícil realização: a autorização prévia, caso a caso, do Poder Legislativo, e o pagamento, também prévio, de indenização ao concessionário. Com isso, afastou-se o risco de um puro e simples confisco dos investimentos do concessionário.

Com base direta nessa Lei de Concessão, os mais importantes estados da Federação – especialmente São Paulo, Paraná e Rio Grande do Sul – implantaram grandes programas de concessão de suas estradas, melhorando bastante suas malhas rodoviárias. Mas, como é natural, na execução dos contratos surgiram conflitos envolvendo o concessionário. Por vezes, conflitos com os usuários, insatisfeitos com a obrigação de pagar tarifas (pedágios). Outras vezes, conflitos com o concedente, que se recusava a cumprir o ajustado (reduzindo unilateralmente o pedágio, por exemplo). Muitas ações judiciais foram propostas e, no geral, a Justiça optou pela segurança, mantendo a relação nos termos previstos no contrato.

A constatação, portanto, é que a Lei de Concessão tem sido capaz tanto de gerar importantes projetos de parceria entre o Estado e o setor empresarial como de oferecer segurança jurídica para sua continuidade no longo prazo.

Ao lado da Lei de Concessão, temos no Brasil um número grande de leis setoriais, editadas no âmbito federal, em telecomunicações, energia elétrica, petróleo, portos, saneamento etc., todas prevendo parcerias, com nomes variados: *concessões*, *arrendamentos*, *contratos de partilha* ou mesmo *autorizações*. Leis setoriais importantes vêm surgindo continuamente desde o início da década de 1990 até hoje. A primeira foi a Lei de Portos, em 1993. Em anos muito recentes, modificações significativas surgiram em leis sobre saneamento, transporte de gás, exploração de petróleo, televisão por assinatura, transporte urbano de passageiros, aeroportos e outros.

Várias dessas leis utilizam a Lei de Concessão como norma subsidiária de seus contratos; é o caso de energia elétrica e aeroportos, por exemplo. Outras têm seus próprios modelos de contrato, como no setor petrolífero e em telecomunicações. Mas, em termos gerais, há nessa legislação a orientação comum de buscar o equilíbrio entre os valores públicos e os interesses dos investidores e de obter relações jurídicas estáveis e seguras.

E o que se pode dizer da aplicação concreta de um sistema legal tão variado nesses cerca de 20 anos? A avaliação é, no geral, bastante positiva. Novos empreendimentos vêm surgindo regularmente e não tem havido crises muito graves em seu funcionamento.

Além das características intrínsecas da legislação, um elemento institucional tem contado no Brasil para o sucesso do programa de parcerias público-privadas empresariais. É o fato de terem sido instituídas agências reguladoras para celebrar ou administrar esses ajustes. No nível federal, essas agências são separadas por setores: telecomunicações, energia elétrica, petróleo, portos, aviação civil, transportes terrestres, por exemplo. No nível dos estados, a tendência tem sido a criação de agências multissetoriais.

Embora haja certa heterogeneidade entre essas agências, elas trouxeram mais profissionalismo à análise de questões contratuais e regulatórias e, em muitos casos, conseguem atuar com razoável autonomia, estando seus dirigentes protegidos por exercerem mandatos com prazo certo.

Além disso, na tomada de decisões, as agências reguladoras foram obrigadas, por suas leis de criação, a realizar processos administrativos (consultas públicas para edição de regulamentos, processos sancionadores, processos públicos para revisão de tarifas etc.). Nesse trabalho, elas obedecem às leis de processo administrativo, que foram surgindo contemporaneamente à criação das agências. A Lei de Processo Administrativo do estado de São Paulo é de 1998 e se aplica às entidades desse estado, inclusive às suas agências reguladoras. A Lei de Processo Administrativo de âmbito federal (Lei nº 9.784), que tem de ser observada pelas várias agências da administração federal, é de 1999. É uma legislação consistente, que incorporou e consolidou a tradição do direito administrativo, que já se vinha desenvolvendo regularmente no Brasil há décadas, em temas como a exigência de motivação de atos administrativos, o direito à defesa administrativa ampla e prévia para acusados de infração, o recurso administrativo, a estabilização de atos administrativos pela passagem do tempo, impedindo sua invalidação, entre outros.

Quase uma década após a Lei de Concessão, que dispõe sobre a *concessão comum*, surgiu mais uma lei, que chamamos de Lei das Parcerias Público-Privadas ou Lei de PPP (Lei nº 11.079/2004). A Lei de PPP criou dois novos tipos de concessão: a *concessão patrocinada* e a *concessão administrativa*, contratos esses que passaram a ser designados especificamente como de parceria público-privada. A Lei de PPP é uma espécie de lei complementar à Lei de Concessão, pois o regime das concessões patrocinada e administrativa é, em boa parte, o mesmo da concessão comum.

As novas concessões criadas pela Lei de PPP, a patrocinada e a administrativa, são contratos públicos, como tantos outros que conhecemos há muito tempo (como os contratos administrativos de empreitada de obras públicas ou os contratos de concessão de serviço público de eletricidade, por exemplo). Mas têm, claro, algumas finalidades e características específicas.

Concessão administrativa é aquela em que todas as parcelas do preço devido ao concessionário serão pagas por um ente estatal, não por usuários pulverizados. Um exemplo seria a concessão administrativa para uma empresa investir, construir e operar um hospital público. Como na saúde pública os usuários não pagam pelos serviços, toda a remuneração do concessionário tem de vir do Estado.

Tendo sido a concessão administrativa uma novidade conceitual da Lei de PPP, muitas pessoas a estranharam. Houve, por exemplo, quem se espantasse com o fato de ser concessão administrativa o contrato prevendo a construção e operação de presídio por uma empresa, que receba remuneração do Estado mês a mês, por 20 anos. Algumas pessoas dizem: mas isso não é concessão, e sim mero contrato administrativo de prestação de serviços ao Estado por prazo longo. A verdade é que se trata, sim, de concessão, isto é, de um contrato com regime jurídico semelhante ao das concessões comuns de serviço público em certos aspectos importantes, como a estabilidade do vínculo, para garantir a recuperação dos investimentos. É certo que o objeto desse contrato é mesmo a prestação de serviços ao Estado, mas nem por isso é impróprio chamá-lo de concessão; afinal, a estrutura de ambos é semelhante.

Além da concessão administrativa, a Lei de PPP prevê a concessão patrocinada, aquela em que o concessionário é remunerado por um misto de tarifa cobrada dos usuários e de um preço pago pelo Estado. É um instrumento útil para empreendimentos rodoviários novos, por exemplo, em que, nos primeiros anos, a receita de tarifa seja insuficiente para pagar ao concessionário. Aí o contrato prevê uma complementação pelo Estado. Como dito, há um misto de recebimento de tarifa de usuários com pagamentos feitos por entes estatais. Mas a composição pode variar muito, dependendo do caso, da época etc.

O que há de semelhante entre essas novas concessões PPP (administrativas ou patrocinadas) e as antigas concessões (comuns) de serviço público é que, em todas elas, o concessionário faz investimentos iniciais para implantar um serviço ou infraestrutura, os quais serão amortizados a seguir, no curso de um prazo longo, sendo a remuneração uma contrapartida pelas utilidades que o serviço ou infraestrutura propiciam. O regime jurídico comum a esses contratos todos tem a ver com a necessidade de garantir segurança ao investidor no decorrer de um período dilatado; do contrário, ele não faria investimento algum.

No caso das concessões PPP, em que o concessionário depende de pagamentos feitos pelo Estado, a garantia que tem sido mais oferecida, nas primeiras experiências brasileiras, é a arrecadação futura de empresas estatais. Um exemplo de PPP em saneamento: a empresa estadual de saneamento, que presta os serviços aos usuários e tem renda certa desses serviços no futuro, pode dar parte dela em garantia de um contrato de PPP que ela celebre com o particular que invista, construa e opere uma estação de tratamento de esgoto, que vai funcionar acoplada ao serviço já existente.

Além disso, no âmbito da administração pública federal foi criado um Fundo Garantidor das PPP, para dar ao particular garantias quanto ao pagamento das prestações a cargo do poder público. Esse fundo é uma espécie original de ente despersonalizado, de natureza privada, com patrimônio próprio, cuja finalidade é prestar garantias ao concessionário privado, assumindo o compromisso de, em caso de inadimplência, honrar pagamentos devidos contratualmente pela União.

Nas concessões PPP, como os pagamentos vêm diretamente de entes estatais, é preciso muita prudência na decisão de contratar, pois os negócios vão onerar o orçamento público de muitos anos futuros. Assim, a lei brasileira de PPP tem regras fortes para limitar e controlar esse endividamento, em nome da responsabilidade fiscal. A lei foi muito prudente, restritiva, impedindo que ocorresse uma disseminação muito ampla ou rápida dessas contratações, que poderia colocar em risco o equilíbrio orçamentário, que tem sido prioridade nacional nos últimos 20 anos.

A Lei de PPP não diz quais riscos do empreendimento devem ser assumidos pelo Estado e quais riscos ficarão com a empresa concessionária. Isso tem de variar caso a caso, de acordo com a natureza do projeto e a situação em que é realizado. Assim, pode haver concessão de rodovia em que a totalidade dos riscos de variação de tráfego fique com o concessionário, ou em que parte deles fique com o Estado. O importante é que haja justificativa econômica adequada para o modelo de repartição de riscos adotado.

A aplicação da Lei de PPP vem evoluindo positivamente, ano a ano. No caso brasileiro, já temos boas experiências nos estados, como a da linha 4 do metrô de São Paulo. Houve muita crítica e desconfiança, inclusive no meio jurídico, quando da edição da lei. Todavia, esses anos de aplicação vêm mostrando que se trata de instrumento importante e consistente, que pode ajudar a administração pública a se capacitar para atender às suas inúmeras obrigações.

O Brasil conta com uma legislação e uma prática jurídica já maduras quanto às parcerias público-privadas que o Estado vem estabelecendo com empresas do setor privado, especialmente por contratos de concessão. Com isso, essas parcerias têm-se constituído em alternativa relevante e efetiva para a ampliação dos investimentos, que é um desafio crucial do desenvolvimento econômico e social do país.

Há contratos de concessão de diferentes tipos, bem-delineados – concessões comuns, patrocinadas, administrativas e setoriais – de modo que se tem podido atender à grande diversidade de situações de parceria existentes. Sua execução tem, no geral, se processado sem crises jurídicas muito expressivas.

Grande parte desses contratos tem estado a cargo de órgãos reguladores, criados por leis específicas, dotados de estabilidade e autonomia, e que devem obedecer a leis de processo administrativo, o que tem propiciado, no geral, uma boa qualidade jurídica no relacionamento entre o poder público e os concessionários privados.

De um modo geral, nos conflitos judiciais envolvendo a execução de contratos de concessão, a legislação existente tem sido capaz de levar a decisões em favor da estabilidade e do cumprimento dos contratos, o que, ao lado da existência de agências reguladoras, tem sido um fator importante para a confiabilidade e a atração de novos investimentos.

Consolidou-se no direito brasileiro a exigência de que contratos públicos sejam precedidos de procedimento público competitivo (licitação). Há diversas leis a respeito dessa matéria, aplicáveis a situações ou a contratos diferentes, com orientações variadas. Algumas são mais dirigistas, limitando as opções administrativas, e isso para atender aos interesses de certo tipo de empresas. Outras leis sobre licitação estão mais preocupadas em propiciar eficiência administrativa. Essa diversidade legislativa é causa de alguma complexidade e ambiguidade, levando a questionamentos quanto à validade das licitações, inclusive por iniciativa de órgãos de controle, como Tribunais de Contas e Ministério Público.

As licitações para contratos de concessão, por força das regras específicas das leis de Concessão e de PPP, estão sujeitas a um regime mais aberto do ponto de vista legal, com maior espaço para opções administrativas. De modo geral e em abstrato, o regime é adequado para gerar bons procedimentos, transparentes, honestos e competitivos. Mas, em certos casos, essas opções vêm sendo confrontadas pelos órgãos de controle, por vezes sob inspiração do modelo de licitação mais tradicional, da Lei de Licitações, cuja aplicabilidade às licitações de concessões deveria ser, segundo aquelas leis, bastante limitada. É razoável prever, contudo, que a continuidade do programa de parcerias público-privadas propicie a paulatina consolidação dos entendimentos sobre essa matéria, o que será um fator importante para ampliar esse programa e torná-lo mais consistente.

Referência

GRAU, Eros. *A ordem econômica na Constituição de 1988*. 3. ed. São Paulo: Malheiros, 1998.

Capítulo 5
Responsabilidade civil dos provedores de internet: uma década à procura de regulação

Carlos Affonso Pereira de Souza*

Introdução

A interface entre o direito e o desenvolvimento das tecnologias de informação e comunicação (TICs), em especial da internet, ainda parece algo recente. Essa percepção, talvez estimulada pelas constantes novidades no campo da tecnologia, é positiva por estimular a curiosidade e o aperfeiçoamento do modo pelo qual o direito compreende e regula as relações sociais travadas na rede.

Por outro lado, a eterna novidade da tecnologia pode ocultar o fato de que, no Brasil, a operação comercial da internet caminha para sua segunda

---

* Doutor em direito civil pela Universidade do Estado do Rio de Janeiro (Uerj). Vice-coordenador do Centro de Tecnologia e Sociedade (CTS) da Escola de Direito do Rio de Janeiro da Fundação Getulio Vargas (FGV Direito Rio). Pesquisador visitante do Information Society Project, da Faculdade de Direito da Universidade de Yale. Professor dos cursos de graduação e pós-graduação da FGV Direito Rio e da Pontifícia Universidade Católica do Rio de Janeiro (PUC-Rio). Membro da Comissão de Direito Autoral, Direitos Imateriais e do Entretenimento da Ordem dos Advogados do Brasil (OAB/RJ).

Regulação no Brasil

década. Desde então, os números da inclusão digital avançam a cada ano[1] e, se por um lado a qualidade da conexão à rede ainda é uma questão crucial,[2] o uso intensivo dos recursos oferecidos na internet comprovam o grau de adoção e identificação do brasileiro com as possibilidades de comunicação proporcionadas pela internet.[3]

Nesse particular, a expansão dos *blogs* e das redes sociais representa um capítulo especial por justamente viabilizar maior interação entre os usuários da rede e facilitar uma forma de expressão até então inédita, para além dos meios tradicionais de comunicação.

O uso intensivo da rede traz consigo a natural possibilidade de que danos venham a ocorrer no desenvolvimento natural das relações sociais. Nesse particular, ofensas à honra, à imagem, à privacidade, aos direitos autorais, além da prática de crimes têm mobilizado a reflexão jurídica sobre a internet em âmbito global.

Especificamente no Brasil, a última década se mostrou profícua na produção de decisões judiciais que buscaram responder à seguinte pergunta: quem responde pelos danos causados na internet? O usuário de certo serviço, que postou uma foto, um vídeo ou um texto que ofende terceiros, ou o provedor, que através do desenvolvimento de sua atividade proporcionou os meios para que a ofensa se concretizasse?

Note-se que o provedor aqui referido não é o provedor de acesso à internet. Nesse caso, os tribunais[4] já assentaram o entendimento de que o

---

[1] Ver a pesquisa "Mapa da inclusão digital", realizada pelo Centro de Políticas Sociais (CPS), da FGV. Disponível em: <http://cps.fgv.br/telefonica>. Acesso em: 1 set. 2012.

[2] A Agência Nacional de Telecomunicações (Anatel) estabeleceu os padrões mínimos de qualidade no Brasil através de sua Resolução nº 574/2011. As metas propostas pela agência geraram reações por parte de algumas empresas e tornaram-se um dos principais pontos de uma campanha desenvolvida pela sociedade civil denominada "Banda larga é um direito seu", apoiada por diversas entidades, como o Idec e o Artigo 19. Cf. <http://campanhabandalarga.org.br/>. Acesso em: 1 set. 2012.

[3] A pesquisa "O futuro da mídia", da Deloitte, aponta que o brasileiro passa em média três vezes mais tempo na internet do que assistindo a programas de televisão. Para mais informações sobre a pesquisa, ver <www.estadao.com.br/noticias/tecnologia,brasileiro-passa-3-vezes-mais-tempo-na-web-que-vendo-tv,346015,0.htm>. Acesso em: 1 set. 2012.

[4] No plano internacional veja-se a decisão da Corte Distrital dos Estados Unidos da América (Northern District of California) no caso Religious Technology Center *vs.* Netcom On-Line

mesmo não responde pelas condutas de seus usuários. Além do tradicional argumento da impossibilidade técnica de exercer um controle prévio sobre os atos dos usuários que conecta na rede, a quebra do nexo causal que eventualmente ligaria o provimento de acesso ao dano causado pelo usuário parece evidente.

Resta, então, a pergunta sobre os provedores de serviços os mais diversos,[5] sendo mais comumente encontrados na jurisprudência casos sobre a hospedagem de *websites*, o oferecimento de ferramentas de *blogs* e, principalmente, a disponibilização de redes sociais.

A jurisprudência na última década se mostrou bastante fragmentada, oferecendo respostas distintas para casos muito similares, além de oscilar entre extremos, como a isenção de responsabilidade por parte do provedor e a consagração de uma responsabilidade de natureza objetiva pelo simples fato de o conteúdo ter sido exibido na rede (ou mesmo representar um intrínseco risco da atividade desenvolvida pelo provedor).

Não existe, no Brasil, uma legislação específica para os danos causados na internet e sua consequente responsabilização. Não se deve também imaginar que, para cada novidade trazida pelas modernas tecnologias,

---

Communication Services, Inc, julgado em 21/11/1995. Entre as decisões dos tribunais brasileiros, ver TJRS. Apelação Cível nº 70001582444. Rel. min. Antônio Correa Palmeiro da Fontoura, julgado em 29/5/2002.

[5] Embora exista divergência sobre a nomenclatura dos provedores em questão, vale fazer referência à seguinte orientação, adotada pelo STJ para se referir aos provedores, separando-os em cinco categorias: "Os provedores de serviços de Internet são aqueles que oferecem serviços ligados ao funcionamento dessa rede mundial de computadores, ou por meio dela. Trata-se de gênero do qual são espécies as demais categorias, como: (i) provedores de *backbone* (espinha dorsal), que detêm estrutura de rede capaz de processar grandes volumes de informação. São os responsáveis pela conectividade da Internet, oferecendo sua infraestrutura a terceiros, que repassam aos usuários finais acesso à rede; (ii) provedores de acesso, que adquirem a infraestrutura dos provedores *backbone* e revendem aos usuários finais, possibilitando a estes conexão com a Internet; (iii) provedores de hospedagem, que armazenam dados de terceiros, conferindo-lhes acesso remoto; (iv) provedores de informação, que produzem as informações divulgadas na Internet; e (v) provedores de conteúdo, que disponibilizam na rede os dados criados ou desenvolvidos pelos provedores de informação ou pelos próprios usuários da web" (STJ. Resp. nº 1316921/RJ. Rel. min. Nancy Andrighi, julgado em 26/6/2012).

uma lei deva ser erigida, movimentando todo o aparato político-legislativo para sua aprovação. Contudo, no caso da responsabilidade dos provedores de serviços na internet, a busca por uma regulação que possa orientar essa questão se faz premente.

Assim como nos últimos 10 anos a jurisprudência se divide nas mais variadas formas de abordar os casos de danos ocorridos na rede, no plano legislativo algumas iniciativas também buscaram enfrentar o problema. De forma mais notória, o chamado Marco Civil da Internet, projeto de lei resultante de ampla consulta realizada na própria rede e encaminhado ao Congresso pelo Poder Executivo, aponta para uma direção importante ao sopesar os diversos interesses envolvidos para a solução do problema.

Como criar um sistema de responsabilização que, por um lado, não prejudique a vítima de um eventual dano ocorrido na rede com a perpetuação do conteúdo lesivo, mas que, ao mesmo tempo, não incentive o provedor a simplesmente retirar do ar a foto, o vídeo ou texto em razão de qualquer notificação recebida, afetando assim a liberdade de expressão e a diversidade do discurso na rede? Cabe ao provedor julgar a licitude do conteúdo exibido, caso sua lesividade seja apontada por um usuário, e decidir pela sua manutenção ou remoção? Como essas perguntas afetam o grau de inovação contido em futuros modelos de negócio, que podem ser mais ou menos afetados pelo modo através do qual o direito incentiva a prevenção e determina a responsabilização pelos danos causados na internet?

A seguir são analisadas algumas das mais relevantes decisões judiciais sobre o tema, demonstrando a diversidade de entendimentos encontrada nos tribunais superiores nacionais. Posteriormente, através de uma breve descrição do processo de criação do chamado Marco Civil da Internet, serão apontadas algumas das possíveis soluções para a responsabilização dos provedores à luz dos debates que instruíram o desenvolvimento dessa iniciativa.

Apenas com uma investigação sobre os rumos adotados pelas decisões judiciais somada à experiência legislativa de construção de um projeto de lei de forma aberta e colaborativa – como se passou com o marco civil –

é possível compreender o que está em jogo e como melhor aproveitar a oportunidade regulatória surgida após mais de uma década de reflexão sobre o tema dos danos na internet e sua consequente responsabilização.

A responsabilidade civil dos provedores nos tribunais

De modo geral, podem-se apontar três entendimentos que têm sido prevalentes na jurisprudência nacional sobre a responsabilidade civil dos provedores de serviços na internet: (i) sua não responsabilização pelas condutas de seus usuários; (ii) a aplicação da responsabilidade civil objetiva, ora fundada no conceito de risco da atividade desenvolvida, ora no defeito da prestação do serviço; e (iii) a responsabilidade de natureza subjetiva, aqui também encontrando-se distinções entre aqueles que consideram a responsabilização decorrente da não retirada de conteúdo reputado como lesivo após o provedor tomar ciência do mesmo (usualmente através de notificação da vítima) e os que entendem ser o provedor responsável apenas em caso de não cumprimento de decisão judicial determinando a retirada do material ofensivo.

Mais do que simplesmente categorizar os entendimentos partilhados pelos tribunais nacionais, é preciso compreender quais são os fundamentos que suportam cada posição por eles adotada e quais fatores, nos principais casos, foram determinantes para o resultado da decisão.

Nesse sentido, é possível afirmar que o primeiro entendimento, segundo o qual o provedor não responderia pelos atos de seus usuários, encontra respaldo em decisões que identificam a figura do provedor como mero intermediário entre o usuário (agente do dano) e a vítima. Não haveria qualquer conduta por parte do provedor que atraísse para si a responsabilidade pelos atos de outrem, cabendo ao mesmo apenas colaborar com a vítima para a identificação do eventual ofensor.

Para essas decisões parece determinante o fato de que o provedor, ao disponibilizar o serviço, desde já esclarece que ele não poderia ser responsabilizado pelo conteúdo gerado por seus usuários, sejam eles participantes de uma rede social ou *websites* criados a partir do provimento de hospedagem.

No começo da década passada, alguns tribunais adotaram esse posicionamento, usualmente excluindo a legitimidade passiva dos provedores de ações indenizatórias movidas pelas vítimas de eventuais danos causados através dos serviços prestados.

O Tribunal de Justiça do Paraná, analisando caso envolvendo ofensas à honra da vítima constante de *website* tão somente hospedado pelo provedor, assim se pronunciou:

> Civil – Dano Moral – Internet – Matéria ofensiva à honra inserida em página virtual – Ação movida pelo ofendido em face do titular desta e do provedor hospedeiro – Corresponsabilidade – Não caracterização – Contrato de hospedagem – Extensão – Pertinência subjetiva quanto ao provedor – Ausência – Sentença que impõe condenação solidária – Reforma.
>
> Em contrato de hospedagem de página na Internet, ao provedor incumbe abrir ao assinante o espaço virtual de inserção na rede, não lhe competindo interferir na composição da página e seu conteúdo, ressalvada a hipótese de flagrante ilegalidade. O sistema jurídico brasileiro atual não preconiza a responsabilidade civil do provedor hospedeiro, solidária ou objetiva, por danos morais decorrentes da inserção pelo assinante, em sua página virtual, de matéria ofensiva à honra de terceiro.[6]

Ainda no mesmo período, ganhou alguma repercussão na imprensa o caso envolvendo uma ação indenizatória movida pelo ex-jogador de futebol Paulo Roberto Falcão contra o provedor Terra. O pleito tinha como fundamento a hospedagem disponibilizada pelo provedor ao *website* da revista *IstoÉ Gente*, que havia feito uma entrevista com uma modelo e cujo conteúdo – alegava o autor – lhe causava danos morais. O Tribunal de Justiça do Estado do Rio Grande do Sul reconheceu a ilegitimidade do provedor para figurar no polo passivo da ação.[7]

---

[6] TJPR. Apelação Cível nº 130075-8, julgada em 19/11/2002.

[7] A decisão foi assim ementada: "Processual civil. Legitimidade passiva. Provedor de acesso e de conteúdo. Internet. Dano moral. Responsabilidade civil. Denunciação da lide. 1. É responsável

Diferentemente do que se deu na última década no Brasil, o acionamento direto dos provedores pelos danos causados por seus usuários não se desenvolveu de forma geral no direito norte-americano. Considerando a penetração da internet nos Estados Unidos e a conhecida cultura de litigiosidade daquele país, especialmente no que diz respeito a ações indenizatórias, esse dado parece curioso.

Uma das peças para desvendar essa questão é a isenção geral de responsabilidade existente na legislação norte-americana para provedores de serviços pelas condutas de terceiros. A partir desse dispositivo, os provedores não podem ser considerados como se fossem eles os autores das mensagens, fotos e vídeos que exibem.

Essa salvaguarda para as atividades dos provedores se encontra no art. 230, "c", (1) do Telecommunications Act, conforme alteração promovida em 1994 pelo denominado Communications Decency Act (CDA), assim redigido:

(1) Tratamento como divulgador ou autor da expressão: nenhum provedor ou usuário de serviço interativo de computador deverá ser tratado como se divulgador ou autor fosse de qualquer informação disponibilizada por provedor de informações [trad. livre].[8]

---

o provedor de conteúdo da INTERNET (PSI) pela divulgação de matéria que viole direito e cause dano a outrem, seja por calúnia, difamação ou injúria, cabendo ao mesmo residir no polo passivo da demanda onde a parte que se diz ofendida postula indenização por danos morais. Tal responsabilidade, contudo, não se reconhece ao provedor de conteúdo na hipótese em que este serve unicamente de meio de divulgação de revista, sendo esta perfeitamente identificável e responsável na forma da lei, por quaisquer manifestações de pensamento, ou mesmo de informação, que venham a causar violação de direito. 2. Denunciação da lide. Cabível é a denunciação do autor de entrevista que, através de chat na Internet, manifesta pensamento sobre a honra de terceiro. Agravo parcialmente provido" (TJRS. Agravo de Instrumento nº 70003035078. Rel. min. Paulo Antonio Kretzmann, julgado em 22/11/2001).

[8] Cumpre lembrar que o mencionado art. 230, além de isentar o provedor da responsabilidade como se autor do conteúdo lesivo fosse, também incentiva a remoção espontânea de materiais que o provedor por acaso repute ilícitos. Nessas circunstâncias, entra em prática o chamado "bloqueio do bom samaritano" (*good samaritan blocking*), que impede a parte prejudicada por essa remoção de eventualmente responsabilizar o provedor. Assim dispõe o art. 230, "c", 2: "(c) Proteção do Bloqueio do Bom Samaritano e Remoção de Material Ofensivo [...] (2) Res-

Vale destacar que essa regra possui exceções, sendo uma das mais conhecidas o regime especial para responsabilização dos provedores por infração aos direitos autorais, conforme disposto no Digital Millenium Copyright Act (DMCA). Nesse caso, os provedores são considerados responsáveis pelos atos de seus usuários que infringirem direitos autorais se, uma vez notificados, não removerem o conteúdo questionado.[9] Trata-se, portanto, de uma isenção geral de responsabilidade e de uma hipótese especial de responsabilização de natureza subjetiva (responde se não remover o conteúdo), respectivamente.

Esses dois elementos ajudam a entender o motivo pelo qual a litigiosidade contra os provedores de serviços nos Estados Unidos não se desenvolveu como ocorrido no Brasil na última década: os provedores não podem ser considerados como autores do conteúdo eventualmente infringente se eles apenas o exibem. Todavia, como forma de estimular a prevenção de danos e privilegiar as condutas desempenhadas de boa-fé, o CDA ainda prevê a possibilidade de remoção do material reputadamente ilícito pelo provedor e a impossibilidade de que o mesmo venha a responder por essa medida.

Esse primeiro enquadramento retira do provedor o foco de eventuais ações indenizatórias, devendo o mesmo apenas colaborar para a identificação do responsável direto por eventual dano causado através de seu serviço.

Também colabora para esse resultado, por parte do provedor, a existência de um incentivo à retirada do material sem o receio de ser processado por

---

ponsabilidade Civil. Nenhum provedor ou usuário de serviço interativo de computador será responsabilizado por: (A) qualquer ação voluntária, tomada em boa-fé para restringir acesso ou disponibilidade de material que o provedor ou o usuário considere obsceno, indecente, lascivo, sórdido, excessivamente violento, ameaçador, ou de qualquer forma questionável, independentemente da proteção constitucional desse material; ou (B) qualquer ação tomada criar ou disponibilizar para provedores de informação ou outros os meios técnicos para restringir acesso ao material descrito no item (1)" (trad. livre).

[9] O art. 512, "d", do DMCA (trad. livre) determina que "os provedores de serviço não serão responsabilizados pelo conteúdo das páginas a que eles se refiram através de indexação ou *links*, por exemplo, contanto que: (i) não tenham ciência do material ilícito; (ii) não recebam qualquer benefício econômico advindo da atividade infracional; e (iii) em obtendo ciência do material, atuem no sentido de bloquear o acesso a tal conteúdo".

isso, somado ao crescimento de uma cultura de notificação para a remoção de conteúdo que, no caso de lesão aos direitos autorais, deve ser prontamente atendida para evitar a responsabilização nos termos do DMCA.[10]

Mais à frente serão feitos comentários sobre os efeitos dessa responsabilização subjetiva pelo não atendimento da notificação, como previsto no DMCA norte-americano. Cabe avaliar que, embora pareça ser a opção pela responsabilidade subjetiva um caminho mais equilibrado para enfrentar a questão dos danos na internet, afirmar a responsabilização simplesmente pelo não cumprimento da notificação gera uma série de efeitos perigosos para a tutela de diversos direitos fundamentais na rede, em especial para a liberdade de expressão, e favorece uma expansão bastante complicada da proteção concedida aos direitos autorais sobre outros direitos.

O entendimento a favor da responsabilização dos provedores de forma objetiva, por sua vez, encontra-se usualmente ancorado, como referido, ou na caracterização da atividade de risco ou no defeito da prestação do serviço em relação de consumo.

Independentemente de qual dos fundamentos seja adotado, o posicionamento a favor da responsabilidade objetiva parece levar a discussão sobre a responsabilização dos provedores por atos de seus usuários para um cenário no qual duas perguntas se impõem, sendo a resposta afirmativa à primeira prejudicial à segunda.

A primeira pergunta é: tem o provedor dever de fiscalizar, monitorar e, consequentemente, filtrar os conteúdos submetidos por seus usuários? A discussão sobre o dever de monitoramento é fundamental para compreender os contornos da responsabilidade objetiva dos provedores, já que os mesmos poderiam ser condenados apenas pela exibição do conteúdo lesivo (seja porque isso é um risco inerente de sua atividade ou porque seu serviço foi prestado de forma defeituosa).

---

[10] Para mais detalhes sobre o regime de responsabilidade civil na internet à luz do direito norte-americano, em especial no que diz respeito aos casos envolvendo direitos autorais, ver LEMOS, Ronaldo; SOUZA, Carlos Affonso Pereira de; BRANCO, Sergio. Responsabilidade civil na internet: uma breve reflexão sobre a experiência brasileira e norte-americana. *Revista de Direito das Comunicações*, v. 1, p. 80-98, jan./ago. 2010.

A segunda pergunta, então, seria: deve o provedor responder se, uma vez ciente do conteúdo reputadamente danoso, falha em removê-lo quando notificado pela vítima? Note-se que na segunda pergunta está pressuposto o entendimento de que o provedor não responde pela simples exibição do conteúdo, mas apenas por uma conduta (ativa ou passiva) de não remoção do material contestado.

Analisando a primeira pergunta e o entendimento pela responsabilidade objetiva, percebe-se que o argumento do risco da atividade repercutiu na jurisprudência pátria. O volume de ações judiciais sobre danos na internet, especialmente os voltados para o uso das redes sociais,[11] chamaram a atenção do Poder Judiciário para a frequência com a qual serviços prestados na rede são utilizados para atingir direitos de terceiros.

Some-se ainda o fato de que o início da popularização da internet no Brasil se deu justamente na década passada, fazendo assim coincidir o acesso mais amplo aos meios de comunicação através da rede com a edição de um novo Código Civil (CC) que, no campo da responsabilização por atos ilícitos, inovou ao prever, em seu art. 927, parágrafo único, uma cláusula de responsabilidade sem culpa para aqueles que desenvolvem atividades que, por sua própria natureza, implicam risco para direitos de terceiros.[12]

Assim, alguns tribunais passaram a responsabilizar uma série de agentes – de empresas que exploram mecanismos de busca a donos de *lan-houses* – pelo risco supostamente existente no desenvolvimento de sua atividade.

Em decisão de primeira instância no TJSP, o juiz, ao sentenciar o processo movido pela vítima que procurava identificar a pessoa que lhe

---

[11] Em maio de 2012, quando do julgamento do Resp. nº 1308830/RS, a min. Nancy Andrighi mencionou, em seu voto, que cerca de 200 processos envolvendo apenas a empresa Google estavam em tramitação no Superior Tribunal de Justiça (STJ. Resp. nº 1308830/RS. Rel. min. Nancy Andrighi, julgado em 8/5/2012. Voto da questão de ordem, p. 8).

[12] Assim está redigido o art. 927, parágrafo único, do CC: "Art. 927. Aquele que, por ato ilícito (arts. 186 e 187), causar dano a outrem, fica obrigado a repará-lo. Parágrafo único. Haverá obrigação de reparar o dano, independentemente de culpa, nos casos especificados em lei, ou quando a atividade normalmente desenvolvida pelo autor do dano implicar, por sua natureza, risco para os direitos de outrem".

enviara mensagens ofensivas, entendeu que, no caso da exploração de *lan-houses*,

> vigora a responsabilidade civil objetiva consoante prevista no art. 927, § único, do Código Civil, em razão do desenvolvimento de atividade que por sua natureza implique em risco para o direito de outro, caso em que ao autorizar o reconhecimento do dever de indenizar não assume relevo a conduta doloso ou culposa do agente já que basta a existência do dano e do nexo etiológico entre o fato e o dano. Nesse sentido, quem disponibiliza terminais de computadores ou rede sem fio para uso de internet assume o risco do uso indevido desse sistema para lesar direito de outrem, exemplo do que sucede no caso dos autos.[13]

Contrariamente à sua aplicação, doutrina e jurisprudência procuraram investigar não apenas se existe risco na atividade, fato presente em grande parte das situações cotidianas, mas também se o risco oferecido pela atividade desenvolvida é maior do que usual, caracterizando-se como algo extraordinário e próprio da conduta em questão. Nesse sentido, e opondo-se à aplicação da responsabilidade objetiva aos provedores de serviço, esclarece Erica Barbagalo:

> Entendemos que as atividades desenvolvidas pelos provedores de serviços na Internet não são atividades de risco por sua própria natureza, não implicam em riscos para direitos de terceiros maior que os riscos de qualquer atividade comercial. E interpretar a norma no sentido de que qualquer dano deve ser indenizado, independente do elemento culpa, pelo simples fato de ser desenvolvida uma atividade, seria, definitivamente onerar os que praticam atividades produtivas regularmente, e consequentemente atravancar o desenvolvimento.[14]

---

[13] TJSP. Processo nº 583002006243439-5. Juiz Ulysses de Oliveira Gonçalves Junior, julgado em 6/3/2008.

[14] BARBAGALO, Erica B. Aspectos da responsabilidade civil. In: LEMOS, Ronaldo; WAISBERG, Ivo (Org.). *Conflito de nomes de domínio e outras questões jurídicas da internet*. São Paulo:

A posição que identifica um risco inerente em atividades típicas da internet parece estar retrocedendo, e o próprio Superior Tribunal de Justiça, por diversas vezes, rechaçou esse entendimento. Conforme consta da ementa do Resp. nº 1308830/RS:

> O dano moral decorrente de mensagens com conteúdo ofensivo inseridas no site pelo usuário não constitui risco inerente à atividade dos provedores de conteúdo, de modo que não se lhes aplica a responsabilidade objetiva prevista no art. 927, parágrafo único, do CC/02.[15]

Um segundo fundamento para a responsabilização objetiva residiria, então, na caracterização da relação jurídica travada entre vítima e provedor como uma verdadeira relação de consumo e, a partir dessa constatação, seria aplicado o regime de responsabilização por defeito do serviço prestado.

Superados os debates do final da década de 1990 sobre a aplicação do CDC para as relações travadas na internet, vale destacar que o principal argumento incialmente apresentado pelos provedores em diversas ações para afastar a aplicação do CDC residiu na gratuidade do serviço prestado.

Embora cresçam na rede serviços que não cobram um valor em dinheiro para o usuário deles se valer, entendeu grande parte dos tribunais nacionais que existe onerosidade na relação entre usuário e provedor, ainda que ela seja de natureza indireta. Ou seja, em vez de o usuário pagar um valor em dinheiro para remunerar o provedor, este último aufere eventuais lucros de outras formas, especialmente com a criação de uma base de dados sobre o usuário (contendo seus dados cadastrais e hábitos de navegação),[16] além

---

RT, 2003. p. 361. Conforme apontado pela ministra Nancy Andrighi no julgamento do Resp. nº 1067738/GO, "a natureza da atividade é que irá determinar sua maior propensão à ocorrência de acidentes. O risco que dá margem à responsabilidade objetiva não é aquele habitual, inerente a qualquer atividade. Exige-se a exposição a um risco excepcional, próprio de atividades com elevado potencial ofensivo" (STJ. Resp. nº 1067738/GO. Rel. min. Sidnei Beneti, julgado em 26/5/2009).

[15] STJ. nº Resp. 1308830. Rel. min. Nancy Andrighi, julgado em 8/5/2012. No mesmo sentido, ver STJ. Resp. nº 1306066/MT. Rel. min. Sidnei Beneti, julgado em 17/4/2012.

[16] Existe aqui uma preocupação com a evolução do tratamento dos dados pessoais dos usuários por parte dos provedores. O Brasil não possui uma lei geral sobre privacidade e dados pessoais, embora a privacidade e a proteção desses dados constem na Constituição Federal (art. 5º, X, XI,

de receitas com publicidade que, não raramente, exploram esses mesmos dados relativos aos seus usuários.

Conforme esclarece Claudia Lima Marques:

> A expressão utilizada pelo art. 3º do CDC para incluir todos os serviços de consumo é "mediante remuneração". [...] Parece-me que a opção pela expressão "remunerado" significa uma importante abertura para incluir os serviços de consumo remunerados indiretamente, isto é, quando não é o consumidor individual que paga, mas a coletividade (facilidade diluída no preço de todos) ou quando ele paga indiretamente o "benefício gratuito" que está recebendo. A expressão "remuneração" permite incluir todos aqueles contratos em que for possível identificar, no sinalagma escondido (contraprestação escondida), uma remuneração indireta do serviço de consumo.[17]

O tema restou assentado em diversos julgados do Superior Tribunal de Justiça. Em um dos primeiros casos a chegar ao STJ sobre a responsabilidade civil dos provedores de serviços, a questão já se fez presente, tendo o tribunal afirmado que "para a caracterização da relação de consumo, o serviço pode ser prestado pelo fornecedor mediante remuneração obtida de forma indireta".[18]

Mais recentemente, o STJ reforçou esse posicionamento, assim se manifestando sobre a incidência do CDC na relação travada entre o pro-

---

XII e LXII), no Código Civil (art. 21) e, especialmente, no CDC (art. 43). O desenvolvimento de novas formas de coletar, armazenar, tratar e dispor dos dados pessoais tem gerado uma série de revisões legislativas pelo mundo afora, como um meio de não apenas tutelar esse importante direito, mas também oferecer às empresas cujos modelos de negócio dependem do tratamento de dados pessoais a necessária segurança jurídica para operar. Sendo assim, se por um lado a exploração dos dados pessoais parece ser a outra metade do sinalagma contratual entre usuário e provedor (fornecimento de dados pessoais × não cobrança pela prestação do serviço), é importante perceber como o tratamento desses dados pode ser muito mais valioso do que uma simples prestação pecuniária e merece renovada atenção por parte de legisladores, magistrados e estudiosos das peculiaridades das relações jurídicas travadas na internet.

[17] MARQUES, Claudia Lima. *Comentários ao Código de Defesa do Consumidor*. São Paulo: RT, 2003. p. 94.

[18] STJ. Resp. nº 566468/RJ. Rel. min. Jorge Scartezzini, julgado em 23/11/2004.

vedor que explora rede social e a vítima de ofensas exibidas em página de uma comunidade criada na mencionada rede social:

> 1. A exploração comercial da internet sujeita as relações de consumo daí advindas à Lei nº 8.078/90. 2. O fato de o serviço prestado pelo provedor de serviço de internet ser gratuito não desvirtua a relação de consumo, pois o termo mediante remuneração, contido no art. 3º, §2º, do CDC, deve ser interpretado de forma ampla, de modo a incluir o ganho indireto do fornecedor.[19]

Uma vez acertado que a relação se subsumi ao Código de Defesa do Consumidor, restaria averiguar se o dano causado pelo serviço poderia ser enquadrado como um defeito no serviço prestado. Novamente a questão do risco aflora, e aqui revela a importância da primeira pergunta anteriormente referida: se o provedor tem o dever de fiscalizar o conteúdo que trafega em suas páginas, a simples exibição de um conteúdo danoso implicaria defeito na prestação do serviço.

O Superior Tribunal de Justiça já entendeu, em diversas oportunidades, que o provedor de serviços não tem o dever de monitorar o conteúdo de textos, fotos, vídeos e códigos inserido por seus usuários. Conforme consta da ementa do Resp. nº 1308830/RS:

> 3. A fiscalização prévia, pelo provedor de conteúdo, do teor das informações postadas na web por cada usuário não é atividade intrínseca ao serviço prestado, de modo que não se pode reputar defeituoso, nos termos do art. 14 do CDC, o site que não examina e filtra os dados e imagens nele inseridos.[20]

Outro argumento contrário à imposição do dever de monitoramento (e consequentemente da responsabilização objetiva) pode ser encontrado na afirmação de que, ao impor a fiscalização sobre os conteúdos postados, estar-se-ia criando um verdadeiro instrumento de censura à liberdade de expressão.

---

[19] STJ. Resp. nº 1308830/RS. Rel. min. Nancy Andrighi, julgado em 8/5/2012.
[20] Ibid. Ver ainda o Resp. nº 1316921/RJ. Rel. min. Nancy Andrighi, julgado em 26/6/2012.

Nessa linha vale ainda mencionar a manifestação da Procuradoria-Geral da República (PGR) em caso atualmente em curso no STF envolvendo a criação de uma comunidade na rede social Orkut e as ofensas reputadamente derivadas da mesma. Na ação movida pela vítima das referidas ofensas questiona-se se deveria o provedor monitorar o que é dito nas páginas das comunidades criadas na rede social como forma de prevenir futuros danos. Segundo a PGR,

> não há interferência do provedor no conteúdo publicado pelos usuários na rede de relacionamentos, sendo incompatível com o arcabouço constitucional de regência que se faculte – e tampouco exija – a censura prévia das manifestações veiculadas, sob pena de responsabilização objetiva, que redundaria em indevido e grave constrangimento à própria liberdade de expressão.[21]

O próprio STJ, em apoio a esse entendimento, já chegou a afirmar que "o controle editorial prévio do conteúdo das informações se equipara à quebra do sigilo da correspondência e das comunicações, vedada pelo art. 5º, XII, da CF/88".[22]

O posicionamento do STJ sobre os provedores de serviço em geral precisa ser analisado com atenção porque, se por um lado o tribunal reconhece que as relações em foco estão sob a égide do Código de Defesa do Consumidor, por outro ele não impõe aos provedores uma responsabilidade de natureza objetiva – que seria a regra das relações submetidas ao CDC –, levando assim à resposta negativa à primeira pergunta (os provedores não têm o dever de monitorar e não respondem pela simples exibição do conteúdo) e ao necessário exame da segunda, isto é, se respondem, então, os provedores por não retirarem do ar o conteúdo uma vez cientes de sua existência.[23]

---

[21] Manifestação da Procuradoria-Geral da República nos autos do RE nº 660861/MG, datada de 11/7/2012.

[22] STJ. Resp. nº 1308830/RS. Rel. min. Nancy Andrighi, julgado em 8/5/2012.

[23] Afirmando a aplicação do Código de Defesa do Consumidor à atividade de provimento de hospedagem na internet e, consequentemente, sua submissão ao regime de responsabilização típico do CDC, assim se pronunciou o STJ em acórdão da 4ª Turma: "Assim, a solução da controvérsia

O terceiro entendimento, baseado na responsabilidade civil subjetiva, identifica um comportamento do provedor que possa atrair para si a responsabilização pela conduta desempenhada pelo seu usuário. Aqui a teoria se bifurca novamente em dois fundamentos: a responsabilidade decorreria do não atendimento a uma notificação cientificando o provedor da ocorrência do dano ou tão somente do não atendimento a uma decisão judicial ordenando a retirada do material.

Em seus mais recentes posicionamentos sobre o tema, o STJ tem defendido a tese da responsabilidade subjetiva dos provedores justamente pela não remoção do conteúdo reputadamente ilícito quando ciente de sua existência por uma notificação da vítima.[24] Aqui são considerados em conjunto tanto os casos em que o provedor se omite em responder à notificação da vítima ou, de forma ativa, responde à notificação afirmando que não vê motivos para retirar o conteúdo do ar. Nesses casos a responsabilidade, além de subjetiva, seria também solidária com o autor do dano.

Sobre o tema vale transcrever trecho da ementa do Resp. nº 1193764/SP:

6. Ao oferecer um serviço por meio do qual se possibilita que os usuários externem livremente sua opinião, deve o provedor de conteúdo ter o cuidado de propiciar meios para que se possa identificar cada um desses usuários,

---

deve partir da principiologia do Código de Defesa do Consumidor fundada na solidariedade de todos aqueles que participam da cadeia de produção ou da prestação de serviços. Para a responsabilização de todos os integrantes da cadeia de consumo, apura-se a responsabilidade de um deles, objetiva ou decorrente de culpa, caso se verifiquem as hipóteses autorizadoras previstas no CDC. A responsabilidade dos demais integrantes da cadeia de consumo, todavia, não decorre de seu agir culposo ou de fato próprio, mas de uma imputação legal de responsabilidade que é servil ao propósito protetivo do sistema" (STJ. Resp. nº 997993/MG. Rel. min. Luis Felipe Salomão, julgado em 21/6/2012).

[24] Vale destacar que algumas espécies de provedores têm recebido um tratamento distinto pelo STJ no que se refere ao regime de responsabilização. Esse é o caso do provedor de serviços que opera um mecanismo de busca. Em caso apreciado pelo STJ, a Google, enquanto operadora da chave de busca de mesmo nome, teve reconhecida sua não responsabilização pelos conteúdos exibidos como resultado de pesquisas realizadas por seus usuários. A mesma decisão retirou ainda o dever de qualquer monitoramento sobre os resultados obtidos mediante consulta à sua ferramenta de busca (STJ. Resp. nº 1316921/RJ. Rel. min. Nancy Andrighi, julgado em 26/6/2012).

coibindo o anonimato e atribuindo a cada manifestação uma autoria certa e determinada. Sob a ótica da diligência média que se espera do provedor, deve este adotar as providências que, conforme as circunstâncias específicas de cada caso, estiverem ao seu alcance para a individualização dos usuários do site, sob pena de responsabilização subjetiva por culpa *in omittend*.[25]

No mesmo sentido, a ementa do Agravo Regimental no Resp. nº 1309891/MG aprofunda o problema da responsabilidade pela não remoção do conteúdo, com ênfase na expressão "imediata":

> AGRAVO REGIMENTAL EM RECURSO ESPECIAL. DIREITO DO CONSUMIDOR. PROVEDOR. MENSAGEM DE CONTEÚDO OFENSIVO. REGISTRO DE NÚMERO DO IP. DANO MORAL. NÃO RETIRADA EM TEMPO RAZOÁVEL.
>
> 1. Na linha dos precedentes desta Corte, o provedor de conteúdo de internet não responde objetivamente pelo conteúdo inserido pelo usuário em sítio eletrônico, por não se tratar de risco inerente à sua atividade. Está obrigado, no entanto, a retirar imediatamente o conteúdo moralmente ofensivo, sob pena de responder solidariamente com o autor direto do dano. Precedentes.
>
> 2. No caso dos autos o Tribunal de origem entendeu que não houve a imediata exclusão do perfil fraudulento, porque a Recorrida, por mais de uma vez, denunciou a ilegalidade perpetrada mediante os meios eletrônicos disponibilizados para esse fim pelo próprio provedor, sem obter qualquer resultado.
>
> 3. Agravo Regimental a que se nega provimento.[26]

Do relatório do caso acima, conforme decidido pelo STJ, percebe-se que a decisão do tribunal *a quo* entendeu que a Google, ao explorar a rede social Orkut, não foi diligente para promover a retirada de material ofensivo ao autor da ação, já que demorou 11 dias para promover a reti-

---

[25] STJ. Resp. nº 1193764/SP. Rel. min. Nany Andrighi, julgado em 14/12/2010.
[26] STJ. Agr. Reg. em Resp. nº 1309891/MG. Rel. min. Sidnei Beneti, julgado em 26/6/2012.

rada. Casos como esse colocam em questão o uso frequente, pelo STJ, da expressão "imediatamente", ou mesmo da reação "enérgica" à notificação de um dano causado através de serviços de provedores.

A responsabilidade do provedor pela não remoção do conteúdo, uma vez notificado, parece intuitiva: se o provedor tem ciência de que alguém alega estar sofrendo um dano por conta de um conteúdo exibido por seu usuário, quem seria mais indicado para fazer o dano cessar, além do próprio ofensor, seria o provedor. Contudo, essa aparente intuição esconde um perigoso manancial de consequências para a forma pela qual opera a internet e a tutela de diversos direitos fundamentais envolvidos no deslinde da questão.

Em primeiro lugar deve-se questionar se deve mesmo o provedor retirar prontamente o conteúdo do ar, evitando assim a continuidade do dano. Será que cabe ao provedor apreciar se o conteúdo contestado causa ou não o dano a que se refere a vítima? O perigo dessa alternativa reside no empoderamento dos provedores para decidir o que deve e o que não deve ser exibido mediante critérios que não são apenas aqueles constates em seus termos de uso.[27]

Sobre o tema, o STJ já teve a oportunidade de manifestar receio acerca dessa ampla delegação, para atores privados, das formas de controle do discurso na rede ao enfatizar que

> há de se considerar a inviabilidade de se definirem critérios que autorizariam o veto ou o descarte de determinada página. Ante a subjetividade que cerca o dano psicológico e/ou à imagem, seria impossível delimitar parâmetros de que pudessem se valer os provedores para definir se um conteúdo é potencialmente ofensivo. Por outro lado, seria temerário delegar esse juízo de discricionariedade aos provedores.[28]

---

[27] Pode-se questionar a ambiguidade de alguns termos de uso quanto aos critérios para remoção de conteúdo. Todavia a indicação em termos de uso públicos, disponíveis a todos os usuários e que expressem os padrões pelos quais determinados materiais podem ser removidos pelo provedor, torna não apenas a relação entre usuário e provedor mais transparente como também incentiva um aprimoramento do debate sobre liberdade de expressão e prevenção/responsabilização na rede.

[28] STJ. Resp. nº 1316921/RJ. Rel. min. Nancy Andrighi, julgado em 26/6/2012.

O segundo ponto que importa destacar é justamente a intensa subjetividade dos critérios que podem ser utilizados para que um conteúdo seja retirado. Se por um lado não parece fazer sentido responsabilizar provedores apenas pela exibição do conteúdo quando não se sabe ao certo o que pode ou não causar dano, com mais razão ainda deve ser repudiado um sistema que, de forma pouco transparente e altamente subjetiva, retira conteúdos do ar, pondo em xeque a diversidade e o grau de inovação na internet.

O grau de inovação na internet é o terceiro ponto que pode aqui ser relacionado como um argumento contrário à afirmação da responsabilidade subjetiva decorrente da não retirada do conteúdo após notificação. Todo desenvolvimento de nova atividade, incluindo as empresariais, passa pela indagação sobre sua adequação ao ordenamento jurídico vigente e, em grande parte das vezes, por uma investigação sobre eventuais decisões judiciais sobre o assunto. A retirada de conteúdo do ar de forma subjetiva e mediante mera notificação (gerando, caso o conteúdo seja mantido, a responsabilização do provedor) implica sério entrave para o desenvolvimento de novas alternativas de exploração e comunicação na rede que, muito razoavelmente, podem não ser desenvolvidas com receio de futuras ações indenizatórias que poderiam ser promovidas caso notificações para a retirada de conteúdos não viessem a ser "imediatamente" cumpridas.

Um quarto ponto de destaque pelo qual o sistema de responsabilização em caso de não remoção do conteúdo – uma vez conhecida sua existência – parece complicado é a retirada de apreciação, pelo Poder Judiciário, de questões que poderiam justamente oferecer maior segurança jurídica para os negócios desenvolvidos na internet. Se, por receio da responsabilização, os provedores retirassem em massa os conteúdos do ar, o resultado imediato seria a redução – talvez sensível – do número de casos em que o Poder Judiciário poderia atuar para traçar os limites da expressão na rede mundial de dispositivos conectados, relegando a um mecanismo de remoção privada o controle sobre a expressão através de novas tecnologias.

Percebe-se aqui o problema: ao se afirmar que o provedor responde se não remover o conteúdo depois de cientificado, abrem-se duas alternativas igualmente prejudiciais à diversidade do discurso na rede: ou bem o provedor retira logo que recebe a notificação – e isso dá ensejo a toda sorte de abusos e à facilidade para retirar do ar conteúdos que possam ser prejudiciais a terceiros (com forte impacto na liberdade de expressão, de imprensa, direito de crítica etc.) –, ou bem o provedor luta para manter o conteúdo no ar por entender que ele não tem motivos para ser removido e, assim, assume o risco de ser reconhecido judicialmente como responsável pelo mesmo conteúdo. Essa situação parece ser pouco estimulante para a defesa da liberdade de expressão e cria forte desestímulo para pequenos provedores que não suportariam o ônus de um litígio judicial.

Por esse motivo, mesmo que a afirmação de uma responsabilidade subjetiva ofereça resultados superiores àqueles obtidos pela imposição da responsabilização de natureza objetiva, é preciso perceber que a definição do fato gerador da responsabilidade, como a notificação de que certo conteúdo é lesivo, traz inúmeros prejuízos à forma pela qual opera a internet e, por isso, precisaria ceder lugar ao segundo fundamento para a responsabilização subjetiva dos provedores, ancorada não no regime de notificação, mas sim na observância de decisões judiciais sobre a matéria.

Esse é justamente o entendimento contemplado no Marco Civil da Internet, analisado na próxima seção.

A responsabilidade civil dos provedores no Marco Civil da Internet

O chamado Marco Civil da Internet é um projeto de lei que busca estabelecer "princípios, garantias, direitos e deveres para o uso da rede no Brasil", conforme consta de sua epígrafe. Para além de toda a novidade que cerca a tentativa de regulação das modernas tecnologias de informação e comunicação, o marco civil possui algumas peculiaridades que o separam de outras iniciativas legislativas.

O marco civil, que atualmente tramita no Congresso Nacional como um projeto de lei de iniciativa do Poder Executivo, foi desenvolvido a

Responsabilidade civil dos provedores de internet

partir de uma experiência até então inédita no processo legislativo brasileiro. Tal experiência buscou conciliar as possibilidades de abertura e discussão oferecidas pela internet para a criação de uma proposta de texto que pudesse ser apresentada ao Congresso após discussão travada em um *website* dedicado ao tema[29] e nas redes sociais.

Assim, o que hoje é o Projeto de Lei nº 2.126/2011, em 2009 era apenas uma proposta de texto a ser debatida nos moldes de um verdadeiro fórum de discussões na internet. Liderada pelo Ministério da Justiça, com o apoio do Centro de Tecnologia e Sociedade da Escola de Direito da Fundação Getulio Vargas (CTS/FGV) e do grupo Cultura Digital, a iniciativa do marco civil possibilitou que qualquer interessado na regulação da internet brasileira pudesse participar do debate, sugerir uma redação de texto de sua preferência e expor o motivo pelo qual sua sugestão seria mais adequada para gerar um melhor projeto de lei.[30]

O marco civil foi a primeira experiência de utilização da internet como forma de abrir o debate sobre o texto de um anteprojeto de lei e garantir, assim, que um número muito mais expressivo do que aquele que participa das tradicionais audiências públicas pudesse fazer parte do processo legislativo.[31]

No que tange especificamente à responsabilidade civil dos provedores, o marco civil trata do assunto primordialmente em seu art. 15, que – con-

---

[29] Disponível em: <http://culturadigital.br/marcocivil/>. Acesso em: 1 set. 2012.

[30] Para mais detalhes sobre o processo de criação do Marco Civil, a consulta através da internet e seus impactos no texto encaminhado ao Congresso Nacional, ver SOUZA, Carlos Affonso Pereira de; MACIEL, Marilia; FRANCISCO, Pedro Augusto. Marco Civil da Internet: uma questão de princípio. *Revista PoliTICs*, n. 7, p. 2-11, ago. 2010. Disponível em: <www.nupef.org.br/sites/default/files/poliTICS_n%C2%BA7_1.pdf>. Acesso em: 1 set. 2012.

[31] Depois do Marco Civil, diversas iniciativas foram desenvolvidas pelo governo federal para se valer da internet como meio de debate sobre propostas a serem encaminhadas ao Congresso. Podem ser destacadas, entre outras, a consulta sobre a Lei Geral de Proteção de Dados Pessoais (http://culturadigital.br/dadospessoais/), a reforma da classificação indicativa (http://culturadigital.br/classind/), além do debate sobre alterações no Código de Processo Civil. Na seara do Poder Legislativo vale destacar a utilização do *website* e-democracia (http://edemocracia.camara.gov.br/) para promover debates e aumentar a transparência e a participação dos interessados no processo legislativo. Todos os *sites* referidos foram acessados em: 1 set. 2012.

forme consta do relatório apresentado pelo deputado Alessandro Molon na Comissão Especial da Câmara – está assim redigido:

> Art. 15. Com o intuito de assegurar a liberdade de expressão e evitar a censura, o provedor de aplicações de Internet somente poderá ser responsabilizado civilmente por danos decorrentes de conteúdo gerado por terceiros se, após ordem judicial específica, não tomar as providências para, no âmbito e nos limites técnicos do seu serviço e dentro do prazo assinalado, tornar indisponível o conteúdo apontado como infringente, ressalvadas as disposições legais em contrário.[32]

Como se pode notar, o marco civil afirma o entendimento pela responsabilidade subjetiva dos provedores, ou seja, ele afasta a responsabilidade de natureza objetiva, pela simples exibição do conteúdo danoso, seja com base na teoria do risco, seja com base no defeito do serviço prestado.

Por outro lado, se o marco civil aponta o sentido da responsabilidade subjetiva, o mesmo também se divorcia do entendimento de que os provedores deveriam ser responsabilizados se, uma vez tornados cientes do conteúdo reputadamente ilícito, não tomam providências para sua remoção. Aqui reside talvez uma das mais acesas controvérsias da iniciativa legislativa, já que o marco civil apenas considera que os provedores poderiam ser responsabilizados se não cumprissem ordem judicial para a retirada do conteúdo.

De início é importante destacar que uma das mais frequentes críticas ao dispositivo, como atualmente redigido, afirma que o marco civil apenas permitiria a remoção de conteúdo mediante ordem judicial. Salvo melhor juízo, esse não parece ser o entendimento decorrente da leitura do dispositivo invocado.

O que o marco civil determina é a salvaguarda dos provedores de serviço no sentido de que os mesmos apenas serão responsabilizados se não cumprirem ordem judicial para a retirada do material ofensivo. Isso não

---

[32] Disponível em: <http://convergenciadigital.uol.com.br/cgi/cgilua.exe/sys/start.htm?infoid=32316&sid=4>. Acesso em: 13 fev. 2013.

impede que os provedores possam determinar requisitos para a remoção de conteúdo em seus termos de uso e atendam a eventuais notificações enviadas pelas supostas vítimas de danos decorrentes do conteúdo publicado.

A adoção dessa medida visa combater a indústria das notificações para remoção de conteúdo pelos mesmos argumentos apresentados no item acima. O marco civil assume posição de defesa da liberdade de expressão e garante aos provedores a imunidade que neutraliza o temor no sentido de que a não remoção do conteúdo, uma vez notificado, poderia gerar sua responsabilização.

Conforme ressalta André Zonaro Giacchetta:

> O texto do projeto de lei [do marco civil] claramente privilegia a garantia de direitos dos usuários da internet, em lugar de restringir as suas liberdades. Trata-se de uma norma formatada para o usuário de boa-fé. Há evidente opção pela garantia da livre manifestação do pensamento e da expressão, assim como da privacidade dos usuários da internet e da proteção dos dados pessoais.[33]

Adicionalmente, vale ressaltar que a solução proposta pelo marco civil, se por um lado não obriga a parte interessada a necessariamente ingressar com uma ação judicial para retirar o conteúdo (isso dependerá dos termos de uso dos *websites*, do conteúdo divulgado, do convencimento da notificação submetida pela parte),[34] por outro garante que, em casos

---

[33] GIACCHETTA, André Zonaro. A responsabilidade civil dos provedores de serviços de internet e o anteprojeto de reforma da Lei nº 9.610/1998 (Lei de Direitos Autorais). *Revista da Associação Brasileira da Propriedade Intelectual*, n. 117, p. 39, mar./abr. 2012.

[34] Nesse sentido esclarecem Renato Opice Blum, Paulo Sá Elias e Renato Leite Monteiro: "Importante destacar que apesar de em nenhum momento no projeto de lei se afirmar que um conteúdo somente será retirado com ordem judicial, muitas vezes a interpretação dada à proposição acima é esta, de que será necessária uma ordem judicial para que o conteúdo seja removido. Não, o conteúdo poderá, também, ser retirado sem a prolação de ordem judicial, como nos casos em que este vai de encontro aos termos de uso de um serviço ou na existência de lei específica que regule a retirada de conteúdo determinado. Um serviço de aplicação tem a discricionariedade para escolher quais conteúdos aceitará em sua plataforma. E estas regras são aceitas pelos usuários ao iniciarem o uso dos serviços" (BLUM, Renato Opice; ELIAS, Paulo Sá; MONTEIRO, Renato

duvidosos, a instância mais apropriada para o deslinde da questão, ou seja, o Poder Judiciário, seja acionado.

Essa medida não necessariamente direciona todas as demandas sobre conteúdo publicado na internet para o Judiciário, mas certamente – e aqui reside seu efeito mais positivo – estimula os provedores a não remover o material apenas porque o mesmo gerou uma notificação, e incentiva, assim, que a vítima busque o Poder Judiciário e fundamente em sede de ação judicial os motivos pelos quais um determinado conteúdo precisa ser removido da internet.[35]

É verdade que a velocidade da internet supera em muito a velocidade de um processo judicial, razão pela qual é sempre importante destacar que, convencido o magistrado de que existem boas razões para concluir que a permanência do conteúdo no ar agravará sensivelmente a situação da vítima, deve o mesmo acolher uma medida liminar para a remoção do conteúdo.[36]

Note-se que, da forma como está redigido, o marco civil viabiliza soluções para acomodar os interesses em jogo de forma a prestigiar a liberdade de expressão, definindo claramente o papel do provedor e assegurando ao mesmo uma função de destaque na prevenção e na eliminação do dano,

---

Leite. Marco regulatório da internet brasileira: marco "civil". *Migalhas*, 20 jun. 2012. Disponível em: <www.migalhas.com.br/dePeso/16,MI157848,91041-Marco+regulatorio+da+internet+brasi leira+Marco+Civil>. Acesso em: 1 set. 2012).

[35] Para uma crítica baseada na judicialização dos casos que envolvam danos causados na rede, ver THOMPSON, Marcelo. *The insensitive internet*: Brazil and the judicialization of pain. [S.l.: s.n.], maio 2010. (*Draft* de trabalho em desenvolvimento em 18 maio 2010.) Disponível em: <www.iposgoode.ca/wp-content/uploads/2010/05/Marcelo-Thompson-The-Insensitive-Internet-Final.pdf>. Acesso em: 1 set. 2012.

[36] Como explicitado por Marcel Leonardi: "Como isto [a propositura de ação civil em face de réu indeterminado] não é possível no processo civil brasileiro, uma das vias à disposição da vítima será a propositura de ação de obrigação de fazer em face do provedor de serviços, objetivando compeli-lo a fornecer as informações de que dispuser para a identificação e localização do responsável pelo ato ilícito (tais como seus registros de conexões, contendo os números de IP utilizados para a prática do ilícito, e seus dados cadastrais). Se necessário, também deverá ser formulado pedido no sentido de fazer cessar imediatamente o ilícito, removendo ou bloqueando o acesso ao conteúdo ofensivo" (LEONARDI, Marcel. *Responsabilidade civil dos provedores de serviços na internet*. São Paulo: Juarez de Oliveira, 2005. p. 207).

sem que isso seja alcançado através de juízos arbitrários ou de simples temor de futura responsabilização.

Ao mesmo tempo, caso a situação venha a ser judicializada, o marco civil afirma ser o Poder Judiciário a instância mais adequada para a resolução de casos como os aqui analisados. Ainda, reforça a convicção de que a constante atualização dos magistrados sobre a evolução das modernas tecnologias de comunicação e informação será crucial para o exercício de suas funções e para a melhor compreensão de uma sociedade que progressivamente se transforma pelo uso intensivo e crescente da rede.

O Marco Civil da Internet, como visto, opta pelo entendimento de que a responsabilidade dos provedores de serviços na internet deve ser de natureza subjetiva, e assim está em consonância com a linha jurisprudencial do Superior Tribunal de Justiça. Todavia dentro do entendimento pela responsabilidade subjetiva existem sutilezas cruciais para o desempenho das funções atuais da internet e de seus agentes e, nesse particular, o marco civil se divorcia do rumo adotado pelo STJ e determina a responsabilização dos provedores não pela ciência gerada por mera notificação da vítima, mas sim pelo eventual descumprimento de ordem judicial.

Conclusão

Depois de mais de uma década de decisões judiciais sobre a responsabilidade civil dos provedores na internet, o chamado marco civil aponta para uma tentativa de regulação que possa sopesar todos os interesses envolvidos no debate. É importante notar que não necessariamente para toda inovação tecnológica se faz imperativa uma nova lei, mas no caso da responsabilidade civil na rede mundial de dispositivos conectados a disparidade das soluções apresentadas pelos tribunais e a complexidade dos interesses envolvidos demandam uma iniciativa regulatória.

Sendo assim, nada mais natural do que utilizar a abertura da internet para promover um debate amplo sobre o tema e gerar desse amálgama de *expertises* as mais diversas uma proposta que possa responder com clareza às dúvidas existentes nesse campo desafiador de aplicação do direito.

É importante afirmar que o Marco Civil da Internet é uma iniciativa que busca conduzir os direitos fundamentais ao papel de primazia na regulação das novas tecnologias e, em especial, da internet. As soluções encontradas em seus artigos, surgidas de amplos debates presenciais e através da rede, apontam para um futuro intrigante não apenas para os temas que fazem a interface entre o direito e as TICs, mas para a regulação jurídica como um todo. Que a próxima década saiba explorar essas possibilidades e que o Brasil, com a redução da exclusão digital, possa continuar servindo de exemplo sobre como utilizar o potencial da internet para transformar a prática do direito.

Referências

BARBAGALO, Erica B. Aspectos da responsabilidade civil. In: LEMOS, Ronaldo; WAISBERG, Ivo (Org.). *Conflito de nomes de domínio e outras questões jurídicas da internet*. São Paulo: RT, 2003.

BLUM, Renato Opice; ELIAS, Paulo Sá; MONTEIRO, Renato Leite. Marco regulatório da internet brasileira: marco "civil". *Migalhas*, 20 jun. 2012. Disponível em: <www.migalhas.com.br/dePeso/16,MI157848,91041-Marco+regulatorio+da+internet+brasileira+Marco+Civil>. Acesso em: 1 set. 2012.

CENTRO DE POLÍTICAS SOCIAIS (CPS/FGV). *Mapa da inclusão digital*. Rio de Janeiro: CPS/FGV, maio 2012. Disponível em: <http://cps.fgv.br/telefonica>. Acesso em: 1 set. 2012.

GIACCHETTA, André Zonaro. A responsabilidade civil dos provedores de serviços de internet e o anteprojeto de reforma da Lei nº 9.610/98 (Lei de Direitos Autorais). *Revista da Associação Brasileira da Propriedade Intelectual*, n. 117, p. 39, mar./abr. 2012.

LEMOS, Ronaldo; SOUZA, Carlos Affonso Pereira de; BRANCO, Sergio. Responsabilidade civil na internet: uma breve reflexão sobre a experiência brasileira e norte-americana. *Revista de Direito das Comunicações*, v. 1, p. 80-98, jan./ago. 2010.

LEONARDI, Marcel. *Responsabilidade civil dos provedores de serviços na internet*. São Paulo: Juarez de Oliveira, 2005.

MARQUES, Claudia Lima. *Comentários ao Código de Defesa do Consumidor*. São Paulo: RT, 2003.

SOUZA, Carlos Affonso Pereira de; MACIEL, Marilia; FRANCISCO, Pedro Augusto. Marco Civil da Internet: uma questão de princípio. *Revista PoliTICs*, n. 7, p. 2-11, ago. 2010. Disponível em: <www.nupef.org.br/sites/default/files/poliTICS_n%C2%BA7_1.pdf>. Acesso em: 1 set. 2012.

THOMPSON, Marcelo. *The insensitive internet*: Brazil and the judicialization of pain. [S.l.: s.n.], maio 2010. (*Draft* de trabalho em desenvolvimento em 18 maio 2010.) Disponível em: <www.iposgoode.ca/wp-content/uploads/2010/05/Marcelo-Thompson-The-Insensitive-Internet-Final.pdf>. Acesso em: 1 set. 2012.

Decisões citadas

Corte Distrital dos Estados Unidos da América (Northern District of California). Religious Technology Center *vs.* Netcom On-Line Communication Services, Inc, julgado em 21/11/1995.

STJ. Agr. Reg. em Resp. nº 1309891/MG. Rel. min. Sidnei Beneti, julgado em 26/6/2012.

STJ. Resp. nº 566468/RJ. Rel. in. Jorge Scartezzini, julgado em 23/11/2004.

STJ. Resp. nº 1067738/GO. Rel. min. Sidnei Beneti, julgado em 26/5/2009.

STJ. Resp. nº 1193764/SP. Rel. min. Nany Andrighi, julgado em 14/12/2010.

STJ. Resp. nº 1306066/MT. Rel. min. Sidnei Beneti, julgado em 17/4/2012.

STJ. Resp. nº 1308830/RS. Rel. min. Nancy Andrighi, julgado em 8/5/2012.

STJ. Resp. nº 997993/MG. Rel. min. Luis Felipe Salomão, julgado em 21/6/2012.

STJ. Resp. nº 1316921/RJ. Rel. min. Nancy Andrighi, julgado em 26/6/2012.

TJPR. Apelação cível nº 130075-8, julgado em 19/11/2002.

TJRS. Agravo de instrumento nº 70003035078. Rel. Paulo Antonio Kretzmann, julgado em 22/11/2001.

TJRS. Apelação cível n° 70001582444. Rel. Antônio Correa Palmeiro da Fontoura, julgado em 29/5/2002.

TJSP. Processo n° 583.00.2006.243439-5. Juiz Ulysses de Oliveira Gonçalves Junior, julgado em 6/3/2008.

Capítulo 6
A regulação da concorrência
*Carlos Emmanuel Joppert Ragazzo**

Introdução

Por conta da nova Lei de Defesa da Concorrência, cheguei a escutar, em debates fomentados pelo Conselho Administrativo de Defesa da Concorrência (Cade), algumas vozes a defender o fim da atividade de controle de fusões e aquisições no Brasil. Entendiam os defensores dessa posição que as operações seriam essencialmente boas para o país, já que necessárias para atingir economias de escala e para viabilizar os investimentos em pesquisa e desenvolvimento de forma a tornar a economia brasileira competitiva numa esfera internacional.

Escutar essas vozes é importante para um órgão de defesa da concorrência. Isso porque não é objetivo do Cade gerar qualquer insegurança jurídica, muito menos tornar imprevisíveis resultados de operações de

---

* Professor de defesa da concorrência da Escola de Direito do Rio de Janeiro da Fundação Getulio Vargas (FGV Direito Rio). Doutor em direito pela Universidade do Estado do Rio de Janeiro (Uerj). Superintendente geral do Conselho Administrativo de Defesa Econômica (Cade). E-mail: <carlos.ragazzo@fgv.br>.

fusão e/ou aquisição de empresas e ativos. Esse alerta revela que os pontos positivos de uma intervenção da autoridade de concorrência são normalmente relegados a segundo plano, ao passo que a possibilidade de erro na intervenção pelo Cade é, em geral, superestimada.

Para tentar enfrentar essa crítica específica, é imprescindível analisar o que exatamente uma autoridade de defesa da concorrência faz e, melhor ainda, com base em que fundamento teórico. E isso não será suficiente, pois também entendo que a discussão deve ser aprofundada, para que sejam verificadas as justificativas (as quais, no caso, vêm de escolas econômicas) para esse tipo de atuação estatal, até para que se possa identificá-lo como um instrumento de maior ou menor intervenção na economia (o que, até hoje, frequentemente gera incompreensões no Brasil). Para tanto, também vou endereçar como se relaciona a política de defesa da concorrência com outras políticas de intervenção estatal, por meio das perguntas que podem formar uma agenda de proposta do objetivo da política no Brasil, país hoje parte do bloco dos Brics, com conflitos, estratégias e necessidades distintas dos países considerados desenvolvidos.

O parágrafo acima, de certa forma, indica o objetivo e o caminho a ser percorrido por este capítulo. De qualquer forma, a resposta à crítica do primeiro parágrafo (assim como a identificação de uma agenda de interação com outras políticas) é bem oportuna, levando em consideração que, em maio de 2012, a nova Lei de Defesa da Concorrência entrou em vigor, tornando prévia a análise de fusões e aquisições pelo Cade, o que certamente traz um novo contorno à intervenção concorrencial no controle de estruturas.

O que a concorrência regula?

Ao contrário de agências reguladoras, o Cade não regula setores específicos, mas sim determinados comportamentos comerciais de empresas. E o objetivo dessa intervenção (pontual e não regular, ao contrário das agências) é endereçar a formação e o abuso de poder econômico.[1] A literatura econômica identifica uma série de efeitos negativos decorrentes da ausência de uma autoridade antitruste para prevenir ou reprimir o abuso do poder de mercado das grandes empresas, sendo os exemplos mais comuns o aumento de preços, a redução da quantidade ofertada no mercado e a ausência de incentivos para inovação, seja essa inovação tecnológica ou não.

De maneira a prevenir a formação de poder de mercado, o Cade realiza o controle de operações entre grandes empresas, estabelecendo critérios para a notificação dessas operações, chamadas no jargão antitruste de "atos de concentração". Esse critério segue uma premissa lastreada no faturamento das empresas: apenas empresas com faturamento acima de um determinado valor é que devem apresentar operações ao Cade. Há jurisdições que também se utilizam de outros tipos de critério, por exemplo, um percentual do *market share* do respectivo mercado afetado pela operação; aqui, o objetivo é incluir mercados tipicamente locais, em que o faturamento não serviria como *proxy* adequada. No Brasil, existe ainda alguma dúvida com relação a quais operações (ou mesmo contratos) devem ser apresentadas para análise, embora essa insegurança tenha-se reduzido bastante com os critérios de submissão essencialmente objetivos da nova Lei de Defesa da Concorrência.[2]

Há, no entanto, outras inseguranças, talvez mais graves, dessa vez relacionadas à capacidade de identificação prévia, pelo setor privado, de quais operações teriam caráter anticompetitivo, podendo ser objeto de alguma restrição, ou mesmo rejeição, por parte do Cade. Para lidar com

---

[1] Na literatura econômica, o poder de mercado pode ser entendido como uma falha de mercado, assim como externalidades, assimetria de informação e bens públicos.

[2] Lei nº 12.529/2011: "Art. 88. Serão submetidos ao Cade pelas partes envolvidas na operação os atos de concentração econômica em que, cumulativamente: I. pelo menos um dos grupos envolvidos na operação tenha registrado, no último balanço, faturamento bruto anual ou volume de negócios total no País, no ano anterior à operação, equivalente ou superior a R$ 400.000.000,00 (quatrocentos milhões de reais); e II. pelo menos um outro grupo envolvido na operação tenha registrado, no último balanço, faturamento bruto anual ou volume de negócios total no País, no ano anterior à operação, equivalente ou superior a R$ 30.000.000,00 (trinta milhões de reais)". Os valores dos incisos I e II foram posteriormente alterados por portaria para, respectivamente, R$ 750 milhões e 75 milhões.

as inseguranças que decorrem da análise de atos de concentração, estabelecendo uma metodologia de análise, foi emitido um guia de análise[3] que, a exemplo de autoridades internacionais, estabelece etapas que deverão ser avaliadas em uma operação. Depois de definido o mercado afetado pela operação,[4] chamado no jargão antitruste de mercado relevante, caso a participação de mercado resultante seja acima de 20%, presume-se a formação ou fortalecimento de posição dominante (análise da possibilidade de exercício de poder de mercado). A posição dominante é uma presunção de poder de mercado que, por sua vez, é a possibilidade de

---

[3] O Guia para Análise de Atos de Concentração Horizontal foi expedido pela Portaria Conjunta Seae/SDE nº 50, de 1º de agosto de 2001, com o objetivo de padronizar e sistematizar o exercício do controle de estruturas pelas duas secretarias (tendo sido adotado na prática, também, pelo Cade). O documento detalha as etapas que compõem a análise concorrencial de um ato de concentração, com indicação de sua utilidade e dos procedimentos necessários para sua realização. No entanto, o Cade já começou a elaborar uma sistemática e uma padronização próprias de análise de atos de concentração para o novo modelo de controle de estruturas. Em que pesem os esforços da autarquia nesse sentido, cumpre ressaltar, porém, a inexistência de outros guias de análise que, a exemplo do que ocorre em algumas autoridades estrangeiras, auxiliem no exercício da atividade preventiva de defesa concorrencial. A ausência de um guia para análise de atos de concentração vertical, por exemplo, na vigência da Lei nº 8.884/1994 foi muito sentida, o que certamente se replicará no âmbito da Lei nº 12.529/2011. Com isso, o esforço da autarquia na sistematização e padronização de sua atuação no âmbito do controle de estruturas não deve se encerrar com a simples adaptação do Guia para Análise de Atos de Concentração Horizontal para a nova realidade de defesa da concorrência, sendo imperativa, também, a expedição de outros documentos norteadores do exercício de suas atividades.

[4] A definição de "mercado relevante" é uma criação argumentativa de extrema importância para a análise de um ato de concentração pela autoridade de defesa da concorrência. Em síntese, trata-se de estimativa do menor grupo de produtos e/ou serviços e da menor área geográfica necessários para que eventual agente econômico possa, lucrativamente, impor um significativo e não transitório aumento de preços. Por maior impacto que a globalização possa produzir na economia de um país, ela é insuficiente para excluir toda e qualquer barreira que limite um mercado relevante. Custos de transporte, perecibilidade do produto e/ou serviço, restrições regulatórias, licenças ambientais, necessidade de serviços pós-venda, entre outros inúmeros fatores restringem significativamente a capacidade competitiva de produtos importados e de competidores estrangeiros potenciais. Existem inúmeros mercados assim, como o mercado de educação superior – como visto nos atos de concentração nos 08012.003076/2011-21 (UNI-CTS/Anhanguera); 08012.006864/2008-73 (Unicem/Irep); 08012.011611/2007-31 (Estácio/Irep), entre outros. Além disso, a condenação de cartéis nacionais em mercados supostamente sensíveis à globalização – como o cartel dos frigoríficos (Processo Administrativo nº 08012.002493/2005-16) e o cartel dos vergalhões (Processo Administrativo nº 08012.004086/2000-21) – reforça essa conclusão.

alteração, de forma unilateral ou coordenada, de variáveis de mercado, entre as quais preço e quantidade (sem exclusão de outras, como qualidade) de produtos e serviços.

Reconhecida essa posição dominante, a presunção que dela se origina pode ser afastada por uma avaliação de que não há barreiras à entrada no setor ou essas barreiras não são relevantes a ponto de impedir essa entrada ou, ainda, de que a rivalidade das empresas restantes no mercado (aquelas que não foram envolvidas na operação apresentada) seria o suficiente para impedir um movimento de aumento de preços (análise da probabilidade de exercício de poder de mercado). Nessas duas hipóteses, o ato de concentração pode ser aprovado sem restrições, já que o impacto na concorrência seria, no mínimo, nulo. Apenas em circunstâncias em que a avaliação de barreiras e rivalidade (e aqui as importações também são consideradas) é negativa, é que o caso pode demandar alguma restrição ou, eventualmente, reprovação. Antes disso, é facultado às partes apresentarem eficiências decorrentes da operação, a fim de que possam justificar que os eventuais efeitos deletérios à concorrência são compensados.

De mais a mais, o fato é que o número de casos em que o Cade efetivamente impõe uma restrição é baixo, sendo as reprovações praticamente bissextas, conforme se pode ver na tabela 1, na próxima página, com dados agregados para a última década (2002 a 2012).

É claro que esses dados não identificam operações que não chegaram a ser realizadas, por conta do risco regulatório de imposição de restrições ou mesmo de reprovação (o que poderia ser visto como um desestímulo de atividades pró-economia ou, ao contrário, como algo positivo, pois impediria a tentativa de uma operação anticompetitiva). Deixo de lado essa suposição, para endereçar dois pontos que dão alguma razão ao argumento de insegurança mencionado. O primeiro se relaciona ao conteúdo fluido das etapas de análise previstas no guia. A metodologia, em maior ou menor medida reproduzida mundo afora, reduz as inseguranças com relação ao resultado de uma avaliação do Cade. Mas não de forma absoluta, pois várias das etapas de análise de um ato de concentração são compostas por conceitos indeterminados que somente serão preenchidos a

Regulação no Brasil

partir de um caso concreto, permitindo diferentes interpretações a partir dos dados disponíveis para análise.

Tabela 1

Tipos de decisões do Cade em atos de concentração (2002-2012)

Ano	ASR[1]	Não concorrência[2]	TCD[3]	Outras restrições	Reprovados
2002	474	7	0	2	0
2003	484	7	0	1	0
2004	574	35	3	5	1
2005	345	14	0	23	0
2006	352	10	7	9	0
2007	490	25	6	6	0
2008	550	42	8	8	1
2009	437	14	3	2	1
2010	587	15	10	2	1
2011	649	33	7	8	0
2012 (abr.)	240	7	0	1	0

Fonte: elaboração própria.

[1] Aprovações sem restrições.

[2] Decisões que impõem alterações apenas em cláusulas de não concorrência.

[3] Corresponde às celebrações de termos de compromisso de desempenho entre os administrados envolvidos em determinada operação e o Cade.

A partir de uma definição de mercado, é possível encerrar sumariamente um caso ou levá-lo para uma análise mais detalhada, que potencialmente poderá levar a uma restrição.[5] Até hoje o Cade oscila na definição de vários mercados, o que pode se explicar, ao menos em parte, por conta de as operações terem sido, até pouco tempo atrás, analisadas *a posteriori*

---

[5] Excluindo-se os casos de restrições que envolvem alterações de cláusulas de não concorrência, todos os atos de concentração em que o Cade impôs restrições exigiram uma análise mais detalhada, que avançou pela maioria das etapas previstas no Guia para Análise de Atos de Concentração Horizontal. Recentemente, por exemplo, o Plenário do Cade aprovou com restrições a parceria entre BB Seguros Participações Ltda. e Mapfre Vera Cruz Seguradora S.A., tendo a análise concorrencial chegado à última etapa do guia para análise, qual seja, a apreciação das eficiências que a operação provavelmente gerará (AC nº 08012.005526/2010-39).

A regulação da concorrência

(ou seja, podiam ser consumadas antes de apresentadas ao Cade, para análise). Esse modelo gerava incentivos perversos tanto para as partes requerentes de uma operação quanto para os conselheiros. Isso porque, para as partes, estimulava um comportamento de *hold up* de informações que poderiam auxiliar a definir o mercado afetado pela operação, já que uma análise longa e com muitos ofícios não trazia prejuízos imediatos à concretização da operação (sendo o risco de uma restrição ou de uma reprovação estatisticamente baixo).[6]

O segundo ponto, por sua vez, diz respeito à atuação dos órgãos que compunham o Sistema Brasileiro de Defesa da Concorrência (SBDC), que também não possuíam incentivos para resolver rapidamente o caso, pois, a cada ofício, o prazo de análise era suspenso, sendo de se notar o patente e histórico problema de falta de *staff* por parte do Cade, o que aumentava a propensão a ofícios com pedidos de informação cada vez mais detalhados. O processo, então, começava com poucas informações (já que as partes não tinham incentivo para prestá-las de forma suficiente no início, ao preencherem o formulário obrigatório), que tinham de ser coletadas ao longo da instrução, o que atrasava bastante o andamento dos trabalhos.

Como não havia pressão por tempo (em outros lugares do mundo, o período peremptório de análise varia de 90[7] dias até 224 dias),[8] frequentemente o conselho mudava o entendimento com relação a definições de mercados relevantes, já que as instruções transformavam-se em eventos cada vez mais longos, quase exercícios acadêmicos. Esse ponto, em parti-

---

[6] Antes da Lei nº 12.529/2011, havia inúmeras rodadas para que as partes requerentes apresentassem informações. Isso porque diversos agentes governamentais participavam do processo. Primeiro, a Secretaria de Acompanhamento Econômica (Seae) emitia um parecer, encaminhando o processo para a Secretaria de Direito Econômico (SDE), que, por sua vez, também emitia um parecer. Depois disso, o processo era encaminhando para o Cade, local em que dois outros pareceres também eram emitidos (pela Procuradoria-Geral do Cade e pelo Ministério Público Federal), antes de um julgamento final pelo Conselho. Ao longo dos anos, por meios de acordos de cooperação, essas instâncias foram sendo otimizadas, mas seu número explica a possibilidade de jogar várias rodadas e, portanto, o *hold up*.

[7] Caso da autoridade de defesa da concorrência espanhola.

[8] Prazo para análise pela autoridade de defesa da concorrência inglesa.

cular, trazia enorme insegurança para a definição de mercados relevantes e, consequentemente, para a previsibilidade de uma operação por parte do setor privado, porque trazia pouca estabilidade para os precedentes (e, particularmente, para a estabilidade das definições dos mercados relevantes). Contribuía para isso o sistema de tecnologia de informação do Cade que, ao contrário dos tribunais judiciais, não viabilizava pesquisas jurisprudenciais adequadas, aumentando muito o custo de procura de precedentes.[9]

Isso significava, na prática, que após a apresentação de uma operação, as partes requerentes poderiam ficar anos com investimentos sobrestados (embora a probabilidade de restrição tenha-se mostrado, ao longo dos anos, relativamente baixa), aguardando uma decisão. Esse problema foi endereçado pela Lei nº 12.529/2011, que determina a apresentação prévia das operações (antes da sua respectiva consumação) e elimina a possibilidade de extensão *ad eternum* da análise pelo Cade, impondo uma resolução em, no máximo, 330 dias (na verdade, 240 dias que poderão ser prorrogados por 60 dias, a pedido das partes, ou por 90 dias, caso a Superintendência-Geral declare a operação como complexa e o Tribunal autorize o pedido de prorrogação). Embora o prazo pareça extenso, o fato é que grande parte das operações sequer chegará a 60 dias, já que a maioria absoluta das notificações é de casos classificados como de menor potencial ofensivo à concorrência, sendo enquadrados como procedimentos sumários (que representaram 89% das operações analisadas pelo Cade em 2012, 83% em 2011 e 75% em 2010), em que o nível de informações é menor e a análise simplificada.[10]

---

[9] No âmbito dos preparativos para a vigência da Lei nº 12.529/2011, o Cade iniciou o desenvolvimento de um sistema de gerenciamento de informação – especificamente para trâmite processual e gestão documental – cujo propósito é facilitar o acesso e o compartilhamento de dados e de informação, tanto para o público externo (administrados e sociedade) quanto para o público interno (servidores e funcionários do órgão). Com isso, espera-se maior agilidade e padronização no exercício das atividades da autarquia. Além disso, o sistema possui os embriões para a adoção de processo eletrônico pelo Cade.

[10] Desde 2005, o tempo de permanência de um ato de concentração no Sistema Brasileiro de Defesa da Concorrência foi reduzido de 252 dias para 147 dias, em 2011. No mesmo período (de 2005 a 2011), o tempo de tramitação de uma operação dentro do Cade também foi reduzido,

Deixando de lado as fusões e aquisições, a repressão de condutas envolve um grau menor de inseguranças (e, consequentemente, de contestação por conta da academia com relação à atuação de um órgão de defesa da concorrência). Mas nem tanto. Existe alguma dúvida quanto a contratos que são parte do cotidiano comercial das empresas (por exemplo, um contrato de distribuição exclusiva), mas que podem ter impacto anticompetitivo, alguns dos quais, inclusive, já geraram condenações no Cade.[11] Outros comportamentos comerciais (entre os quais vendas casadas, recusas de venda e, até, descontos) também podem possuir efeitos anticompetitivos, sendo monitorados (e, em alguns casos, punidos)[12] pelas autoridades de concorrência. A exemplo do que ocorre com os atos de concentração, a comunidade empresária alega alguma incompreensão quanto às hipóteses em que tais contratos ou comportamentos comerciais possuiriam a potencialidade de gerar efeitos anticompetitivos, extraindo daí um argumento de insegurança jurídica. Mesmo porque vários desses comportamentos poderiam ser encarados como estratégias de reforço de

---

passando de 81 para 45 dias. Contudo, cumpre ressaltar a triplicidade de guichês previstos na Lei nº 8.884/1994 no exercício do controle de estruturas pelo sistema, sendo necessária a análise de uma operação inicialmente pela Seae, depois pela SDE, e, finalmente, pelo Cade (onde ainda deveria ser apreciada pela procuradoria federal junto à autarquia e pelo Ministério Público Federal antes do julgamento pelo Conselho). A complexidade da estrutura criada pela Lei nº 8.884/1994 limitava significativamente a capacidade do SBDC de agilizar seu processo de apreciação de uma operação. No âmbito da Lei nº 12.529/2011, por sua vez, a simplicidade prevista na lei permite a expectativa de redução significativa do tempo de análise de atos de concentração tanto complexos quanto simples, sendo que para estes o tempo provavelmente será inferior a 30 dias.

[11] Nesse campo, por exemplo, incluem-se os contratos de locação com cláusula de raio em *shopping center* (PA nº 08012.006636/1997-43, caso Iguatemi; PA nº 08012.002841/2001-13, caso Center Norte) e a unimilitância exigida por vias contratuais por diversas sociedades integrantes do sistema Unimed (PA nº 08012.001892/2004-71, caso Unimed Ourinhos; PA nº 08012.003912/2003-67, caso Unimed Ribeirão Preto; PA nº 08012.005246/2001-30, caso Unimed Rondônia; PA nº 08012.005071/2002, caso Unimed Campinas e outras; PA nº 08012.004428/2000-11, caso Unimed Belém do Pará; PA nº 08012.001234/2004-89, caso Unimed Manaus, entre outros).

[12] Exemplo marcante é a condenação da Ambev pelo programa Tô Contigo (PA nº 08012.003805/2004-10). Em síntese, tratava-se de um programa de fidelização dos pontos de venda patrocinado pela empresa que, na prática, revestia-se de exclusividade de comercialização. O ponto focal do ilícito concentrou-se na relação informal entre os pontos de venda e a Ambev, fora, portanto, da relação contratual existente entre os dois.

competição, em vez de uma prática anticompetitiva. Frequentemente esse argumento é utilizado em casos de preço predatório, já que, em um cenário de concorrência, seriam esperados preços baixos.

O Brasil ainda não optou por editar guias detalhados de análise para essas condutas.[13] A jurisprudência é relativamente escassa e largamente baseada em exemplos estrangeiros em que situações similares foram consideradas anticompetitivas.[14] Mas um ponto positivo utilizado alhures e que pode servir de exemplo para os casos brasileiros é a criação de *safe harbors*, gerando uma presunção de legalidade para esses comportamentos ou contratos em circunstâncias predefinidas. O Guia de Práticas Verticais Europeu estabelece *safe harbors* com base em participações de mercado. Fornecedores que possuem um *market share* abaixo de 30% podem celebrar certos tipos de contratos comerciais (ou exercer determinados comportamentos) sem qualquer preocupação de serem eventualmente questionados pelo órgão antitruste.[15]

Há, no entanto, outras tendências no sentido de reduzir essas inseguranças, que, por sua vez, já são vistas no Brasil. As empresas que possuem altos *market shares* em determinados mercados (às vezes com algum histórico de processos ou mesmo de condenação pelo Cade) contratam

---

[13] Exceção feita ao anexo I da Resolução Cade nº 20, de 9 de junho de 1999, que apresenta, de forma simplificada, conceitos e diretrizes para o exercício do controle de condutas no âmbito do Cade e da Portaria Seae nº 70, de 12 de dezembro de 2002, que expediu o Guia para Análise Econômica de Prática de Preços Predatórios.

[14] Como foi verificado no Processo Administrativo nº 08012.004283/2000-40 – caso Box3/Shoptour –, em que as representadas foram condenadas pela prática de limitar e/ou impedir o acesso de novas empresas ao mercado afetado, bem como dificultar o funcionamento e desenvolvimento de concorrentes, consubstanciado no ajuizamento de reiteradas ações judiciais. Esse tipo de ilícito internacionalmente recebe o nome de *sham litigation*, tendo sido pouco discutido no Brasil até então.

[15] "*A vertical agreement is covered by the BER (Block Exemption Regulation) if the supplier of the goods or the services does not have a market share exceeding 30%. It is the market share of the supplier on the relevant supply market that is decisive for the application of the block exemption*" (EUROPEAN COMMISSION. *Competition policy in Europe*: the competition rules for supply and distribution agreements. Luxemburgo: Office for Official Publications of the European Communities, 2002. p. 12. Disponível em: <http://ec.europa.eu/competition/publications/brochures/rules_en.pdf>. Acesso em: 22 maio 2012).

A regulação da concorrência

programas de *compliance* para criar previsibilidade quanto à consequência das suas estratégias comerciais, utilizando, para tanto, não só decisões brasileiras, como estrangeiras também. E isso mesmo considerando que o número de condenações para esse tipo de prática é baixo (ao menos em relação ao número percentual de condenações por condutas colusivas), como se pode ver na tabela 2.

Tabela 2
Representatividade dos tipos de ilícito nas condenações
pelo Plenário do Cade (2004-2012)

Ano	Cartel (%)	Exclusividade/ unimilitância (%)	Tabelas de preços (%)	Outras práticas[1] (%)
2004	24	52	5	19
2005	36	40	8	16
2006	17	17	67	0
2007	27	45	9	18
2008	100	0	0	0
2009	50	50	0	0
2010	50	0	0	50
2011	100	0	0	0
2012 (abr.)	100	0	0	0

Fonte: elaboração própria.

[1] Condenações de práticas unilaterais diferentes das identificadas nas outras colunas e que, em razão de sua diversidade e baixa frequência, prescindem de listagem individual.

Por outro lado, não existem maiores dúvidas com relação às condutas colusivas, das quais o exemplo mais conhecido é o cartel. Desde 2003, o Cade tem assumido como sua prioridade o combate a cartéis, desenvolvendo uma série de ações para reprimir essa conduta, entre as quais medidas investigativas sofisticadas, como acordos de leniência e operações de busca e apreensão, que acabaram gerando um início de rotina de combate de casos colusivos nos últimos anos.[16] Além disso, institucionalizou

---

[16] O Plenário do Cade já condenou dois cartéis cujas investigações iniciaram-se com a celebração de acordo de leniência. Destaque para o cartel brasileiro dos peróxidos de hidrogênio (PA nº 08012.004702/2004-77), que foi uma investigação originada por acordo de leniência

uma série de acordos de cooperação por meio da Estratégia Nacional de Combate a Cartéis (Enacc), em que se discute de maneira coordenada ações e resultados com vários outros órgãos da administração pública com atuação ou interesse na atuação anticartel, com os ministérios públicos (estaduais e federal) e polícias (civil e federal).

Ao contrário dos atos de concentração (e, em alguns casos, das práticas unilaterais), aqui a instabilidade é algo que deliberadamente o Cade busca, pois não há dúvida de que cartéis são condutas ilícitas reprováveis, sem justificativas pró-eficiência, merecendo, portanto, ser desestimulados, sem qualquer risco à economia (aliás, pelo contrário). Em particular, o acordo de leniência busca aumentar a instabilidade nos cartéis, colocando um elemento endógeno de desconfiança na formação e na manutenção de acordos colusivos. Há ainda os acordos em casos de cartéis, que também são utilizados como forma de obter informações sobre autoria e materialidade de uma conduta anticompetitiva. Esse instrumento tem gerado alguma polêmica,[17] embora

---

celebrado no Brasil por empresa que também celebrou acordos semelhantes em outras jurisdições para denunciar a prática de cartel de peróxidos de hidrogênio em outras regiões. Esse fato demonstra a inserção do Brasil na lista, das empresas internacionais, de autoridades de defesa concorrencial significativas.

[17] A utilização de termos de compromisso de cessação pelo Cade intensificou-se, especialmente após 2007, quando a Lei nº 11.482/2007 modificou o art. 53 da Lei nº 8.884/1994 e retirou o impeditivo de celebração do termo em casos de cartel. Entre 1994 e 2007, foram celebrados aproximadamente 10 termos de compromisso de cessação, uma média de um acordo a cada 1,3 ano. De 2007 até o início de 2012, por sua vez, foram mais de 30 termos firmados, uma média de seis acordos por ano. Nestes acordos celebrados no período atual, é indiscutível que, do ponto de vista dos investigados, a possibilidade de resolução célere das pendências concorrenciais superou as indefinições (que ainda persistem) quanto à utilização do termo de compromisso pelo Cade. O *animus* dos administrados em resolver acordada e voluntariamente investigações concorrenciais é indiscutível e um dos principais responsáveis pelo volume de termos de compromisso de cessação celebrados atualmente. Contudo não se deve olvidar que o procedimento de negociação e celebração de termos de compromisso de cessação pelo Cade ainda apresenta significativas indefinições e casualismos. Além da necessidade de maior padronização procedimental, ainda que o Regimento Interno do Conselho discipline regras básicas paras as negociações de termos de compromisso de cessação, verifica-se também uma crescente necessidade de previsibilidade na exigência e qualificação dos componentes de um termo de compromisso de cessação. Uma rápida análise dos termos de compromisso de cessação firmados de 2007 até 2012 demonstra que existe uma significativa variação do conteúdo dos termos em casos similares. Há uma disparidade quanto à exigência de recolhimento de contribuição pecuniária ao Fundo de Direitos Difusos (não

A regulação da concorrência

tenha se mostrado bastante útil tanto em termos de arrecadação[18] como de colaboração.[19]

Toda essa história, no entanto, tem uma origem, um fundamento teórico, que surgiu de escolas de organização industrial americanas, que explicam o caminho da defesa da concorrência em diversos lugares do mundo, tendo forte influência no Brasil.

Escolas de Harvard, Chicago e pós-Chicago

Embora a legislação de concorrência exista no Brasil desde a década de 1960, o fato é que o assunto somente entrou na pauta governamental como algo importante a partir da promulgação da recém-revogada Lei nº 8.884/1994, numa perspectiva de liberalização de mercados e, portanto, como estratégia de redução de intervenção estatal (ao contrário

---

apenas sobre seu valor e cálculo, mas sobre sua necessidade), quanto às obrigações de cessação das práticas investigadas, quanto às multas e demais consequências por descumprimentos dos termos, entre outras. A ausência de previsibilidade mitiga o *animus* dos administrados em celebrar termos de compromisso de cessação. A edição de guias e sinalizações mais claras pelo Cade auxiliaria no fortalecimento do instituto e no amadurecimento de sua utilização.

[18] A Lei nº 8.884/1994 continha determinação semelhante à do §2º do art. 85 da Lei nº 12.529/2011, que exige a previsão de recolhimento de contribuição pecuniária para o Fundo de Direitos Difusos nos termos de compromisso de cessação celebrados em investigações de cartel. Além da exigência da obrigação, o dispositivo também prevê que o valor da contribuição a ser recolhida deve guardar relação com os parâmetros previstos no art. 36, §3º, incisos I e II da mesma lei, relacionados ao cálculo das multas por infrações à ordem econômica. Desde 2007, foram celebrados mais de 30 termos de compromisso de cessação que, em conjunto, representam uma expectativa de arrecadação de R$ 248 milhões até 2015 (ignorada a taxa de correção das parcelas das contribuições utilizada em cada termo celebrado). Esse valor corresponde a 18% do valor total inscrito em dívida ativa/inativa pelo Cade no mesmo período, com a diferença de que a incerteza quanto ao recolhimento dos valores acordados é praticamente inexistente (BRASIL. Ministério da Justiça. Conselho Administrativo de Defesa Econômica (Cade). *Relatório de Gestão do Exercício de 2010*. Brasília: Cade, mar. 2011. Disponível em: <www.cade.gov.br/upload/RelatorioGestao2010_atu150811_14h25_TCU.pdf>. Acesso em: 30 jan. 2012).

[19] O Plenário do Cade celebrou termos de compromisso de cessação com previsão de colaboração nas investigações, com apresentação de documentos e provas sobre a ocorrência da prática realizada, sendo o exemplo mais marcante o caso das mangueiras marítimas, em especial o acordo com a Bridgestone (Requerimento nº 08700.001882/2008-19, *DOU*, 5 set. 2008).

da sua origem, nos Estados Unidos e no Canadá). Isso é particularmente interessante porque, por conta do período de controle de preços, o Brasil acabou não evoluindo suas visões econômicas sobre concorrência paulatinamente a partir da Lei nº 4.137/1962, sofrendo fortes influências dos fundamentos teóricos das escolas americanas, que possuem pressupostos e orientações por vezes diametralmente opostos (até porque surgiram em momentos diferentes e direcionavam preocupações de ordem distinta).

De qualquer forma, é possível ver que o Brasil, ao importar grande parte da sua legislação e guias de outras jurisdições provocou, em um primeiro momento, interpretações reflexas de precedentes estrangeiros, alguns dos quais defasados,[20] mas outros bem atuais. Vou, então, a partir dos próximos parágrafos fazer um exercício, tentando identificar como as escolas em epígrafe acabaram influenciando o arcabouço da defesa da concorrência no Brasil, seja de maneira direta ou mesmo indireta.

Desde os primórdios da defesa da concorrência até o início da década de 1970, a escola de organização industrial de Harvard dominou o assunto, influenciando de maneira decisiva essa política governamental, com base em uma premissa que determinava que a concentração de mercado teria fortes impactos negativos, já que a proposta subliminar envolvia uma proteção dos pequenos negócios contra os grandes grupos econômicos.

---

[20] Alguns conceitos, ou pelo menos determinadas interpretações deles, ainda persistem mesmo quando devidamente superados ou descartados diante de análises mais recentes sobre a dinâmica concorrencial. Pode-se citar como exemplo nesse sentido a maneira como a teoria de concorrência potencial foi utilizada pelo Plenário do Cade nos casos Brahma Miller (AC nº 0058/95, *DJ*, 12 jun. 1998) e Antarctica Anheuser Busch (AC nº 0083/96, *DJ*, 31 dez. 1998). Com base nesta teoria, entendeu-se que as *joint ventures* celebradas entre Brahma-Miller e Antarctica-Anheuser Busch poderiam produzir efeitos anticompetitivos no mercado brasileiro de cervejas, por impedir o desenvolvimento de concorrentes com baixa participação no mercado e por serem as empresas estrangeiras envolvidas nas operações as concorrentes potenciais com maiores chances de contestar a participação de mercado da Antarctica/Brahma (à época ainda independentes) que alcançava 78,5%. A imposição de severas restrições às operações acabou por encurtar e inviabilizar o acordo da Antarctica com a Anheuser-Busch. Como se viu nos anos subsequentes às operações, o cenário preconizado pelo Plenário do Cade não se concretizou. As concorrentes com baixa participação de mercado não se desenvolveram e as empresas estrangeiras não entraram efetivamente no país. Por outro lado, a Antarctica e Brahma se uniram, mantiveram o mesmo patamar de participação de mercado até hoje e adquiriram a Anheuser Busch.

Sob essa premissa, desenvolveu-se o paradigma estrutura – conduta – desempenho, segundo o qual a estrutura de um mercado (mais ou menos concentrado, entre outras características)[21] determinava sua conduta (os preços praticados no mercado, mais ou menos altos, dependendo do grau de concentração) e seu desempenho (lucratividade, seguindo a mesma lógica). Daí, portanto, a necessidade de controlar estruturas e não apenas condutas anticompetitivas (conclusão essa que permaneceu inalterada ao longo dos anos e que é partilhada pelos reguladores brasileiros, embora a metodologia de análise de estruturas tenha-se alterado de maneira significativa posteriormente).

Basicamente, a definição do mercado afetado pela operação (o mercado relevante) determinava como os órgãos reguladores iriam resolver o caso (seja aprovando, reprovando ou impondo restrições), já que a análise partia dos pressupostos de que altas concentrações eram *per se* ruins para o mercado e de que economias de escala não seriam relevantes em vários mercados.[22] Não à toa, a metodologia de análise começou a fazer uso de funções de concentração de mercado. Daí começou a utilização do C4, que é a soma dos *market shares* das principais empresas de um mercado, e do HHI, que é a soma dos quadrados dos *market shares* das empresas de um mercado – ambas as medidas ainda são utilizadas como *proxy* de concentração econômica até hoje nos casos julgados pelo Cade.[23] No

---

[21] Entre essas outras características, talvez as barreiras à entrada possam ser consideradas como um dos principais elementos estruturais de um mercado. Apenas me refiro, no corpo do texto, à concentração do mercado como o principal ponto a ser considerado na análise antitruste em função da influência da escola de Harvard na metodologia, que considerava as barreiras altas em mercados caracterizados por alta concentração.

[22] A respeito dessa metodologia, ver: KOVACIC, William E.; SHAPIRO, Carl. Antitrust policy: a century of economic and legal thinking. *Journal of Economic Perspectives*, v. 4, n. 1, p. 50, 2000.

[23] Essas medidas de concentração são utilizadas desde o primeiro guia para análise de atos de concentração da autoridade de defesa da concorrência norte-americana, expedido em 1968. À época, o C4 era utilizado como parâmetro para contestação de operações. Na verdade, servia para definir os patamares mínimos de concentração resultante para que operações fossem analisadas, que variavam de 8%, em mercados com C4 elevado (acima de 75%), até 26%, em mercados com C4 baixo (inferior a 75%). Atualmente, no âmbito do Cade, o C4 é utilizado como evidência sobre a concentração do mercado como um todo e sobre a capacidade de contestação, pelos concorrentes, de eventual exercício abuso de poder de mercado pelas empresas envolvidas.

limite, a escola de Harvard entendia que o poder de mercado de grandes empresas seria praticamente impossível de ser contestado, já que, nessas circunstâncias, as barreiras à entrada seriam muito substanciais.

A escola de Harvard, então, influenciou metodologias de análise baseadas fortemente em estrutura e em regras *per se* para condutas anticompetitivas, dispensando a comprovação de efeitos anticompetitivos para derivar ilicitude (algumas das quais sobrevivem até hoje, como as práticas de cartel clássico, envolvendo de maneira perene e institucionalizada, fixação de preços, divisão de mercado em áreas geográficas ou por clientes e redução de quantidade. Assim, aliás, permanece a jurisprudência americana e também a brasileira, confirmada em casos recentes).[24] Justamente por conta disso era uma abordagem antitruste dotada de muita previsibilidade e pouca dúvida, restringindo fortemente as concentrações horizontais, sendo também bastante cautelosa com relação às operações de integração vertical, também objeto de cuidado por motivos similares.

A partir da década de 1970, consolidou-se o movimento chamado "revolução antitruste" pela escola de Chicago, sugerindo alterações na visão até então majoritária da escola de Harvard, partindo de pressupostos e orientações bastante diferentes. Entre as diferenças mais gritantes está a completa negação da proteção aos pequenos negócios implícita no modelo anterior, sob uma premissa de que a defesa da concorrência deveria ter como propósito explícito a eficiência econômica (mais especificamente no formato da eficiência alocativa e produtiva), argumentando que os mercados concentrados não seriam, por definição, ineficientes (mesmo um monopólio poderia gerar eficiências produtivas compensatórias de uma eventual ineficiência alocativa). Como a defesa da concorrência

---

[24] Desde o julgamento do cartel das britas (Processo Administrativo nº 08012.002127/2002-14, *DOU*, 1 ago. 2005), cartéis clássicos são pacificamente considerados como infrações à ordem econômica, desnecessária qualquer análise a respeito de seus potenciais efeitos competitivos. Os cartéis clássicos condenados pelo Cade posteriormente receberam o mesmo tratamento, por exemplo, o cartel dos peróxidos (Processo Administrativo nº 08012.004702/2004-77, *DOU*, 11 maio 2012), o cartel dos postos de combustíveis de Guaporé/RS (Processo Administrativo nº 08012.005495/2002-14, *DOU*, 16 set. 2011) e o cartel dos gases industriais (Processo Administrativo nº 08012.009888/2003-70, *DOU*, 6 set. 2010).

acompanha um viés político (e não apenas econômico), a escola de Chicago endereçava uma preocupação específica com a perda de espaço das empresas americanas, não só no cenário internacional como no cenário doméstico (tese, aliás, que provavelmente motivou ou influenciou a crítica que deu origem ao presente capítulo).

A escola de Chicago rebate a proposta do *small is beautiful* e responde a críticas de que a legislação de defesa da concorrência deve endereçar as preferências por maiores oportunidades para pequenos negócios (o que, de certa forma, embute uma noção redistributiva, já que isso poderia significar aumentos de preços). A premissa básica é a de que, com uma legislação antitruste cujo objetivo seja o de assegurar eficiência econômica, há outras soluções que podem resolver problemas redistributivos ou mesmo incentivar determinadas atividades, como os pequenos negócios e estabelecimentos. A legislação antitruste simplesmente seria inadequada para tal finalidade.

Valorizando, portanto, as eficiências que derivam das economias de escala, a escola de Chicago sinalizou uma visão mais permissiva para operações que gerassem concentração de mercado.[25] Aliás, não só. Práticas e operações verticais eram vistas, por essa escola, como praticamente lícitas *per se* (exceção feita para situações em que poderia reforçar a possibilidade de colusão no mercado), por serem majoritariamente pró-competitivas.[26] Fugiu, assim, de uma metodologia calcada apenas em estrutura (para atos de concentração) e regras *per se* (para condutas anticompetitivas). Apenas para ficar com o exemplo das operações que geram concentração, a escola de Chicago fortaleceu a necessidade de uma análise mais pormenorizada, fazendo prevalecer a noção de que a análise do *market share* da empresa resultante da operação apresentada a uma autoridade é apenas o início não determinante de uma análise (a análise antitruste passou a considerar de maneira mais relevante etapas que podem afastar o poder de mercado

---

[25] KOVACIC, William E.; SHAPIRO, Carl. "Antitrust policy", 2000, op. cit., p. 53.

[26] A lógica para isso decorria de uma crença de que as restrições verticais incrementavam uma concorrência intermarcas (ao invés de intramarcas), definindo incentivos adequados para os distribuidores investirem em qualidade e marketing dos produtos e serviços, evitando *free-riding*.

que, como explicado no item anterior, envolvem a avaliação das barreiras à entrada e da rivalidade remanescente no setor).[27]

Essas etapas fazem parte do Guia Brasileiro para Análise de Atos de Concentração Horizontal, e frequentemente servem para justificar aprovação de operações que geram concentrações altas, o que demonstra a influência da escola de Chicago para a defesa da concorrência nacional. E, além dessas etapas, que podem afastar a presunção de poder de mercado que decorre de um alto *market share* (na lei brasileira, uma participação de pelo menos 20% de um determinado mercado), a escola de Chicago também sustentava uma defesa de eficiência, que poderia compensar os eventuais efeitos deletérios de uma operação que resulte em alto *market share*. Embora essa possibilidade esteja prevista (tanto na Lei de Defesa da Concorrência[28] como no Guia para Análise de Atos de Concentração), o fato é que raramente as eficiências são levadas em consideração pelo Cade – e também pelos órgãos antitruste americanos: Federal Trade Comission (FTC) e Department of Justice (DOJ) – em casos que importam grandes concentrações, sobretudo porque a possibilidade de repasse de eficiências

---

[27] A evidência mais robusta do impacto da influência da escola de Chicago na atuação das autoridades de defesa da concorrência, inclusive para análise de atos de concentração horizontal, é a significativa diferença entre o guia de análise norte-americano de 1968 e o expedido em 1992 para o tratamento da análise de eficiências decorrentes de uma operação. A postura da autoridade de defesa da concorrência quanto ao peso da análise de eficiências em determinada operação foi: "[...] *the Department will not accept as a justification for an acquisition normally subject to challenge under its horizontal merger standards the claim that the merger will produce economies (i.e. improvements in efficiency)*" (p. 8 do guia de 1968, mantida na revisão do guia ocorrida em 1982), para "*the Agency will not challenge a merger if cognizable efficiencies are of a character and magnitude such that the merger is not likely to be anticompetitive in any relevant market*". A simples abertura da possibilidade de aprovação (não contestação, no caso norte-americano) de uma operação tendo como base as supostas eficiências que a operação gerará é reflexo de uma mudança de paradigma da análise concorrencial, tendo muito mais relevância do que pode parecer inicialmente. No caso do Brasil, o Guia para Análise de Atos de Concentração Horizontal expedido pela Portaria Conjunta Seae/SDE nº 50, de 1º de agosto de 2001, bebe muito da fonte do guia norte-americano de 1992, inclusive no tratamento dado às eficiências.

[28] A própria Lei nº 8.884/1994 cristalizou tal tendência em seu art. 54, §1º, I, "c", replicado no art. 88, §6º, I, "c", da Lei nº 12.529/2011. Nos dois dispositivos legais, é prevista a aprovação de operação com efeitos anticompetitivos potenciais caso a operação tenha como objetivo propiciar a eficiência e desenvolvimento tecnológico.

para consumidores é remota em circunstâncias em que há eliminação substancial de concorrência num mercado.

Nas condutas anticompetitivas, há forte influência da escola de Chicago na análise dos casos de preço predatório. Partindo de um pressuposto de racionalidade das empresas no longo prazo, somente haverá preços predatórios se houver possibilidade de recuperação do prejuízo (após a primeira etapa, em que é cobrado um preço abaixo do custo), por meio de preços supracompetitivos no futuro pós-predação. Na prática isso equivale a praticamente nenhuma condenação por preço predatório (o que, aliás, aconteceu no Brasil, visto que não há registro no Cade de condenação por essa prática específica), o que, na visão dos professores de Chicago, seria de se esperar, já que acreditavam que preços predatórios não existem ou, no máximo, são muito raros.

A escola de Chicago teve profundas influências no direito da concorrência brasileiro, apresentando maior necessidade de empirismo na análise de atos de concentração e de condutas anticompetitivas, primeiro por conta da relativização das consequências de altas concentrações decorrentes de operações sujeitas a controle, e depois por meio de um espaço grande na jurisprudência para análises seguindo a regra da razão (e não a regra *per se*).[29] Essa preferência por análise empíricas aproximou advogados de economistas, modificando o perfil das manifestações apresentadas ao Cade, seguindo, aliás, um exemplo que já era o modelo visto em autoridades estrangeiras. Mas, por outro lado, trouxe mais imprevisibilidade à análise, já que dependia de resultados empíricos das práticas ou atos, cuja causalidade nem sempre era óbvia ou determinante.

Mas esse foi um primeiro momento da Lei de Defesa da Concorrência no Brasil. Assim como ocorreu lá fora,[30] começou-se aqui a perceber que tanto a escola de Harvard como a escola de Chicago não podiam se excluir mutuamente ou mesmo definir a política antitruste. Isso porque a escola de Harvard, por meio de um modelo baseado apenas em estrutura

---

[29] PIRAINO JR., Thomas A. Reconciling the Harvard and Chicago schools: a new antitrust approach for the 21st century. *Indiana Law Journal*, v. 82, n. 2, p. 351, 2007.

[30] Ibid., p. 347.

e regras *per se*, produzia uma política antitruste que desestimulava operações e práticas que poderiam ser pró-competitivas, ao passo que a escola de Chicago estimulou um empirismo que não é necessário (ou mesmo possível) em todas as hipóteses de aplicação da Lei de Defesa da Concorrência.[31] E, partindo de premissas simplistas a respeito de comportamentos de mercado,[32] a escola de Chicago acabou fornecendo argumentos teóricos para a formação e ampliação de poder mercado, o que levou à manutenção de condutas deletérias ao consumidor doméstico (já que a evidência de elementos empíricos que demonstrassem a existência de efeitos prejudiciais não só é muito difícil em vários casos, mas essencialmente prejudicada pela falta de dados em algumas jurisdições sem tradição de coleta e pesquisa, como é, aliás, o caso brasileiro).

As limitações de ambas as escolas deu origem a um movimento teórico chamado de pós-Chicago, mais focado em criticar o empirismo fomentado pela escola de Chicago e em explorar suas limitações, sobretudo aquelas relacionadas à premissa de que o livre mercado seria por si só o suficiente para impedir a formação e o abuso do poder de mercado. São particularmente comuns as críticas no sentido de que essa escola preferiria modelos teóricos a fatos da realidade.[33]

As limitações ao modelo neoclássico incluiriam a incapacidade dos fundamentos trazidos pela escola de Chicago no sentido de identificar

---

[31] De fato, em casos de cartel clássico, por exemplo, em que a análise dos efeitos anticompetitivos da prática são afastados diante de sua clara e patente ilicitude, há uma constante tentativa dos investigados de emplacar discussões econômicas como tese de defesa, de forma a tentar demonstrar economicamente a inexistência de atos e práticas devidamente comprovadas juridicamente por meio de documentos contundentes apreendidos pela autoridade de defesa da concorrência.

[32] Essas premissas simplistas tinham como denominador comum a crença na autocorreção do mercado, o que se traduzia em uma série de presunções razoavelmente irreais (porquanto aplicáveis a todos os mercados sem distinção), por exemplo, ausência barreiras relevantes à entrada, ampla disponibilidade de informações para todos os concorrentes e relativa facilidade para afastar posições dominantes em mercados.

[33] Ver HOVENKAMP, Herbert. Antitrust policy after Chicago. *Michigan Law Review*, v. 84, 1985. Ver também: PIRAINO JR., Thomas A. "Reconciling the Harvard and Chicago schools", 2007, op. cit.

condutas anticompetitivas de caráter estratégico, conhecidas genericamente pelo nome de aumento dos custos de rivais, conduta essa que
trabalha com o conceito de custos de transação, sobretudo com a relação
comparativa entre firmas com alto poder de mercado e competidores menores.[34] A crítica trabalha com a lógica de que o modelo de racionalidade
da escola de Chicago estaria excessivamente limitado a um parâmetro
de longo prazo, ao passo que diversas condutas de curto prazo (que às
vezes, aliás, pode ser não tão curto assim) poderiam ter forte impacto
sobre o desenvolvimento de um *business plan* e, consequentemente, sobre
a concorrência em um determinado mercado.[35]

Paralelamente, cresceu a utilização, por reguladores antitruste, de
instrumentos de teoria dos jogos (*game theory*) na legislação de defesa
da concorrência.[36] Em um primeiro momento, com a introdução do
programa de leniência (que, no Brasil, surgiu tardiamente com a assinatura do primeiro acordo apenas no início dos anos 2000, embora agora
já esteja se consolidando), trazendo maior instabilidade aos cartéis ao
permitir imunidade ou grande redução de pena para delatores, como dito
acima. E, mais ainda, com o programa de acordos em casos de cartéis,
em que o primeiro a fechar o acordo tem fortes benefícios, pois tem a
colaboração como um elemento-chave dessa política. Isto é o que ocorre
nos Estados Unidos[37] e no Brasil, mas não na Europa, onde os acordos

---

[34] Essa tese foi utilizada recentemente em duas investigações realizadas no âmbito do Sistema
Brasileiro de Defesa da Concorrência em face da Ambev. Nos dois casos, foram discutidas supostas inovações patrocinadas pela empresa em seus vasilhames retornáveis de cerveja *vis-à-vis* seus
impactos no sistema de distribuição de cervejas de seus concorrentes. Ainda que um caso tenha
sido encerrado por meio de termo de compromisso de cessação e outro arquivado no mérito, o
cerne da discussão era justamente a possibilidade de a Ambev, por meio de alterações realizadas
em suas garrafas de cerveja, elevar significativamente o custo de seus rivais e, no longo prazo,
poder elevar seus preços de forma significativa e não transitória. As investigações desses dois casos
resultam, justamente, das inovações teóricas trazidas pela escola pós-Chicago.

[35] HOVENKAMP, Herbert. "Antitrust policy after Chicago", 1985, op. cit., p. 284.

[36] CAYSEELE, Patrick Van; BERGH, Patrick Van den. Antitrust law. In: BOUCKAERT,
Boudewijn; DE GEEST, Gerrit (Ed.). *Encyclopedia of law and economics*. Cheltenham: Edward
Elgar, 2000. v. 3, p. 479 e segs.

[37] KOVACIC, William E.; SHAPIRO, Carl. "Antitrust policy", 2000, op. cit., p. 56.

são instrumentos para reduzir o índice de judicialização das decisões e não para receber mais indícios de autoria e materialidade sobre uma conduta em específico.

Por vezes, aliás, o movimento pós-Chicago critica a eficiência alocativa como objetivo último da política de defesa da concorrência, o que influenciou várias legislações a terem como objetivo explícito a proteção de consumidores.[38] Isso levou a uma ideia de que a defesa da concorrência, na verdade, existiria como legislação protetiva dos consumidores contra transferências de renda decorrentes do abuso do poder econômico.[39] Daí, portanto, a conclusão de que nem todas as fusões são inspiradas em objetivos pró-aumento de eficiência e que algumas (poucas, ao que se percebe, como os números do Cade indicam) têm por propósito específico impedir o desenvolvimento de empresas que já estejam ou que possam rivalizar. É claro que essa visão não impede outros objetivos para a legislação de defesa da concorrência, o que, por exemplo, ocorre com a União Europeia, cuja política de concorrência tem por claro propósito viabilizar (na verdade, facilitar) um processo de integração comercial entre os Estados-membros.

Na prática, hoje, a política de defesa da concorrência utiliza elementos de ambas as escolas, com as contribuições do movimento pós-Chicago, criando uma jurisprudência que tem por base níveis diferentes de escrutínio a partir da hipótese concreta.[40] E aqui fica o desafio de advogados e economistas na criação de regras que visam determinar o caráter pró ou anticompetitivo de práticas comerciais e operações societárias, tarefa não particularmente fácil diante das complexidades das técnicas analíticas empregadas atualmente, sobretudo ao se levar em consideração a necessidade

---

[38] Como, aliás, foi o caso da Lei nº 8.884/1994 em seu art. 1º, que listou, entre suas finalidades, a defesa dos consumidores. A Lei nº 12.529/2011 possui previsão semelhante também em seu art. 1º. Coerentemente é que foi criada, nos dois diplomas legais, a necessidade de, em atos de concentração aprovados pelo Cade por causa de suas eficiências, distribuição dos benefícios percebidos com os consumidores e usuários finais, de forma equânime na Lei nº 8.884/1994 e de parte relevante na Lei nº 12.529/2011.

[39] CAYSEELE, Patrick Van; BERGH, Patrick Van den. "Antitrust law", 2000, op. cit., p. 488-489.

[40] PIRAINO JR., Thomas A. "Reconciling the Harvard and Chicago schools", 2007, op. cit. p. 365.

de adequar essas regras para que possam ser aplicadas de acordo com as capacidades institucionais e analíticas das agências de concorrência e do seu revisor último: o Poder Judiciário.

Mas isso não é o suficiente. Além dos riscos identificados na introdução deste capítulo (que são hoje a agenda do novo Cade), ainda há uma longa estrada de complexidades para os reguladores responsáveis pela defesa da concorrência, que se agravam em circunstâncias em que a concorrência precisa interagir com outras políticas.

Interações com outras políticas

A ausência de trabalhos sobre o tema faz que eu apenas me limite a identificar o que seria uma agenda de perguntas a serem formuladas (o que, aliás, é o primeiro passo de qualquer pesquisa acadêmica). Então, irei identificar uma agenda de relacionamento da política de defesa da concorrência com outras políticas públicas, mais especificamente: (i) política industrial; (ii) política de defesa comercial; (iii) política de inovação (propriedade intelectual nas mais diversas formas e/ou mídias); (iv) política regulatória; e (v) política de defesa do consumidor. O desenvolvimento da economia brasileira vem determinando um processo de crescente agravamento da complexidade dos debates relacionados à defesa da concorrência, tornando atual e relevante um debate aprofundado sobre as searas de interação, exclusão e complementaridade.

Política industrial

Ao longo dos últimos anos, vem-se promovendo uma política de financiamento de empresas por meio do estímulo de fusões (sobretudo em momentos pós-crise), criando uma série de "campeões nacionais", com objetivo de competir no mercado internacional. Embora a recém--revogada Lei de Defesa da Concorrência tivesse uma "cláusula de interesse nacional",[41] nenhum caso explicitamente chegou a ser apresentado ao Cade sob esse argumento. O Brasil é um dos poucos países que não possuem uma orientação legislativa clara quanto a setores da economia ou práticas (como cartéis de exportação, isentos no antitruste norte-americano) não sujeitas à Lei de Defesa da Concorrência.

A partir disso, é possível formular as seguintes perguntas para orientar o debate: (a) É importante para o desenvolvimento econômico e social brasileiro uma política de isenções (de setores ou de práticas)? (b) Em caso positivo, essa política de isenções deve ser legislativa (insulando o Cade da decisão) ou deve ser criada por meio de decisões administrativas por parte do Cade? (c) Qual deve ser a interação entre Cade e BNDES? (d) Por que razões os atos de concentração apresentados ao Cade jamais endereçaram o dispositivo legal que trata de aprovação por motivo preponderante da economia nacional e do bem comum, apesar de potenciais efeitos anticompetitivos? (f) Quais os efeitos de mercado nos setores que foram objeto de iniciativas de estímulo de fusões? e (g) Existe um padrão diferenciado de *enforcement* antitruste para países em desenvolvimento (e, também, para as consideradas "pequenas economias")?

Claro que, para endereçar tais questões, será necessário revisitar a análise dos clássicos argumentos de *failing firm* e de cartel de crise, amplamente discutidos no âmbito internacional e, mais recentemente, no Brasil, por conta da crise financeira das *subprime* americanas, que geraram recessão mundial. Em épocas de recessão econômica, o número de oportunidades de negócios com potencial anticompetitivo aumenta (seja por meio de fusões ou mesmo pela tentativa de condutas de colaboração), daí sendo relevante e atual o estudo do comportamento dos órgãos de

---

[41] Lei nº 8.884/1994: "Art. 54. Os atos, sob qualquer forma manifestados, que possam limitar ou de qualquer forma prejudicar a livre concorrência, ou resultar na dominação de mercados relevantes de bens ou serviços, deverão ser submetidos à apreciação do Cade. [...] §2º. Também poderão ser considerados legítimos os atos previstos neste artigo, desde que atendidas pelo menos três das condições previstas nos incisos do parágrafo anterior, *quando necessários por motivo preponderantes da economia nacional e do bem comum*, e desde que não impliquem prejuízo ao consumidor ou usuário final" (grifos nossos).

defesa da concorrência nacionais e estrangeiros, para avaliar as possíveis posturas a serem adotadas em circunstâncias do gênero, que, embora sejam cíclicas, não foram objeto de maior estudo.

Política de defesa comercial

No processo de internacionalização das economias, vários países montaram sistemas de defesa comercial com o objetivo de proteger suas respectivas indústrias domésticas, viabilizando uma série de mecanismos com esse mister, entre os quais: (a) direitos *antidumping*; (b) salvaguardas; e (c) subsídios. Esses mecanismos possuem um óbvio potencial anticompetitivo (mesmo porque partem de pressupostos diferentes, mais relacionados à proteção da indústria doméstica), razão por que inúmeros órgãos de defesa da concorrência estrangeiros influenciam, ainda que sem direito a voto formal, o processo de imposição de medidas de defesa comercial ou mesmo a revisão dessas medidas no caso de os efeitos anticompetitivos serem severos.

Basicamente, então, a agenda aqui é identificar um possível modelo de coexistência entre os sistemas de proteção comercial e de proteção da concorrência. Partindo dessa premissa: (a) É possível que o Cade receba denúncias de impactos anticompetitivos decorrentes de medidas de defesa comercial? (b) Em caso positivo, qual o procedimento a ser seguido pelo Cade na defesa do seu ponto de vista junto aos órgãos de defesa comercial? (c) Esse contato pode ser, ao invés, intragovernamental, partindo de um pressuposto de cooperação? (d) Na revisão de direitos *antidumping*, Decom e Secex devem avaliar os consequentes impactos anticompetitivos, adequando os patamares de sobretaxas a serem praticadas sobre os produtos? e (e) No limite, qual o momento e o grau de interferência que um órgão de defesa da concorrência deve possuir sobre as medidas de proteção comercial, que protegem a soberania nacional e possuem diversos litígios no âmbito internacional?

Política de inovação e diversidade

Os direitos de propriedade intelectual servem justamente para fomentar a inovação. *Designs* e patentes têm esse propósito explicitamente delineado em lei, mas também impõem, em contrapartida, um limite competitivo a partir dos seus registros, gerando monopólios temporários, porém com prazos longos. A lógica é simples. Sem esses incentivos monopolísticos haveria menos inovação e, no longo prazo, menos concorrência (e, portanto, uma redução de bem-estar). Mas, assim como todo e qualquer direito, os direitos de propriedade intelectual não são nem podem ser absolutos. Portanto, a discussão sobre o tema hoje e amanhã terá por objeto o limite jurídico-econômico da utilização de direitos de propriedade intelectual tendo em vista sua ponderação com objetivos de proteção à concorrência.

Além dos direitos de propriedade intelectual, a política de diversidade também se relaciona à garantia de liberdade de expressão, entendida como a viabilização de múltiplas opiniões e opções. Nesse sentido a proibição de monopólios de comunicação pode representar um desafio diferente para a defesa da concorrência, impondo obrigações de neutralidade de rede (no âmbito regulatório) e de garantia de diversidade nos meios de comunicação escrita ou falada (no âmbito antitruste, mais especificamente na análise de fusões e aquisições apresentadas ao Cade). Nesse último aspecto, o desenho de remédios a serem elaborados pelo Cade deve permitir, quando possível, a coexistência de ganhos de eficiência, mantendo, no entanto, a obrigação de comunicação pulverizada (ou, ao menos, não concentrada ao nível de um monopólio).

Dessa vez, portanto, o objeto da agenda é avaliar o impacto das políticas de inovação na efetiva geração de bem-estar, por meio das seguintes averiguações: (i) Como os direitos de proteção à propriedade intelectual podem restringir a concorrência, além da óbvia geração de monopólios por prazos legais? (ii) Qual o impacto das alterações regulatórias relacionadas a diversidade e inovação, como a nova Lei do Cabo e a política de TV digital a ser formulada nos próximos anos, permitindo a convergência das tecnologias? (iii) Qual o impacto da convergência na definição de mercado

A regulação da concorrência

relevante de setores caracterizados por inovação, como telecomunicações, e o formato de venda *quadruple play* (TV a cabo, telefone fixo, telefone móvel e internet a cabo)?

Política regulatória

O processo de sofisticação da regulação de setores no Brasil vem impondo uma mudança no perfil das variáveis reguladas. Em substituição à regulação de preço e de entrada no mercado, os agentes reguladores vêm apresentando regulações de qualidade e de informação justamente com o objetivo de viabilizar competição, endereçando, no entanto, as preocupações com falhas de mercado (em geral, externalidades e assimetria de informação). Na verdade, a regulação de diversos setores vem sendo revisitada para criar padrões de informação que sejam suficientes para garantir modelos que possam ser comparados pelos consumidores, tornando possível a competição entre agentes econômicos. Exemplos dessa tendência podem ser vistos primordialmente no setor bancário, em que a padronização da nomenclatura das tarifas serviria justamente de base para esse processo de competição no mercado.

Além disso, também é possível verificar como as alterações tecnológicas podem viabilizar regulações pró-competitivas. Como exemplo dessa tendência, verifica-se a portabilidade numérica nos casos de telefonia, em que a presença dessa regulação potencializou a rivalidade entre as empresas concorrentes, eliminando uma clássica barreira à troca de operadora (consistente nos custos de troca verificados em momento anterior à regulação, em que não havia possibilidade de carregar o número). Embora sem o fator de tecnologia, a portabilidade também é uma iniciativa no setor de planos de saúde, em que o cliente consumidor passa a poder carregar para outros planos vantagens auferidas pelo decurso de tempo (por exemplo, o prazo para a carência).

Os próprios efeitos decorrentes do processo de flexibilização da regulação de setores têm trazido a necessidade de outro perfil de regulação. Um exemplo dessa tendência pode ser visto no setor aéreo que, após o fim da regulação tarifária e de entrada, começou a apresentar problemas quanto à utilização da infraestrutura aeroportuária, em função do aumento de demanda para o serviço (com aumento não exatamente correspondente de oferta) daí surgindo a necessidade de regulação de outras variáveis, como a alocação de *slots*, além de outras questões de infraestrutura aeroportuária.

Em vista do novo cenário regulatório, resta reunir elementos para responder às seguintes perguntas: (i) A alteração do instrumental regulatório tem de fato incrementado a concorrência nos mercados-alvo da investigação (entre os quais planos de saúde, transporte aéreo de passageiros, telecomunicações e bancos)? (ii) Existe um mecanismo jurídico-econômico para avaliar a efetividade das opções regulatórias, permitindo maior intervenção judicial na definição de quais variáveis (preço, entrada, quantidade, qualidade ou informação) devem ser objeto de regulação nos setores sob pesquisa? (iii) Como as agências reguladoras (ou órgãos reguladores em geral) se adaptaram a um novo perfil de regulação (que, como dito, transitou de preços para informação e qualidade)? (iv) Há espaço para o aprofundamento e extensão desse processo de substituição das variáveis reguladas para outros setores? (v) A substituição das variáveis reguladas permite um modelo de regulação que não seja baseado em instrumentos de comando e controle, mas, em vez disso, de regulação por incentivos?

Um subproduto dessa agenda é a interação da doutrina do institucionalismo comparado, que identifica as diferentes capacidades institucionais dos órgãos de intervenção à dúvida sobre a escolha entre soluções regulatórias (regulação *stricto sensu*) e de defesa da concorrência (remédios ou sanções). Determinadas decisões impõem remédios ou sanções destinadas a neutralizar impactos anticompetitivos decorrentes de atos de concentração ou de condutas anticompetitivas. No entanto, os problemas competitivos podem ser precedentes à realização da fusão ou à prática da conduta anticompetitiva, não sendo por remédios ou sanções solucionados. Assim, identificar qual a melhor opção de intervenção é algo necessariamente proveitoso para a construção de bem-estar.

Outro subproduto da pesquisa é uma proposta de superação das doutrinas de *State action* e *pervasive power*. Comumente, os órgãos de defesa estrangeiros e brasileiro utilizam essas doutrinas americanas com o objetivo de afastar a aplicação da respectiva norma antitruste a um caso que seja objeto de regulação governamental. No entanto, as atividades de advocacia da concorrência associadas a uma alteração no processo regulatório (em especial, do tipo de variável regulada) impõem revisitar a aplicação dessas teorias, a fim de verificar em que medida elas se mantêm inalteradas ou mesmo úteis no cenário hodierno. Além disso, é importante identificar situações em que, de fato, a regulação é uma opção superior ao *enforcement* antitruste (que envolve o controle preventivo de atos de concentração e a repressão de condutas anticompetitivas).

Política de defesa do consumidor

Embora não seja propriamente óbvio, a política de defesa do consumidor possui, como efeito indireto, maior probabilidade de concorrência. Regras como as que tratam de publicidade (enganosa ou abusiva), de obrigação de informação (dever de informar) e de nulidade de cláusulas contratuais não cognoscíveis ou desproporcionais protegem o consumidor a fim de que ele possa se aproveitar das escolhas de mercado que a concorrência lhe proporciona. Essas regras fazem com que o consumidor possa exercer seu direito de escolha com o máximo de informação disponível (uma variável de competição) e da forma mais eficiente possível, o que permite que ele ocupe o papel da mola propulsora do processo competitivo.[42]

Alguns estudos de economia comportamental se interessam sobre como o consumidor reage a informações imperfeitas, um dado comum de mercado, surgindo daí uma série de questões a serem objeto de políti-

---

[42] AVERITT, Niel W.; LANDE, Robert. H. Consumer sovereignty: a unified theory of antitrust and consumer protection law. *Antitrust Law Journal*, v. 65, p. 713, 1997.

cas de defesa do consumidor e de defesa da concorrência.[43] Assim, esses estudos necessariamente apresentam inúmeras possibilidades para um paralelo normativo a ser aplicado em diversos segmentos de produtos e serviços, sobretudo em setores regulados, dando justificativa teórica para a substituição do processo de variáveis reguladas (regulação de informação).

É claro que a defesa do consumidor possui objetivos mais amplos do que a defesa da concorrência, o que pode ser visto a partir das preocupações com a segurança do consumidor (em regras que tratam de responsabilidade por defeito de produto) ou mesmo com a ética dos negócios jurídicos (em regras que tratam da prevenção e/ou da compensação por negócios fraudulentos). E, além disso, o sistema de proteção da política de defesa do consumidor é algo bem mais difuso do que o *enforcement* da política de defesa da concorrência (em geral feito por meio de agência única).

Diversamente das agendas anteriores, a interação entre as duas políticas envolve uma série de preocupações de ordem institucional:

a) Como deve ser a interação entre as políticas de defesa da concorrência e de defesa do consumidor?

b) Essa interação parte do pressuposto de apenas um órgão abarcando ambas as funções?

c) O Departamento de Proteção de Defesa do Consumidor (DPDC) – agora sucedido pela Secretaria Nacional de Defesa do Consumidor – possui uma função de coordenação dos Procons que funcionam como os aplicadores locais da lei de defesa do consumidor. Esse tipo de modelo de coordenação também poderia ser aplicável Cade?

d) A atuação dos ministérios públicos na política de combate a condutas, sobretudo cartéis, significa uma aproximação ao modelo difuso da política de defesa do consumidor?

---

[43] Para uma compilação de interessantes estudos sobre o tema, ver: MCAULY, Ian. *Roundtable on demand-side economics for consumer policy*: second summary report. Camberra: OECD and Centre for Policy Development and University of Canberra, 2006.

Conclusão

São duas as conclusões deste capítulo. A primeira é que grande parte das críticas relacionadas ao controle de fusões (e mesmo à repressão de condutas) tem sido endereçada ou, pelo menos, está dentro da agenda daquilo a que o Cade vem-se propondo nos últimos anos (o que não exclui a necessidade de um esforço regulamentador, revisando guias e metodologias, bem como criando documentos desse gênero, para trazer maior segurança jurídica para o setor privado e seus investimentos na economia brasileira). Será, por isso, uma agenda focada em gestão e eficiência. Essa é a boa notícia, sobretudo diante da entrada em vigor da Lei nº 12.529/2011, que organiza e melhor estrutura o Cade para essas funções (alterando, em especial, o regime de análise de atos de concentração, que passa a ser prévio, como é no resto do mundo).

A segunda conclusão depende dos olhos leitor, que poderá ver o copo meio cheio ou meio vazio. Isso porque parece claro que existe um enorme espaço para pesquisa (e mesmo para definição) da política de defesa da concorrência quando colocada em contato com outras políticas mencionadas ao longo deste capítulo. Aliás, o objetivo para pesquisas na área oferece oportunidades de interação, exclusão e/ou complementaridade de uma série de políticas com a política de defesa da concorrência, apresentando possíveis soluções de economia normativa a partir de instrumental jurídico para futuras alterações legislativas ou mesmo para instruir posicionamentos vindouros no Cade.

E aí a tarefa não é nada fácil ou mesmo previsível. Mas certamente é interessante.

Referências

AVERITT, Niel W.; LANDE, Robert. H. Consumer sovereignty: a unified theory of antitrust and consumer protection law. *Antitrust Law Journal*, v. 65, p. 713, 1997.

BRASIL. Ministério da Justiça. Conselho Administrativo de Defesa Econômica (Cade). *Relatório de Gestão do Exercício de 2010*. Brasília: Cade, mar. 2011. Disponível em: <www.cade.gov.br/upload/RelatorioGestao2010_atu150811_14h25_TCU.pdf>. Acesso em: 30 jan. 2012.

CAYSEELE, Patrick Van; BERGH, Patrick Van den. Antitrust law. In: BOUCKAERT, Boudewijn; DE GEEST, Gerrit (Ed.). *Encyclopedia of law and economics*. Cheltenham: Edward Elgar, 2000. v. 3.

EUROPEAN COMMISSION. *Competition policy in Europe*: the competition rules for supply and distribution agreements. Luxemburgo: Office for Official Publications of the European Communities, 2002. p. 12. Disponível em: <http://ec.europa.eu/competition/publications/brochures/rules_en.pdf>. Acesso em: 22 maio 2012.

HOVENKAMP, Herbert. Antitrust policy after Chicago. *Michigan Law Review*, v. 84, 1985.

KOVACIC, William E.; SHAPIRO, Carl. Antitrust policy: a century of economic and legal thinking. *Journal of Economic Perspectives*, v. 4, n. 1, p. 50, 2000.

MCAULY, Ian. *Roundtable on demand-side economics for consumer policy*: second summary report. Canberra: OECD and Centre for Policy Development and University of Canberra, 2006.

PIRAINO JR., Thomas A. Reconciling the Harvard and Chicago Schools: a new antitrust approach for the 21st century. *Indiana Law Journal*, v. 82, n. 2, p. 351, 2007.

Capítulo 7
O desafio da universalização de telecomunicações: um balanço após 15 anos de LGT

Caio Mario da Silva Pereira Neto*
Mateus Piva Adami**

Introdução: a universalização dos serviços de telecomunicações

A prestação direta ou indireta de serviços públicos por parte do Estado está conceitualmente atrelada às ideias de generalidade e universalidade, que, de forma geral, representam sua oferta ao maior número possível de usuários. Em última instância, esse objetivo deriva do princípio da isonomia, tendo em vista que a ampliação de acesso aos serviços públicos propicia um atendimento igualitário aos administrados.

Nesse sentido, é comum o estabelecimento de metas de universalização ou expansão dos serviços, notadamente aqueles cuja infraestrutura dependa de uma rede específica – como é o caso de telecomunicações, energia elétrica, saneamento básico e distribuição de gás natural, por exemplo.

---

* Mestre (LL.M) e doutor (JSD) em direito pela Universidade de Yale e professor de direito econômico da Escola de Direito de São Paulo da Fundação Getulio Vargas (Direito GV).
** Mestre em direito pela Universidade de São Paulo (USP).

Nas indústrias de rede, a primeira barreira a ser vencida para a universalização do serviço é, justamente, seu limite físico. A ampliação da rede consiste em um dos principais investimentos realizados pelas empresas encarregadas da exploração do serviço. Evidentemente, após a extensão gera-se um novo ônus, consistente na manutenção de suas condições de funcionamento e constante atualização da rede.

Tais investimentos são remunerados diretamente pelos usuários, viabilizando sua amortização em longo prazo. Nota-se, portanto, que a universalização também está vinculada à modicidade tarifária, uma vez que a primeira só é atingida efetivamente se o usuário tiver condições econômicas de fruir o serviço.

Em uma situação ideal, a ampliação da rede, embora demande um investimento inicial, será amortizada em um prazo determinado pela exploração dos serviços junto a novos usuários – que compensarão, inclusive, os novos custos de manutenção incorridos –, mediante a prática de uma tarifa módica e não discriminatória.

Especialmente quando a atividade é explorada por meio de concessão, há um claro incentivo para que seja agregado um novo mercado consumidor. Viabiliza-se, inclusive, a existência de competição para seu atendimento, quando as características técnicas do serviço permitem. Em condições ideais, universalização é automática e decorre da pura e simples exploração econômica do serviço, uma vez que os investimentos possuem retorno dentro das expectativas do investidor – ou seja, com valor presente líquido (VPL) positivo.[1]

Contudo a situação ideal não é a regra, notadamente em um país com as características do Brasil. De fato, vários fatores contribuem para que haja, por um lado, elevação nos custos decorrentes da ampliação da rede – como dimensão territorial, restrições urbanísticas em grandes centros etc. – e, por outro, fatores que impedem um nível uniforme de retorno – diferenças relevantes na renda regional, baixa densidade populacional, entre outros.

---

[1] CARVALHAES, Eduardo. Noções de universalização dos serviços de telecomunicações no Brasil. *Revista de Direito Público da Economia*, v.3, n. 4, jan. 2008.

Nesse contexto, o objetivo de universalizar um serviço público depende de mecanismos que viabilizem investimentos, mesmo quando não for possível a obtenção de retorno em bases de mercado – sem que sejam excluídos usuários do serviço em função das tarifas praticadas. Em síntese, devem ser propostas formas de viabilizar o aporte de recursos quando o VPL for baixo ou mesmo negativo.

No setor de telecomunicações, essa realidade foi expressamente reconhecida nos estudos que precederam a publicação da Lei Geral de Telecomunicações – LGT (Lei nº 9.472/1997), ao considerar a necessidade de adoção de formas de subsídio para viabilizar a efetiva universalização dos serviços públicos no setor.[2] Inclusive, um critério para determinar a adoção do regime público nos serviços de telecomunicações foi, justamente, a assunção pela União do dever de assegurar a continuidade e a universalidade da atividade convertida.[3]

Desse modo, os serviços públicos de telecomunicações incorporaram obrigações específicas de universalização assumidas pelas concessionárias do serviço telefônico fixo comutado (STFC). Fundamentalmente, os serviços explorados em regime público devem ser pautados pela ampliação ao seu acesso, independentemente da localização geográfica ou condição socioeconômica do usuário.[4]

---

[2] BRASIL. Ministério das Comunicações. *Diretrizes gerais para a abertura do mercado de telecomunicações*: sumário executivo Brasília: MC: 1997. p. 22. Disponível em: <www.anatel.gov.br/Portal/exibirPortalNivelDois.do?codItemCanal=773&nomeVisao=Cidadão&nomeCanal=Documentos e Publicações&nomeItemCanal=Acervo Bibliográfico>; <http://telecomunicacoes.ifhc.org.br/acervo/index.php?module=xml&event=download&id=64>. Acesso em: 30 jul. 2012.

[3] Lei nº 9.472/1997: "Art. 64. Comportarão prestação no regime público as modalidades de serviço de telecomunicações de interesse coletivo, cuja existência, universalização e continuidade a própria União comprometa-se a assegurar".

[4] Lei nº 9.472/1997: "Art. 79. A Agência regulará as obrigações de universalização e de continuidade atribuídas às prestadoras de serviço no regime público. §1º. Obrigações de universalização são as que objetivam possibilitar o acesso de qualquer pessoa ou instituição de interesse público a serviço de telecomunicações, independentemente de sua localização e condição socioeconômica, bem como as destinadas a permitir a utilização das telecomunicações em serviços essenciais de interesse público. §2º. Obrigações de continuidade são as que objetivam possibilitar aos usuários dos serviços sua fruição de forma ininterrupta, sem paralisações injustificadas, devendo os serviços estar à disposição dos usuários, em condições adequadas de uso".

Atualmente, tais obrigações são materializadas na aplicação de sucessivos planos gerais de metas, alterados quando das revisões periódicas dos contratos de concessão – ou seja, com base em recursos das concessionárias do STFC. Outros mecanismos existentes, como o Fundo de Universalização dos Serviços de Telecomunicações (Fust) não são utilizados ou o são de forma absolutamente lateral.

Essa sistemática, contudo, não parece ser a mais aderente ao modelo preconizado e positivado pela Lei nº 9.472/1997, sendo tal constatação o objetivo do presente capítulo. Entendemos que, 15 anos após a promulgação da LGT, as regras de universalização dos serviços públicos nela previstas ainda não foram plenamente implementadas. Ao contrário, pode-se dizer que a política pública em curso está cada vez mais distante do modelo previsto na LGT.

O presente capítulo analisa, inicialmente, o desenho original das obrigações de universalização na LGT. A seguir, verificaremos como o modelo atual de universalização tem-se distanciado das diretrizes legais e, considerando o contexto atual, examinaremos a pauta setorial no que tange à universalização de serviços. Ao final, sintetizaremos nossas conclusões.

O desenho original das obrigações de universalização na Lei Geral de Telecomunicações

A delimitação da extensão das obrigações de universalização dos prestadores de serviço de telecomunicações em regime público decorre, evidentemente, da legislação aplicável e dos contornos atribuídos pelos contratos de concessão e pelo próprio edital de privatização[5] das empresas estatais.

Contudo é importante lembrar também o contexto em que foram estabelecidas as regras legais e contratuais à época da promulgação da Lei Geral de Telecomunicações, bem como as finalidades ali perseguidas.

---

[5] Edital MC/BNDES nº 1/1998.

O desafio da universalização de telecomunicações

A identificação dos problemas apontados naquela oportunidade e as respectivas soluções, devidamente motivadas, ajudam a traçar um pano de fundo para orientar a interpretação da Lei nº 9.472/1997.

As diretrizes que pautaram a elaboração da LGT

Conforme mencionado, desde o início do processo de abertura do mercado, reconhecia-se que a privatização das empresas estatais não seria suficiente para ampliar o acesso aos serviços de telecomunicações. Era necessário criar mecanismos para viabilizar investimentos que não teriam retorno através da prática de tarifas módicas, notadamente quando havia intenção de introduzir progressivamente a competição no setor.

Estimava-se que os investimentos necessários para o atingimento das metas previstas seria amortizado em um prazo de 15 anos, mas dependeria de uma complementação, uma vez que o aumento de usuários não representaria receitas suficientes para tanto.[6]

Uma preocupação central no desenho do mecanismo de financiamento das obrigações de universalização era zelar pela ausência de vantagens ou desvantagens para os prestadores de serviço atingidos. Ou seja, uma premissa assumida na elaboração da LGT era a neutralidade em relação à concorrência, evitando assim distorções nos mecanismos de mercado.

De fato, observa-se que, entre os modelos aventados originalmente, apenas dois foram considerados compatíveis com essa premissa:[7] (i) subsídios governamentais diretos, isto é, aportes com recursos do tesouro; e (ii) criação de um fundo específico, que futuramente viria a ser denominado Fundo de Universalização de Serviços de Telecomunicações (Fust), criado pela Lei nº 9.998/2000. Para os propósitos deste estudo, vale revisitar as razões que levaram ao afastamento, a princípio, de outros dois modelos específicos cogitados à época da privatização:

---

[6] BRASIL. Ministério das Comunicações. *Diretrizes gerais para a abertura do mercado de telecomunicações*, 1997, op. cit., p. 24.

[7] Ibid., p. 25.

b) subsídios implícitos no preço de venda das empresas. Nesse caso, as obrigações de atendimento seriam impostas às atuais empresas estatais e, *no momento de sua privatização, o comprador descontaria, do preço a ser por ele pago, o correspondente ao déficit em que incorreria futuramente com o cumprimento da obrigação*. Além de difícil operacionalização, essa alternativa certamente implicaria problemas com os acionistas minoritários;

c) subsídios cruzados internos à empresa. Nessa opção, a empresa com a obrigação de prestar o serviço universal financiaria o déficit correspondente através da maior rentabilidade obtida dos clientes mais atrativos economicamente. Trata-se de uma alternativa insustentável num ambiente competitivo.[8]

Observa-se que, durante o planejamento de abertura do mercado, cogitou-se especificamente a adoção de dois modelos distintos, ambos originalmente descartados por motivos próprios: (i) subsídio cruzado entre usuários de uma mesma empresa; e (ii) inclusão das obrigações de universalização no âmbito das concessões, com o respectivo desconto dos valores deficitários nos preços apresentados durante a licitação. Contudo os aspectos negativos desses modelos de financiamento levaram à recomendação de outras soluções para a universalização no setor.

O desenho institucional para o financiamento das obrigações de universalização, tal qual inicialmente concebido pelo Ministério das Comunicações, era bastante simples: a instituição de um fundo para financiar os déficits decorrentes do cumprimento das metas de expansão estabelecidas, financiado com recursos oriundos da própria exploração do serviço por todos os agentes setoriais.

Como se verá nos próximos itens, o modelo efetivamente previsto na LGT não ficou estritamente atrelado às diretrizes fixadas pelo Ministério das Comunicações – notadamente em relação à adoção, ainda que temporária, das medidas acima referidas (isto é, assunção de metas de universalização no leilão de privatização e subsídios cruzados). Contudo,

---

[8] Ibid., p. 25, grifos nossos.

Mapeamento das obrigações de universalização na LGT

A Lei nº 9.472/1997 possui uma série de disposições relacionadas à definição das metas de universalização, à identificação das fontes de financiamento dessas metas, assim como busca estabelecer diretrizes voltadas sua efetiva implantação.

Em relação à definição das metas, a legislação estabeleceu que a progressiva universalização dos serviços de telecomunicações será implantada por meio de planos gerais, aprovados por meio de decreto emitido pelo Poder Executivo (art. 18, III), após proposta da Agência Nacional de Telecomunicações – Anatel (art. 19, III).

A proposta deve conter metas para a implantação de serviços considerados como aptos a atingir o objetivo de elevar o grau de acesso às telecomunicações, tais como disponibilidade de acessos coletivos e individuais.[9] Importante destacar, ainda, que o plano tem natureza *periódica*, ou seja, considera-se que os esforços para a universalização do serviço podem ser previstos em novas iniciativas.

Uma grande preocupação externada pela Lei nº 9.472/1997 diz respeito à neutralidade dos investimentos em universalização em relação à competição que se planejava instalar e fomentar no setor.[10] Para atender essa preocupação fundamental, é importante haver clareza quanto às fontes de financiamento utilizadas.

---

[9] Lei nº 9.472/1997: "Art. 80. As obrigações de universalização serão objeto de metas periódicas, conforme plano específico elaborado pela Agência e aprovado pelo Poder Executivo, que deverá referir-se, entre outros aspectos, à disponibilidade de instalações de uso coletivo ou individual, ao atendimento de deficientes físicos, de instituições de caráter público ou social, bem como de áreas rurais ou de urbanização precária e de regiões remotas".

[10] Lei nº 9.472/1997: "Art. 80. [...]. §1º. O plano detalhará as fontes de financiamento das obrigações de universalização, que serão neutras em relação à competição, no mercado nacional, entre prestadoras".

Esse é um aspecto importante por algumas razões. Primeiro, evita-se a aplicação de recursos públicos em mercados devidamente atendidos por empresas em regime de livre competição, o que leva a uma alocação racional dos limitados recursos públicos disponíveis para a universalização. Segundo, evita-se a distorção de um mercado potencialmente competitivo por meio da criação de obrigações assimétricas ou aporte de recursos públicos em favor de um ou alguns agentes econômicos.

É nesse contexto que a LGT prevê o uso do Fust e o aporte de recursos orçamentários, inclusive por parte de outros entes da Federação, como mecanismo padrão para a implantação das obrigações de universalização.[11] Contudo, considerando que o Fust não existia no momento das primeiras concessões e que suas fontes principais de receita dependiam da prestação dos serviços sujeitos às regras estabelecidas pela Lei nº 9.472/1997, era necessário prever uma situação de transição.

Nesse sentido, anteriormente à criação do fundo específico, admitia-se o uso de subsídios cruzados entre modalidades de serviço, bem como a obtenção de receitas adicionais na interconexão entre as empresas, o que, igualmente, poderia terminar por onerar usuários de outro serviço.[12]

Isso significa que a Lei Geral de Telecomunicações estabeleceu o uso dos recursos do Fust como mecanismo prioritário para a implantação de obrigações de universalização – sem prejuízo, é claro, dos aportes diretos

---

[11] Lei nº 9.472/1997: "Art. 81. Os recursos complementares destinados a cobrir a parcela do custo exclusivamente atribuível ao cumprimento das obrigações de universalização de prestadora de serviço de telecomunicações, que não possa ser recuperada com a exploração eficiente do serviço, poderão ser oriundos das seguintes fontes: I. Orçamento Geral da União, dos Estados, do Distrito Federal e dos Municípios; II. fundo especificamente constituído para essa finalidade, para o qual contribuirão prestadoras de serviço de telecomunicações nos regimes público e privado, nos termos da lei, cuja mensagem de criação deverá ser enviada ao Congresso Nacional, pelo Poder Executivo, no prazo de cento e vinte dias após a publicação desta Lei".

[12] Lei nº 9.472/1997: "Art. 81. [...] Parágrafo único. Enquanto não for constituído o fundo a que se refere o inciso II do *caput*, poderão ser adotadas também as seguintes fontes: I. subsídio entre modalidades de serviços de telecomunicações ou entre segmentos de usuários; II. pagamento de adicional ao valor de interconexão".

de recursos por parte dos entes públicos interessados. O uso de subsídios cruzados era uma hipótese excepcional, caracterizado como uma regra de transição a ser vedado após a implementação do Fust.[13]

Veja-se, ainda, que o art. 81 da LGT faz referência aos *recursos complementares* ao cumprimento das obrigações de universalização, necessários quando as concessionárias não conseguirem recuperar os investimentos pela *exploração eficiente do serviço*. Vale dizer, os subsídios governamentais (via Fust ou via orçamento geral) devem suprir apenas a parcela irrecuperável do investimento em universalização.[14]

Por sua vez, os investimentos a serem realizados pelas concessionárias são aqueles assumidos por meio de seus respectivos contratos de concessão, na forma estabelecida pelos editais,[15] sendo vedado o uso de recursos do Fust para seu financiamento.[16] Uma vez delimitados os investimentos a cargo da concessionária, fica definida a equação financeira do contrato, não cabendo ao poder concedente alterar os referidos investimentos sem o respectivo reequilíbrio contratual.

Entende-se, assim, que as concessionárias de serviço público também devem realizar investimentos diretos na universalização dos serviços, amortizados com base em sua própria exploração. No entanto, sua parcela de atuação com recursos próprios na universalização dos serviços é completamente demarcada pelos termos da própria LGT, do edital e do contrato. Quaisquer exigências de novos investimentos que não possam

---

[13] Lei nº 9.472/1997: "Art. 103. Compete à Agência estabelecer a estrutura tarifária para cada modalidade de serviço. [...]. §2º. São vedados os subsídios entre modalidades de serviços e segmentos de usuários, ressalvado o disposto no parágrafo único do art. 81 desta Lei".

[14] Em geral, calcula-se o valor presente líquido (VPL), computando-se investimentos, custo de capital, custos operacionais e receitas decorrentes do serviço. À medida que esse VPL seja negativo, apenas a diferença necessária para tornar o VPL positivo seria subsidiada com "recursos complementares".

[15] Lei nº 9.472/1997: "Art. 199. Visando à universalização dos serviços de telecomunicações, os editais de desestatização deverão conter cláusulas de compromisso de expansão do atendimento à população, consoantes com o disposto no art. 80".

[16] Lei nº 9.472/1997: "Art. 80. [...] §2º. Os recursos do fundo de universalização de que trata o inciso II do art. 81 não poderão ser destinados à cobertura de custos com universalização dos serviços que, nos termos do contrato de concessão, a própria prestadora deva suportar".

ser amortizados exclusivamente com a prestação eficiente dos serviços exigem financiamento externo, seja por recursos do Fust, seja por recursos do orçamento geral da União.

Em síntese, a Lei nº 9.472/1997 estabelece que as obrigações de universalização: (i) serão estabelecidas por um plano geral com metas periódicas; (ii) serão neutras em relação à competição; (iii) serão financiadas pelo Fust, por aportes diretos de recursos orçamentários ou por investimentos das concessionárias na exata medida que estes estiverem delimitados no edital e nos contratos de concessão; e (iv) não podem utilizar subsídios cruzados ou outras formas de financiamento que distorçam a competição – ao menos após a instituição do Fust.

O Plano Geral de Metas de Universalização

O Plano Geral de Metas de Universalização (PGMU) tem sido objeto de sucessivas renovações, seja para ampliar o alcance de metas já existentes (por exemplo, disponibilização de acessos individuais) ou pela inclusão de novos escopos (como a ampliação da infraestrutura de *backhaul*), voltadas a assegurar a *progressiva* universalização dos serviços de telecomunicações.

Dado o pano de fundo normativo traçado no item anterior, pretende-se avaliar, neste capítulo, a extensão das obrigações atribuídas às concessionárias no momento em que subscreveram os contratos de concessão, justamente para que se determine a responsabilidade pela execução das metas de universalização, bem como a forma com que este objetivo pode ser atingido. Nesse sentido, não se busca aqui analisar pontualmente quais obrigações estão estabelecidas no PGMU nem a analisar cada um dos planos aprovados. Mas a avaliação deve necessariamente partir do Decreto nº 2.592, de 15 de maio de 1998 (PGMU I), que precedeu o certame que deu origem às concessões e foi concebido no momento em que definiram as equações econômicas de todos os contratos de concessão de STFC.

Observa-se que o Decreto nº 2.592/1998 aloca às concessionárias do STFC os custos decorrentes da implantação das metas nele estabelecidas,[17] excepcionando apenas a eventual antecipação do cronograma estabelecido para a implantação de acessos individuais.[18] Havia previsão de que as metas deveriam ser esmiuçadas em cada um dos contratos de concessão,[19] o que foi feito de forma bastante genérica pelo seu anexo 2.

Um dispositivo que merece análise específica é o §2º do art. 2º do Decreto nº 2.592/1998:

> A Agência Nacional de Telecomunicações – ANATEL, em face de avanços tecnológicos e de necessidades de serviços pela sociedade, poderá propor a revisão do conjunto de metas que objetivam a universalização do serviço, observado o disposto nos contratos de concessão, bem como propor metas complementares ou antecipação de metas estabelecidas neste Plano, a serem cumpridas pelas prestadoras do Serviço Telefônico Fixo Comutado, definindo, nestes casos, fontes para seu financiamento, nos termos do art. 81 da Lei nº 9.472, de 1997.

Ficou estabelecido, assim, que as obrigações de universalização podem ser revistas pela Anatel para assegurar que os investimentos sejam os mais eficientes possíveis. Isso pode ser feito pela: (i) revisão e substituição das metas vigentes; (ii) criação de novas metas; ou (iii) antecipação das metas fixadas no Decreto nº 2.592/1997.

---

[17] Decreto nº 2.592/1998: "Art. 2º. Este Plano estabelece as metas para a progressiva universalização do Serviço Telefônico Fixo Comutado prestado no regime público, a serem cumpridas pelas Concessionárias do serviço, nos termos do art. 80 da Lei nº 9.472, de 1997. §1º. Todos os custos relacionados com o cumprimento das metas previstas neste plano serão suportados, exclusivamente, pelas Concessionárias por elas responsáveis, nos termos fixados nos respectivos contratos de concessão, observado o disposto no §2º do art. 4º".

[18] Decreto nº 2.592/1998: "Art. 4º. [...] §2º. A ANATEL poderá, excepcionalmente, propor fontes adicionais de financiamento para a parcela dos custos não recuperável pela exploração eficiente dos serviços referentes às metas indicadas nas alíneas 'b' e 'c' do inciso II deste artigo".

[19] Decreto nº 2.592/1998: "Art. 2º. [...] §3º. As metas apresentadas neste Plano serão detalhadas, por Concessionária, nos respectivos contratos de concessão".

No entanto, vale notar que devem ser respeitados os limites estabelecidos pelos contratos de concessão, bem como a necessidade de indicação expressa da origem dos recursos adicionais para fazer frente aos novos investimentos fixados pelo órgão regulador na revisão das metas, seja em sua substituição, criação ou antecipação das metas originais estabelecidas pelo PGMU I.

Dessa forma, o próprio PGMU I, ao estabelecer as metas iniciais dos contratos de concessão, acaba por se incorporar na equação econômica do contrato, tornando-se a base a partir da qual quaisquer alterações de metas devem ser discutidas, com a respectiva identificação da origem dos recursos adicionais decorrentes da exigência de novos investimentos.

Por fim, o Decreto nº 2.592/1998 estabelece uma série de cronogramas distintos para cada uma das metas nele fixadas, mas se observa que a data máxima nele estabelecida é 31 de dezembro de 2005 – justamente o momento em que haveria a prorrogação dos contratos de concessão, conforme veremos a seguir.

O edital e os contratos de concessão

Em matéria de universalização dos serviços, o edital de privatização é bastante singelo, exigindo apenas que os controladores das concessionárias se comprometam a investir recursos suficientes para dar cumprimento aos seus deveres de universalização,[20] na forma aprovada pelo Decreto nº 2.592/1998.[21] Mais uma vez, a indicação clara do poder concedente foi no sentido de que as metas do PGMU I deveriam integrar de forma indissociável a equação financeira dos contratos de concessão.

A disciplina mais detalhada fica por conta dos contratos de concessão celebrados à época da privatização.

Vale lembrar que as concessões foram outorgadas originalmente por um prazo de cinco anos, prorrogável uma única vez por 20 anos.

---

[20] Edital MC/BNDES nº 1/1998, item 4.3, inciso II.
[21] Ibid., item 4.3, inciso VIII.

Estabelece-se que a concessionária deve arcar com os custos decorrentes da assunção das metas de universalização, sendo facultada à Anatel a proposta de novas obrigações – para as quais deverá indicar as respectivas fontes de financiamento, em linha com o art. 81 da Lei nº 9.472/1997.[22]

Assim, no desenho original dos contratos de concessão, previa-se que, no momento da prorrogação contratual seriam impostas novas metas de universalização para as concessionárias, apontando-se os respectivos recursos complementares a serem empregados para fazer frente à parcela não amortizável dos investimentos necessários para implementar essas obrigações.

Seguindo essa linha, impede-se que a Anatel determine a expansão dos serviços cuja exploração seja insuficiente para garantir o retorno adequado à concessionária,[23] salvo se forem identificadas fontes de financiamento específicas para esta expansão. De outra parte, o órgão regulador pode determinar a expansão de um serviço que tenha VPL com remuneração adequada sem financiamento adicional. Mas neste último caso, sendo o investimento lucrativo, é pouco provável a necessidade de impor qualquer obrigação de expansão.

---

[22] Contrato PBOG/SPB nº 51/1998 – Anatel, de 2 de junho de 1998. Cláusula 3.2: "A presente concessão será prorrogada, a pedido da Concessionária, a título oneroso, uma única vez por 20 (vinte) anos, desde que a Concessionária atenda às condições constantes deste Contrato, podendo o novo Contrato incluir novos condicionamentos, estabelecer novas metas para universalização e de qualidade, tendo em vista as condições vigentes à época da prorrogação, definindo, no caso de metas de universalização, recursos complementares, nos termos do art. 81 da Lei nº 9.472, de 1997". Cláusula 7.2. "À exceção do disposto na cláusula 7.4 deste Contrato e observado o §2º do art. 4º do Plano Geral de Metas de Universalização, aprovado pelo Decreto nº 2.592, de 15 de maio de 1998, a implementação das metas de universalização previstas neste Contrato será financiada exclusivamente pela Concessionária, através da exploração do serviço, não lhe assistindo direito a ressarcimento ou subsídio".

[23] Ibid., cláusula 5.1: "Constituem pressupostos básicos da presente concessão a expansão e a modernização do serviço concedido, observadas as metas e os critérios constantes do presente Contrato. Parágrafo único. A ANATEL poderá determinar a alteração de metas de implantação, expansão e modernização do serviço, respeitado o direito da Concessionária de não ser obrigada a suportar custos adicionais não recuperáveis com a receita decorrente do atendimento dessas metas por meio da exploração eficiente do serviço".

Para fazer frente às obrigações onerosas, o contrato regulamenta a previsão do art. 2º, §2º, do Decreto nº 2.592/1998 (isto é, fixação de obrigações adicionais ao PGMU), ao estabelecer que:[24] (i) a concessionária deverá, necessariamente, implantar novas obrigações por determinação da Anatel; e (ii) tais obrigações deverão passar por um procedimento prévio para identificar os custos adicionais não recuperáveis associados a tais obrigações.

Fundamentalmente, o procedimento passa por uma consulta à concessionária para que sejam estimados os custos correspondentes e a geração de receitas decorrentes da nova obrigação, a fim de estabelecer o VPL do projeto. A partir daí, afere-se eventual necessidade de complementação com recursos orçamentários ou do Fust, caso o retorno seja insuficiente para uma adequada remuneração.

Importante destacar que a Anatel pode optar por impor à concessionária a execução do projeto ou contratar sua implantação diretamente junto a terceiros, de acordo com sua análise quanto à proposta da concessionária. Assim, abre-se espaço para que as metas de universalização sejam implantadas por terceiros, especialmente contratados para essa finalidade. Isso pode ocorrer tanto nas situações em que a proposta da concessionária seja considerada inadequada quanto na hipótese de ser desejável a contratação de terceiro.

Observa-se que a ampliação das obrigações de universalização não é tratada propriamente como um "ônus", sendo certo que o contrato de concessão expressamente consigna que a concessionária não tem o direito de reivindicar a exclusividade em sua exploração.[25] Portanto, a seleção de um terceiro para a implantação de metas de universalização na região de atuação da concessionária representa uma exceção contratual a sua atuação na universalização dos serviços.

Conclui-se, a partir da leitura da primeira versão do contrato de concessão, que: (i) a concessionária era obrigada a implantar as

---

[24] Ibid., cláusula 7.3.

[25] Ibid., cláusula 7.4: "A adoção dos procedimentos previstos na cláusula anterior constitui faculdade da Anatel, que poderá adotá-la a seu critério e consoante o melhor atendimento do interesse público, não assistindo à Concessionária direito de preferência na implementação destas metas".

metas de universalização do Decreto nº 2.592/1998, inclusive como condição à prorrogação de sua outorga; (ii) havia um claro incentivo à antecipação do cronograma, com a possibilidade de exploração de outros serviços – como telefonia móvel – e entrada em outras regiões do Plano Geral Outorgas (PGO); (iii) havia sinalização no sentido de que as metas assumidas não eram estáticas, podendo ser revistas tanto (a) durante a execução do primeiro período contratual quanto (b) no momento da renovação dos contratos; (iv) quando da imposição das novas metas, a Anatel deveria prever expressamente as respectivas fontes de financiamento, em linha com o art. 81 da LGT; e (v) terceiros poderiam ser contratados para a implantação dos serviços decorrentes das novas metas, não sendo esta uma atividade exclusiva da concessionária.

O Fust

O Fust foi criado apenas em 2000, por meio da Lei nº 9.998/2000, com o objetivo de

> proporcionar recursos destinados a cobrir a parcela de custo exclusivamente atribuível ao cumprimento das obrigações de universalização de serviços de telecomunicações, que não possa ser recuperada com a exploração eficiente do serviço, nos termos do disposto no inciso II do art. 81 da Lei nº 9.472, de 16 de julho de 1997.[26]

Há um rol exemplificativo de programas e atividades que podem ser atendidos com recursos do Fust, com a condição de que sejam compatíveis com as diretrizes fixadas pelo PGMU, tanto para atividades já previstas quanto para suas complementações.[27] Note-se que há preocupação em relação ao monitoramento das atividades que demandam o uso do Fust,

---

[26] Lei nº 9.998/2000, art. 1º.

[27] Ibid., art. 2º.

no sentido de verificar se, em algum momento, elas passam a gerar um resultado positivo – o que deveria resultar em repasses em favor do fundo.[28]

Chama a atenção o veto ao artigo que permitia o emprego de recursos do Fust em relação à antecipação de metas atribuídas às concessionárias – art. 5º, II –, uma vez que se considerou que essa era uma obrigação inerente à concessão e que, portanto, não se poderiam utilizar recursos externos para cumpri-la. Esse ponto reforça a ideia de que os investimentos associados às metas do PGMU I, incluindo sua eventual antecipação, estavam integrados ao contrato, enquanto investimentos posteriores poderiam contar com recursos do Fust.

O Decreto nº 3.264/2000, por sua vez, detalha mais a função que se esperava do Fust, notadamente ao prever expressamente que os recursos serão aplicados a fundo perdido[29] e de acordo com planos de metas de universalização estipulados pela Anatel, no exercício de sua competência estabelecida no art. 19, III, da LGT.[30] Adicionalmente, o referido decreto também estabelece que a "progressiva universalização" do STFC é atingida pelo cumprimento do PGMU estabelecido pelo Decreto nº 2.592/1998.

Vale notar que o Fust procura diversificar suas fontes de receita, incidindo sobre todos os serviços de telecomunicações, em regime público ou privado. Dessa forma, procura-se diluir seus impactos sobre as diversas operadoras, distribuindo o ônus financeiro da universalização por todo o setor. Esse método tende a gerar poucas distorções quando comparado com outros – como a incidência de um valor maior sobre a receita de determinados serviços ou usuários. Além disso, na medida em que há a incidência de uma única alíquota baixa (isto é, 1%) sobre o faturamento de todas as operadoras, o mecanismo de financiamento tende a ser concorrencialmente neutro.

Portanto, nota-se que a legislação que rege o Fust está alinhada com a intenção externada pelo Ministério das Comunicações nos estudos que precederam a Lei Geral de Telecomunicações. Viabiliza-se um mecanis-

---

[28] Ibid., art. 8º, parágrafo único.
[29] Ibid., art. 15.
[30] Ibid., arts. 6º e 13, parágrafo único.

mo de financiamento explícito e transparente para a implementação das metas de universalização, financiado uniformemente por todo o setor e neutro em relação à competição – justamente por não privilegiar ou onerar excessivamente um determinado segmento de empresas.

Conclusão parcial

Como visto, o intuito na elaboração da Lei nº 9.472/1997 foi o de estabelecer mecanismos de universalização dos serviços de telecomunicações que fossem neutros em relação à competição, justamente por se contemplar um ambiente competitivo no cenário pós-privatização – o que de fato ocorreu. Dois modelos foram expressamente descartados como soluções de longo prazo: (i) o subsídio cruzado entre usuários; e (ii) a inclusão dos custos decorrentes de novas obrigações além daquelas estabelecidas no PGMU I no âmbito das próprias concessões, o que geraria insegurança e reduziria o valor das outorgas.

De fato, observa-se que a LGT procurou estabelecer uma regra de transição vigente durante os primeiros cinco anos dos contratos de concessão, período que deveria ser suficiente para que o Fust fosse constituído e começasse a operar. Durante esse período inicial, efetivamente, as concessionárias assumiriam isoladamente os custos de implantação das metas de universalização previstas no PGMU I. O financiamento desses investimentos e seu eventual VPL negativo foi considerado na própria definição dos valores ofertados pelas outorgas no leilão de privatização, passando a integrar na equação financeira dos contratos de concessão.

Uma vez cumpridas as metas originais do PGMU I, com ou sem antecipação, as concessionárias seriam responsáveis apenas pela sua manutenção, sendo necessária a indicação de fontes adicionais de recursos para financiar a ampliação ou alteração das metas.

Portanto, em que pese haver um distanciamento momentâneo e transitório das suas diretrizes originais nos primeiros cinco anos pós--privatização, a LGT manteve o cerne da proposta que pautou sua criação.

Após o primeiro período de transição, necessário até para a arrecadação suficiente para o Fust, novas metas de universalização seriam implantadas pelo uso de seus recursos.

Nesse sentido, observa-se que no contrato de concessão não há qualquer dispositivo que atribua à concessionária, com exclusividade, a assunção de novas metas de universalização estabelecidos pela Anatel em momento posterior ao Decreto nº 2.592/1998. De fato, o contrato de concessão: (i) reitera que deve haver fontes de recurso atreladas ao estabelecimento de novas metas de universalização quando da renovação da concessão; e (ii) que a agência pode realizar um procedimento para a seleção de particulares interessados na implantação das metas – não havendo privilégio para as concessionárias.

Essa leitura é compartilhada também pelo Tribunal de Contas da União, nos seguintes termos:

> Além das obrigações já assumidas, as concessionárias podem vir a assumir (inclusive mediante imposição) outras metas de universalização de serviços, sendo possível, nessa hipótese, a utilização de recursos do Fundo, caso não haja a possibilidade de recuperação dos custos com a exploração eficiente do serviço. Deve-se observar que qualquer alteração em meta estabelecida no contrato de concessão, por exemplo a antecipação de um prazo, constitui uma nova meta, abrindo a possibilidade para a utilização dos citados recursos [...].[31]

---

[31] "[...] 3.2.2.14 Ainda, para enfatizar a importância da participação de empresas autorizadas na licitação em questão, atente-se que, apesar de o objetivo dos recursos do Fust estar relacionado ao cumprimento de obrigações de universalização, essas não são, necessariamente, um fardo para as concessionárias. Lembre-se que a própria Lei do Fust já determina que sua finalidade é cobrir as parcelas de custos que não podem ser recuperáveis com a exploração eficiente do serviço. Se determinada empresa, ao analisar um empreendimento, constata que tem a garantia de cobertura daqueles gastos que não seriam reembolsáveis com sua exploração, não correndo qualquer risco financeiro e, ainda, com possibilidades de vir a ter aumento no volume dos seus negócios em função da maior oferta de serviços, é facilmente dedutível que conclua por sua viabilidade. Assim, é razoável se supor que a defendida abertura para a participação das autorizadas na licitação deva trazer aumento de competição a essa licitação, e, portanto, benefícios à sociedade. 3.2.2.15 Conforme comentado pelo Ministério Público junto ao TCU no âmbito do TC 013.158/2001-1,

O desafio da universalização de telecomunicações

As obrigações de universalização foram, portanto, definidas no PGMU I, vigente quando da licitação. A partir deste momento, a criação de qualquer nova obrigação deveria necessariamente passar pelo procedimento de implantação previsto na legislação e nos contratos de concessão, justamente para viabilizar o uso do Fust como fonte de financiamento da parcela irrecuperável do investimento e, assim, concretizar o tratamento neutro das operadoras e evitar o subsídio cruzado entre serviços.

Portanto, efetivamente as concessionárias não assumiram contratualmente o dever de implantar toda e qualquer nova obrigação prevista nas reedições periódicas do PGMU e, tampouco, possuem exclusividade para a execução das novas metas de universalização estabelecidas pelo Poder Executivo com o amparo da Anatel.

Veja-se que a Lei nº 9.998/2000 prevê uma série de atividades que podem receber recursos do Fust,[32] entre elas o atendimento de instituições públicas (por exemplo, estabelecimentos de ensino e saúde) com internet de alta velocidade e o atendimento de localidades com menos de 100 habitantes. A lei possui conceitos bastante elásticos para os serviços e atividades que podem receber recursos do Fust, o que serviria para garantir a atualidade de suas previsões por um bom tempo e, inclusive, já fazia referência ao acesso por "redes digitais" e "redes de alta velocidade".

Caberia aos PGMUs subsequentes à aprovação da Lei nº 9.998/2000 detalhar as novas metas e formas de atendimento, viabilizando o emprego dos recursos do Fust como principal instrumento de universalização do acesso aos serviços de telecomunicações, em atendimento às finalidades e diretrizes estabelecidas pela LGT. Não obstante a clareza do regime jurí-

---

o ônus da universalização atribuído às concessionárias de serviços de telecomunicações não pode se transformar em privilégio de somente essas poderem receber recursos do Fust" (Acórdão nº 1.107/2003. Rel. min. Humberto Guimarães Souto, julgado em 13/8/2003).

[32] A multiplicidade de objetivos pode contribuir para dificultar a seleção de atividades a serem subsidiadas com recursos do Fust. Ainda que diversos programas sejam criados (o que de fato não ocorreu), seu gerenciamento é uma tarefa complexa, o que desaconselha a existência de um rol tão amplo de objetivos. Nesse sentido, cf. FARACO, Alexandre D.; PEREIRA NETO, Caio Mario S.; COUTINHO, D. R. Universalização das telecomunicações: uma tarefa inacabada. *Revista de Direito Público da Economia*, Belo Horizonte, v. 2, 2003.

dico aplicável, a prática se distanciou bastante deste caminho, conforme veremos adiante.

O distanciamento do modelo original de universalização: a política pública 15 anos após a LGT

Um breve panorama do modelo atual de universalização dos serviços de telecomunicações

A despeito do cenário exposto acima, a implementação da política de universalização no Brasil se distanciou muito do modelo originalmente previsto pelos estudos que inspiraram a Lei nº 9.472/1997, o que impediu, até hoje, o emprego efetivo de recursos do Fust na exploração do serviço.

Conforme mencionado, os contratos de concessão assinados em 1998 seriam prorrogados em dezembro de 2005, em procedimento iniciado, por força das formalidades exigidas, em 2002.[33] Nesse mesmo período deveriam ser elaboradas as novas diretrizes e metas do PGMU, em linha com as disposições da Lei nº 9.998/2000, para tornar concretas as previsões que viabilizariam os investimentos com o Fust.

É verdade que houve uma primeira tentativa de utilização dos recursos do Fust frustrada pelas críticas ao modelo adotado por parte do TCU,[34] o que, inclusive, motivou uma consulta ao órgão de controle para

---

[33] Contrato PBOG/SPB nº 51/1998 – Anatel, de 2 de junho de 1998, cláusula 3.2, § 1º.

[34] Decisão nº 1.095/2001. Rel. min. Iram Saraiva, que analisava edital para a "seleção de prestadora para implantação de metas para a universalização de serviços de telecomunicações em escolas públicas de ensino médio e profissionalizante". O caso foi originado a partir de uma representação formulada por parlamentares, a qual questionava: "a) o afastamento da Lei nº 8.666/93 quando o escopo da licitação em comento também envolve a aquisição de bens e serviços de informática; b) a participação limitada às seis concessionárias do Serviço Telefônico Fixo Comutado, excluindo-se do certame centenas de empresas capazes de fornecer os equipamentos e serviços especificados no edital; c) a publicação do edital sem previsão do Programa de Universalização do Serviço de Telecomunicações no Plano Plurianual para o período 2000-2003, contrariando disposições estabelecidas na Constituição Federal e na Lei de Responsabilidade Fiscal; d) a utilização de recursos do Fundo de Universalização dos Serviços de Telecomunicações – FUST para cobrir custos que

a definição das formas de viabilizar os investimentos de acordo com a legislação.[35] Contudo também é verdade que não houve qualquer outra iniciativa concreta no sentido de operacionalizar a aplicação do Fust – ao menos em extensão compatível com os recursos captados pelo fundo, conforme se verá adiante.

Como condição para a prorrogação dos contratos, as empresas deveriam demonstrar o atingimento das metas de universalização impostas pelo Decreto nº 2.592/1998, bem como o cumprimento das demais condições contratuais. No mais, uma vez cumprido esse requisito e demonstrado o interesse do particular, não havia dúvida que a prorrogação tinha todas as características de um ato administrativo vinculado.

Não obstante, havia um grande receio por parte das operadoras quanto a um entendimento contrário por parte do poder concedente, o que o deixou com grande poder de negociação junto às operadoras. Optou-se, assim, na época da renovação dos contratos, pela saída mais simples: manutenção das concessionárias do STFC como únicos agentes encarregados do cumprimento das metas de universalização, com uma revisão das disposições do PGMU I.

De fato, o que se observou foi um esforço para manter a execução dos deveres de universalização no âmbito das concessionárias do STFC, pela simples realocação das obrigações previstas no Decreto nº 2.592/1998, procurando-se aferir se a alteração era economicamente factível. Ou seja, procurou-se "atualizar" as metas de universalização por meio da compensação entre investimentos que deixariam de ser realizados e de novas atividades exigidas pelo novo PGMU, quantificando-se os respectivos volumes de recursos a serem compensados.

Esse comportamento deu origem à cultura de constante "substituição de metas" de universalização das concessionárias do STFC, que se

---

a própria prestadora de serviços de telecomunicações deveria suportar, em desacordo com a Lei Geral das Telecomunicações (Lei nº 9.472/97); e) a aquisição direcionada do sistema operacional a ser instalado nos computadores que serão comprados, impedindo a participação, em igualdade de condições, de outros sistemas operacionais existentes no mercado".

[35] Acórdão nº 1.107/2003. Rel. min. Humberto Guimarães Souto, julgado em 13/8/2003.

observou em todas as edições do PGMU até o momento editadas pelo Poder Executivo.

É o caso, por exemplo, da redução da densidade de telefones de uso público (TUP), que deveria, segundo o Decreto nº 2.592/98, corresponder a 8,0 TUP/1.000 habitantes a partir de 31/12/2005 e foi reduzida para 6,0 TUP/1.000 habitantes no Decreto nº 4.769, de 27 de junho de 2003 (PGMU II). Essa redução serviu como contrapartida para, por exemplo, viabilizar a introdução da obrigação de instalação de postos de serviço de telecomunicações (PST), por meio da compensação dos investimentos que deixariam de ser feitos para o adensamento dos TUP em comparação com a implantação dos PST.

Posteriormente, a instalação dos PST foi novamente substituída pelo dever de implantação de *backhaul* em determinadas localidades, por meio do Decreto nº 6.424, de 30 de abril de 2008, uma vez que se avaliou que os PST, naquele momento, já seriam obsoletos. Trata-se de novo exemplo de substituição de metas, que passou pela comparação do VPL de cada uma das atividades de modo a chegar a uma suposta equivalência entre novas obrigações impostas e antigas obrigações retiradas.

Nesse caso específico, dada a razoável incerteza quando à geração de receitas decorrente do uso do *backhaul*, estabeleceu-se um mecanismo dinâmico para a aferição da equivalência das despesas da meta original em face da substituída.[36; 37] Eventual saldo positivo deveria ser

---

[36] Decreto nº 6.424/2008: "Art. 13. A concessionária deverá instalar *backhaul* nas sedes dos municípios e localidades ainda não atendidos, em suas respectivas áreas geográficas de concessão, observadas as seguintes disposições: I. quarenta por cento das sedes dos municípios, até 31 de dezembro de 2008; II. oitenta por cento das sedes dos municípios, até 31 de dezembro 2009; e III. cem por cento das sedes dos municípios, até 31 de dezembro 2010. §1º. As despesas e as receitas resultantes da implementação do disposto no *caput*, assim como o eventual saldo dos recursos, serão apurados até 31 de julho de 2010, em forma a ser estabelecida por regulamento da ANATEL. §2º. Verificado, nos termos do disposto no §1º, eventual saldo positivo, este será utilizado na ampliação do *backhaul*, o que se dará pelo atendimento a localidades a que se refere o *caput* ou, em já estando todas as localidades atendidas, pelo aumento das capacidades mínimas de transmissão, na forma de regulamento a ser estabelecido pela ANATEL".

[37] Resolução Anatel nº 539/2010: "Art. 15. A apuração das despesas e receitas resultantes da implementação do *backhaul* tem por objetivo: I. verificar saldo de recursos resultante da apuração

utilizado para antecipar a instalação do *backhaul* ou para aumentar sua capacidade.

Vale notar que o Decreto nº 7.512, de 30 de junho de 2011 (PGMU III), seguiu pelo mesmo caminho já trilhado pela Anatel e pelo Poder Executivo e optou por nova redução da densidade de TUP – que passou para 4,0 TUP/1.000 habitantes – também para compensar a implantação de novas metas de universalização.

Portanto, observa-se que a implementação da política de universalização dos serviços de telecomunicações tem-se caracterizado principalmente pelos seguintes aspectos: (i) manutenção das concessionárias de STFC como únicos agentes encarregados da atividade; (ii) sucessivas substituições de metas pela supressão e acréscimo de atividades partido da tentativa de definição de equivalência de valores; e (iii) completa ausência do uso do Fust como principal instrumento de investimento público no setor.

Afastamento do modelo

Cada um dos pontos que se seguem contribui para a distorção do modelo originalmente proposto pela Lei Geral de Telecomunicações.

Ausência de competição

A manutenção das concessionárias como agentes únicos das atividades de universalização contraria o modelo originalmente desenhado justamente para fomentar um ambiente competitivo. A existência de outros prestadores de serviço, fomentados com base em recursos do Fust, contribuiria

---

do Valor Presente Líquido (VPL) da implementação do *backhaul*, comparativamente ao VPL da não implementação de Postos de Serviços de Telecomunicações (PST), com base no Método do Fluxo de Caixa Descontado, também adotado nos estudos que resultaram na edição do Decreto nº 6.424/2008; II. utilizar o eventual saldo positivo apurado na implantação de *backhaul* para atendimento a localidades não sede de município, que possuam oferta de acesso individual de STFC e na ampliação das capacidades mínimas de transmissão de *backhaul* implantado, nos termos do PGMU".

para acirrar o ambiente competitivo nas localidades em que a rede da concessionária é a única disponível e as chances de expansão pelas regras de mercado são baixas.

Nesse sentido, a existência de múltiplos prestadores em pequenas localidades poderia contribuir para aumentar o leque de oferta de serviços no varejo, bem como no atacado, o que permitiria, por exemplo, atingir mais rapidamente os objetivos fixados no Plano Nacional de Banda Larga (PNBL). De fato, a ampliação do número de agentes responsáveis pela universalização seria uma alternativa interessante para que novos entrantes estabelecessem uma presença inicial em localidades onde apenas as concessionárias atuam. Essa presença inicial poderia, depois, ser expandida para nichos competitivos.

Efeitos da substituição contínua das metas

Observa-se, também, que o modelo atual se pauta pela contínua substituição das metas, o que parte do pressuposto de equivalência entre as novas atividades previstas nos sucessivos PGMUs e aquelas originalmente estabelecidas. Aqui podemos ponderar dois aspectos: (i) capacidade de o órgão regulador calcular a equivalência dos valores; e (ii) perda de oportunidade de conseguir o mesmo resultado com o emprego de volume menor de recursos.

O cálculo da equivalência na substituição de metas é um pressuposto determinante para o modelo prevalecente hoje, o que demanda uma série de avaliações bastante complexas para que se determine o VPL em ambas as atividades, objeto da substituição. Assim, seria imprescindível que a Anatel tivesse capacidade para determinar a "parcela do custo não recuperável" referente a cada atividade, em momento anterior à aprovação do PGMU – o que aparentemente gera alguma dificuldade.[38]

---

[38] "Em relação às determinações feitas à Anatel, o Ministério das Comunicações informou que, de acordo com as atuais regras para a aplicação dos recursos do FUST, aquela Agência elaborou o Plano de Metas de Universalização e submeteu-o a Consulta Pública, tendo sido aprovado pelo

O procedimento também possui a desvantagem de não assegurar transparência quanto aos critérios utilizados pelo órgão regulador para chegar aos resultados materializados nas propostas de PGMU. De fato, uma maior transparência nos estudos da Anatel poderia estimular potenciais investidores a levar adiante projetos com VPL baixo, mesmo nas situações em que não fosse adequada a sua inclusão formal como meta de universalização.

O órgão regulador induziria a iniciativa privada pela simples redução da assimetria de informações, abrindo oportunidades de negócios a potenciais interessados – sem qualquer comprometimento de recursos públicos.[39] Bastaria o particular interessado solicitar uma autorização e seguir na exploração da atividade.

Também seria possível cogitar o estímulo para que a iniciativa privada apresentasse projetos, a exemplo do que ocorre nas parcerias público-

---

seu Conselho em 12-7-2006. Entretanto, nas negociações realizadas com a Anatel, constatou que ela não se encontra em plenas condições de avançar no processo de contratação das concessionárias sem, antes, tratar do modelamento da 'parcela de custo não recuperável pela exploração eficiente do serviço – PCNR', que é de fundamental importância no processo, tendo em vista que 'as metas serão imputadas às concessionárias do serviço telefônico fixo comutado – STFC e, consequentemente, a contratação ocorrerá sem a exigência de licitação, o que acarreta uma responsabilidade processual na qual cumpre à Agência resguardar os princípios que norteiam a administração pública, quais sejam, a legalidade, publicidade, modicidade, a imparcialidade, dentre outros' (fls. 29/30). Ante os fatos, a Anatel solicitou ao mencionado Ministério apoio para o desenvolvimento da PCNR, face à sua complexidade e a insuficiência de recursos materiais para a execução dos trabalhos, que, de imediato, socorreu a Agência e, segundo informou a Sefid, encontra-se desenvolvendo ações no intuito de garantir uma solução provisória para a questão até que a Anatel conclua o referido modelamento" (Acórdão nº 1613/2006. Rel. min. Ubiratan Aguiar, julgado em 5/9/2006).

[39] No Chile, a aplicação de recursos do fundo de universalização possui um importante papel na redução da assimetria informacional. Para alocar recursos, as autoridades realizam uma análise de custo × benefício que leva em consideração o VPL do projeto, bem como seus impactos sociais. Durante esse procedimento, é possível identificar projetos que possuem ou não viabilidade comercial autônoma. Com a publicidade dos resultados dos estudos, permite-se que projetos com retorno razoável possam ser explorados por empresas privadas. O ganho social é duplo: tem-se um novo prestador de serviços, sem o desembolso de recursos públicos na exploração da atividade. Cf. PEREIRA NETO, Caio Mario da Silva. *Universal access to telecommunications in developing countries*: the Brazilian case. Tese (doutorado em direito) – Yale Law School, New Haven, 2005, p. 124.

-privadas através dos processos de manifestação de interesse (PMI) ou similares. Aqui o pressuposto é inverso: busca-se a *expertise* privada para a identificação de possíveis atividades que possam ser viabilizadas por meio de aportes do Fust.

A substituição sucessiva de metas também não permite que a Anatel selecione a forma mais vantajosa para sua implantação, o que ocorreria por meio da adoção de procedimentos competitivos entre os interessados em explorar o serviço. Existem experiências internacionais bem-sucedidas com a oferta pública de projetos de expansão de serviços, nos quais o critério de seleção contribui para gerar a contratação do particular que aceitou a menor contrapartida pública[40] – critério que a Anatel tentou aplicar, conforme se verá adiante.

Na experiência estrangeira, a competição permitiu, a um só tempo, que: (i) a iniciativa privada analisasse o projeto e identificasse formas menos onerosas para sua implantação, por sua conta e risco; e (ii) a menor contrapartida pública representasse menor comprometimento de recursos públicos, cujo excedente pôde ser redirecionado para outras atividades.

---

[40] Vale lançar mão dos exemplos dos fundos de universalização implantados no final da década de 1990 e no início dos anos 2000 no Peru e Chile para ilustrar esse ponto, considerando que ambos, como o Brasil, preveem procedimentos competitivos para a seleção de particulares para a implantação de projetos de universalização. No caso do Peru, após o procedimento de seleção de projetos, é aberto um procedimento licitatório para selecionar o particular que explorará a atividade, quando for considerada de grande porte. Os critérios de seleção abrangem os seguintes pontos, que podem ser combinados: (i) número de serviços oferecidos; (ii) níveis de qualidade; (iii) cobertura; (iv) prazos de implantação; (v) valores cobrados dos usuários; e (vi) nível de subsídio exigido para viabilizar o projeto. Para projetos de médio porte, a licitação segue um rito similar ao convite, no qual ao menos três empresas já atuantes no setor são convidadas a apresentar propostas. Admite-se, ainda, no caso de projetos de pequeno porte, a contratação direta. É importante notar a existência de licitações únicas para múltiplos processos, que permitem aos interessados buscar ganhos de escala nas atividades e, assim, utilizar menor contrapartida pública. Por sua vez, no Chile, a disputa ocorre pela apresentação da proposta que contemple a menor contrapartida pública, que será paga em uma só parcela. Nesse caso, o edital fixa fatores como abrangência e padrões de qualidade, não constando como elementos variáveis da proposta.

Fust deixado de lado como peça central na universalização dos serviços

Por fim, tem-se uma situação na qual o Fust, instrumento criado para ser o principal motor das políticas de universalização do setor, não é utilizado. É evidente que há mais de 10 anos a utilização dos recursos do fundo deveria estar lado a lado com as obrigações imputadas às concessionárias do STFC – e suas alterações – como meio para universalizar os serviços de telecomunicações.

O uso de fundos setoriais foi uma experiência bem-sucedida em diversos países, o que torna inexplicável que, até hoje, não se tenha dado uma destinação satisfatória ao enorme volume de recursos atualmente alocados no Fust (superior a R$ 12 bilhões). Aqui a opção legislativa é simplesmente ignorada, o que gera um duplo prejuízo.

Primeiro, deixa-se de criar um sistema neutro para a competição e alinhado com as intenções da LGT, em prejuízo dos usuários do serviço. Segundo, em que pese sua arrecadação ser uniforme e difundida sobre o setor de telecomunicações, a não utilização dos recursos acaba por gerar uma distorção no valor dos preços – afinal, não há benefício como contrapartida aos valores pagos em prol de qualquer usuário.

Portanto, conclui-se que o modelo de universalização adotado no Brasil está muito distante do idealizado no advento da LGT e, infelizmente, não gerou progressos maiores do que os potencialmente advindos da observância da legislação. Por mais que se verifique um avanço expressivo no acesso a telecomunicações no Brasil, ele é certamente inferior ao que poderia ter havido caso o modelo original de universalização tivesse sido implementado em todo o seu potencial.

A pauta atual da universalização

Dentro do contexto exposto acima, tem-se observado uma série de iniciativas governamentais que demonstram a existência de uma nova pauta para a universalização, a qual estaria mais bem-atendida se fossem revisitados os mecanismos originalmente previstos na LGT, como o Fust. Vejamos.

O backhaul, o PNBL e a Telebras

É notório que os esforços de expansão dos serviços estão sendo deslocados da telefonia fixa para o acesso à internet, com foco na transmissão de dados de alta velocidade (banda larga) – ou seja, independente do STFC. De fato, a própria Lei nº 9.998/2000 (art. 5º, V, VI e VIII) já fazia referência a esses objetivos, o que foi reforçado posteriormente pelo Decreto nº 4.733, de 10 de junho de 2003.[41]

A primeira grande guinada nesse sentido foi a já referida substituição das metas de implantação de uma parcela dos PST pelo *backhaul*, em uma alteração do PGMU II por meio do Decreto nº 6.424/2008. Ainda que cercada de polêmica,[42; 43] buscou-se evitar o desperdício de

---

[41] Decreto nº 4.733/2003: "Art. 4º. As políticas relativas aos serviços de telecomunicações objetivam: [...] II. garantir o acesso a todos os cidadãos à Rede Mundial de Computadores (Internet);".

[42] Questiona-se judicialmente a legalidade da substituição da meta, por se entender que não seria possível utilizar recursos de universalização para viabilizar a exploração de um serviço privado (o SCM). No âmbito do TCU, a substituição já foi considerada válida, nos seguintes termos: "O STFC, como visto, é uma espécie de serviço e o *backhaul* um mero instrumento da tecnologia, que permite a utilização de tecnologia mais eficiente. Não assiste, portanto, razão à denunciante quando alega que o *backhaul* não é infraestrutura necessária para a prestação do serviço objeto do contrato de concessão ora em análise, pois, na medida em que possibilita um aumento da capacidade da rede de telefonia existente de modo a possibilitar a prestação de STFC e, ainda, de outros serviços, está em consonância com a Lei Geral de Telecomunicações. Ora, as metas de universalização decorrem, genuinamente, da aplicação do princípio da isonomia, pois a universalidade nada mais é do que uma decorrência da igualdade e, como tal, preconiza que o serviço público deve ser disponibilizado para todos os usuários/administrados, independentemente da capacidade econômica. Nesse sentido, não se concebe que um instrumento (*backhaul*) que permite a utilização de tecnologias mais atualizadas, possibilitando a utilização mais eficiente da rede esteja em desacordo com os arts. 64 e 65 da Lei Geral de Telecomunicações, vez que se compatibiliza não só com o princípio da universalidade, como também com o princípio da eficiência, que engloba os postulados da segurança e da atualidade" (Acórdão 3305/2010. Rel. min. Raimundo Carreiro, julgado em 8/12/2010).

[43] "É legítimo, portanto, que sejam impostas às concessionárias metas de universalização, tanto em relação ao serviço de STFC propriamente dito, quanto em relação à rede de STFC. A universalização, noutras palavras, pode ser empregada para incrementar tanto o acesso de usuários finais ao STFC como também o acesso à rede de STFC, que serve de suporte à prestação de outros serviços de telecomunicações, fomentando, assim, ofertas de serviços alinhadas com as

recursos públicos com a instalação de uma infraestrutura já obsoleta (PST) em prol do robustecimento da rede que serve de suporte tanto ao STFC quanto ao SCM – o que amplia a possibilidade de oferta dos serviços de banda larga, cuja disponibilidade e desempenho dependem diretamente do *backhaul*.

Posteriormente, a Anatel editou a Resolução nº 539, de 24 de fevereiro de 2010, que, a despeito da natureza da atividade de exploração industrial da infraestrutura de suporte aos serviços de telecomunicações (isto é, atividade econômica em sentido estrito) e da ausência de previsão legal para intervenção no mecanismo de precificação, estabeleceu uma espécie de tarifação à comercialização do *backhaul* pelas concessionárias. A inusitada medida procurou fixar um preço de acesso à infraestrutura por terceiros, alternativa posteriormente albergada pelo PGMU III,[44] cuja legalidade mantém-se questionável.

Essa iniciativa teve por objetivo pavimentar o caminho para as inovações trazidas pelo Decreto nº 7.175, de 21 de maio de 2010, que instituiu o Plano Nacional de Banda Larga. Nesse contexto, destaca-se a reativação da Telecomunicações Brasileiras S.A. (Telebras), com alteração de seus objetivos sociais para contemplar tanto a implantação de infraestrutura quanto a prestação de serviço de conexão à internet em banda larga.

---

metas de interesse público. A definição de universalização trazida na Lei Geral de Telecomunicações admite seu emprego instrumental, o que se implementa pela criação de obrigações, que permitam que as telecomunicações sirvam de suporte a outros serviços, considerados essenciais à população. É justamente esse o mecanismo do presente caso. A universalização do STFC, concretizada com a ampliação da capacidade de sua rede, é útil para outra atividade considerada essencial: o serviço que proporciona acesso rápido à Internet. Assim, 'utentes industriais' podem, observadas as políticas públicas, alcançar os usuários finais beneficiários de tais políticas públicas" (SUNDFELD, Carlos Ari; CÂMARA, Jacintho Arruda. Exploração industrial das redes das concessões de telefonia: preços livres ou tarifados. *Revista de Direito das Comunicações*, v. 1, p. 31-43, 2010).

[44] Decreto nº 7.512/2011, anexo I: "Art. 23. O valor máximo de uso da capacidade de *Backhaul*, ofertada pela concessionária para interligação de rede de acesso de prestadoras de serviços de telecomunicações ao *Backbone*, será estabelecida em ato específico da ANATEL".

A fixação de uma espécie de tarifação pelo uso do *backhaul* de operadoras privadas, na prática, isenta a Telebras de negociar com cada uma das concessionárias o valor pelo acesso a sua infraestrutura,[45] o que seria necessário em qualquer espécie de relacionamento de exploração industrial envolvendo uma empresa privada. O mesmo raciocínio seria aplicável a provedores locais de acesso.

De fato, a prática dos valores pretendidos pelo poder público para o varejo depende do custo dos insumos no atacado – uma vez que a Telebras, por não dispor de uma extensa rede própria, depende da exploração industrial para atuar –, o que levou à adoção de uma medida extremada para controlar um preço sujeito apenas à livre iniciativa.

Desse modo, o foco pela expansão do acesso às telecomunicações está bastante voltado à internet de alta velocidade, o que demandou uma série de medidas por parte da Anatel e do Poder Executivo para viabilizá-la de acordo com o modelo selecionado – muito embora o balanço do PNBL ainda seja pouco palpável.

A forma de implantação do PNBL, além de padecer dos problemas ocasionados pelos desvios já mencionados, agrega mais um ponto: o retorno da exploração direta da atividade pelo Estado. Assim, afora imputar novas obrigações às concessionárias, expandir a intervenção estatal para os mecanismos de precificação e não utilizar recursos do Fust, opta-se por levar adiante a expansão da atividade por meio de recursos orçamentários, através da Telebras.

A dificuldade na utilização do Fust levou a uma solução paradoxal, uma vez que uma fonte específica de financiamento, que já arrecadou bilhões de reais ao longo dos anos, deixou de ser utilizada em detrimento do aporte de recursos orçamentários na atividade. Essa mesma dificuldade gerou outro exemplo recente de estruturação de mecanismos de universalização contrários à letra e ao espírito da LGT.

---

[45] PLANALTO sinaliza que backhaul será tarifado; capacidade será ofertada de acordo com a demanda. *Teletime*, 19 ago. 2010. Disponível em: <www.teletime.com.br/19/08/2010/planalto-sinaliza-que-backhaul-sera-tarifado-capacidade-sera-ofertada-de-acordo-com-a-demanda/tt/196035/news.aspx>. Acesso em: 8 ago. 2012.

O leilão de 4G e os subsídios cruzados para a telefonia rural

O leilão das radiofrequências de 2,5 GHz, destinadas à implantação da chamada quarta geração do serviço móvel pessoal (SMP), demonstra mais uma distorção no desenho de mecanismos de universalização. A Anatel aproveitou o grande interesse na faixa para incluir obrigações relacionadas à implantação de telefonia rural, por meio de outra radiofrequência específica (450 MHz).

Vale lembrar que a telefonia rural, nos termo do PGMU III, é também objeto de metas de universalização imputadas às concessionárias de telefonia fixa e demanda grandes investimentos, com retorno incerto – variando entre negativo e baixo na maioria dos casos, segundo estudos da própria Anatel.

No modelo adotado, as faixas da telefonia rural seriam licitadas conjuntamente com as destinadas ao SMP, caso não existissem interessados em sua exploração isolada. De fato, na sistemática adotada no edital, qualquer licitante vencedor acabaria responsável pelas obrigações atreladas à subfaixa de 450 MHz. Confirmando-se os prognósticos traçados pela própria agência, não houve interessado em explorar isoladamente as radiofrequências destinadas à telefonia rural, sendo estas leiloadas conjuntamente com a subfaixa de 2,5 GHz.

Novamente, perdeu-se uma oportunidade de desenhar a política de universalização de forma transparente e concorrencialmente neutra, utilizando o Fust. A opção adotada, conforme exposto, contraria a LGT, tendo em vista a expressa vedação ao subsídio cruzado entre modalidades de serviço. O subsídio é evidente: os custos gerados pelas metas de atendimento rural na subfaixa de 450 MHz serão, de alguma forma, suportados, ainda que indiretamente, pelos usuários de SMP da subfaixa de 2,5 GHz.

Em recente entrevista, um conselheiro da Anatel afirmou que o ágio no leilão de 2,5 GHz seria dobrado (atingindo R$ 7 bilhões) caso a faixa fosse licitada isoladamente.[46] A partir dessa afirmação, é possível ter al-

---

[46] "Para Bechara [Marcelo Bechara, conselheiro da Anatel e redator do edital], o leilão do 4G teve um bom ágio, levando em consideração tanto as obrigações das operadoras, quanto as políticas

guma ideia do volume de transferência de recursos entre os usuários do SMP e os usuários da telefonia rural.

Os planos de metas de universalização (PMUs): timidez e lentidão

Por fim, é necessário tecer algumas considerações sobre os planos de metas de universalização, definidos pela Anatel como meio de aportar os recursos do Fust – em oposição às metas do PGMU, as quais são especialmente desenhadas para serem subsidiadas por aportes das próprias prestadoras.

O PMU é uma interpretação da Anatel da legislação e materializou-se na Resolução nº 269, de 9 de julho de 2001, que regulamentou a operacionalização da aplicação de recursos do Fust. Fundamentalmente, a norma estabelece o modelo de seleção das prestadoras para a implantação de metas de universalização, assumidas por meio de "termos de obrigação" específicos,[47] após seu detalhamento por meio de decreto emitido pelo Poder Executivo.

Em linha com os contratos de concessão, a Resolução Anatel nº 269/2001 estabelece que as novas metas podem ser assumidas pelas prestadoras em regime público (por meio de imputação às concessionárias) ou por outras prestadoras, mediante procedimento seletivo com critério de julgamento de menor contrapartida de recursos públicos para a implantação do projeto.[48]

Importante consignar que o modelo previsto na Resolução nº 269/2001 é bastante próximo do que entendemos idealizado pela legislação setorial.

---

de cobertura da faixa rural. 'Foram quase R$ 3 bilhões. Poucos setores, talvez o de petróleo, têm uma capacidade de, em época de crise e em dois dias de leilão, completar tal aquisição', afirma. 'Sem esses deveres, com apenas a licitação da faixa 2,5 GHz, certamente esse valor pularia para uns R$ 7 bilhões'" (ANATEL deverá fazer leilão de 3,5 GHz ainda este ano. *Teletime*, 26 jun. 2012. Disponível em: <www.teletime.com.br/26/06/2012/anatel-devera-fazer-leilao-de-3-5-ghz--ainda-este-ano/tt/285580/news.aspx?>. Acesso em: 27 jun. 2012).

[47] Cf. art. 29 da Resolução Anatel nº 269/2001.

[48] Cf. arts. 26 e segs. da mesma resolução.

Contudo, em linha com o que foi exposto, a prática tem demonstrado o distanciamento de um modelo mais eficiente para a universalização dos serviços de telecomunicações – conforme se verifica pelo estágio da implantação dos PMUs.

Inicialmente, foram aprovados dois PMUs, por meio dos decretos n°s 3.753 e 3.754, ambos de 19 de fevereiro de 2001, que tratavam de programas relacionados às escolas públicas de ensino profissionalizante e médio. A Anatel tentou licitar a implantação dos referidos PMUs,[49] mas após questionamentos do TCU, decidiu anular os editais[50] – que não foram retomados.

Atualmente, existe apenas um PMU em andamento, voltado ao atendimento de instituições de assistência às pessoas com deficiência auditiva, com metas detalhadas por meio do Decreto n° 6.039, de 7 de fevereiro de 2007 (PMU I).[51] Segundo levantamentos da Anatel, o projeto consumiu, entre 2007 e 2011 cerca de R$ 100 mil em recursos do Fust.[52]

O PMU II foi aprovado no âmbito da Anatel e tem por objetivo ampliar o acesso aos TUP, com a instalação desses terminais nas localidades com menos de 100 habitantes. Segundo a agência, "o valor presente líquido (VPL) da parcela de custo não recuperável (PCNR) dos 8.760 terminais previstos no PMU seria de cerca de R$ 64 milhões".[53] Contudo, essa iniciativa ainda não recebeu a necessária chancela final do Poder Executivo (ou seja, não houve aprovação por meio de decreto, condição legal de eficácia), não tendo havido, portanto, efetiva implantação.

Em primeiro lugar, nota-se que foram necessários sete anos para a aprovação de um projeto que consumiu uma parcela quase desprezível

---

[49] Cf. nota 34.

[50] Cf. Ato n° 27.130, de 12/7/2002, do Conselho Diretor da Anatel.

[51] Em que pese existirem dois PMUs anteriores, a própria Anatel faz referência a esse programa como PMU I (cf. próxima nota).

[52] ANATEL. *Relatório anual de 2011*. Brasília: Anatel, 31 maio 2012. Disponível em: <www.anatel.gov.br/Portal/verificaDocumentos/documento.asp?numeroPublicacao=278637&assuntoPublicacao=Relatório%20Anual%202011&caminhoRel=null&filtro=1&documentoPath=278637.pdf>. Acesso em: 27 jun. 2012.

[53] Análise n° 488/2009 – GCER, cons. Emília Ribeiro, de 18 set. 2009.

dos recursos do Fust. Mesmo a implantação dos TUP em localidades com menos de 100 habitantes, em que pese depender de um volume sensivelmente maior de recursos, representa uma parcela ínfima do total disponível no Fust, ainda não foi aprovada após 12 anos de vigência da Lei nº 9.998/2000. Portanto, os investimentos efetivos não apenas são tímidos, como o ritmo de realização é inexplicavelmente lento.

Em segundo lugar, o PMU em execução optou pela via mais simples, qual seja, o estabelecimento de novas metas às atuais prestadoras de serviço no regime público – caminho que deve ser trilhado pelo PMU II. Sem competição pelos recursos disponibilizados, perde-se a grande oportunidade de incentivar a entrada de novos agentes, bem como de utilizar, de forma mais eficiente, recursos do Fust.

Em terceiro lugar, nota-se que os PMUs estão voltados à realização de investimentos atrelados umbilicalmente à telefonia fixa. Enquanto os PGMUs são sucessivamente alterados para contemplar atividades mais complexas que envolvem valores substancialmente mais elevados (por exemplo, posto de serviço multifacilidades (PSM) e o *backhaul*), os PMUs assumem um papel absolutamente secundário na política de universalização. A criação de PMU específico para a implantação de atividades que servem de suporte para o STFC ou dele se utilizam reduziria os questionamentos que pautaram a substituição dos PST pelo *backhaul*.

Portanto, mais de uma década após a criação do Fust, os PMUs ainda estão longe de se configurar como uma solução efetiva para implementar um modelo adequado e eficiente de universalização de serviços no setor de telecomunicações.

Conclusões

O modelo legalmente desenhado para a universalização dos serviços de telecomunicações distancia-se sensivelmente das ações que têm sido colocadas em prática nos últimos 10 anos no Brasil. As diretrizes legais são claras e os recursos para sua implementação estão presentes e disponíveis no Fust.

O desafio da universalização de telecomunicações

Não obstante, a substituição e ampliação sucessivas das metas de universalização atribuídas às concessionárias se afiguram como alternativas regulatórias mais simples do que o mapeamento de novas atividades e o estabelecimento de procedimentos seletivos destinados a sua implantação. Apesar de mais simples, a estratégia de substituição e ampliação sucessivas das obrigações das concessionárias distorce a competição, limita oportunidades para empresas e para o poder público e é menos eficiente na alocação de recursos. Além disso, essa estratégia acaba desrespeitando o próprio modelo legalmente instituído, ao restabelecer subsídios cruzados atualmente vedados e, com isso, afetar a equação econômica dos contratos de concessão.

Assim, não apenas o modelo legislativo adotado pela LGT é deixado de lado, mas também o são experiências bem-sucedidas em outros países.[54] De fato, a análise da experiência internacional revela que é possível avançar rapidamente na universalização dos serviços de telecomunicações, caso o modelo original da LGT venha a ser efetivamente empregado – e isso com um volume menor de recursos públicos, considerando a possibilidade de aproveitar a competição no momento da seleção dos interessados em assumir as obrigações de universalização.

Importante destacar que a estagnação na utilização do Fust não pode ser atribuída a uma atuação dos órgãos de controle. Ainda que o TCU tenha censurado as primeiras licitações com recursos do fundo, é fato que o órgão de controle se manifestou expressamente em sede de consulta sobre as diretrizes a serem seguidas na aplicação de recursos, e o tempo decorrido desde então teria permitido: (i) o atendimento de suas recomendações; (ii) o questionamento judicial das decisões se houvesse entendimento contrário; ou (iii) a adaptação da legislação.

Vale relembrar as críticas tecidas pelo TCU em 2005, as quais continuam absolutamente pertinentes no cenário atual:

---

[54] Em relação à América Latina, vale citar a experiência de Chile e Peru. Cf. FARACO, Alexandre D.; PEREIRA NETO, Caio Mario S.; COUTINHO, D. R. "Universalização das telecomunicações: uma tarefa inacabada", 2003, op. cit., p. 40.

Já se passaram mais de cinco anos da edição da lei que instituiu o Fust, sem que se tenha conseguido implementar as condições necessárias para a aplicação dos recursos que o compõem, que continuam a ser arrecadados e já chegavam, até junho de 2005, segundo informações da Anatel, a cerca de 3,6 bilhões de reais. Daí a relevância do presente trabalho, em que se procurou identificar as causas que estariam impedindo a aplicação desses recursos. [...]

Reputo importante, também, a observação feita pela equipe de que a legislação atual não impede a aplicação dos recursos do Fust. O próprio Tribunal sinalizou, juridicamente, o caminho que deveria ser seguido, em resposta à consulta feita pelo próprio Ministério das Comunicações. Obviamente, o governo pode propor alterações no modelo legal do Fust e o Congresso Nacional é soberano para aprovar o modelo que entender mais adequado, não cabendo a este Tribunal se imiscuir nessa questão. Mas o fato é que a principal causa da ausência de aplicação desses recursos até o momento foi a incapacidade do governo, principalmente do Ministério das Comunicações, em definir, de forma adequada, as políticas, diretrizes gerais e prioridades para a utilização desses recursos, conforme exige o art. 2º da Lei nº 9.998/2000. E até mesmo em consequência disso, também não houve a definição dos programas, projetos e atividades que seriam financiados com tais recursos.[55]

É preciso reconhecer o esforço, ainda que tardio e insuficiente, para utilização do Fust, inclusive por meio dos PMUs. Atualize-se a crítica do TCU apenas em relação aos valores atrelados ao Fust: desde sua criação, o Fust arrecadou R$ 12,4 bilhões.[56] Não se pode tolerar que tais valores permanecem utilizados apenas de forma marginal, como vem ocorrendo, sendo possível dar um grande salto na expansão dos serviços com os recursos atualmente disponíveis.

Em suma, 15 anos após a edição da LGT, seria interessante voltar à origem do modelo de universalização previsto na lei, buscando desenvolver todo o seu potencial. Isso poderia ser feito com a expansão do número de

---

[55] TCU. Acórdão nº 2.148/2005. Rel. min. Ubiratan Aguiar, julgado em 7/12/2005.
[56] ANATEL. *Relatório anual de 2011*, 2012, op. cit.

operadoras envolvidas na universalização de serviços, a implementação de mecanismos de financiamento efetivamente neutros em relação à competição e a utilização mais eficiente de recursos públicos, notadamente aqueles já reunidos no Fust.

Referências

ANATEL. *Relatório anual de 2011*. Brasília: Anatel, 31 maio 2012. Disponível em: <www.anatel.gov.br/Portal/verificaDocumentos/documento.asp?numeroPu blicacao=278637&assuntoPublicacao=Relatório%20Anual%202011&caminh oRel=null&filtro=1&documentoPath=278637.pdf>. Acesso em: 27 jun. 2012.

BRASIL. Ministério das Comunicações. *Diretrizes gerais para a abertura do mercado de telecomunicações*: sumário executivo. Brasília: MC: 1997. p. 22. Disponível em: <http://telecomunicacoes.ifhc.org.br/acervo/index.php?mo dule=xml&event=download&id=64>.

CARVALHAES, Eduardo. Noções de universalização dos serviços de telecomunicações no Brasil. *Revista de Direito Público da Economia*, Belo Horizonte, v. 3, n. 4, jan. 2008.

FARACO, Alexandre D.; PEREIRA NETO, Caio Mario S.; COUTINHO, D. R. Universalização das telecomunicações: uma tarefa inacabada. *Revista de Direito Público da Economia*, Belo Horizonte, v. 2, 2003.

PEREIRA NETO, Caio Mario da Silva. *Universal access to telecommunications in developing countries*: the Brazilian case. Tese (doutorado em direito) – Yale Law School, New Haven, 2005, p. 124.

PLANALTO sinaliza que backhaul será tarifado; capacidade será ofertada de acordo com a demanda. *Teletime*, 19 ago. 2010. Disponível em: <www. teletime.com.br/19/08/2010/planalto-sinaliza-que-backhaul-sera-tarifado- -capacidade-sera-ofertada-de-acordo-com-a-demanda/tt/196035/news.aspx>. Acesso em: 8 ago. 2012.

SUNDFELD, Carlos Ari; CÂMARA, Jacintho Arruda. Exploração industrial das redes das concessões de telefonia: preços livres ou tarifados. *Revista de Direito das Comunicações*, v. 1, p. 31-43, 2010.

Capítulo 8
Regulação do setor elétrico no Brasil

Joísa Campanher Dutra*

Introdução

A evolução recente da economia brasileira se caracteriza por uma nova posição do país no cenário internacional. Também como resultado dessa trajetória, o Brasil em breve será sede de eventos relevantes e de grande projeção, a exemplo da Copa de Mundo de 2014 e dos Jogos Olímpicos de 2016, a serem realizados no Rio de Janeiro. Se por um lado percebem-se vantagens nesse novo momento, têm-se colocados grandes requisitos de investimento em infraestrutura em geral, e em energia elétrica em particular. Nesse contexto, um ambiente favorável se constitui condição fundamental para que sejam realizados os investimentos requeridos em infraestrutura em geral e também em energia elétrica. O presente capítulo tem por objetivo apresentar os principais elementos que caracterizam a evolução recente do setor elétrico no Brasil, evidenciando mudanças no arcabouço legal e regulatório e apontando desafios que demandam equacionamento para que se alcance um desenvolvimento coerente com objetivos expressos na política de desenvolvimento da indústria.

---

* Coordenadora de Centro de Regulação da Fundação Getulio Vargas (FGV), professora da Escola de Pós-Graduação em Economia (EPGE/FGV), instituição pela qual é mestre e doutora, e *visiting scholar* da Harvard Kennedy School.

Evolução recente do setor elétrico no Brasil

A reestruturação do setor elétrico ao redor do mundo tem sido consistente com a análise de Joskow e Schmalensee.[1] Para eles, o modelo a ser estabelecido seria caracterizado por um mercado competitivo na geração, nas unidades de transmissão operadas por uma entidade autônoma, propiciando acesso às linhas de transmissão de uma forma não discriminatória, e por competição também na comercialização, através de empresas ou através de contratos diretos entre os consumidores de maior porte e as empresas geradoras. Estas dependeriam das empresas de distribuição para "entregar" a eletricidade ao consumidor final (residencial ou comercial).

A regulação dos mercados de atacado e varejo seria reduzida ao estabelecimento de certas exigências estruturais e procedimentos operacionais, incluindo o monitoramento do sistema. No entanto, os mercados de transmissão e distribuição seriam regulados. Essas mudanças implicariam, como ocorreu na prática, a separação entre transmissão e distribuição, revertendo a integração vertical das empresas de utilidade pública.

No Brasil a tentativa de reestruturar a indústria de eletricidade, em parte pelo caráter incompleto do processo, desembocou em uma crise acompanhada de racionamento, em 2001.[2] Na tentativa de superar a crise, foi instituída a Comissão de Gestão da Crise de Energia Elétrica, com poderes especiais que suplantavam aqueles da Aneel e do mercado atacadista de energia (MAE).

A forma adotada para enfrentar os efeitos da referida crise foi estabelecer um sistema de cotas para consumidores, a partir de dados históricos e com metas a serem alcançadas, com penalidades para descumprimento e

---

[1] Para saber mais sobre o assunto, ver JOSKOW, P. L.; SCHMALENSEE, R. *Markets for power*: an analysis of electric utility deregulation. Cambridge, MA: The MIT Press, 1983.

[2] A crise resultou de uma conjunção de fatores, que incluem uma sequência de anos de baixas afluências em um país em que a participação da geração hidrelétrica representa mais de 70% da capacidade instalada de geração de eletricidade, bem como atrasos na entrada em operação de empreendimentos de geração e transmissão.

prêmios para atendimento às metas fixadas.[3] Essa experiência é reportada internacionalmente como um bem-sucedido exemplo do funcionamento de mecanismo de gerenciamento de demanda.

O novo modelo do setor elétrico no Brasil

O modelo que atualmente regula o funcionamento do setor elétrico no Brasil começou a ser discutido em 2003. Regulamentado principalmente pela Lei nº 10.848/2004 e pelo Decreto nº 5.163/2004, o *novo modelo* do setor elétrico tem como pilares explícitos: (i) o respeito a contratos; (ii) o aprofundamento da universalização do acesso aos serviços de energia elétrica; (iii) o necessário equilíbrio entre confiabilidade do suprimento e preços e tarifas adequados, capazes de garantir o retorno compatível com o risco de investir no setor e ao mesmo tempo serem "módicos".[4]

Um conjunto de instituições é responsável pelo adequado funcionamento do setor, algumas já estabelecidas anteriormente. Compete ao Conselho Nacional de Política Energética (CNPE) formular a política para o setor. Foi estabelecida a Empresa de Pesquisa Energética (EPE), visando restabelecer a relevância do planejamento. A regulação é exercida pela Agência Nacional de Energia Elétrica (Aneel), reguladora federal criada por meio da Lei nº 9.427/1996. Por sua vez, a operação do sistema interligado nacional compete ao Operador Nacional do Sistema (ONS),[5] responsável pelo despacho centralizado. A comercialização de energia é

---

[3] Tais mecanismos de gerenciamento de demanda se mostraram bem-sucedidos, permitindo reduzir o consumo de energia em até 25% para consumidores residenciais, 15% a 20% para consumidores industriais e 10% a 25% para consumidores comerciais (KRISHNASWAMY, V.; STUGGINS, G. *Closing the electricity supply-demand gap*. Washington, DC: The World Bank, 2007. Disponível em: <http://siteresources.worldbank.org/EXTENERGY/Resources/336805-1156971270190/EnergyandMiningSectorBoardPaperNo20.pdf>. Acesso em: 6 fev. 2013).

[4] Conforme disposto no art. 1º, X, da Lei nº 10.848/2004.

[5] Criado em 1998 (Lei nº 9.648/1998), o ONS é a entidade responsável pela coordenação e controle da geração e transmissão de energia elétrica no sistema interligado nacional (SIN), que abrange mais de 97% da capacidade de produção de eletricidade no Brasil.

de responsabilidade da Câmara de Comercialização de Energia Elétrica (CCEE),[6] órgão que sucede o MAE.

O novo modelo mantém regime de competição da geração e torna mandatória a separação vertical na distribuição de eletricidade. A comercialização de energia elétrica é separada em dois ambientes. No ambiente de contratação regulada é comercializada a energia destinada ao atendimento aos consumidores cativos, cujo fornecimento é de responsabilidade da distribuidora de energia elétrica. Consumidores de maior porte têm direito a adquirir energia no mercado livre, atendido o requisito de respaldar suas necessidades de energia elétrica por contratos. Enquadram-se nesse caso dois tipos de consumidores: livres especiais e livres,[7] com volumes contratados superiores a 500 kW e 3.000 kW, respectivamente.

Desde o início do estabelecimento do novo modelo, o volume de energia elétrica contratada no ambiente livre em um primeiro momento cresceu expressivamente, tendo atingindo cerca de 30%; atualmente é de cerca de 22%.[8] A faculdade de contratação direta de eletricidade por consumidores de maior porte é benéfica para o funcionamento do sistema, uma vez que a contestabilidade mitiga os incentivos ao exercício de monopólio na distribuição.

Nesse espírito, a experiência europeia tem estabelecido requisitos de obrigatoriedade de competição na contratação de energia por um número progressivamente maior de consumidores, limitando a necessidade de provisão de energia pelos operadores de rede de distribuição. Esse movimento é característico da separação dos serviços de rede (fio) e energia, e representa um aprofundamento da desverticalização na indústria de eletricidade.

---

[6] No Brasil vigora separação entre ambiente físico e a liquidação financeira dos contratos. Não existe mercado *spot* para comercialização de energia no Brasil. A Câmara de Comercialização de Energia Elétrica realiza transações por diferenças, promovendo a liquidação de posições relativamente ao lastro de contratos.

[7] O consumidor livre é aquele que exerce a opção de adquirir energia elétrica de fornecedor distinto da concessionária local de distribuição. Por sua vez, o consumidor livre especial, é o consumidor livre que contrata energia elétrica produzida a partir de fontes renováveis e cuja demanda contratada é não inferior a 500 kW.

[8] De acordo com dados da CCEE, em outubro de 2009, 24,7% da energia elétrica do SIN foram comercializados no mercado livre. Em 2007, essa participação alcançou 25,2%.

Um dos aspectos mais marcantes do novo modelo é a necessidade de contratação da energia no ambiente regulado por meio de contratos de longo prazo. É obrigação dos distribuidores de energia elétrica respaldar, por meio de contratos, as necessidades de energia para atender seus mercados pelos cinco anos seguintes.

A contratação da energia correspondente é resultado de transações realizadas em uma sequência de leilões, que incluem energia proveniente de novos empreendimentos de geração, geradoras a partir de fontes alternativas, contratação de energia de reserva, bem como de plantas já instaladas/existentes. Requisitos adicionais de energia elétrica podem ser contratados através de leilões de ajuste, que comercializam energia por prazo não superior a dois anos.

A figura 1 ilustra o conjunto de alternativas de contratação. À medida que se aproxima o período de suprimento, as companhias de distribuição têm a possibilidade de atualizar suas estimativas de demanda, ajustando seu perfil de contratos. Um incentivo à sobrecontratação – o direito de repassar até 3% de excesso de contratos em relação à demanda – garante os incentivos à expansão da oferta.

Figura 1
Alternativas de contratação de energia elétrica no ambiente regulado

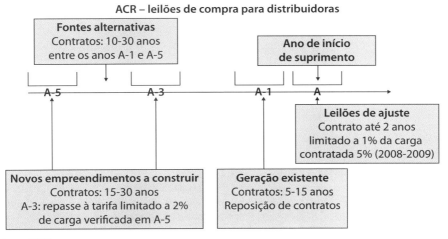

Fonte: CCEE.

Contratação de energia elétrica no novo modelo

Os leilões para a contratação de energia no ambiente regulado começaram a ser realizados em 2004. Desde então ocorreram mais de 20 leilões para a contratação de energia elétrica, tanto para a recontratação de energia existente como para a obtenção de contratos capazes de viabilizar a expansão da oferta.

No primeiro ano da vigência do novo modelo teve lugar um leilão destinado a realocar grande volume de energia por meio de contratos lastreados pela energia que seria descontratada com o fim dos chamados *contratos iniciais*. Tais contratos são característicos de processos de reestruturação acompanhada de desverticalização. As empresas que inicialmente exerciam atividades de geração, transmissão em redes de alta tensão e distribuição passaram por processo de separação vertical.[9] O fundamento para essa separação é estabelecer concorrência em segmentos competitivos, estabelecendo regulação para segmentos da cadeia de produção caracterizados como monopólios – no caso, transmissão e distribuição de eletricidade.[10] Cabe destacar, contudo, que no Brasil é facultada a operação conjunta de atividades de transmissão e geração de eletricidade.

Geração de eletricidade

O primeiro leilão de expansão de oferta foi realizado em 2005 e a ele seguiram-se vários outros. Como resultado desses leilões são firmados contratos de longo prazo (15 anos ou mais), com características de recebíveis, do tipo PPA (*purchase power agreements*). De posse de tais contratos, os

---

[9] No caso da energia elétrica, a racionalidade para a separação vertical é similar à das telecomunicações e demais indústrias de rede. Ver NEWBERY, D. *Privatization restructuring and regulation of network utilities*. Cambridge, MA: The MIT Press, 1999.

[10] Sobre a experiência de reestruturação em indústrias de rede, ver: ARMSTRONG, M.; COWAN, S.; VICKERS, J. *Regulatory reform*: economic analysis and British experience. Cambridge, MA: The MIT Press, 1994; NEWBERY, D. *Privatization restructuring and regulation of network utilities*, 1999, op. cit.

vencedores têm acesso facilitado a fontes de recursos, capazes de garantir a financiabilidade da expansão.

Cada vencedor/gerador firma contratos com um conjunto de agentes de distribuição (aqueles que revelaram necessidade de contratar energia para atender a seus mercados nos cinco anos à frente), o que evita concentração de risco em um pequeno número de demandantes, mitigando a possibilidades de perdas e favorecendo ainda mais as condições de contratação, ao garantir adimplência setorial.

Para viabilizar a expansão da geração, o novo modelo estabeleceu requisito de que apenas sejam objeto de leilão empreendimentos que contem com licença ambiental prévia. De modo paradoxal, tais condições resultaram na contratação de um montante expressivo de energia elétrica a ser produzida a partir de combustíveis com altos níveis de emissões nos leilões iniciais.[11]

Esse viés na contratação foi acarretado por preocupações com relação aos impactos ambientais advindos da construção de usinas hidrelétricas.[12] Todavia, a obtenção das licenças requeridas é muito mais complexa no caso de empreendimentos hidrelétricos, relativamente a usinas termelétricas. Essa maior complexidade reflete o caráter mais abrangente do processo de

---

[11] De acordo com dados da CCEE (janeiro de 2011), a proporção de energia termelétrica negociada em leilões de novos empreendimentos foi de 49% (11.059 MW). Conjuntamente, a participação do óleo combustível, do carvão mineral e do óleo diesel corresponde a cerca de 30% (6.811 MW) desse total.

[12] O novo modelo objetivava resolver o impasse colocado pela dificuldade de obter as licenças requeridas para a instalação de empreendimentos de geração que teriam sido licitados antes de 2003. No regime então vigente, julgava-se que maior agilidade e eficiência seriam alcançadas caso competisse ao empreendedor envidar esforços para obter as licenças pertinentes. Ao contrário, vários anos se passaram sem que tais licenças fossem obtidas, também em face de mudanças no processo, que se tornou mais rigoroso não apenas no cenário nacional. O arranjo encontrado para viabilizar a expansão da geração no novo modelo envolvia licitação de usinas geradoras para as quais licenças já tivessem sido obtidas. Entretanto, é possível argumentar que, em muitos casos, apenas se verificou deslocamento dos entraves enfrentados para o momento anterior à licitação. Ainda assim, resta o benefício não ter atribuído ao potencial investidor um risco excessivo e de caráter alheio a aspectos sob seu controle. Entretanto, a experiência no segmento de transmissão de eletricidade não sofreu alterações: permaneceu como atribuição do agente responsável pela instalação do empreendimento a incumbência de obter as licenças necessárias.

licenciamento característico das usinas hidrelétricas (UHEs), comparado ao de geradoras termelétricas, que são avaliadas em seus impactos locais.

Em 2007, esse quadro apresentou reversão em sua tendência. Foi então realizado o primeiro leilão para contratação de energia a ser gerada pela usina hidrelétrica de Santo Antônio, no rio Madeira. Esse foi o primeiro exemplo de leilão de uma usina caracterizada como de interesse estratégico, tendo sido estabelecidas condições diferenciadas para a contratação, tanto pela ótica de financiabilidade como pela possibilidade de firmar contratos escalonados (não apenas para cinco anos à frente, mas também para os anos subsequentes, em função da entrada em operação de unidades geradoras).

Foram também caracterizados como estratégicos os empreendimentos de Jirau (no rio Madeira) e Belo Monte. Considerando ainda o aproveitamento hidrelétrico de Teles Pires, os mencionados leilões são responsáveis pela contratação de 19.503 MW de capacidade instalada.[13]

Os leilões de geração para a expansão de geração permitiram contratar energia compatível com uma evolução da capacidade instalada de 110 GW em 2010 para 171 GW em 2020. Importa, contudo, avaliar os efeitos dessa contratação.

Aproximadamente 90% da capacidade instalada de geração de eletricidade e cerca de 85% de toda a energia elétrica produzida e consumida no país têm origem hidráulica. Esse quadro é vantajoso pela ótica de segurança e pelo reduzido custo operacional do sistema, em face do baixo custo marginal, porém verifica-se um aumento da complexidade técnica da operação, decorrente da necessidade de operar reservatórios e usinas em cascata. Adicionalmente, os níveis de armazenamento e a oferta de energia são sujeitos ao regime hidrológico sazonal do país.

É razoável admitir que, ainda que exista um potencial de geração elétrica de origem hidráulica pouco aproveitado comparativamente à experiência internacional, restrições ambientais e mesmo de ordem social tornam pouco provável que a expansão do sistema elétrico brasileiro se

---

[13] Esse volume é expressivo, considerando-se que o sistema elétrico brasileiro contava com aproximadamente 105 GW de capacidade instalada em 2009.

dê nas bases atuais. Em consequência da dificuldade de implantar novas usinas hidrelétricas com reservatórios, a capacidade de regularização do sistema deve manter quadro atual de redução. Mesmo usinas hidrelétricas que estão sendo implantadas na região Norte do país não contam mais com grandes reservatórios.

Nesse cenário, o gás natural aparece como alternativa viável para assegurar confiabilidade ao sistema elétrico, o que é reforçado pelo potencial de recentes e novas descobertas. Entretanto, faz-se necessário promover aperfeiçoamentos no marco regulatório do gás natural que possam garantir preços mais adequados para o combustível e uma estrutura de contratação coerente com sua alocação e com acesso de novos de agentes ao setor em bases não discriminatórias.

Adicionalmente, sob o aspecto de financiabilidade, ainda que contratos de longo prazo (PPAs) firmados como resultado dos leilões tenham garantido uma situação favorável de adimplência setorial, canalizando recursos para a expansão da oferta, do ponto de vista econômico o custo marginal de expansão é determinado pela fonte marginal (necessária ao atendimento da demanda). No caso, trata-se de geração termelétrica, de maior valor. Esses e outros fatores têm acarretado expressivos aumentos nos preços e tarifas de energia elétrica, resultando em valores elevados relativamente ao cenário internacional.[14]

Transmissão

O Brasil conta com um sistema elétrico de grande escala interconectado por uma extensa rede de linhas de transmissão que se estende pela maior parte do território nacional. Aproximadamente 85% da eletricidade gerada

---

[14] Ainda que haja grande potencial de aproveitamento hidrelétrico no país, com consequente redução do custo total de geração relativamente a países com matrizes mais diversificadas, a dependência de geração hidrelétrica aumenta a vulnerabilidade a choques de oferta. Para detalhes e mais referências, ver o estudo de caso sobre o Brasil em KRISHNASWAMY, V.; STUGGINS, G. *Closing the electricity supply-demand gap*, 2007, op. cit.

são produzidos por usinas hidrelétricas. Nesse contexto, o sistema de transmissão desempenha o papel fundamental de promover a transferência de grandes blocos de energia entre as regiões, o que é essencial, considerando que a carga apresenta localização esparsa e distribuída.

A atração de investimentos em sistemas de transmissão é considerada um desafio em muitos países. Como forma de garantir que tais recursos fossem aportados no setor, foi estabelecido arcabouço legal e regulatório capaz de conferir a estabilidade requerida. Além de grande número de empresas de transmissão, um conjunto de instituições garante o adequado funcionamento do segmento.

No Brasil existe livre acesso ao sistema de transmissão. A EPE é incumbida de planejar a expansão do sistema de transmissão. Uma vez definidas as instalações necessárias ao atendimento das necessidades do sistema, a Aneel, órgão regulador, realiza leilões com o objetivo de selecionar agentes/concessionários capazes de instalar, operar e manter tais empreendimentos durante o período da concessão (normalmente 30 anos). Após o término da vigência das concessões, devem os ativos remanescentes ser objeto de reversão.

Os leilões de transmissão são essencialmente mecanismos de competição "pelo mercado".[15] Neles, é selecionado como vencedor o agente qualificado que submete proposta correspondente à menor receita anual permitida a ser auferida durante o prazo da concessão.

Uma vez implantadas as instalações, a operação se dá sob comando do ONS, órgão encarregado também de: (i) avaliar atendimento aos critérios operativos que constam dos procedimentos de rede;[16] (ii) estudar e analisar a integração de novas instalações ao sistema de transmissão existente; e (iii) identificar necessidades de reforço ao sistema de transmissão.

De modo geral pode-se afirmar que os leilões de transmissão e, certamente, o arcabouço regulatório subjacente foram bem-sucedidos

---

[15] Ver DEMSETZ, H. Why regulate utilities? *Journal of Law and Economics*, v. 11, p. 55-66, 1968.

[16] Os procedimentos de rede são documentos de caráter normativo elaborados pelo ONS com participação dos agentes e aprovados pela Aneel. Definem os procedimentos e os requisitos necessários à realização das atividades de planejamento da operação eletroenergética, administração da transmissão, programação e operação em tempo real no âmbito do sistema interligado nacional.

em sua capacidade de promover a expansão do sistema de transmissão, inclusive com diversos exemplos de início antecipado da operação comercial. Um número expressivo de competidores tem participado dos certames, o que resulta em preços, em muitos casos, consideravelmente inferiores aos máximos valores estabelecidos para a receita anual permitida (RAP).[17]

Cabe destacar que o efeito benéfico da participação evidencia certa estabilidade do arcabouço regulatório, coerente com a associação positiva entre boas práticas de governança regulatória e investimentos.

A evolução recente do segmento de transmissão, contudo, desperta atenção. Sua participação na receita total do setor experimentou crescimento considerável, o que é também explicado por maior participação relativa de interligações e pelo baixo nível de carregamento (maior ociosidade) das redes.

Adicionalmente, dificuldades no processo de licenciamento ambiental, antes circunscritas ao segmento de geração, começam a criar obstáculos e acarretar ônus no segmento de transmissão, com reflexos em toda a cadeia de energia elétrica. Para mitigar riscos na expansão da geração, foram incluídas, nos contratos de concessão de geração, cláusulas que garantem receita aos geradores em caso de atraso na disponibilização de instalações de transmissão que impeçam a entrega da energia gerada após o início da vigência dos contratos de comercialização no ambiente

---

[17] O mecanismo escolhido é um leilão sequencial, no qual os diversos itens são oferecidos para disputa. Os lances submetidos representam a receita anual requerida, ou receita anual permitida (RAP). Analisando uma amostra de dados observados nos leilões de transmissão entre 2000 e 2008, Carlos e Dutra investigam a hipótese de que as expressivas reduções relativamente ao lance inicial se devam a sinergias positivas, decorrentes de economias de escala na construção e operação de instalações de transmissão localizadas proximamente. Entre outros fatores, os resultados apontam para reduções tanto maiores quanto maior o número de competidores, permitindo também identificar um efeito positivo (preços menores) da localização, compatível com a hipótese de que o fato de um agente já deter instalações próximas daquelas que são objeto de competição incentiva um comportamento agressivo de lance. Consequentemente, observam-se reduções expressivas na RAP demandada (CARLOS, A. P.; DUTRA, J. *Strategic behaviour of winning bids in the Brazilian transmission auctions*. [S.l.: s.n.], 2009. Disponível em: <http://epge.fgv.br/we/AmandaPimenta Carlos?action=AttachFile&do=get&target=Transmiss%C3%A3o.pdf>. Acesso em: 6 fev. 2013).

regulado. Atualmente já existem exemplos de usinas que se enquadram nessa situação.

Distribuição

Uma das principais mudanças estabelecidas pelo novo modelo foi a necessidade de que distribuidores de energia elétrica atendam a seus consumidores através de contratos capazes de lastrear a totalidade de seus mercados. Para tanto, devem eles regularmente, em bases anuais, submeter ao Ministério de Minas e Energia suas estimativas de demanda para cinco anos à frente. Uma vez consolidadas essas informações, nos leilões de energia realizados para a contratação no mercado regulado a demanda é uma informação inserida pelo poder concedente. Como resultado, são firmados contratos entre os vendedores e cada um dos distribuidores com demanda positiva para aquele leilão, na proporção de suas necessidades declaradas. Visando incentivar a contratação, os distribuidores têm possibilidade de repassar às tarifas custos incorridos na aquisição de até 103% da energia necessária ao atendimento dos seus respectivos mercados.

A compra de energia se dá em regime de *pool*, em um modelo de comprador único. Um dos fundamentos para tal escolha é a crença de que a contratação de um gerador com o conjunto das distribuidoras permitiria mitigar riscos, garantindo adimplência setorial e facilitando a financiabilidade da expansão. O fornecimento de energia elétrica se dá, principalmente, por meio de concessionárias (cerca de 60) que operam em todo o território nacional. Em cada concessão (território geográfico, no qual a distribuição de energia é exercida em regime de monopólio), os consumidores enfrentam tarifas distintas em diferentes áreas.[18] Essa situação foi estabelecida pela Lei nº 8.631/1993, que estabelece a neces-

---

[18] À exceção de consumidores livres e livre especiais, que têm a prerrogativa de adquirir energia de qualquer fornecedor (desde que gerada a partir de fontes incentivadas, no caso de consumidores especiais). O transporte de energia é contratado junto à concessionária local de distribuição de energia.

sidade de fixar tarifas de acordo com características específicas de cada empresa, e pela Lei nº 8.987/1995, que assegura o equilíbrio econômico financeiro para as concessões.[19]

Como resultado, as *tarifas de energia* são fixadas de acordo com especificidades de cada região, tais como número de consumidores, extensão das redes, tamanho do mercado, perfil da carga, custo da energia comprada, tributos estaduais e outros.

A regulação de tarifas combina mecanismos de incentivo na forma de preço teto (*price cap*) com o repasse de componentes de custos não gerenciáveis, a exemplo de custos de transmissão, Atualmente a Aneel realiza o que se convencionou chamar de "terceiro ciclo de revisão tarifária das distribuidoras".[20] A metodologia empregada é objeto de discussões, seguindo rito de promoção de audiências públicas.

Uma restrição a ser considerada é a configuração inicial das áreas de concessão. O elevado grau de diferenciação dessas áreas tem resultado em certa regressividade nas tarifas, de modo que, não raro, consumidores em áreas caracterizadas com menor *índice de desenvolvimento humano* (IDH) enfrentam tarifas maiores. Essa disparidade é explicada por diversos fatores, tais como densidade da localização dos consumidores, nível de perdas (técnicas e não técnicas), forma de rateio de encargos que incidem sobre as tarifas e custos de compra de energia.

Tal configuração de tarifas afeta a atratividade de determinadas regiões. Consumidores que se deparam com preços diferenciados para a energia elétrica, insumo que pode representar proporção expressiva de seus custos, podem alterar sua decisão de localização de modo ineficiente. Esse seria o caso de decisões motivadas por distorções nos mecanismos de alocação de custos e/ou em face de restrições iniciais decorrentes da definição inicial das áreas de concessão. A título de ilustração, a confi-

---

[19] Para as distribuidoras, os mecanismos de contratação no novo modelo não promovem incentivos para um adequado gerenciamento dos requisitos de energia para o atendimento a seus mercados, uma vez que existe a garantia de repasse, às tarifas, dos valores contratados.

[20] Para referências, veja-se o conjunto dos procedimentos de regulação tarifária (Proret), que tem caráter normativo, consolidando a regulamentação acerca dos processos tarifários. Disponível em: <www.aneel.gov.br/area.cfm?idArea=702&idPerfil=2>. Acesso em: 6 fev. 2013.

guração inicial do segmento apresenta áreas de concessão de dimensões reduzidas inseridas em outras, de maiores dimensões. O caráter não contíguo dessas áreas pode prejudicar expressivamente o aproveitamento de economias de escala/escopo características do segmento de distribuição de energia elétrica.

No tocante à qualidade, de modo geral verifica-se evolução, medida pela frequência de interrupções ocorridas desde 2001, com aumento na duração no período 2009-2010. Medidas recentes promoveram alterações na forma de compensar consumidores pelas interrupções, através de indicadores individuais de continuidade.

Um dos principais desafios regulatórios do setor elétrico, tema de intensos debates, versa sobre a prorrogação das concessões do setor elétrico. A partir de 2015 terminam prazos de vigência de concessões de geração, transmissão e distribuição de eletricidade que correspondem a cerca de 35.446 MW, sendo 18.227 MW concentrados no ano de 2015; 73.000 km de linhas de transmissão e subestações em tensão igual ou superior a 230 kV; e 43 concessionárias de distribuição, que comercializam mais de 35% da energia comercializada no país.

Esses temas há muito vêm sendo objeto de intensos debates/discussões.[21] As discussões iniciais versavam sobre a viabilidade jurídica de proceder a uma renovação das referidas concessões. Havia defensores da possibilidade de promover a renovação por meio de mudança em nível de projeto de lei e foi levantada também a possibilidade de que maior segurança jurídica seria alcançada por meio de emenda constitucional.

Recentemente, ainda que existam discussões sobre ser desejável licitar as concessões de geração, existe crença significativa de que a solução escolhida pelo governo federal recairá sobre a renovação das concessões.[22]

---

[21] Ver BATISTA, R. O. *Debate sobre uma segunda prorrogação de concessões no setor elétrico (sem licitação)*: verdades, meias verdades e pontos para reflexão. Brasília: UnB, 2009. Disponível em: <www.aneel.gov.br/biblioteca/trabalhos/trabalhos/Artigo_Romario.pdf>. Acesso em: 6 fev. 2013.

[22] Recentemente, a decisão tomada pelo governo foi a de facultar a prorrogação das concessões do setor elétrico, conforme Medida Provisória nº 579, de 11 de setembro de 2012, posteriormente convertida na Lei nº 12.783, de 11 de janeiro de 2013. Para uma análise mais detalhada do tema, ver: DUTRA, J.; LANDAU, E.; SAMPAIO, P. O Estado e a iniciativa privada no setor elétrico:

Ainda assim, torna-se imperativo ir além das discussões no campo jurídico, que tratam do suporte legal necessário para a solução escolhida, avançando em direção às consequências do ponto de vista econômico das escolhas que serão feitas. Restam perguntas fundamentais a responder. A título ilustrativo cabe perguntar se não seria essa uma excelente oportunidade para promover reagrupamentos de concessões de distribuição mais coerentes com a racionalidade econômica subjacente. Existem concessões privadas de distribuição que poderiam ser objeto de consolidação, dando origem a novas concessões, as quais, submetidas a uma regulação adequada de tarifas, poderiam garantir benefícios aos consumidores com aproveitamentos de economias de escala e escopo subjacentes

Em síntese, o debate sobre a renovação de concessões é complexo e admite soluções diferenciadas para além da dicotomia simplista entre renovar ou licitar.

Por fim, um tema regulatório relevante e que tem sido alvo de atenção de políticas publicas é a universalização do acesso aos serviços de eletricidade, tanto para consumidores rurais como urbanos. O programa Luz para Todos[23] (PLPT) aprofundou e acelerou o programa Luz no Campo. Como resultado, mais de 97% da população têm hoje aceso a energia elétrica. É legítimo afirmar que a governança do PLPT é fator de sucesso do programa, ao atribuir responsabilidade pela conexão de novos consumidores ao sistema às distribuidoras de energia. Essa ação descentralizada garantiu maior efetividade ao PLPT relativamente a outros programas implantados.

Do ponto de vista da regulação do setor elétrico, pode-se argumentar que a experiência recente tem foco em medidas distributivas. Os últimos 10 anos foram caracterizados por um crescimento expressivo dos preços, explicado principalmente por elevações em encargos setoriais, tributos,

---

uma análise das duas últimas décadas (1992-2012). In: OLIVEIRA, Gesner; OLIVEIRA FILHO, Luiz Chrysostomo (Org.). *Parcerias público-privadas*: experiências, desafios e propostas. Rio de Janeiro: LTC, 2013.

[23] O programa Luz para Todos foi instituído por meio do Decreto nº 4.873/2003 e representou uma antecipação e aprofundamento das metas de universalização pactuadas em programa anterior (Luz no Campo). A alocação de custos também é distinta nos dois programas.

custos de geração e de transmissão. A renovação das concessões tem sido apontada como oportunidade para promover um realinhamento dos preços de energia coerente com preocupações com a competitividade do país; contudo existe risco considerável de que as medidas que venham a ser propostas não aproveitem possibilidades de ganhos de eficiência que poderiam gerar ganhos de bem-estar para a sociedade como um todo.

Evolução recente do mercado livre

Consumidores de maior porte têm a prerrogativa de adquirir energia elétrica de outros fornecedores, bastando comprovar contratação *ex post* à verificação da medição, assumindo a condição de consumidores livres. Adicionalmente, consumidores com demanda contratada superior a 500 kW podem adquirir energia de fornecedor distinto do distribuidor que atua na área de concessão na qual se localizam, desde que a energia seja gerada por fontes alternativas.[24] Trata-se, neste caso, da figura do consumidor (livre) especial.

Dessa forma, cria-se uma situação de contestabilidade no mercado de eletricidade, facultando a esses consumidores a busca de alternativas para o atendimento de suas necessidades. No caso dos consumidores especiais, incentiva-se ainda a expansão da oferta a partir de fontes alternativas, a exemplo de energia eólica, solar, resultante de biomassa. Ademais, essas fontes dispõem de benefícios na forma de redução nas tarifas de transporte (em montante não inferior a 50%, conforme autorização da agência reguladora, estabelecida no ato de outorga). Tais subsídios são também justificados por incentivarem a instalação de unidades geradoras próximas aos chamados centros de carga e induzirem diversificação da matriz energética, com consequente mitigação do risco de escassez.

A expansão do mercado livre foi impulsionada com o advento do novo modelo. A Câmara de Comercialização de Energia Elétrica, instituída

---

[24] Cf. art. 26, §5º, da Lei nº 9.427/1996.

como sucessora do mercado atacadista de energia elétrica (MAE) em 2003, conta atualmente com 1.250 agentes e alcança níveis expressivos de adimplência nas liquidações de contratos.[25]

Em um primeiro momento verificou-se aumento expressivo no volume de energia comercializada no ambiente livre de contratação, tendo alcançado quase 30%. Atualmente cerca de 22% da energia são comercializados no mercado livre.[26]

O desenvolvimento recente do mercado livre tem encontrado óbices no acesso limitado à contratação da energia em leilões de grandes empreendimentos de geração hidrelétrica. Nesse contexto, consumidores têm defendido maiores oportunidades de acesso à contratação de energia a ser produzida a partir de fontes mais atrativas do ponto de vista de preços. Esse movimento tem, inclusive, motivado o retorno de consumidores à condição de cativos, adquirindo energia da distribuidora de energia elétrica.[27]

Conclusão

Os leilões realizados para promover a expansão de geração em conformidade com a Lei nº 10.848/2004 permitiram contratar energia compatível com uma evolução da capacidade instalada de 110 GW em 2010 para 171 GW em 2020.[28] Esses dados consideram resultados observados nos leilões de compra de energia realizados com três e cinco anos de antecedência relativamente ao início da entrega. Importa, contudo, avaliar os efeitos dessa contratação.

---

[25] A CCEE, que atua como bolsa para as transações com energia elétrica, realiza operações meramente financeiras, dado que no Brasil o preço de mercado de curto prazo é resultado da política de operação e calculado através de modelos computacionais.

[26] Cf. Associação Brasileira de Comercializadores de Energia (Abraceel).

[27] Alterações legais estão em discussão no Congresso Nacional visando incentivar a participação dos agentes no mercado e, consequentemente, aumentar investimentos em expansão da oferta.

[28] Cf. BRASIL. Ministério de Minas e Energia (MME). Empresa de Pesquisa Energética (EPE). *Plano Decenal de Expansão de Energia 2020*. Brasília: MME/EPE, 2011. 2 v. Disponível em: <www.epe.gov.br/PDEE/Forms/EPEEstudo.aspx>. Acesso em: 6 fev. 2013.

A matriz energética brasileira é considerada adequada, principalmente em face da grande participação de fontes renováveis, majoritariamente proveniente de usinas hidrelétricas, aspecto positivo tanto do ponto de vista ambiental como também devido aos menores custos de operação, mesmo diante de maiores custos de instalação. Ademais, o potencial de geração hidrelétrica no país ainda é pouco aproveitado, principalmente quando comparado à experiência internacional.

Nesse contexto, remanesceriam importantes alternativas de aproveitamento de potenciais hidráulicos para a geração de energia elétrica. Entretanto, o processo de licenciamento ambiental tem suscitado a expansão com base em hidrelétricas sem reservatórios de regularização (ou acumulação de água) e usinas termelétricas. Limita-se assim a capacidade de expandir o sistema em suas bases atuais.

O *novo modelo* teve êxito em viabilizar a contratação de um volume de energia elétrica compatível com as necessidades da economia. Ainda assim, resta avaliar esse incremento na capacidade de oferta de eletricidade pela a ótica de um dos temas mais discutidos recentemente no país, qual seja, competitividade.

Anualmente o World Economic Forum divulga relatório intitulado "Global Competitiveness Report", que avalia comparativamente a competitividade de conjuntos de países. A posição do Brasil entre os 142 países avaliados (*ranking* global) é a de número 53.[29] A indústria de energia elétrica integra um dos 12 pilares do conceito, qual seja, infraestrutura, considerado um requisito básico, sendo avaliada através da qualidade da oferta de eletricidade.

A metodologia de avaliação da competitividade estabelece categorias nas quais são agrupados os países. O Brasil não é classificado no grupo das economias movidas pela disponibilidade de fatores. Importa então avaliar elementos capazes de motivar ganhos de eficiência, bem como fatores de inovação e sofisticação do ambiente de negócios.

---

[29] No relatório para o período 2010-2011, a posição do Brasil era a 58ª.

O presente artigo trata da evolução recente do setor de energia elétrica, discutindo o arcabouço legal e regulatório que pauta seu funcionamento, bem como o conjunto das instituições que nele operam. Essa dinâmica tem garantido a operação e a expansão do sistema, com respeito a contratos e garantia de acesso à quase totalidade da população. Entretanto, os preços também exercem papel importante e a reestruturação do setor foi acompanhada de aumentos expressivos nos preços da energia elétrica, resultado, principalmente, de aumentos nos encargos setoriais, tributos, geração e custos de transmissão.

A experiência recente na indústria de eletricidade em nível mundial sugere que a regulação de infraestrutura tem um efeito importante e significativo no comportamento dos investimentos. Registra-se ainda um interesse crescente, não apenas no tocante a regulação de incentivos, que busca promover eficiência na alocação, mas também em relação à sua interação com o conceito de eficiência dinâmica, que motiva preocupações com investimentos em setores regulados.

Existem, no momento, discussões sobre temas relevantes, como as renovações das concessões do setor nos segmentos de geração, transmissão e distribuição de eletricidade. A oportunidade permite rediscutir avanços e aperfeiçoamentos necessários para a consolidação da indústria. Mudanças na direção de ganhos de eficiência, que promovam uma adequada alocação de custos, certamente contribuiriam para um desenvolvimento mais harmônico do setor, em benefício da sociedade.

Referências

ARMSTRONG, M.; COWAN, S.; VICKERS, J. *Regulatory reform*: economic analysis and British experience. Cambridge, MA: The MIT Press, 1994.

BATISTA, R. O. *Debate sobre uma segunda prorrogação de concessões no setor elétrico (sem licitação)*: verdades, meias verdades e pontos para reflexão. Brasília: UnB, 2009. Disponível em: <www.aneel.gov.br/biblioteca/trabalhos/trabalhos/Artigo_Romario.pdf>. Acesso em: 6 fev. 2013.

BRASIL. Ministério de Minas e Energia (MME). Empresa de Pesquisa Energética (EPE). *Plano Decenal de Expansão de Energia 2020*. Brasília: MME/EPE, 2011. 2 v. Disponível em: <www.epe.gov.br/PDEE/Forms/EPEEstudo.aspx>. Acesso em: 6 fev. 2013.

CARLOS, A. P.; Dutra, J. *Strategic behaviour of winning bids in the Brazilian transmission auctions*. [S.l.: s.n.], 2009. Disponível em: <http://epge.fgv.br/we/AmandaPimentaCarlos?action=AttachFile&do=get&target=Transmiss%C3%A3o.pdf>. Acesso em: 6 fev. 2013.

DEMSETZ, H. Why regulate utilities? *Journal of Law and Economics*, v. 11, p. 55-66, 1968.

DUTRA, J.; LANDAU, E.; SAMPAIO, P. O Estado e a iniciativa privada no setor elétrico: uma análise das duas últimas décadas (1992-2012). In: OLIVEIRA, Gesner; OLIVEIRA FILHO, Luiz Chrysostomo (Org.). *Parcerias público-privadas*: experiências, desafios e propostas. Rio de Janeiro: LTC, 2013.

JOSKOW, P. L.; SCHMALENSEE, R. *Markets for power*: an analysis of electric utility deregulation. Cambridge, MA: The MIT Press, 1983.

KRISHNASWAMY, V.; STUGGINS, G. 2007. Closing the electricity supply-demand gap. Washington, DC: The World Bank, 2007. Disponível em: <http://siteresources.worldbank.org/EXTENERGY/Resources/336805-1156971270190/EnergyandMiningSectorBoardPaperNo20.pdf>. Acesso em: 6 fev. 2013.

NEWBERY, D. *Privatization restructuring and regulation of network utilities*. Cambridge, MA: The MIT Press, 1999.

Capítulo 9
Regulação e aspectos institucionais brasileiros

Luiz Guilherme Schymura*

Considerações iniciais

As regras de conduta sempre foram importantes no convívio social. É difícil imaginar, mesmo em estágio bem primitivo de sociedade, que seja possível coordenar ações sem algum tipo de código de procedimento, ainda que não escrito. Na realidade, quando a interação entre as pessoas cresce, o estabelecimento de regras de comportamento se torna ainda mais necessário. Como normas deverão inexoravelmente ser introduzidas, é indicado que isto aconteça tendo em vista a promoção do desenvolvimento da sociedade. Por isso, elas devem induzir os diversos agentes econômicos – em seus processos de busca da satisfação de interesses individuais – a gerar o máximo bem-estar coletivo. Assim, no moderno capitalismo – em que as firmas são as responsáveis pela oferta de bens e serviços –, o Estado tem assumido crescentemente um papel mais expressivo na criação de processos normativos para a atuação das empresas: é a presença do chamado Estado regulador.

---

[*] Diretor do Instituto Brasileiro de Economia da Fundação Getulio Vargas (Ibre/FGV).

Evidentemente, o exercício desse papel pelo Estado se torna um desafio normativo gigantesco, já que se baseia no conceito de bem-estar coletivo, de difícil mensuração. Afinal, para regular as empresas é necessário entender de que forma elas podem contribuir para o bem-estar da sociedade. Não se pode esquecer que vivemos em uma época na qual se questiona a utilidade, em função do seu estrito economicismo, do conceito de produto interno bruto (PIB). Embora o crescimento da economia ainda seja uma variável relevante para a avaliação de bem-estar coletivo, certamente está longe de ser o único. Há a intenção de incorporar conceitos como felicidade e preservação do meio ambiente nas análises de bem-estar. Como sugerem Morgan e Yeung,

> the task of prescribing substantive visions of values that regulation can legitimately pursue is controversial, given the pervasiveness of moral disagreement and value pluralism that characterizes modern societies [a tarefa de prescrever visões substantivas de valores que a regulação possa legitimamente buscar é controversa, dada a abrangência da discordância quanto aos aspectos morais e a pluralidade de valores que caracterizam as sociedades modernas].[1]

Por isso, torna-se difícil a apresentação de indicadores quantitativos que orientem a política pública.

Histórico da teoria da regulação

Na verdade, a dificuldade de definir bem-estar social sempre foi um problema para os teorizadores, formuladores e executores da regulação dos mercados na sociedade capitalista. Uma saída que se disseminou no século passado foi o uso do padrão normativo da teoria do liberalismo

---

[1] MORGAN, B.; YEUNG, K. *An introduction to law and regulation*. Cambridge: Cambridge University Press, 2007. p. 36, trad. livre.

econômico, que define o papel da regulação como aquele que corrige as "falhas de mercado".[2; 3]

Essa visão, que contorna a espinhosa tarefa de definir detalhadamente o bem-estar coletivo, parte da premissa de que o mercado competitivo perfeito contempla de forma ótima o equilíbrio entre a busca do interesse particular e a construção do bem coletivo. Resta ao regulador, portanto, fazer com que o mercado funcione adequadamente, isto é, aproxime-se de um mercado perfeitamente competitivo.

Para isso, ele tem a seu dispor uma farta literatura microeconômica com os remédios apropriados para sanar as falhas de mercado. O regulador, portanto, é fundamentalmente um técnico, que calibra o funcionamento dos mercados para garantir um equilíbrio Pareto-eficiente na interação entre os agentes econômicos. O foco da regulação, nesse caso, passa a ser a eficiência alocativa no uso dos recursos, a chamada agenda da eficiência econômica.

As principais falhas de mercado a serem "corrigidas" são:

> *Poder de mercado.* Há os monopólios e os oligopólios, em que vendedores exercem poder de mercado em detrimento dos consumidores. Assim, cabe ao Estado regulador derrubar barreiras à entrada de competidores na oferta de bens e serviços. Caso não seja viável, o regulador deve criar regras de conduta que impeçam, ou ao menos minorem, o uso do poder de mercado pelos "poderosos".

---

[2] Ver: BARTOR, F. The anatomy of market failure. *Quarterly Journal of Economics*, v. 72, n. 3, p. 351-379, ago. 1958.

[3] Segundo a teoria econômica, mais especificamente o primeiro teorema do bem-estar social, um equilíbrio de preços em uma economia de trocas cujos mercados são competitivos perfeitos – nos quais não há poder de mercado, externalidades, bem público e informação imperfeita – leva a uma alocação eficiente no sentido de Pareto. Isto é, nenhum agente econômico pode melhorar seu bem-estar sem gerar piora de bem-estar em pelo menos um agente econômico. Falhas de mercado seriam, portanto, poder de mercado, externalidades, bem público e informação imperfeita. Assim, corrigidas as falhas de mercado, poder-se-ia atingir um equilíbrio de mercado em que a alocação destinada aos agentes econômicos seria ótima no sentido de Pareto. A demonstração formal do teorema pode ser encontrada em: MAS-COLLEL, A.; WHINSTON, M.; GREEN, J. *Microeconomic theory*. Nova York: Oxford University Press, 1995. p. 549-550.

> *Externalidades*. Existem tanto as externalidades positivas (como as inovações agrícolas) como negativas (como a poluição). A teoria econômica ensina que é justificável a intervenção estatal no estímulo às boas externalidades e na coibição ou controle das ruins.

> *Informação imperfeita*. Finalmente, a assimetria de informação configura um tipo de falha de mercado em que um dos lados de determinada transação se beneficia pelo fato de conhecer melhor e em mais detalhes o produto comercializado. Além disso, o conhecimento superior pode causar danos à contraparte, se houver falta de escrúpulos. Exemplos típicos de assimetria de informação ocorrem com medicamentos, em que o natural desconhecimento científico do cidadão comum pode criar riscos a sua saúde, ou apólices de seguro e produtos financeiros complexos, em que o cliente, pessoa física, dificilmente tem condição de compreender minúcias importantes do que adquiriu. Em todos esses casos, o papel da regulação é claro, com o Estado preenchendo a lacuna de conhecimento da parte mais vulnerável na transação.

Essa abordagem da regulação, porém, começou a ser questionada a partir da década de 1970, em decorrência de novos avanços da literatura econômica. Em particular, o artigo de George Stigler, da Universidade de Chicago, colocou em questão a neutralidade do regulador que busca corrigir falhas de mercado.[4] Segundo Stigler, uma vez que qualquer regra tem como contrapartida uma transferência de renda, instaura-se de imediato a questão da captura do regulador pelos diferentes grupos de pressão da sociedade.

Por exemplo, não há dúvida de que uma atividade industrial poluidora deva ser regulamentada. O nível de exigência da lei de proteção ambiental, porém, será objeto de debate em que grupos de interesse certamente tentarão fazer prevalecer suas posições. Fabricantes de equipamentos antipoluição defenderão padrões mais rígidos, ao contrário do setor que polui.

Já no setor de telecomunicações, a definição de aumento de tarifa pelo regulador aumenta o ganho do concessionário e diminui o bem-estar

---

[4] STIGLER, G. The theory of economic regulation. *The Bell Journal of Economics and Management Science*, v. 2, n. 1, p. 3-21, 1971.

dos consumidores. Em outras situações, como a de definir a tarifa de uso de rede, a agência reguladora vai estabelecer o nível de transferências de renda entre empresas concorrentes.

Em todos esses casos, a visão de que o regulador vai arbitrar o nível ótimo de transferência do ponto de vista econômico e social recai na ingenuidade de imaginar tecnocratas invulneráveis às pressões de captura. Interesses econômicos, sociais e políticos estarão, a cada momento, pautando essas decisões, e a regulação não terá como ignorar o poder dos *lobbies*.

Um exemplo típico é o dos reajustes de serviços de utilidade pública, nos quais há o interesse direto, traduzido em popularidade e votos, de garantir à população baixas tarifas. As empresas e seus controladores, por sua vez, detentores do poder econômico, têm na mão a alavanca do financiamento das campanhas políticas. Por isso, sempre haverá riscos de captura do regulador por benefícios e vantagens proporcionados tanto pelo poder político como pelo poder econômico.

A compreensão de que o regulador não é neutro e está vulnerável à captura pôs em xeque a visão predominante que privilegiava a correção das falhas de mercado. A questão por detrás de toda a regulação, que é definir o interesse público, já não podia mais ser contornada pela simples aplicação, em termos normativos, do conhecimento da microeconomia sobre monopólios, assimetria de informações etc.

Em suma, em termos da teoria econômica, pode-se dizer que o primeiro teorema do bem-estar social, que vê a correção das falhas de mercado como conducente ao equilíbrio eficiente, foi perturbado pelos achados de teorias positivas sobre a captura do regulador, formulados por Stigler e, posteriormente, aprimorados por economistas como Peltzman, Posner e Becker.[5]

Esse avanço, por sua vez, fez com que a redoma técnica na qual a regulação se abrigou durante décadas fosse irremediavelmente aberta

---

[5] POSNER, R. Theories of economic regulation. *The Bell Journal of Economics and Management Science*, v. 5, n. 2, p. 22-50, 1974; PELTZMAN, S. Toward a more general theory of regulation. *Journal of Law and Economics*, v. 19, p. 211-240, ago. 1976; BECKER, G. A theory of competition among pressure groups for political influence. *Quarterly Journal of Economics*, v. 98, p. 371-400, ago. 1983.

para a problematização política. Diferentemente da abordagem das falhas de mercado, os trabalhos sobre captura, a partir de Stigler, não fornecem uma resposta simples para a construção de uma teoria normativa da regulação.

Desafios do Estado regulador

Tornando ainda mais difícil o entendimento do que seria o papel do Estado regulador, o crescimento da economia mundial levou a que as sociedades começassem a demandar melhora em outros campos. A sustentabilidade ambiental está obtendo uma importância crescente na agenda do desenvolvimento social. Da mesma forma, a melhora na distribuição de renda parece imperativa em algumas sociedades. Além disso, à medida que o nível de renda cresce, a busca das pessoas volta-se crescentemente para a qualidade de vida.

Assim, é inevitável que o arcabouço regulatório reflita os valores da sociedade, única forma possível de minimizar a captura e estabelecer um marco em que a regra se sobreponha à discricionariedade. Afinal, como estipular, por exemplo, os parâmetros de transferências de renda entre concessionários de serviço público e consumidores, ou entre poluidores e fabricantes de equipamentos antipoluição, sem dispor, para tanto, de um mandato claro da sociedade, na forma de princípios gerais democraticamente estabelecidos?

A grande dificuldade, porém, é definir os valores da sociedade que estarão na base dos regimes de regulação. Evidentemente, eles variam de país para país, o que torna ingênua a ideia de que "modelos" bem-sucedidos de regulação possam ser copiados e exportados – uma concepção equivocada que, de certa forma, prevaleceu na era de reformas liberais dos anos 1990, quando o *one size fits all* era a ordem do dia.

Como nação mais poderosa do mundo em termos econômicos e geopolíticos, os Estados Unidos sempre foram um modelo natural para países emergentes que redesenham suas instituições em busca do desenvolvimento. A sociedade norte-americana, entretanto, tem suas peculiaridades, nem sempre adaptáveis à mentalidade de outros povos.

O princípio da eficiência econômica, por exemplo, está solidamente enraizado nas instituições dos Estados Unidos, e a ele sempre se pode recorrer numa disputa sobre dispositivos regulatórios. Políticas e medidas que consigam ter suporte no argumento de serem favoráveis à maior eficiência econômica e à alocação eficiente dos insumos são bastante resistentes a contestações na sociedade americana, incluindo o Judiciário.

O Estado regulador nas telecomunicações brasileiras

Já no Brasil, esse princípio não está tão claro, o que fica evidente no caso das telecomunicações. Até o final da década de 1990, quando aconteceu a privatização da Telebras, o provimento de serviços e a regulação desse setor ficavam por conta do governo federal.

A telefonia fixa, na fase final da era estatal, apresentava as seguintes características: as tarifas eram controladas, como parte da política anti-inflacionária, e a compensação financeira, na forma de aportes de recursos públicos para investimento, não se materializava por questões orçamentárias prementes e de curto prazo.

Dessa forma, no final da década de 1990, ao se optar pelo modelo de venda das estatais (Telebras e Embratel), o grande desafio era convencer os investidores, especialmente internacionais, a aportar recursos no setor, uma vez que a planta de telefonia necessitava de crescimento e modernização. Era necessário, portanto, deixar claro que as regras do jogo não seriam desrespeitadas. Havia, entre outros, o receio de que se mantivesse a política de congelamento de tarifas como instrumento de combate à inflação.

Foi com o intuito de dar garantias ao investidor que o governo FHC criou a Agência Nacional de Telecomunicações (Anatel). Desse modo, com a desestatização, empresas privadas passaram a prestar o serviço e a regulação foi entregue à Anatel. Com isso, o governo federal deixou de ser o formulador das políticas para o setor de telecomunicações.

Esse novo modelo foi precedido por intensos debates, no Congresso Nacional, na imprensa, nas universidades etc. O resultado final foi a Lei Geral de Telecomunicações (Lei nº 9.472/1997). Formalmente, estava estabelecido o modelo pelo qual o setor privado passaria a fornecer o serviço, e uma agência independente de Estado, não de governo, o regularia.

No dia a dia da sociedade, porém, o novo modelo não foi devidamente digerido. A questão da independência das agências, em particular, veio à baila no início do governo do presidente Luiz Inácio Lula da Silva, em fevereiro de 2003, quando ele teria declarado que "o poder político havia sido terceirizado". A motivação do comentário, que claramente colocou em questão a autonomia das agências, seria a de que a Presidência da República era informada, pelos jornais, do reajuste dos preços administrados.

Na verdade, o presidente Lula rapidamente compreendeu que as reclamações que recebia e a enorme pressão que herdara, por conta do modelo de agências independentes, representava um problema político, e não apenas técnico. A Lei Geral das Telecomunicações não havia sido assimilada pela sociedade, e o presidente da República, como suprema autoridade do Executivo, não tinha como se esquivar da questão – ainda que, formalmente, dela tivesse sido afastado.

A reação do presidente não deveria ter espantado ninguém. Afinal, num setor vital para o país como o das telecomunicações, de um dia para o outro, saiu-se da situação em que o governo prestava o serviço e o regulava para aquela em que ele se colocava totalmente à parte. Diante de um aumento de tarifa, na nova institucionalidade, o governo não teria nada a dizer.

Por outro lado, mais importante do que se ter um regulador independente é o governo gozar do prestígio de respeitador de regras e contratos. Mas uma reputação desse tipo não se constrói de um dia para o outro, e o modelo de agências reguladoras foi um passo nessa direção.

Hoje, a importância das agências em garantir o cumprimento de contratos já não é tão grande, porque o governo brasileiro acumulou um

Regulação e aspectos institucionais brasileiros

estoque razoável de credibilidade ao longo dos últimos anos. Não se trata de dizer que as gestões atuais são mais responsáveis que as do passado, mas sim de constatar que a confiabilidade é algo que se constrói paulatinamente por longos períodos. A continuidade de fundo da política econômica brasileira e de seus compromissos desde pelo menos o Plano Real erigiu o atual estoque de credibilidade.

Experiências comparadas

É interessante notar, ainda em relação ao setor de telecomunicações, diferenças marcantes nas abordagens norte-americana e brasileira, que estão ligadas aos valores e às institucionalidades peculiares a cada uma dessas sociedades.

Como universalizar o acesso

No Brasil, diferentemente do que ocorreu nos Estados Unidos e na Europa, a privatização não consistiu na venda da empresa telefônica estatal propriamente dita, mas sim na concessão dos serviços em diferentes áreas geográficas.

Já no caso americano e de alguns países europeus, as empresas incumbentes eram simplesmente transferidas mediante leilão ao setor privado, que decidia, a partir de então, para que regiões geográficas, dentro de sua área de outorga, seriam ofertadas as prestações dos serviços. Neste modelo, a tarifa é definida pelo órgão regulador, mas a empresa não tem nenhuma obrigação de universalizar o acesso – isto é, não precisa arcar com o prejuízo oriundo da construção da infraestrutura para as áreas não rentáveis.

Isso não quer dizer que os Estados Unidos ignorem os problemas enfrentados pelas populações carentes para obter acesso aos serviços de telecomunicações. A solução encontrada pela sociedade americana foi a constituição do fundo de universalização. Assim, leilões foram realizados com o intuito de subsidiar potenciais interessados em prover os serviços em áreas carentes. Neste caso, a proposta vencedora era a da empresa que solicitasse o menor aporte financeiro estatal.

No Brasil, partiu-se para uma solução diferente. As outorgas foram concedidas com cláusulas que impunham a universalização. Além disso, as tarifas foram definidas com valores praticamente idênticos em todo o território nacional, o que caracteriza fortes subsídios cruzados inter- -regionais. São as áreas geográficas mais abastadas financiando as de menor nível de renda. Apesar dos muitos problemas que esta abordagem causou, ela obedeceu a questões e particularidades do Brasil à época. De qualquer forma, sempre foi claro que a universalização via fundos era mais eficiente do ponto de vista alocativo.

Como cobrar pelo serviço

Há, ainda, a questão da cobrança do serviço de telefonia fixa. Do ponto de vista da eficiência, o ideal é que se cobre uma tarifa pela assinatura, e nada pelo pulso, já que o custo marginal de uma ligação telefônica é praticamente nulo. Este é, como já se esperaria, o modelo nos Estados Unidos.

No Brasil, porém, por questões distributivas, esse arcabouço mais eficiente não foi adotado. Não era possível ter um sistema no qual todo o ônus incidisse apenas na assinatura, já que amplas faixas da população mais carente seriam excluídas do serviço. Dessa forma, optou-se pelo modelo no qual a receita da concessionária vem tanto da assinatura como da cobrança dos pulsos. Esta alternativa acaba levando a contas com valores mais elevados para as pessoas de maior poder aquisitivo, uma vez que elas fazem muitas ligações; e a contas mais baratas para a população mais pobre, já que esta usa o telefone quase que exclusivamente para receber ligações.

É, portanto, um sistema de subsídio entre classes de usuários. De um lado, os que usam muito os serviços de telefonia e moram em grandes centros e, no outro extremo, aqueles que utilizam pouco o serviço e residem em regiões de menor poder aquisitivo. Sem entrar no mérito dos aspectos morais e de justiça social, existem mecanismos de transferência de renda que são menos nocivos à eficiência econômica. A questão é: por que para subsidiar uma classe de usuários se faz uso de um sistema de tributação tão distorcido?

Aparentemente, a resposta a esta pergunta está associada à constatação de que os mecanismos de transferência de renda menos danosos à eficiência econômica estão exauridos. Assim, dada a institucionalidade brasileira e a necessidade arrecadatória do Estado, o que fica claro é que qualquer novo programa de benefício a um grupo de consumidores exige o uso de instrumentos fiscais que levam à perda significativa na eficiência alocativa.

Como se vê, outras considerações passaram à frente do princípio da eficiência no Brasil. Nos Estados Unidos, caso fosse constatada a necessidade de subsidiar diretamente os usuários pobres de serviços telefônicos, uma proposta como a brasileira provavelmente seria barrada com base em seus danos à eficiência do sistema. Seria buscada a alternativa que se adaptasse melhor aos princípios que regem a institucionalidade americana.

Todos esses exemplos ilustram as dificuldades, no Brasil, de definir uma agenda de trabalho para o Estado regulador. Um dos principais problemas é que os valores e princípios mais caros à sociedade brasileira ainda não são tão evidentes quanto os dos Estados Unidos e de parte dos países europeus, onde os atuais regimes democráticos estáveis são bem mais antigos que o nosso. Além disso, o esgotamento dos mecanismos de arrecadação do Estado brasileiro obriga que, a cada novo programa de transferência de renda, crie-se um mecanismo específico para financiá-lo, com perda de eficiência econômica.

COMO FICA A INDEPENDÊNCIA DAS AGÊNCIAS

Por conta disso, parece claro que deve ser vista com muita cautela a ideia de que um corpo de técnicos com mandato de tempo fixo possa, além de fiscalizar, formular a política para os setores de serviços públicos. Ainda mais considerando que são titulares de funções públicas que não chegaram aos seus postos pelo voto, mas sim pela indicação do Executivo.

É um problema fácil de ser compreendido: os técnicos não estão preparados nem são investidos para determinar os valores e princípios que nortearão a regulação no Brasil. Compete ao governo eleito pelo voto escolher o rumo e as diretrizes gerais, e às agências implementá-los e fiscalizar seu cumprimento.

No entanto, nunca é demais lembrar que a experiência de constituir agências reguladoras independentes para dar credibilidade ao modelo foi um sucesso. Mas o Brasil, como foi comentado acima, já superou aquele momento.

O Estado regulador e o papel do Banco Central do Brasil (BC)

Toda essa questão sobre regulação remete ao debate sobre o melhor modelo de banco central. Embora a autoridade monetária também cuide da regulação bancária, não é exatamente disso que se pretende tratar aqui. Na verdade, mais interessante, do ponto de vista da discussão acima, é constatar que o Banco Central do Brasil age como uma agência autônoma ao conduzir a política de controle da demanda pela fixação da taxa de juros básica e pelo uso dos instrumentos macroprudenciais, supostamente sem a interferência do resto do Executivo.

Esse modelo funcionou bem na longa fase de redução da inflação que, mesmo depois do Plano Real, ainda permaneceu por muitos anos em patamares bastante elevados para os padrões internacionais. Nessa etapa, a sociedade brasileira possuía claramente o princípio de que o controle da inflação, que tantos males causou na era hiperinflacionária, constituía a prioridade máxima da política macroeconômica.

Foi nesse contexto que o regime de metas foi estabelecido, e que o Banco Central adquiriu sua autonomia informal para perseguir uma determinada inflação, hoje fixada em 4,5%, com intervalo de tolerância de dois pontos percentuais para cima e para baixo.

A autoridade monetária foi bem-sucedida na experiência de autonomia, entregando à sociedade brasileira níveis satisfatórios de inflação. O contexto da sua atuação, porém, evoluiu, com mudanças particularmente pronunciadas após a eclosão da grande crise global no final de 2008.

A agenda da política econômica multiplicou-se. Outras prioridades ganharam importância crescente, sendo a principal a garantia de um ritmo satisfatório de crescimento e emprego. No caso, é um objetivo mais facilmente atendido por uma atuação conjunta do BC com outros braços da política econômica do governo, como os ministérios da Fazenda e do Planejamento, os bancos públicos etc.

É cada vez mais importante, portanto, que o Banco Central esteja afinado com o governo central, o que gradativamente deve pôr em xeque o projeto de caminhar para a autonomia formal da autoridade monetária. Da mesma forma como ocorre nas agências reguladoras, é ingênuo e equivocado imaginar que o corpo técnico e não eleito do Banco Central tem mandato para calibrar um variado cardápio de políticas econômicas que envolvem transferências de renda entre distintos atores econômicos e sociais.

Fatalmente, a autoridade monetária tenderá a ficar cada vez mais sensível às demandas da sociedade, que vão além do controle da inflação, interpretadas e respondidas pelas ações do Poder Executivo. Ao contrário do que tantos pensam e defendem, o Banco Central não deve caminhar na direção de formalizar sua autonomia. O modelo institucional de atuação do Banco Central brasileiro está em nova fase de construção, sendo possível que venha a dar menos autonomia a seus dirigentes.

Referências

BARTOR, F. The anatomy of market failure. *Quarterly Journal of Economics*, v. 72, n. 3, p. 351-379, ago. 1958.

BECKER, G. A theory of competition among pressure groups for political influence. *Quarterly Journal of Economics*, v. 98, p. 371-400, ago. 1983.

MAS-COLLEL, A.; WHINSTON, M.; GREEN, J. *Microeconomic theory*. Nova York: Oxford University Press, 1995.

MORGAN, B.; YEUNG, K. *An introduction to law and regulation*. Cambridge: Cambridge University Press, 2007.

PELTZMAN, S. Toward a more general theory of regulation. *Journal of Law and Economics*, v. 19, p. 211-240, ago. 1976.

POSNER, R. Theories of economic regulation. *The Bell Journal of Economics and Management Science*, v. 5, n. 2, p. 22-50, 1974.

STIGLER, G. The theory of economic regulation. *The Bell Journal of Economics and Management Science*, v. 2, n. 1, p. 3-21, 1971.

Capítulo 10
Desafios da regulação
de telecomunicações no Brasil

*Paulo Todescan Lessa Mattos**

Introdução[1]

Completados quase 15 anos da edição da Lei Geral de Telecomunicações (LGT) e da criação da Agência Nacional de Telecomunicações (Anatel) para regular serviços de telecomunicações prestados pela iniciativa privada em regime de concessões e autorizações, é possível concluir

---

* Doutor em direito pela Universidade de São Paulo (USP), professor de direito econômico da Fundação Getulio Vargas no Rio de Janeiro, pesquisador permanente do Centro Brasileiro de Análise e Planejamento (Cebrap). Foi *fulbright visiting scholar* na Yale Law School. Foi diretor vice-presidente de regulamentação, *wholesale* e estratégia de negócios de empresa de telecomunicações e exerceu função de superintendente do Banco Nacional de Desenvolvimento Econômico e Social (BNDES). Atualmente é diretor de investimentos em infraestrutura de empresa gestora de fundos de investimentos.

[1] As análises feitas em relação à regulamentação e às políticas do setor de telecomunicações referidas no presente capítulo são de minha única e exclusiva responsabilidade e não refletem as opiniões ou a visão das empresas nas quais exerci ou exerço funções executivas. Agradeço os comentários de Jorge Fagundes e os diálogos com Caio Mario Pereira Neto, Floriano de Azevedo Marques Neto, Carlos Ari Sundfeld, Rafael Oliva e Diogo Coutinho no processo de elaboração do presente capítulo.

que as privatizações e o modelo regulatório adotado geraram grandes investimentos privados no setor, o que permitiu a ampliação do acesso às telecomunicações por parte dos cidadãos brasileiros.

O Estado brasileiro vendeu em 1998, no leilão de privatização das telecomunicações, o total de 20% de suas ações das Telebras. Os restantes 80% já estavam pulverizados no mercado de capitais brasileiro. A venda ocorreu na forma de cisão do Sistema Telebras em 12 novas empresas *holdings* e gerou, pela fatia de 20% detida pelo Estado, cerca de US$ 19 bilhões em recursos para a União.[2]

A Anatel também licitou, desde 1998, licenças de telefonia móvel, de TV a cabo e de posições satelitais, e outorgou licenças de serviço de comunicação multimídia e outras que não dependem de licitação, tendo arrecadado, até hoje, mais de R$ 50 bilhões.[3]

A União ainda arrecadou, desde as privatizações, R$ 12,3 bilhões para o Fundo de Universalização dos Serviços de Telecomunicações (Fust), R$ 37,4 bilhões para o Fundo de Fiscalização das Telecomunicações (Fistel) e R$ 3,3 bilhões para o Fundo para o Desenvolvimento Tecnológico das Telecomunicações (Funtel).[4] E a arrecadação tributária aumentou exponencialmente, tendo atingido, em 2011, cerca de R$ 57,5 bilhões em impostos pagos ao ano por todas as empresas de telecomunicações.[5]

Desde as privatizações, as empresas de telecomunicações investiram uma média anual de R$ 16 bilhões de *capital expenditures* (Capex) em redes e equipamentos de telecomunicações, totalizando cerca de R$ 193 bilhões até o final de 2011.[6]

---

[2] VELASCO JR., L. A privatização no sistema BNDES. *Revista BNDES*, Rio de Janeiro, n. 33, jun. 2010.

[3] BNDES. *Privatização – Federais – Telecomunicações*. BNDES: Rio de Janeiro, 25 jun. 2009. Disponível em: <www.bndes.gov.br/SiteBNDES/bndes/bndes_pt/Institucional/BNDES_Transparente/Privatizacao/telecomunicacoes.html>. Acesso em: 9 fev. 2013.

[4] ANATEL. Relacionamento com a sociedade. *Processos de contas anuais 2010*. Disponível em: <www.anatel.gov.br/Portal/exibirPortalInternet.do>; TELEBRASIL. O desempenho do setor de Telecomunicações no Brasil: séries temporais 1T12. *Telebrasil*, Rio de Janeiro, jun. 2012. (Elaborado em parceria com o Teleco). Disponível em: <www.telebrasil.org.br>. Acesso em: 9 fev. 2013.

[5] TELEBRASIL. "O desempenho do setor de Telecomunicações no Brasil", 2012, op. cit.

[6] Ibid.

Em 1998, o Brasil tinha 13,6 acessos telefônicos fixos e 4,5 acessos móveis por 100 habitantes; hoje o país tem 33,1 acessos telefônicos fixos por 100 habitantes e 123,9 acessos móveis por 100 habitantes.[7]

Apesar do aumento da penetração dos serviços de telefonia, os municípios de menor densidade populacional e de menor renda *per capita*, bem como as áreas rurais do Brasil continuam pouco atendidos, com baixa capilaridade de telefonia fixa e pequena cobertura de telefonia móvel. Os investimentos para atender às metas de cobertura 3G no país e metas de cobertura com 450 Mhz nas áreas rurais tendem a resolver o problema da cobertura e a oferta de serviços fixo-móveis com maior capilaridade.

Porém, a fruição desses serviços tende a continuar baixa se não houver estímulos ao aumento dos minutos de utilização dos serviços (ou MOU – *minutes of use* para utilizarmos o termo técnico mercadológico em inglês). Os custos e os tributos incidentes no uso das redes de telefonia fixa e móvel continuam elevados, o que impede, no limite, uma queda mais acentuada de preços que aumente a fruição dos serviços.

Em outras palavras, não adianta termos investimentos compulsórios em redes e equipamentos se o consumidor tiver dificuldades para fruir os serviços por problemas de renda. Apesar de os acessos se manterem estáveis, a fruição dos serviços de telefonia fixa vêm caindo nos últimos anos. Em 2008, o tráfego de telefonia fixa local correspondia a 56% do tráfego de 2000.[8] E no caso da telefonia móvel, cerca de 80% dos acessos são pré-pagos, com MOU muito baixo (115 na média do primeiro trimestre de 2012)[9] se comparado com a média do MOU dos países desenvolvidos (886 na média europeia de 2011).[10]

No caso da TV por assinatura e da banda larga, praticamente não havia acessos em 1998, sendo que atualmente o Brasil tem 6,5 acessos de

---

[7] ANATEL. Anatel dados. Relatórios consolidados. *Números do Setor 1998-2011*. Disponível em: <www.anatel.gov.br/Portal/exibirPortalInternet.do>. Acesso em: 9 fev. 2013.

[8] Cf. TELEBRASIL. "O desempenho do setor de Telecomunicações no Brasil", 2012, op. cit.

[9] Ibid.

[10] Cf. GSMA; AT KEARNEY. *European Mobile Observatory*. Londres: GSMA, 2011.

TV por assinatura por 100 habitantes e 8,5 acessos de banda larga fixa por 100 habitantes. Quando incluímos no cálculo os dados de acesso à banda larga móvel, o acesso à internet (fixa e móvel) em banda larga cresce de forma mais robusta, tendo atingido penetração de 30 acessos por 100 habitantes em 2011.[11]

Apesar do crescimento dos acessos à banda larga, esse é um mercado no qual a penetração, junto com a TV por assinatura, ainda é muito baixa em função essencialmente da estrutura da demanda.

Se considerarmos apenas o lado da estrutura da oferta, fatores como disponibilidade de infraestrutura e níveis de preços são relevantes.[12] Contudo, estudos empíricos realizados nos países da OCDE apontam para fatores como renda, desigualdades sociais e educacionais e geografia, como sendo aqueles mais relevantes para determinar o nível de penetração de serviços de telecomunicações de valor mais elevado, tais como a banda larga e a TV por assinatura.[13]

Ou seja, fatores associados à estrutura da demanda são determinantes, uma vez que acabam por estabelecer os próprios limites do retorno do capital dos investimentos feitos para incrementar a oferta de infraestrutura e serviços a preços compatíveis.

A tendência é o aumento de investimentos das empresas de telecomunicações em redes multimídia que suportam serviços múltiplos de TV por assinatura e banda larga, especialmente após a abertura do mercado

---

[11] TELEBRASIL. "O desempenho do setor de Telecomunicações no Brasil", 2012, op. cit. O incremento de acesso à banda larga móvel representa peso importante no dado, havendo tendência de crescimento com o aumento da penetração de *smart phones* e *tablets*. Apesar do aumento, as velocidades de acesso na banda larga móvel ainda são relativamente baixas, se comparadas às velocidades ofertadas na banda larga fixa.

[12] BAUER, J. M.; KIM, J. H.; WILDMAN, S. S. *Broadband uptake in OECD countries*: policy lessons and unexplained patterns. In: EUROPEAN REGIONAL CONFERENCE OF THE INTERNATIONAL TELECOMMUNICATIONS SOCIETY, 14., 23-24 ago. 2003. Helsinki. *Proceedings...* Helsinki: ITS, 2003.

[13] FORD, G., KOUTSKY, T.; SPIWAK, L. The broadband efficiency index: what really drives broadband adoption across the OECD? *Paper n. 33*. Phoenix Center Policy, maio 2008; FAGUNDES, J. Universalização da banda larga no Brasil. In: ENCONTRO TELESÍNTESE, 16., 2008, Brasília. *Anais...* Brasília: Telesíntese, 2008.

de TV a cabo ao capital estrangeiro e às empresas de telefonia (Lei nº 12.485/2011).

No entanto, tende a ser menor a penetração desses serviços em municípios de baixa densidade populacional e com renda *per capita* inferior a dois salários-mínimos (20 milhões de domicílios em um total de 56 milhões), uma vez que a taxa de retorno dos investimentos será mais baixa do que nos demais mercados, sendo em alguns casos negativa (em pequenos distritos urbanos ou em áreas rurais, por exemplo).[14]

E, no caso dos investimentos para oferta de serviços de TV por assinatura e banda larga, não existem mecanismos de universalização ou subsídio da demanda inseridos no marco regulatório brasileiro, nem políticas públicas focadas na concessão de incentivos para investimentos dedicados a atender aos municípios de menor densidade populacional e à população de baixa renda.[15]

Apesar do sucesso da arrecadação de recursos por parte da União com o modelo regulatório vigente e o aumento da penetração das telecomunicações no Brasil, o ciclo virtuoso de investimentos realizados até o momento poderá não se repetir nos próximos 15 anos de forma eficiente e suficiente para gerar aumento de bem-estar em toda a sociedade se, objetivamente, não forem realizados, de forma consistente e diversificada, investimentos para ampliar a oferta de serviços e possibilitar o aumento

---

[14] INSTITUTO DE PESQUISA ECONÔMICA APLICADA (IPEA). *Comunicado n. 46*: análise e recomendações para as políticas públicas de massificação de acesso à internet em banda larga. Brasília: Ipea, 2010.

[15] Os programas governamentais Banda Larga nas Escolas e o Plano Nacional de Banda Larga (PNBL) procuraram criar metas e acordos contratuais com as concessionárias do STFC para estabelecer contrapartidas de investimentos e oferta de serviços de banda larga quando da renovação (2005) e revisão (2010-2011) dos contratos de concessão. Ocorre que a negociação de tais contrapartidas (além de "estarem fora do lugar", pois não têm qualquer relação jurídica ou econômica com o STFC), não estiveram inseridas em políticas públicas sustentáveis financeiramente no longo prazo. Ou seja, acabaram por ser acordos paliativos para investimentos e ofertas pontuais, sem que as empresas tenham reais incentivos para investir de forma estruturada no tempo. Isso porque não existem, até o momento, no setor de telecomunicações brasileiro, políticas de subsídio ou de incremento da demanda, com diferenciação por perfil de renda, tal como existem, por exemplo, no caso do setor elétrico (Luz para Todos) e no setor habitacional (Minha Casa Minha Vida).

da fruição desses serviços nos diferentes mercados consumidores, considerando discrepâncias de densidade populacional e renda *per capita*.

Isto posto, o presente capítulo tem como objetivo analisar três conjuntos de medidas regulatórias que têm o potencial de endereçar os problemas apontados, aumentando os investimentos no setor e reduzindo custos e preços de forma a melhorar o bem-estar dos consumidores:

a) definição clara sobre a não reversibilidade dos ativos de rede de telecomunicações de fibra ótica, evitando desincentivos a novos investimentos em função de o serviço telefônico fixo comutado (STFC) também cursar por fibra de suporte à banda larga e outros serviços, especialmente na última milha;

b) adoção de modelos de custo para precificação da interconexão de redes e estímulo ao compartilhamento de infraestrutura de forma a reduzir barreiras à entrada e estrutura de custos no setor; e

c) redução de impostos incidentes, utilização de fundos setoriais e conversão de multas em investimentos para subsídio da demanda em segmentos de mercado nos quais a estrutura da demanda não permite investimentos para garantir a oferta de infraestrutura e, consequentemente, o acesso e a fruição dos serviços pelos consumidores de menor renda.

Tal como ocorre no debate sobre a finalidade do direito da concorrência, a investigação sobre a finalidade da regulação das telecomunicações envolve o binômio (a) bem-estar do consumidor e (b) sustentabilidade econômico-financeira das empresas para realizar investimentos produtivos e inovar.

Atualmente, há certo consenso na literatura e nas decisões dos principais órgãos antitruste sobre a finalidade do direito da concorrência ser essencialmente a promoção do bem-estar dos consumidores.[16] Nesse sentido, os investimentos produtivos, o desenvolvimento industrial e a inovação de produtos e serviços não devem ser tolhidos pelo direito da concorrência, mas sim estimulados, mesmo em situações de aumento de concentração de poder econômico nos mercados,

---

[16] HOVENKAMP, H. *The antitrust enterprise*: principle and execution. Cambridge: Harvard University Press, 2008.

desde que o resultado líquido para os consumidores seja positivo na forma de melhor qualidade de produtos e serviços e de tendência de redução de preços no tempo.[17]

Ou seja, o fator (b) do binômio está subordinado ao fator (a). São fatores que não podem ser tratados de forma dissociada. O mesmo ocorre na operação da regulação das telecomunicações. Sua finalidade última é a promoção do bem-estar dos consumidores mediante a regulação eficiente das condições que garantam sustentabilidade econômico-financeira das empresas para realizar investimentos produtivos e inovar.

Assumindo essa premissa, analiso os três conjuntos de medidas regulatórias acima delineados e proponho os possíveis desenhos jurídico--institucionais para sua adoção no marco regulatório brasileiro.

Medidas regulatórias para futuro das telecomunicações

Reversibilidade de bens e novos investimentos

A reversibilidade de bens da concessão de serviços de telecomunicações no regime público é instituto jurídico previsto na LGT (cf. arts. 93, XI; 101; 102; 120, IX) e nos contratos de concessão do STFC.

O conceito de reversibilidade dos bens da concessão está fundado em dois preceitos no setor de telecomunicações brasileiro, quais sejam, (i) a União (poder concedente) não tem a propriedade dos bens; e (ii) a União deve garantir a continuidade e a atualidade do serviço concedido.

Quanto ao primeiro preceito, cabe destacar que o que deve ser transferido para a União ao final da concessão é apenas a posse dos bens (cf. art. 102 da LGT) e não sua propriedade, que foi adquirida pelos entes privados na privatização dos ativos do Sistema Telebras em 1998.

E a reversão da posse dos bens implicará o pagamento de indenização pelas parcelas de investimentos a eles vinculados ainda não amortizados ou

---

[17] Ibid., cap. 5.

depreciados até o término da concessão do STFC em 2025 (cf. parágrafo único do art. 102 da LGT).

Os bens cuja posse é reversível são apenas aqueles atrelados ao regime público da prestação de serviços de telecomunicações, no qual há obrigação de continuidade e universalização do serviço. No caso, a LGT expressamente previu que o STFC é serviço prestado no regime público quando objeto de concessão (cf. art. 64, parágrafo único, da LGT).

Dessa forma, todos os bens associados à continuidade e atualização do STFC no tempo têm sua posse passível de reversibilidade, devendo constar da relação de bens reversíveis das concessionárias entregue periodicamente à Anatel.

Os investimentos na manutenção e atualização da rede e dos equipamentos que dão suporte ao STFC devem ser contabilizados pelas concessionárias e pela Anatel para efeito do cálculo de amortização e depreciação dos bens no tempo (cf. parágrafo único do art. 102 da LGT).

Quanto ao segundo preceito, o poder-dever de a União garantir a continuidade e a atualidade do STFC (serviço concedido) deve estar atrelado à racionalidade econômica da prestação do serviço no tempo.

Garantir a continuidade e a atualidade do STFC até o término da concessão implica fiscalizar e criar as condições necessárias para que as concessionárias façam os investimentos necessários nas redes e equipamentos que dão suporte ao serviço (cf. art. 79, §2º, da LGT). Essas são as funções da Anatel, enquanto órgão regulador.

No caso, o objetivo dos investimentos a serem garantidos e viabilizados deve estar circunscrito apenas ao STFC no regime público (cf. parágrafo único do art. 102 da LGT). Isso porque (a) tal serviço é o objeto da concessão e (b) a União tem o poder-dever de garantir sua universalização e continuidade com recursos públicos durante a concessão (caso estabelecidas metas de universalização complementares – cf. art. 81 da LGT) ou após o término da concessão (caso ainda faça sentido, no futuro, sua continuidade do ponto de vista tecnológico e econômico).

Diante desse quadro, surge o seguinte problema: o que fazer com o fato de que, cada vez mais, os investimentos em redes e equipamentos feitos pelas empresas de telecomunicações para viabilizar serviços de banda larga (serviços de comunicação multimídia – SCM), televisão por assinatura (serviço de acesso condicionado – SeAC) e comunicação móvel (serviço móvel pessoal – SMP) se sobrepõem aos bens reversíveis originários da concessão?

Os investimentos em redes de fibra ótica têm por objetivo viabilizar outras modalidades de serviços que não o STFC. O objetivo, do ponto de vista de engenharia de rede e econômico-financeiro, não é, portanto, garantir a continuidade ou a atualidade do STFC. O objetivo dos investimentos é a oferta de mercado de serviços de telecomunicações autorizados no regime privado da LGT.

Ocorre que, em muitos casos, os bens são indivisíveis e servem tanto ao STFC como ao SCM, SeAC e SMP. Por exemplo, se uma empresa de telecomunicações substituir a última milha de par de cobre do STFC por fibra ótica (o que é necessário para garantir aumento de velocidade e capacidade de rede para serviços de banda larga e de televisão por assinatura em IPTV), tal ativo deveria ser integralmente contabilizado como bem reversível, por cursar também o STFC e ser passível de cálculo de amortização dos investimentos e depreciação do bem dentro da concessão do STFC?

Pela ótica de uma política pública de telecomunicações que tenha por objetivo estimular novos investimentos em infraestrutura para ampliar a penetração de todos os tipos de serviços de telecomunicações (independentemente de seu regime jurídico de prestação), a resposta deveria ser negativa. Ou seja, os novos investimentos que tenham por natureza e objetivo o suporte à prestação de serviços que, por sua natureza econômica e jurídica, não se confundem com o STFC, deveriam ser contabilizados fora da concessão, e os bens a eles associados não deveriam ser considerados reversíveis.

Do contrário, não faria sentido econômico para a iniciativa privada investir em ativos novos de rede de fibra ótica e equipamentos eletrônicos de banda larga que, em 2025 (prazo do término da concessão do STFC), passariam a ser integralmente posse da União. E, ao mesmo tempo, não faria sentido econômico a União ter de indenizar as parcelas de investimentos em redes de fibra ótica e equipamentos que não terão como ser amortizados ou depreciados até 2025 apenas com as receitas (em queda) advindas do STFC.

Como, então, proceder diante de tal situação? Minha sugestão é simples: definir regras do jogo claras que tragam segurança jurídica para os novos investimentos em redes de fibra ótica e equipamentos que darão suporte à expansão da banda larga, televisão por assinatura e comunicação móvel.

Um exemplo de regulamentação que poderia ser adotada seria o estabelecimento do modelo de compartilhamento contábil de custos entre as concessionárias do STFC e as autorizatárias do SCM, SeAC e SMP dentro de um mesmo grupo econômico.

A parcela dos investimentos atribuíveis à continuidade e atualização do STFC deve ser segregada contabilmente dos demais investimentos do grupo. Tal segregação é, inclusive, fundamental para dar efeito à hipótese do art. 102, parágrafo único, da LGT. Feita essa segregação contábil, a indivisibilidade do bem que serve a mais de uma modalidade de serviço de telecomunicações torna-se irrelevante, posto que, no tempo, a parcela atribuível ao STFC será cada vez menor e estará totalmente amortizada até 2025.

Mas como fica, nesse caso, a reversibilidade dos bens indivisíveis? A União, em 2025, continuaria a ter o direito de uso de tais bens para, se entender necessário, dar continuidade à prestação do STFC diretamente ou indiretamente, mediante concessão, permissão ou autorização (cf. art. 21, XI, da Constituição Federal). E, junto com o direito de uso, ocorre a posse da parcela do bem necessária à continuidade do STFC.

Seria, na prática, mais um caso de compartilhamento de rede ou "direito de passagem" – já previstos na legislação de telecomunicações e de direito administrativo no Brasil. Mas, no caso, por ser um poder-dever da União a garantia da continuidade do STFC, o compartilhamento seria compulsório, devendo o proprietário da rede garantir que haja capacidade de rede disponível para cursar o STFC.

Contudo, como a LGT em nenhum momento fala em expropriação do ativo, mas sim em posse do ativo (cf. art. 102 da LGT) para uma finalidade específica (a continuidade do STFC), não deveria haver confusão em relação à propriedade dos bens, que continua sendo da pessoa jurídica da concessionária ou das autorizatárias do grupo econômico.

Assim, também se torna irrelevante a discussão sobre se o *quantum* do bem (número de lâmbidas na fibra, por exemplo) é ou será em 2025 utilizado para cursar ou não o STFC. Uma vez que não há confusão sobre a titularidade do bem (a propriedade continua sendo da empresa, pessoa jurídica para a qual houve a venda do controle pela União em 1998), a eventual reivindicação da posse para uma finalidade específica (a continuidade do STFC em 2025) transforma-se, na prática, em reivindicação de um simples compartilhamento do uso ou passagem pelo bem.

Regras sobre separação contábil já estão previstas na LGT e na regulamentação da Anatel (cf. Resolução Anatel nº 396/2005). Basta reconhecê-las e aplicá-las aos bens indivisíveis de forma clara. Mas, mesmo assim, tais regras servirão essencialmente para a realização dos cálculos de amortização e depreciação dos bens cujos investimentos têm por motivação econômica a prestação e atualização das redes do STFC.

A realização de investimentos para a prestação de outros serviços que não o STFC não torna o bem investido reversível. Mas, se há sobreposição do ativo investido às redes do STFC ou se o ativo também for utilizado para cursar o STFC, deve ser registrada contabilmente no Documento de separação e alocação de contas (Dsac) a contratação de meios compartilhados pela concessionária do STFC junto à empresa proprietária das fibras óticas.

O problema torna-se mais complexo quando a propriedade das fibras óticas é da pessoa jurídica da concessionária. Nesse caso, deve haver distinção nos registros contábeis e separação – na relação de bens reversíveis – entre os ativos cujos investimentos foram originados com o objetivo específico de manutenção e atualização do STFC (bens reversíveis) e aqueles cujo objetivo do investimento decorre da prestação de outras modalidades de serviços de telecomunicações que não se confundem com o STFC (bens não reversíveis).

Trata-se, na prática, de uma separação virtual[18] dentro do próprio sistema de contas da pessoa jurídica da concessionária, no qual a finalidade econômica e técnica primordial de cada ativo dita o que é considerado ou não investimento na concessão do STFC. Não há, no entanto, qualquer necessidade de separação física das redes ou de separação de negócios em unidades empresarias distintas (a prestação do STFC no regime público e a prestação das demais modalidades de serviços no regime privado).[19]

O esclarecimento da reversibilidade de bens do STFC e sua separação, mesmo que não física, mas apenas contábil, em relação aos bens que dão suporte a outros serviços de telecomunicações me parecem ser essenciais para estimular novos investimentos, especialmente em fibra ótica na última milha, permitindo que os consumidores brasileiros tenham serviços de banda larga e televisão por assinatura de melhor qualidade.

Modelos de custos, interconexão e compartilhamento de rede

Modelos de custos são adotados em setores regulados com o objetivo de parametrizar taxas de retorno dos investimentos feitos por concessionárias de serviços públicos e para aumentar a transparência das contratações de

---

[18] Seria possível adotar, para esse caso, o conceito de separação virtual estabelecido no debate sobre separação de atividades entre as empresas para fins concorrenciais. Porém, no caso apresentado, a separação virtual teria por função delimitar a alocação de bens e ativos para a finalidade de políticas públicas de telecomunicações. Cf. CAVE, M. Six degrees of separation: operational separation as a remedy in European telecommunications regulation. *Communications and Strategy*, n. 64, 4th Q. 2006, dez. 2006.

[19] No máximo, por motivos estritos de planejamento fiscal, poderia ser adotada a criação de filiais da pessoa jurídica da concessionária para o registro contábil da contratação (pela matriz) de meios compartilhados para a concessão do STFC junto à proprietária das redes de fibras óticas e equipamentos utilizados primordialmente para outras modalidades de serviços de telecomunicações (filiais).

meios entre as operadoras no atacado, procurando-se evitar incentivos à discriminação.[20]

No caso de contratos de concessão que preveem taxas de retorno fixas e garantidas, os modelos de custos podem ser utilizados como instrumento para a avaliação do equilíbrio econômico e financeiro da concessionária no tempo.

Quando não há taxa de retorno prefixada, como é o caso da concessão de STFC, modelos de custos servem para avaliar a eficiência operacional das concessionárias *vis-à-vis* os investimentos realizados para o repasse de ganhos de produtividade para as tarifas do serviço de telefonia fixa.

Modelos de custos também podem ser úteis para balizar a precificação de insumos, que não pode ser eficientemente realizada apenas a partir da lei da oferta e demanda. Isso ocorre, por exemplo, no caso da interconexão de redes ou no caso do compartilhamento de redes nos quais haja monopólio da infraestrutura.

No caso da interconexão, a terminação na rede da empresa "B" de uma ligação originada na rede da empresa "A" implica necessariamente uma relação de monopólio da empresa "B" em relação à empresa "A". Isso porque não há competição possível quando uma ligação é destinada à rede de determinada empresa. Ou seja, a terminação tem de, obrigatoriamente, ocorrer naquela rede para que a ligação encaminhada seja completada.

Nesse caso, a empresa "B" poderá cobrar preço de monopólio e abusar do seu poder. Isso ocorre tanto no caso de terminações de ligações em redes fixas como em redes móveis. A empresa que cobra da outra pela terminação sempre será monopolista.[21]

---

[20] LAFFONT, J. J.; TIROLE, J. *Competition in telecommunications*: Munich lectures in economics. Cambridge, MA: The MIT Press, 2000.

[21] Esse tem sido, inclusive, o entendimento dos órgãos de defesa da concorrência em relação à definição de mercados relevantes na terminação de chamadas em redes. Cf. Parecer da Secretaria de Direito Econômico do Ministério da Justiça, datado de 23 de março de 2010, no Processo Administrativo nº 08012.008501/2007-91. Cf., também, "Orientações da Comissão Europeia relativas à análise e avaliação de poder de mercado significativo no âmbito do quadro regulamentar comunitário para as redes e serviços de comunicações eletrônicas (2002/C 165/03), 2002". Contudo, apesar de estarmos diante de uma situação de monopólio natural, não necessariamente o remédio a ser adotado seria o controle de preços. Mecanismos de aferição de custos para

Na legislação de telecomunicações em vigor no Brasil, a Anatel regula a remuneração de redes nas chamadas inter-redes, sendo que no caso das chamadas fixo-fixo e móvel-fixo paga-se TU-RL ou TU-RL + TU-RIU, dependendo do ponto de interconexão e da localidade de destino da chamada; no caso das chamadas fixo-móvel e móvel-móvel paga-se VU-M.

Nos dois casos, os valores de remuneração de redes nas chamadas inter-redes são regulados. A forma de regulação de tais valores na experiência internacional de telecomunicações envolve sempre a adoção de modelos de custos para balizar a precificação, impedindo a cobrança de preços de monopólio.

No Brasil, a precificação da TU-RL e da TU-RIU (e da TU-COM e PAT) é feita na forma de fixação tarifária,[22] uma vez que as redes fixas das concessionárias são redes de suporte do STFC no regime público da LGT. Em tese, os valores atuais de tais tarifas já estariam fixados a custo, apesar de também não existir modelo de custos conhecido elaborado pela Anatel para tanto.

Mas, no caso da terminação das chamadas em redes móveis, o VU-M não é precificado segundo modelo algum, apesar de a regulamentação do SMP ter indicado, em 2006, que a Anatel deveria adotar modelo de custos para balizar a precificação do VU-M.

Pelo fato de o VU-M ser precificado mediante livre negociação de preços entre as operadoras, posto que as redes das operadoras móveis destinam-se a prestação de serviços no regime privado da LGT, a Anatel tem evitado interferir no processo de formação de preços.[23]

Ocorre que a LGT estabeleceu, em linha com a experiência internacional, que os preços de interconexão, independentemente do tipo e da

---

aumentar a transparência no processo de precificação podem ser suficientes. Cf. VISCUSI, W. Kip; VERNON, J. M.; HARRINGTON JR., J. E. *Economics of regulation and antitrust*. 2. ed. Cambridge, MA: The MIT Press, 1995. cap. 15.

[22] Cf. Resolução Anatel nº 33/1998: regulamento de remuneração pelo uso de redes de prestadoras do serviço telefônico fixo comutado (STFC).

[23] Em sentido contraditório, a meu ver, a Anatel tem, porém, interferido na precificação do Eild e do *backhaul*, que também têm sua oferta de capacidade de rede no atacado regulada pelo regime privado da LGT, ou seja, pelo princípio de livre negociação de preços.

natureza das redes (de suporte a serviços, no regime público ou privado), devem ser isonômicos e justos e estar fundados estritamente nos custos associados à prestação do serviço (cf. art. 152 da LGT).

E mesmo havendo a previsão na LGT de que os preços no regime privado da prestação de serviços devam ser livres, isso não significa que não deva haver coibição da prática de condutas anticompetitivas no caso de abuso do poder econômico (cf. art. 129 da LGT e a Lei de Defesa da Concorrência). Ou seja, o exercício de poder econômico para a fixação de preço de monopólio no processo de definição do VU-M deve ser evitado pelo regulador por meio de medidas *ex ante* ou por meio de coação *ex post*, no caso da prática de ilícitos concorrenciais.

No caso, a adoção de modelo de custos para balizar a precificação do VU-M resolveria a questão e estaria em linha com a determinação do art. 152 da LGT (os preços devem ser isonômicos e justos, e cobrir estritamente os custos incorridos na prestação do serviço ou atividade econômica). Infelizmente, enquanto tal modelo não existe, tal como já ocorre, de certa forma, no caso da TU-RL e da TU-RIU, o mercado acaba sendo autorregulado por meio de acordos entre as operadoras (cf. art. 153 da LGT), nos quais podem existir incentivos ao abuso do poder econômico dada a posição de monopólio na terminação de redes de cada operadora.

Ao mesmo tempo, o regulador tem agido de forma discricionária e sem fundamento em modelos de custos conhecidos para reduzir artificial-mente o VU-M, tal como ocorreu com a edição da Resolução Anatel nº 576/2011. Por mais que os objetivos do regulador sejam supostamente no sentido correto de reduzir o VU-M para valores a custo,[24] o problema está na forma adotada pela Anatel, a qual acaba por gerar insegurança jurídica

---

[24] Essa é uma tendência internacional e o Brasil é um dos poucos países nos quais as receitas advindas de interconexão pelas operadoras móveis refletem valores muito superiores aos seus custos, sendo que as mesmas ainda são determinantes para a sustentabilidade financeira dessas empresas, especialmente para viabilizar o subsídio de aparelhos e pacotes de serviços no varejo cada vez mais competitivo. Cf. OECD. Developments in mobile termination. *OECD Digital Economy Papers*. Paper n. 193, 2012. Disponível em: <http://econpapers.repec.org/paper/oecs-tiaab/>. Acesso em: 9 fev. 2012.

e conflitos, posto que ainda não existe qualquer modelo de custo estabelecido para embasar a medida regulatória prevista na citada resolução.

O mesmo ocorre, a meu ver, no caso da precificação do compartilhamento de redes. A regulamentação do *line sharing* (compartilhamento do par metálico ou *unbundling*), da exploração industrial de linha dedicada (Eild) e do *backhaul* não tem por fundamento modelos de custos conhecidos (cf. Despacho nº 172 da Superintendência de Serviços Públicos, de 13 de maio de 2004, e Ato Anatel nº 2.716/2012, sendo o degrau zero deste ato aplicado *ad hoc* para o caso da precificação do *backhaul*).

A precificação do compartilhamento de redes deveria também observar a lógica de acordo com a qual, havendo capacidade excedente para compartilhamento, o mesmo deveria ocorrer segundo modelos de custos em casos nos quais não haja infraestrutura alternativa para compartilhamento.

Ou seja, se há competição entre redes, existindo mais de uma escolha para o compartilhamento por parte do demandante por acesso à rede em uma mesma localidade, a formação de preços poderia ser livre, observado o disposto no art. 129 da Lei Geral de Telecomunicações e na Lei de Defesa da Concorrência. Contudo, se estamos diante de redes que são a única alternativa para o compartilhamento, a literatura econômica é clara ao estabelecer que, nesses casos, justifica-se alguma forma de regulação do processo de precificação, mesmo que na forma de preços de referência balizados por modelos de custos.[25]

A adoção de modelos de custos para o *line sharing*, Eild e *backhaul* no caso da existência de poder de monopólio e risco de abuso de poder econômico seria plenamente justificável e desejável para criar ambiente mais transparente na formação de preços e evitar a cobrança de preço de monopólio por parte do detentor da facilidade de rede essencial para o demandante do compartilhamento.

No entanto, infelizmente a Anatel não estabeleceu modelos de custos com base em estudos econômico-financeiros conhecidos para *line sha-*

---

[25] LAFFONT, J. J.; TIROLE, J. *Competition in telecommunications*, 2000, op. cit.

ring, Eild e *backhaul*. Pelo contrário, estabeleceu precificação de forma discricionária, que acaba por gerar insegurança jurídica e conflitos no setor de telecomunicações.

A definição de modelos de custos para precificação de valores de interconexão e compartilhamento de infraestruturas em situações de monopólio é medida regulatória essencial para o estímulo ao compartilhamento de infraestrutura de forma a reduzir barreiras à entrada e diminuir assimetrias de informação sobre a estrutura de custos no setor.[26] A redução de tarifas ou preços de interconexão tende a reduzir custos e, por consequência, os preços finais ao consumidor, permitindo o aumento da penetração dos serviços ou o aumento do MOU por serviço.

Por outro lado, medidas *ad hoc* de precificação sem amparo em estudos econômico-financeiros consistentes e transparentes devem ser evitadas pela Anatel até a adoção de modelos de custos por gerarem conflitos desnecessários e desestimularem novos investimentos em infraestrutura de rede.

Redução de tributos, uso dos fundos setoriais e conversão de multas em investimentos para a ampliação do acesso aos serviços nos segmentos de mercado de baixa renda

É notório que os impostos incidentes sobre a prestação de serviços de telecomunicações acabam para onerar o consumidor sobremaneira, redu-

---

[26] Conforme a proposta técnica para a concorrência 2003/0217 da Anatel, "a Anatel e a União Internacional de Telecomunicações (UIT) contrataram consórcio formado pelas empresas Advisia, Analysys Mason e Grant Thornton para desenvolver modelos bottom-up de custos incrementais de longo prazo (*LRIC: Long Run Incremental Costs*) com o objetivo de compreender os custos de diversos serviços de atacado regulados no Brasil, incluindo aqueles relacionados com a interconexão fixa, interconexão móvel e linhas dedicadas". A Consulta Pública nº 26/2012 da Anatel, encerrada em 31/7/2012, submeteu à análise proposta de documentos relevantes para a modelagem de custos de telecomunicações, entre eles o "Documento com a abordagem conceitual para os modelos LRIC bottom-up de rede móvel e fixa". Trata-se de documento ainda preliminar e conceitual elaborado como o "Produto VI.1.6" do consórcio contratado, mas indica avanço para a modelagem de custos no setor de telecomunicações no Brasil, que está em planejamento na Anatel desde 2006. Disponível em: <www.anatel.gov.br>. Acesso em: 19 dez. 2012.

zindo o potencial de penetração dos serviços nos segmentos da população de menor renda.

O valor elevado do ICMS, que em alguns estados da Federação chega a mais de 35%, é o principal fator de inchaço dos preços das telecomunicações no Brasil.

Para resolver esse problema, deveria haver pacto federativo de redução de valores do tributo, o que não é, porém, tarefa simples do ponto de vista político, dado que tal movimento representaria, para os estados, abrir mão de receitas importantes.

Uma alternativa intermediária seria a adoção de medidas de redução do ICMS para determinados tipos de produtos, especialmente no caso dos serviços destinados à população de baixa renda ou a segmentos básicos de serviços de telecomunicações, tais como o acesso individual de classe especial (Aice) e os planos básicos de assinatura e minutos do STFC, o SMP pré-pago e os serviços de banda larga popular.

Os decretos adotados por alguns estados[27] no caso das ofertas de banda larga popular de até 1 Mbps são exemplos nesse sentido. Uma política centralizada a partir do governo federal poderia ser adotada para um conjunto mais abrangente de serviços e gerar efeito coordenado para que todos os estados da Federação reduzissem o ICMS sobre os serviços de telecomunicações.

No mesmo sentido, o governo federal poderia adotar medidas de redução e/ou investimentos do Fistel e do Fust. O Fistel, criado para lastrear financeiramente a atuação do governo federal e da Anatel nas suas atividades de fiscalização (Lei nº 5.070/1966, alterada pela Lei nº 9.472/1997), hoje não tem sua destinação apenas para tal finalidade legal, posto que a arrecadação excede a demanda de recursos por parte do regulador (anualmente são arrecadados, em média, mais de R$ 3,4 bilhões de Fistel,[28] além de cerca de R$ 2,5 bilhões de taxas de fiscalização, enquanto

---

[27] Ver, como exemplo, o Decreto nº 54.921/2009, do governador do estado de São Paulo, que criou o Programa de Banda Larga Popular. Disponível em: <www.teleco.com.br/pdf/blarga_popular.pdf>. Acesso em: 9 fev. 2013.

[28] TELEBRASIL. "O desempenho do setor de Telecomunicações no Brasil", 2012, op. cit.

o orçamento anual da Anatel com despesas gerais e gastos com pessoal é de aproximadamente R$ 1,8 bilhão ao ano).[29]

Ao mesmo tempo, o Fust foi criado para financiar as obrigações complementares de universalização de serviços de telecomunicações definidas pela União (cf. art. 81 da LGT e Lei nº 9.998/2000). Contudo, o fundo, que hoje arrecada R$ 2,7 bilhões por ano e totaliza R$ 12 bilhões de reservas, não tem sido acionado como suporte a políticas públicas de universalização de serviços públicos de telecomunicações.

O motivo econômico-financeiro para a não utilização de tais recursos e manutenção do volume de arrecadação anual nos patamares atuais reside nas metas de superávit primário do governo. Ou seja, reduzir a arrecadação do Fistel e do Fust ou investi-los em políticas públicas de ampliação ou universalização de acesso a telecomunicações representaria a redução dos recursos da União disponíveis ou aumento dos gastos públicos, o que afeta as metas de superávit.

Uma forma de resolver o problema poderia ser destinar a aplicação dos recursos diretamente por parte das operadoras: elas recolheriam uma parte dos valores para o Fistel e para o Fust, e a outra parte destinariam diretamente para o cumprimento de programas sociais definidos pelo governo em lei ou em decreto presidencial.

Dessa forma, a parcela dos recursos que não fosse recolhida para o Fistel e o Fust não seria incluída no resultado primário do governo, e os gastos realizados diretamente pelas empresas privadas não seriam computados como gastos públicos (ou subsídios e subvenções), mas não deixariam de atender às políticas públicas definidas. É certo que haveria uma diminuição das receitas totais anuais da União, posto que parte dos recursos recorrentes não seriam recolhidos ao Tesouro, mas isso não afetaria os recursos já existentes e alocados nos fundos de natureza contábil, como é o caso do Fistel e do Fust.[30]

Desse modo, se o objetivo do governo for a criação de mecanismos de subsídios da demanda para acelerar investimentos na oferta de infraes-

---

[29] Dados disponíveis em: <www.teleco.com.br/anatel.asp>. Acesso em: 9 fev. 2013.

[30] GIAMBIAGI, F.; ALÉM, A. C. *Finanças públicas*. Rio de Janeiro: Elsevier, 2008. cap. 8.

trutura e ampliação do acesso às telecomunicações – especialmente pelos segmentos da população de baixa renda ou em localidades geográficas de baixa densidade populacional –, poderia ser adotada a aplicação direta em investimentos pelas empresas de parte dos recursos do Fistel e do Fust a serem recolhidos no futuro (antes de serem recolhidos), sem que fosse necessário gastar os recursos já existentes em tais fundos.

No caso do Fistel, haveria necessidade de alteração de lei para a destinação dos recursos para investimentos não associados às atividades de fiscalização da Anatel. No caso do Fust, não seria necessária tal alteração legal, a não ser que a aplicação dos recursos transcendesse a prestação do STFC.[31] As políticas públicas com a definição de metas de investimentos dos valores integrais ou parciais devidos poderiam ser estabelecidas mediante decretos presidenciais regulamentadores das leis do Fistel e do Fust.

Outra fonte de recursos para a execução de políticas no setor são as multas aplicadas pela Anatel, que hoje totalizam mais de R$ 6 bilhões em recursos ainda não recolhidos ao Tesouro Nacional.[32]

Independentemente da discussão sobre a razoabilidade e proporcionalidade da aplicação e do acumulo das multas em questão por parte da Anatel, seria mais eficiente e econômico para o poder público (observados os princípios da Lei de Processo Administrativo Federal) promover acordos com as empresas de telecomunicações visando à aplicação de parte desses recursos, como obrigações de fazer,[33] em investimentos adicionais para ampliação do acesso e melhoria dos serviços ao consumidor.

Como em qualquer acordo que evolva processo de transação jurídica, haveria necessidade de adoção de descontos no montante dos valores de multas aplicadas (até porque são multas que, se forem executadas e pagas

---

[31] O Projeto de Lei nº 1.481/2007 visa ampliar o escopo da aplicação de recursos do Fust, especialmente para viabilizar investimentos em serviços de banda larga, para além das concessões do STFC.

[32] TRIBUNAL DE CONTAS DA UNIÃO. *Relatório de arrecadação de multas administrativas*. Disponível em: <http://portal2.tcu.gov.br/portal/page/portal/TCU/comunidades/contas/contas_governo/contas_10/fichas/Ficha%203.2_cor.pdf>. Acesso em: 9 fev. 2013. Conforme o último relatório publicado, entre 2008 e 2010 a Anatel aplicou R$ 5,8 bilhões e arrecadou apenas R$ 250 milhões.

[33] Cf. art. 68 da Lei de Processo Administrativo Federal e Lei de Ação Civil Pública.

pelas operadoras, acabarão por comprometer a capacidade de investimentos das mesmas em prejuízo do consumidor). Os acordos realizados pelo Ministério Público em ações civis públicas (termos de ajustamento de condutas) e pelo Conselho Administrativo de Defesa Econômica (Cade) em processos de natureza antitruste (termos de cessação de condutas ou termos de compromissos de desempenho) poderiam ser considerados exemplos processuais e procedimentais para a realização de acordos dessa natureza no setor de telecomunicações (note-se que tais termos já estão sendo adotados pelas demais agências reguladoras, como é o caso da Aneel, por exemplo).

Esses três movimentos, quais sejam, (i) redução de tributos, (ii) redução das alíquotas e/ou aplicação de parte dos recursos dos fundos setoriais na forma de investimentos em políticas públicas e (iii) descontos e conversão de multas em acordos para investimentos em ampliação de acesso e melhoria de serviços de telecomunicações poderiam ser medidas concretas para canalizar para novos investimentos no setor os recursos que hoje oneram o consumidor e as empresas e que acabam por ser imobilizados no resultado primário do governo segundo metas de superávit.

Tais investimentos poderiam atingir objetivos concretos de políticas públicas, permitindo que especialmente a população de baixa renda no Brasil tivesse acesso a serviços que hoje não são prestados (ou não são prestados com qualidade) simplesmente pelo fato de que a estrutura da demanda não remunera sequer o custo do capital das empresas na realização dos investimentos necessários em infraestrutura para garantir a oferta.

Conclusão

As análises e propostas feitas no presente artigo são superficiais e apenas têm o propósito de chamar a atenção para três conjuntos de medidas regulatórias que, se desenvolvidas e aplicadas, poderiam criar ambiente favorável para um novo ciclo de investimentos na ampliação de infraestrutura de telecomunicações, especialmente no caso daquelas necessárias para a massificação do acesso à banda larga e TV por assinatura nos segmentos da população de menor renda *per capita* ou em localidades geográficas com menor densidade populacional.

Adicionalmente, são medidas que tendem a estimular a modernização das redes com o aceleramento da substituição de cobre por fibra ótica, além de reduzir os preços finais dos serviços aos consumidores, permitindo maior penetração e aumento do MOU por tipo de serviço.

Apesar de ser um lugar-comum na literatura econômica e jurídica, cabe destacar que regras claras, estáveis e com estruturas de imposição de custos conhecidas e transparentes são premissas para que investimentos sejam realizados pelas firmas. Ao mesmo tempo, a regulação deve buscar a criação dos incentivos corretos para corrigir falhas de mercado e proporcionar a alocação de recursos no aumento de qualidade e inovação tecnológica dos serviços ao consumidor.

São três os conjuntos de ações regulatórias que procurei endereçar no presente capítulo, como desafios regulatórios para o aumento do potencial da penetração e do consumo de serviços, com o correspondente aumento da oferta de infraestrutura de telecomunicações: (i) garantir as condições para que novos investimentos em redes de fibras óticas sejam feitos sem a insegurança jurídica da reversibilidade de bens em função da confusão com a associação às redes de STFC das concessionárias; (ii) estabelecer modelos de custos para balizar a precificação da interconexão e do compartilhamento de redes, sem uma regulação discricionária e artificial de preços, de forma a reduzir a assimetria de informações, barreiras e custos de acessos a redes; e (iii) canalizar a alocação de recursos públicos e privados (mediante a redução de tributos e aplicação de recursos a serem recolhidos ao Tesouro – incluindo multas – ou existentes nos fundos públicos setoriais) para o subsídio da demanda, investimentos em infraestrutura e redução de preços finais ao consumidor.

Certamente outros investimentos – que não foram objeto de análise neste texto – também teriam de ser feitos pelo Estado em outros setores da economia para que seja possível ampliar o uso das telecomunicações no

Brasil em condições de melhoria do desenvolvimento econômico e social. São investimentos em educação (incluindo educação digital), em inovação tecnológica e ampliação do acesso a computadores e outros dispositivos eletrônicos (*smart phones* e *tablets*, por exemplo) e em provimento de serviços eletrônicos governamentais (*e-gov*), que constituem outras alavancas fundamentais para o sucesso de qualquer plano de massificação do acesso a telecomunicações e inclusão digital.[34]

Referências

BAUER, J. M.; KIM, J. H.; WILDMAN, S. S. Broadband uptake in OECD countries: policy lessons and unexplained patterns. In: EUROPEAN REGIONAL CONFERENCE OF THE INTERNATIONAL TELECOMMUNICATIONS SOCIETY, 14., 23-24 ago. 2003. Helsinki. *Proceedings...* Helsinki: ITS, 2003.

CAVE, M. Six degrees of separation: operational separation as a remedy in European telecommunications regulation. *Communications and Strategy*, n. 64, 4th Q. 2006, dez. 2006.

EUROPEAN COMMISSION (EC). *Connecting Europe at high speed in national broadband strategies*. Bruxelas: EC, 2004.

FAGUNDES, J. Universalização da banda larga no Brasil. In: ENCONTRO TELESÍNTESE, 16., 2008, Brasília. *Anais...* Brasília: Telesíntese, 2008.

FEDERAL COMMUNICATIONS COMMISSION (FCC). *National broadband plan*: connecting America. Washington: FCC, 2010.

FORD, G.; KOUTSKY, T.; SPIWAK, L. The broadband efficiency index: what really drives broadband adoption across the OECD? *Paper n. 33*. Phoenix Center Policy, maio 2008.

GIAMBIAGI, F.; ALÉM, A. C. *Finanças públicas*. Rio de Janeiro: Elsevier, 2008. cap. 8.

---

[34] Para saber mais sobre o assunto, ver: EUROPEAN COMMISSION (EC). *Connecting Europe at high speed in national broadband strategies*. Bruxelas: EC, 2004; FEDERAL COMMUNICATIONS COMMISSION (FCC). *National broadband plan*: connecting America. Washington: FCC, 2010.

GSMA; AT KEARNEY. *European Mobile Observatory.* GSMA: Londres, 2011.

HOVENKAMP, H. *The antitrust enterprise*: principle and execution. Cambridge: Harvard University Press, 2008.

INSTITUTO DE PESQUISA ECONÔMICA APLICADA (IPEA). *Comunicado nº 46*: análise e recomendações para as políticas públicas de massificação de acesso à internet em banda larga. Brasília: Ipea, 2010.

LAFFONT, J. J.; TIROLE, J. *Competition in telecommunications*: Munich lectures in economics. Cambridge, MA: The MIT Press, 2000.

VELASCO JR., L. A privatização no sistema BNDES. *Revista BNDES*, Rio de Janeiro, n. 33, jun. 2010.

VISCUSI, W. Kip; VERNON, J. M.; HARRINGTON JR., J. E. *Economics of regulation and antitrust.* 2. ed. Cambridge, MA: The MIT Press, 1995. cap. 15.

Capítulo 11
Regulação da atividade de petróleo e do gás natural no Brasil

*Patrícia Regina Pinheiro Sampaio**

Introdução

O objetivo deste capítulo consiste em fornecer um breve panorama sobre a regulação do setor de petróleo e gás no Brasil.

Para esse fim, faremos um breve retrospecto histórico da legislação. Em seguida, analisaremos as normas dispostas na Constituição Federal de 1988 e a autorização, trazida pela Emenda Constitucional nº 9/1995, para que a União Federal possa contratar, na forma da lei, a execução de parcelas de seu monopólio com a iniciativa privada.

A partir dessa mudança constitucional, foram promulgadas novas leis que compõem o atual arcabouço regulatório do setor, complementadas pelos decretos presidenciais e pelos atos normativos editados pela Agência Nacional do Petróleo, Gás Natural e Biocombustíveis (ANP). O texto abordará, nesse sentido, o regime jurídico das concessões industriais, as

---

* Professora da Escola de Direito do Rio de Janeiro da Fundação Getulio Vargas (FGV Direito Rio) e pesquisadora do Centro de Pesquisa em Direito e Economia (CPDE/FGV Direito Rio). Doutora e mestre pela Faculdade de Direito da Universidade de São Paulo (USP).

novidades trazidas pelo marco regulatório do pré-sal e a disciplina do transporte de gás natural.

Breve histórico do setor

As primeiras atividades no setor petrolífero nacional datam ainda do século XIX, por meio de contratos de concessão.[1]

A Constituição de 1934 determinou a distinção entre propriedade do solo e das minas situadas no subsolo[2] e, nesse mesmo ano, foi promulgado o Código de Minas (Decreto nº 24.642/1934), que vigorou até 1940, submetendo as atividades de petróleo e gás natural ao mesmo regime jurídico das substâncias minerais, prevendo a possibilidade de sua exploração por meio de concessões e autorizações.[3] Em 1936, a empresa de Monteiro Lobato obteve êxito na descoberta de petróleo em território nacional.[4]

---

[1] BARBOSA, Alfredo Ruy. Breve panorama dos contratos no setor de petróleo. In VALOIS, Paulo (Org.). *Temas de direito do petróleo e do gás natural*. Rio de Janeiro: Lumen Juris, 2002. p. 38.

[2] Constituição de 1934: "Art. 118. As minas e demais riquezas do subsolo, bem como as quedas d'água, constituem propriedade distinta da do solo para o efeito de exploração ou aproveitamento industrial".

[3] Alfredo Ruy Barbosa esclarece que "divergem as opiniões técnicas a respeito da origem natural do petróleo – se química, orgânica ou inorgânica". Todavia, segundo o autor, "a despeito dessa controvérsia técnica, o fato é que o legislador brasileiro optou por tratar de forma análoga todos os recursos naturais gerados no subsolo, submetendo-os, sem qualquer distinção, aos mesmos princípios e regras gerais. Por isso o petróleo sempre foi tratado, juridicamente, no Brasil, como uma substância mineral". O autor comenta que essa característica já estava presente no Código de Minas promulgado pelo Decreto nº 24.642, de 10/7/1934 (BARBOSA, Alfredo Ruy. A natureza jurídica da concessão para exploração de petróleo e gás natural. In VALOIS, Paulo (Org.). *Temas de direito do petróleo e do gás natural*. Rio de Janeiro: Lumen Juris, 2005. v. II, p. 19).

[4] Conforme narram Fiorillo e Ferreira, citando lição de Vogt: "Sua luta pelo petróleo e por sua exploração e produção nacional merece destaque na medida em que 'ele próprio [Monteiro Lobato], em 1931, criara a Companhia Petróleo do Brasil [...] conseguindo, enfim, em 1936, que a sonda de Alagoas, de propriedade de sua empresa, depois de ser interditada por intervenção federal, fizesse jorrar, a 250 metros de profundidade, no poço São João, de Riacho Doce, o primeiro jato de gás de petróleo'"(FIORILLO, Celso Antonio; FERREIRA, Renata Marques. *Curso de direito da energia*. 2. ed. São Paulo: Saraiva, 2010. p. 123).

Inicialmente, a gestão das atividades relacionadas ao petróleo esteve a cargo do Departamento Nacional de Produção Mineral até que, em 1938, o presidente Getúlio Vargas determinou a criação do Conselho Nacional do Petróleo, ligado à presidência da República.[5] O novo Código de Minas, promulgado em 1940, também previu que a exploração dos recursos minerais dependeria de prévia outorga (autorização).[6]

Em 1953, fruto da campanha "O petróleo é nosso", a Lei nº 2.004 determinou o monopólio da União sobre diversas atividades petrolíferas, reafirmou a competência do Conselho Nacional do Petróleo e autorizou a constituição da Petróleo Brasileiro S.A. (Petrobras), sociedade de economia mista que seria a executora do monopólio da União Federal. Deve ser ressaltado que as atividades de distribuição e revenda de combustíveis não foram monopolizadas.[7]

A Constituição Federal de 1967 elevou a *status* de norma constitucional a determinação de serem a pesquisa e a lavra de petróleo monopólios da União,[8] redação essa mantida pela Emenda Constitucional de 1969. Não houve, portanto, alteração substantiva do regime jurídico dessas atividades, merecendo menção, durante sua vigência, a tentativa do governo de atrair capital estrangeiro para o setor mediante a celebração dos denominados "contratos de risco". Por meio desses contratos, o concessionário

---

[5] Decreto-Lei nº 395/1938.

[6] Decreto-Lei nº 1.985/1940, que revogou o Decreto nº 24.642/1934.

[7] Lei nº 2.004/1953. "Art. 1º. Constituem monopólio da União: I. a pesquisa e a lavra das jazidas de petróleo e outros hidrocarbonetos fluidos e gases raros, existentes no território nacional; II. a refinação do petróleo nacional ou estrangeiro; III. o transporte marítimo do petróleo bruto de origem nacional ou de derivados de petróleo produzidos no País, e bem assim o transporte, por meio de condutos, de petróleo bruto e seus derivados, assim como de gases raros de qualquer origem. Art. 2º. A União exercerá o monopólio estabelecido no artigo anterior: I. por meio do Conselho Nacional do Petróleo, como órgão de orientação e fiscalização; II. por meio da sociedade por ações Petróleo Brasileiro S. A. e das suas subsidiárias, constituídas na forma da presente lei, como órgãos de execução". Este diploma legal vigorou até 1997, quando foi revogado pela Lei nº 9.478.

[8] Constituição Federal de 1967: "Art. 162. A pesquisa e a lavra de petróleo em território nacional constituem monopólio da União, nos termos da lei".

assumia todos os riscos do empreendimento, sendo reembolsado, sem juros, dos custos da exploração e do desenvolvimento dos campos pesquisados e tendo, ainda, o direito de adquirir uma certa quantidade do petróleo ou gás descoberto, a preços internacionais, até o limite máximo correspondente ao valor de sua remuneração.[9]

O advento da Constituição de 1988 não alterou, em um primeiro momento, o regime jurídico do setor. O art. 177 da Carta Magna manteve o monopólio da União Federal sobre diversas etapas das cadeias produtivas do petróleo e do gás natural:

> Art. 177. Constituem monopólio da União:
> I. a pesquisa e a lavra das jazidas de petróleo e gás natural e outros hidrocarbonetos fluidos;
> II. a refinação do petróleo nacional ou estrangeiro;
> III. a importação e exportação dos produtos e derivados básicos resultantes das atividades previstas nos incisos anteriores;
> IV. o transporte marítimo do petróleo bruto de origem nacional ou de derivados básicos de petróleo produzidos no País, bem assim o transporte, por meio de conduto, de petróleo bruto, seus derivados e gás natural de qualquer origem;
> V. a pesquisa, a lavra, o enriquecimento, o reprocessamento, a industrialização e o comércio de minérios e minerais nucleares e seus derivados, com exceção dos radioisótopos cuja produção, comercialização e utilização poderão ser autorizadas sob regime de permissão, conforme as alíneas "b" e "c" do inciso XXIII do *caput* do art. 21 desta Constituição Federal.[10]

Na redação original aprovada em 1988 era vedado à União "ceder ou conceder qualquer tipo de participação, em espécie ou em valor, na exploração de jazidas de petróleo ou gás natural" (art. 177, §1º).[11]

---

[9] BARBOSA, Alfredo Ruy. "Breve panorama dos contratos no setor de petróleo", 2002, op. cit., p. 39.
[10] Redação do inciso V conferida pela Emenda Constitucional nº 49, de 2006.
[11] Constituição Federal. Redação original: "Art. 177. [...] §1º. O monopólio previsto neste artigo inclui os riscos e resultados decorrentes das atividades nele mencionadas, sendo vedado à União

Essa situação somente veio a se alterar a partir de 1995, ano em que, na esteira das reformas liberalizantes, foi promulgada a Emenda Constitucional nº 9/1995, abrindo a possibilidade de a União Federal contratar com empresas estatais e privadas o exercício de parcelas do seu monopólio, na forma da lei.[12] As alterações promovidas pela Emenda Constitucional nº 9/1995 podem ser compreendidas como parte integrante do movimento de desestatização[13] da economia brasileira, cujas primeiras medidas foram tomadas com a promulgação da Lei nº 8.031/1990, que instituiu o Programa Nacional de Desestatização (PND). Principalmente a partir da segunda metade da década de 1990, esse projeto foi aprofundado, com um amplo programa de delegação à iniciativa privada da execução de serviços públicos, como telecomunicações, energia elétrica, rodovias, ferrovias, bem como da delegação da execução de atividades monopolizadas pelo Estado (como petróleo e gás natural).

Antes de passarmos a detalhar o regime jurídico das atividades de petróleo e gás natural após essa mudança da redação constitucional, duas ressalvas iniciais parecem-nos necessárias.

Em primeiro lugar, cumpre salientar que nem todas as etapas da cadeia produtiva do petróleo constituem monopólio da União. As atividades de distribuição e revenda de combustível, por exemplo, não estão elencadas nos incisos I a V do art. 177 da Constituição Federal, sendo atividades privadas regulamentadas, abertas à iniciativa privada.

No que tange ao gás natural, merece ser esclarecido que a competência da União Federal não inclui a distribuição de gás canalizado, acometida

---

ceder ou conceder qualquer tipo de participação, em espécie ou em valor, na exploração de jazidas de petróleo ou gás natural, ressalvado o disposto no art. 20, §1º".

[12] Constituição Federal. Redação conferida pela Emenda Constitucional nº 9/1995: "Art. 177 [...] §1º. A União poderá contratar com empresas estatais ou privadas a realização das atividades previstas nos incisos I a IV deste artigo observadas as condições estabelecidas em lei".

[13] Marcos Juruena Villela Souto define o processo de desestatização nos seguintes termos: "É a retirada do Estado de atividades reservadas constitucionalmente à iniciativa privada (princípio da livre iniciativa) ou de setores em que ela possa atuar com maior eficiência (princípio da economicidade); é o gênero do qual são espécies a privatização, a concessão, a permissão, a terceirização e a gestão associada de funções públicas" (SOUTO, Marcos Juruena Villela. *Direito administrativo da economia*. 3. ed. Rio de Janeiro: Lumen Juris, 2003. p. 147).

pelo art. 25, §2º, da Constituição Federal aos estados-membros da Federação, sendo considerada serviço público.[14]

Assim, tendo sido esclarecidas as etapas da cadeia produtiva do petróleo e gás que são monopolizadas por força de determinação constitucional, apresentam-se abaixo as modalidades admitidas de sua delegação à iniciativa privada, que foram introduzidas no direito pátrio a partir da autorização constitucional conferida pela Emenda Constitucional nº 9/1995.

A criação da ANP e o regime das concessões industriais

Dando concretude à autorização constitucional trazida pela Emenda Constitucional nº 9/1995, em 1997 foi promulgada a Lei nº 9.478.

Por meio desse diploma legal foi instituído o Conselho Nacional de Política Energética (CNPE), com a atribuição de propor ao presidente da República políticas nacionais e medidas específicas relacionadas a questões de energia, incluindo tanto as atividades que compõem as cadeias produtivas do petróleo e gás quanto o setor elétrico. O CNPE substituiu, com competências ampliadas, o CNP.

A Lei nº 9.478/1997 foi também responsável pela criação da Agência Nacional do Petróleo (ANP), agência reguladora federal, em regime especial, responsável pela normatização e fiscalização do setor.[15] A presença de uma entidade reguladora autônoma foi vislumbrada como necessária em um contexto no qual se procurava atrair a iniciativa privada para investimentos no setor e, nesse sentido, conferir segurança jurídica e previsibilidade à regulação setorial e aos contratos a serem firmados.[16]

---

[14] "Art. 25. [...] §2º. Cabe aos Estados explorar diretamente, ou mediante concessão, os serviços locais de gás canalizado, na forma da lei, vedada a edição de medida provisória para a sua regulamentação." Para uma análise detalhada da cadeia produtiva do gás natural e sua regulação, ver: LOSS, Giovani Ribeiro. *A regulação setorial do gás natural*. Belo Horizonte: Fórum, 2007.

[15] A Lei nº 11.097/2005 alterou a denominação da ANP para Agência Nacional do Petróleo, Gás Natural e Biocombustíveis.

[16] A criação de um órgão regulador foi exigida pela própria Emenda Constitucional nº 9/1995, que alterou a redação do §2º do art. 177, passando a dispor: "§2º. A lei a que se refere o §1º disporá

Regulação da atividade de petróleo e do gás natural no Brasil

De uma atividade até então executada exclusivamente pelo Estado, por meio da Petrobras, a Lei nº 9.478/1997 passou a permitir a celebração de contratos de concessão industrial, por meio dos quais, após o devido processo licitatório, transfere-se a concessionários a possibilidade de exploração e, em caso de êxito, produção de petróleo a partir de um determinado bloco, pelo tempo previsto no contrato.[17]

De acordo com o modelo de concessão, o risco da fase exploratória, isto é, da pesquisa acerca da existência de petróleo e gás natural comercialmente viável no bloco, fica a cargo do investidor privado. Em caso de insucesso, este perde os investimentos realizados, sem ônus para o poder público. Por outro lado, em sendo exitoso, apropria-se do resultado da produção, pagando os tributos e demais encargos legal e contratualmente previstos.[18]

Relevante é mencionar que o dispositivo legal que estabeleceu o regime de concessão industrial (e a apropriação privada do resultado da produção) foi objeto de ação direta de inconstitucionalidade (ADI nº 3.273).[19]

---

sobre: I. a garantia do fornecimento dos derivados de petróleo em todo o território nacional; II. as condições de contratação; III. a estrutura e atribuições do *órgão regulador* do monopólio da União" (grifos nossos).

[17] Lei nº 9.478/1997: "Art. 23. As atividades de exploração, desenvolvimento e produção de petróleo e de gás natural serão exercidas mediante contratos de concessão, precedidos de licitação, na forma estabelecida nesta Lei, ou sob o regime de partilha de produção nas áreas do pré-sal e nas áreas estratégicas, conforme legislação específica" (redação dada pela Lei nº 12.351/2010). Merece ser esclarecido que a redação original desta norma não previa o regime de partilha de produção, introduzido no direito brasileiro no contexto da discussão sobre o modelo mais adequado para exploração e produção nas reservas situadas na camada pré-sal, conforme esclarecido adiante neste texto.

[18] Trata-se de concessão de atividade econômica monopolizada e não de concessão de serviço público. Nesse sentido, Floriano de Azevedo Marques Neto: "Temos então tratar-se da concessão de uma atividade econômica reservada constitucionalmente ao monopólio, outorga esta precedida da decisão da União (titular do monopólio) de explorar indiretamente, naquele bloco, sua prerrogativa constitucional" (MARQUES NETO, Floriano. *Bens públicos – função social e exploração econômica*: o regime jurídico das utilidades públicas. Belo Horizonte: Fórum, 2009. p. 199).

[19] Trata-se do *caput* do art. 26 da Lei nº 9.478/1997: "Art. 26. A concessão implica, para o concessionário, a obrigação de explorar, por sua conta e risco e, em caso de êxito, produzir petróleo ou gás natural em determinado bloco, *conferindo-lhe a propriedade desses bens, após extraídos*, com os encargos relativos ao pagamento dos tributos incidentes e das participações legais ou

Argumentou-se nessa ação serem as jazidas de petróleo e gás natural bens da União,[20] de modo que permitir a apropriação privada do resultado da sua extração alegadamente violaria essa previsão constitucional, além de ofender o monopólio estatal sobre a atividade.

No entanto, a tese não logrou êxito no Supremo Tribunal Federal. A partir das razões lançadas no voto do ministro Eros Roberto Grau, o tribunal, por maioria, decidiu que a apropriação dos bens, pela concessionária, do resultado da produção decorrente de contrato de concessão regularmente celebrado não feria a titularidade pública da jazida de petróleo nem o monopólio da União,[21] sendo, inclusive, a regra para os demais recursos minerais, conforme expressa dicção do art. 176 da Constituição Federal.[22] Portanto, o regime de concessão industrial foi declarado compatível com a Constituição Federal de 1988.[23]

---

contratuais correspondentes". A alegação de inconstitucionalidade referia-se especialmente à locução por nós grifada.

[20] Conforme art. 20, IX, da CF/88: "São bens da União: [...] IX. os recursos minerais, inclusive os do subsolo".

[21] Nas palavras do ministro Eros Roberto Grau: "A propriedade do produto da lavra das jazidas minerais atribuída ao concessionário pelo artigo 176 da Constituição do Brasil é inerente ao modo de produção social capitalista. A concessão seria materialmente impossível sem que o proprietário se apropriasse do produto da exploração da jazida. O mesmo se dá quanto ao produto do exercício das atividades comentadas com empresas estatais ou privadas nos termos do §1º do artigo 177 da Constituição do Brasil. Essas contratações [...] seriam materialmente impossíveis sem que os contratados da União se apropriassem, direta ou indiretamente, do produto da exploração das jazidas de petróleo, de gás natural e de outros hidrocarbonetos fluidos. Apropriação direta ou indireta – enfatizo – no quadro das inúmeras modalidades de contraprestação atribuíveis ao contratado, a opção por uma das quais efetivamente consubstancia, como anteriormente afirmado, uma escolha política. [...] Extirpada do preceito a proibição de ceder ou conceder qualquer tipo de participação na exploração petrolífera, seja em espécie (petróleo) ou em valor (dinheiro), a EC 9/95 permite que a União transfira ao 'concessionário' a propriedade do produto da exploração de jazidas de petróleo e de gás natural, observadas as normas legais. Aí um novo regime de monopólio, que é o que a EC n. 9/95 preconiza" (voto-vista na ADI nº 3.273).

[22] Constituição Federal: "Art. 176. As jazidas, em lavra ou não, e demais recursos minerais e os potenciais de energia hidráulica constituem propriedade distinta da do solo, para efeito de exploração ou aproveitamento, e pertencem à União, garantida ao concessionário a propriedade do produto da lavra".

[23] Nesse mesmo sentido, conclui Floriano de Azevedo Marques Neto: "Portanto, em sede do setor de hidrocarboneto, temos que o bem público genérico (universalidade jazida) só se converte

Merece destaque que a Lei nº 9.478/1997 modificou, ainda, o regime jurídico da Petrobras. De empresa "executora do monopólio da União", essa passou a ser estatal em "livre competição com outras empresas, em função das condições de mercado" (art. 61, §1º).[24]

A partir desse momento, a lei exigiu a clara separação entre o titular do monopólio (a União Federal), a entidade da administração pública responsável por sua gestão (a ANP) e a sociedade de economia mista federal que, em competição com a iniciativa privada, poderia disputar os direitos de exploração e produção que viessem a ser licitados (a Petrobras).[25] Em razão dessa profunda alteração de sua natureza, a lei previu que deveria ser providenciada a separação entre os ativos da estatal e aqueles pertencentes à União Federal – esta última o ente político detentor do monopólio constitucional –, devendo a estatal ser indenizada pelos investimentos que tivesse realizado até aquele momento.[26]

---

no petróleo, gás natural ou hidrocarboneto resultado da lavra pelo exercício do direito de uso do agente a quem foi atribuído ou outorgado o direito de pesquisa e lavra. O petróleo ou o gás, bem como os demais recursos minerais, após extraídos, são apropriados pelo particular concessionário da lavra como o fruto, o resultado da exploração do bem público cujo uso privativo lhe foi conferido (a jazida), na medida em que o direito de uso da mina se convola em direito de propriedade do mineral" (MARQUES NETO, Floriano. *Bens públicos – função social e exploração econômica*, 2009, op. cit., p. 332).

[24] Dessa forma, conforme constata Marcos Juruena Villela Souto, "a Petrobras passou, assim, a exercer uma intervenção concorrencial no domínio econômico e não mais uma intervenção monopolística" (SOUTO, Marcos Juruena Villela. *Direito administrativo das concessões*. Rio de Janeiro: Lumen Juris, 2004. p. 103). Sua natureza de sociedade de economia mista foi preservada pelo disposto no art. 62 da Lei nº 9.478/1997: "Art. 62. A União manterá o controle acionário da Petrobras com a propriedade e posse de, no mínimo, cinquenta por cento das ações, mais uma ação, do capital votante. Parágrafo único. O capital social da Petrobras é dividido em ações ordinárias, com direito de voto, e ações preferenciais, estas sempre sem direito de voto, todas escriturais, na forma do art. 34 da Lei nº 6.404, de 15 de dezembro de 1976".

[25] Lei nº 9.478/1997: "Art. 21. Todos os direitos de exploração e produção de petróleo, de gás natural e de outros hidrocarbonetos fluidos em território nacional, nele compreendidos a parte terrestre, o mar territorial, a plataforma continental e a zona econômica exclusiva, pertencem à União, cabendo sua administração à ANP, ressalvadas as competências de outros órgãos e entidades expressamente estabelecidas em lei".

[26] Lei nº 9.478/1997: "Art. 22. O acervo técnico constituído pelos dados e informações sobre as bacias sedimentares brasileiras é também considerado parte integrante dos recursos petrolíferos nacionais, cabendo à ANP sua coleta, manutenção e administração. §1º. A Petróleo Brasileiro

O marco regulatório do pré-sal

Nos últimos anos, foram publicadas informações relacionadas à existência de vastas reservas de petróleo na camada do pré-sal,[27] tendo sido amplamente noticiados na mídia dados significativos acerca da expansão da oferta de petróleo que essas descobertas gerariam, colocando o país em um novo patamar em termos de produção.[28]

S.A. – Petrobras transferirá para a ANP as informações e dados de que dispuser sobre as bacias sedimentares brasileiras, assim como sobre as atividades de pesquisa, exploração e produção de petróleo ou gás natural, desenvolvidas em função da exclusividade do exercício do monopólio até a publicação desta Lei. §2º. A ANP estabelecerá critérios para remuneração à Petrobras pelos dados e informações referidos no parágrafo anterior e que venham a ser utilizados pelas partes interessadas, com fiel observância ao disposto no art. 117 da Lei nº 6.404, de 15 de dezembro de 1976 [a Lei das Sociedades por Ações], com as alterações procedidas pela Lei nº 9.457, de 5 de maio de 1997".

[27] A Lei nº 12.351/2010 define a camada pré-sal como "a região do subsolo formada por um prisma vertical de profundidade indeterminada, com superfície poligonal definida pelas coordenadas geográficas de seus vértices estabelecidas no Anexo desta Lei, bem como outras regiões que venham a ser delimitadas em ato do Poder Executivo, de acordo com a evolução do conhecimento geológico". Portanto, trata-se de um polígono formado a partir de coordenadas mencionadas no anexo da própria Lei nº 12.351/2010.

[28] Ver, a título ilustrativo, os dados publicados pelo jornal *Folha de S.Paulo* em outubro de 2010: "A ANP (Agência Nacional do Petróleo) informou nesta sexta-feira que a reserva de Libra, na Bacia de Santos, tem de 3,7 a 15 bilhões de barris de óleo equivalente. O mais provável, no entanto, é que a área tenha 7,9 bilhões de barris, segundo relatório da certificadora Gaffney, Cline & Associates. Se o potencial chegar a 15 bilhões, será a maior área já descoberta e vai mais que dobrar as reservas brasileiras, já que as confirmadas até o momento somam 14 bilhões de barris" (JUNIOR, Cirilo. Nova descoberta do pré-sal pode dobrar reservas de petróleo no Brasil. *Folha de S.Paulo*, 29 out. 2010. Disponível em: <www1.folha.uol.com.br/mercado/822358-nova--descoberta-do-pre-sal-pode-dobrar-reservas-de-petroleo-no-brasil.shtml>. Acesso em: maio de 2012). Informações mais recentes mencionam que já há descobertas estimadas de mais de 10 bilhões de barris: "A Petrobras declarou à ANP (Agência Nacional de Petróleo) a comercialidade da área de Guará, na Bacia de Santos, que tem reservatórios na camada pré-sal, é gigantesco e um dos maiores do país. A informação foi divulgada pela empresa, por meio de nota à imprensa, na noite da quinta-feira (29). Segundo a estatal, a área de Guará tem reservas estimadas em 2,1 bilhões de barris de óleo de densidade média – considerado de boa qualidade. [...] Apenas com Lula, Cernambi e Sapinhoá, o pré-sal da Bacia de Santos já tem reservas comerciais estimadas em mais de 10 bilhões de barris. A declaração de comercialidade do campo foi antecipada em um ano. O bloco é operado pela Petrobras (45%), em parceria com as empresas BG Group (30%) e Repsol Sinopec Brasil (25%)" (PETROBRAS avisa ao governo que vai explorar "área gigante" do

Esses dados fizeram com que tivesse início no país uma ampla discussão acerca da adequação ou não do modelo de concessão industrial, estabelecido pela Lei nº 9.478/1997, para reger a exploração e produção do petróleo e gás natural nessas áreas. Nesse contexto, já em junho de 2010, a Lei nº 12.276 autorizou a União a ceder onerosamente à Petrobras, com dispensa de licitação, o exercício das atividades de pesquisa e lavra de petróleo, de gás natural e de outros hidrocarbonetos fluidos situados em áreas ainda não concedidas da camada pré-sal, até o limite de cinco bilhões de barris de petróleo.[29]

O debate acerca do melhor regime jurídico para disciplinar as atividades a serem realizadas na camada pré-sal culminou com a aprovação, em dezembro de 2010, da Lei nº 12.351, que introduziu no direito brasileiro o regime de partilha de produção.[30] Comparativamente ao modelo da con-

---

pré-sal. *R7 Notícias*, 30 dez. 2011. Disponível em: <http://noticias.r7.com/economia/noticias/petrobras-avisa-governo-que-vai-explorar-area-gigante-do-pre-sal-20111230.html>. Acesso em: maio de 2012).

[29] Lei nº 12.276/2010: "Art. 1º. Fica a União autorizada a ceder onerosamente à Petróleo Brasileiro S.A. – PETROBRAS, dispensada a licitação, o exercício das atividades de pesquisa e lavra de petróleo, de gás natural e de outros hidrocarbonetos fluidos de que trata o inciso I do art. 177 da Constituição Federal, em áreas não concedidas localizadas no pré-sal. §1º. A Petrobras terá a titularidade do petróleo, gás natural e outros hidrocarbonetos fluidos produzidos nos termos do contrato que formalizar a cessão definida no *caput*. §2º. A cessão de que trata o *caput* deverá produzir efeitos até que a Petrobras extraia o número de barris equivalentes de petróleo definido em respectivo contrato de cessão, não podendo tal número exceder a 5.000.000.000 (cinco bilhões) de barris equivalentes de petróleo".

[30] A Lei nº 12.351, em seu art. 2º, define o contrato de partilha como o "regime de exploração e produção de petróleo, de gás natural e de outros hidrocarbonetos fluidos no qual o contratado exerce, por sua conta e risco, as atividades de exploração, avaliação, desenvolvimento e produção e, em caso de descoberta comercial, adquire o direito à apropriação do custo em óleo, do volume da produção correspondente aos *royalties* devidos, bem como de parcela do excedente em óleo, na proporção, condições e prazos estabelecidos em contrato" (inciso I). O custo em óleo, por sua vez, consiste na "parcela da produção de petróleo, de gás natural e de outros hidrocarbonetos fluidos, exigível unicamente em caso de descoberta comercial, correspondente aos custos e aos investimentos realizados pelo contratado na execução das atividades de exploração, avaliação, desenvolvimento, produção e desativação das instalações, sujeita a limites, prazos e condições estabelecidos em contrato" (inciso II). Já o "excedente em óleo" é definido como "parcela da produção de petróleo, de gás natural e de outros hidrocarbonetos fluidos a ser repartida entre a União e o contratado, segundo critérios definidos em contrato, resultante da diferença entre o

cessão industrial, a principal inovação do modelo de partilha de produção consiste em que o concessionário que realiza a atividade de exploração e produção não se torna proprietário de todo o resultado do produto da lavra, mas deve dividir o "excedente em óleo" com a União Federal.[31]

A lei determinou que a Petrobras será sempre a operadora dos blocos contratados por esse modelo, sendo-lhe garantida uma participação mínima nos consórcios que venham a explorar os blocos, a qual, ainda segundo previsão legal, não deverá ser inferior a 30%.[32] Observa-se, portanto, que a "Lei do Pré-sal" reforça o papel da Petrobras na qualidade de braço interventor direto do Estado na ordem econômica, pois estabelece que a sociedade de economia mista integrará necessariamente todos os consórcios que venham a constituir-se para exploração das áreas do pré-sal, podendo, inclusive, no limite, a Petrobras ser beneficiária de contratação direta pela União Federal, sem necessidade de prévia licitação, desde que assim recomende o CNPE e tal recomendação seja aprovada pela Presidência da República.[33]

---

volume total da produção e as parcelas relativas ao custo em óleo, aos *royalties* devidos e, quando exigível, à participação de que trata o art. 43" (inciso III).

[31] Previamente à edição da lei, foi ventilado um argumento de que o modelo de concessão seria mais adequado a uma situação na qual o risco exploratório fosse alto, ao passo que o regime de partilha seria mais conveniente a situações nas quais houvesse baixo risco exploratório, sustentando--se que o pré-sal enquadrar-se-ia nessa segunda hipótese. O tema se apresenta polêmico, havendo quem sustente que mediante o incremento das participações especiais seria possível obter, no modelo de concessão, o mesmo efeito de apropriação de maior fatia de recursos por parte do poder público. Para uma discussão profunda sobre esse tema ver o debate realizado no Instituto de Pesquisa Econômica Aplicada (Ipea) entre o deputado Pedro Eugênio e o economista Adriano Pires, em mesa intitulada "O potencial de novas reservas e a lei do petróleo: é preciso alterar o regime de concessões?", transcrito em: SALGADO, Lucia Helena; FIUZA, Eduardo (Org.). *Marcos regulatórios no Brasil*: é tempo de rever regras? Rio de Janeiro: Ipea, 2009. p. 93-127.

[32] Lei nº 12.351/2010: "Art. 4º. A Petrobras será a operadora de todos os blocos contratados sob o regime de partilha de produção, sendo-lhe assegurada, a este título, participação mínima no consórcio previsto no art. 20. [...] Art. 10. Caberá ao Ministério de Minas e Energia, entre outras competências: [...] III. propor ao CNPE os seguintes parâmetros técnicos e econômicos dos contratos de partilha de produção: [...] c) a participação mínima da Petrobras no consórcio previsto no art. 20, que não poderá ser inferior a 30% (trinta por cento)".

[33] Lei nº 12.351/2010: "Art. 12. O CNPE proporá ao Presidente da República os casos em que, visando à preservação do interesse nacional e ao atendimento dos demais objetivos da política

Nas hipóteses em que for decidida a participação da iniciativa privada, mediante a formação de consórcios, a escolha dos consorciados deverá obedecer a prévio regime licitatório, na modalidade leilão. Desse leilão poderão participar empresas privadas e, inclusive, a própria Petrobras, caso deseje ampliar a participação que a ela tiver sido originalmente acometida no consórcio por orientação do CNPE.[34] O critério de julgamento das propostas já está predeterminado na lei, consistindo na escolha daquele que oferecer o maior excedente em óleo para a União Federal.[35]

A gestão dos contratos de partilha de produção e dos contratos para a comercialização de petróleo, de gás natural e de outros hidrocarbonetos fluidos da União será realizada pela Empresa Brasileira de Administração de Petróleo e Gás Natural S.A. – Pré-Sal Petróleo S.A. (PPSA), empresa pública federal vinculada ao Ministério de Minas e Energia, com capital integralmente detido pela União Federal.[36] A Lei nº 12.304/2010 dispensou a licitação para contratação da PPSA por entidades da administração pública.

A fim de assegurar que os recursos que a União Federal venha a arrecadar a partir dos contratos firmados com relação à camada pré-sal sejam investidos em finalidades socialmente relevantes, a Lei nº 12.351/2010 (art. 49) determinou a criação de um fundo social (FS), a ser composto pelas seguintes verbas:

---

energética, a Petrobras será contratada diretamente pela União para a exploração e produção de petróleo, de gás natural e de outros hidrocarbonetos fluidos sob o regime de partilha de produção. Parágrafo único. Os parâmetros da contratação prevista no *caput* serão propostos pelo CNPE, nos termos do inciso IV do art. 9º e do inciso III do art. 10, no que couber. Art. 8º A União, por intermédio do Ministério de Minas e Energia, celebrará os contratos de partilha de produção: I. diretamente com a Petrobras, dispensada a licitação; ou II. mediante licitação na modalidade leilão".

[34] Lei nº 12.351/2010: "Art. 13. A licitação para a contratação sob o regime de partilha de produção obedecerá ao disposto nesta Lei, nas normas a serem expedidas pela ANP e no respectivo edital. Art. 14. A Petrobras poderá participar da licitação prevista no inciso II do art. 8º para ampliar a sua participação mínima definida nos termos da alínea 'c' do inciso III do art. 10".

[35] Lei nº 12.351/2010: "Art. 18. O julgamento da licitação identificará a proposta mais vantajosa segundo o critério da oferta de maior excedente em óleo para a União, respeitado o percentual mínimo definido nos termos da alínea 'b' do inciso III do art. 10".

[36] A Lei nº 12.304/2010 autorizou a criação da PPSA.

I. parcela do valor do bônus de assinatura destinada ao FS pelos contratos de partilha de produção;

II. parcela dos *royalties* que cabe à União, deduzidas aquelas destinadas aos seus órgãos específicos, conforme estabelecido nos contratos de partilha de produção, na forma do regulamento;

III. receita advinda da comercialização de petróleo, de gás natural e de outros hidrocarbonetos fluidos da União, conforme definido em lei;

IV. os *royalties* e a participação especial das áreas localizadas no pré-sal contratadas sob o regime de concessão destinados à administração direta da União [...];

V. os resultados de aplicações financeiras sobre suas disponibilidades; e

VI. outros recursos destinados ao FS por lei.

Os montantes depositados do FS deverão ser destinados ao desenvolvimento social e regional, na forma de programas e projetos nas áreas de combate à pobreza e de desenvolvimento da educação, cultura, esporte, saúde pública, ciência e tecnologia, meio ambiente e mitigação e adaptação às mudanças climáticas.[37]

O regime jurídico do transporte de gás natural

O art. 6º, II, da Lei nº 9.748/1997 define gás natural como "todo hidrocarboneto que permaneça em estado gasoso nas condições atmosféricas normais, extraído diretamente a partir de reservatórios petrolíferos ou gaseíferos, incluindo gases úmidos, secos, residuais e gases raros".

Conforme explanado, várias atividades que integram a cadeia do gás natural também são monopólios da União Federal, destacando-se a exploração, a produção, a importação e exportação, assim como o transporte por gasodutos.

---

[37] Nesse sentido, art. 47 da Lei nº 12.351/2010. Merece destaque o art. 48 da mesma lei, que estabelece como objetivos do Fundo Social: "I. constituir poupança pública de longo prazo com base nas receitas auferidas pela União; II. oferecer fonte de recursos para o desenvolvimento social e regional, na forma prevista no art. 47; e III. mitigar as flutuações de renda e de preços na economia nacional, decorrentes das variações na renda gerada pelas atividades de produção e exploração de petróleo e de outros recursos não renováveis".

O transporte de gás natural é reconhecido como exemplo de monopólio natural, já que a duplicação dessa infraestrutura não se apresenta economicamente vantajosa. Destacando as características que fazem com que o transporte de gás natural seja compreendido no rol de atividades consideradas monopólio natural,[38] observa Diaz que (i) existem barreiras à entrada nesse mercado, dados os custos afundados dos transportadores e os elevados investimentos necessários à instalação de gasodutos; (ii) estão presentes economias de escala, o que aponta para a ineficiência de haver concorrência entre transportadores que prestem serviços em uma mesma área; (iii) o custo do gasoduto é relativamente proporcional ao diâmetro do tubo e à máxima pressão sob a qual pode operar, enquanto que a capacidade de transporte é proporcional ao seu diâmetro ao quadrado; e (iv) a existência de um único gasoduto utilizado por vários produtores faz com que se reduza o risco de um corte na transmissão em caso de queda de um dos produtores.[39]

A Lei nº 9.478/1997 previu o princípio do livre acesso aos dutos e terminais marítimos, fator esse considerado essencial à possibilidade de concorrência na produção e comercialização de gás natural.[40]

---

[38] Richard Posner esclarece que monopólios naturais surgem quando "os custos fixos são muito elevados relativamente à demanda", de forma que, "se puderem ser diluídos por toda a produção do mercado, uma única firma fornecendo aquele produto pode ter um custo médio de produção menor do que duas firmas igualmente eficientes, cada uma das quais tendo de incorrer nos mesmos custos fixos, mas tendo de diluí-los por apenas metade da produção total" (POSNER, Richard. *Economic analysis of law*. Boston: Little, Brown and Company, 1988. p. 343-344). Dessa forma, mercados caracterizados como monopólios naturais funcionam de forma mais eficiente quando há apenas um ofertante. Por outro lado, para evitar o exercício abusivo da posição monopolística, esses setores costumam estar submetidos a rígida regulação estatal.

[39] DÍAZ, Jorge Mercado. *¿Pueden desarrollarse mercados competitivos de gas?* Un estudio comparativo de gas natural en Colombia. Bogotá: Universidad Externado de Colombia, 2003. p. 27-28. Da perspectiva brasileira, Lucia Helena Salgado destaca as seguintes dificuldades à atração de investimentos para o setor de gás natural: risco de comportamento oportunista por parte do detentor da infraestrutura; baixa capacidade de regulação; poder de mercado da incumbente; e o risco de não desenvolvimento do mercado (SALGADO, Lucia Helena. Rumo a um novo marco regulatório para o gás natural. *Revista do Ibrac*, São Paulo, ano 15, n. 4, p. 238, 2008).

[40] Lei nº 9.478/1997: "Art. 58. Será facultado a qualquer interessado o uso dos dutos de transporte e dos terminais marítimos existentes ou a serem construídos, com exceção dos terminais de Gás Natural Liquefeito – GNL, mediante remuneração adequada ao titular das instalações ou da capacidade de movimentação de gás natural, nos termos da lei e da regulamentação aplicável. §1º.

Atualmente, o marco regulatório da atividade de transporte de gás natural é encontrado especialmente na Lei nº 11.909/2009, que estabelece como regra geral um regime de concessão industrial mediante licitação.[41] Tal regime poderá prever um período inicial de exclusividade nessa exploração como forma de permitir aos carregadores iniciais serem ressarcidos dos investimentos que vierem a realizar.[42] Embora não se trate de serviço público, a ANP regula as tarifas máximas a serem praticadas no transporte do gás natural.[43]

A Lei nº 11.909/2009 diferencia o transportador – que opera a atividade de transporte por meio de dutos – do carregador, definido como o "agente que utilize ou pretenda utilizar o serviço de movimentação de

---

A ANP fixará o valor e a forma de pagamento da remuneração adequada com base em critérios previamente estabelecidos, caso não haja acordo entre as partes, cabendo-lhe também verificar se o valor acordado é compatível com o mercado. §2º. A ANP regulará a preferência a ser atribuída ao proprietário das instalações para movimentação de seus próprios produtos, com o objetivo de promover a máxima utilização da capacidade de transporte pelos meios disponíveis. §3º. A receita referida no *caput* deste artigo deverá ser destinada a quem efetivamente estiver suportando o custo da capacidade de movimentação de gás natural".

[41] O art. 1º, §2º, da Lei nº 11.909/2009 é expresso ao excluir as concessões para transporte de gás do regime geral das concessões de serviços públicos: "Art. 1º. [...] §2º. A exploração das atividades decorrentes das autorizações e concessões de que trata esta Lei correrá por conta e risco do empreendedor, não se constituindo, em qualquer hipótese, prestação de serviço público".

[42] Lei nº 11.909/2009: "Art. 3º. A atividade de transporte de gás natural será exercida por sociedade ou consórcio cuja constituição seja regida pelas leis brasileiras, com sede e administração no País, por conta e risco do empreendedor, mediante os regimes de: I. concessão, precedida de licitação; ou II. autorização. §1º. O regime de autorização de que trata o inciso II do *caput* deste artigo aplicar-se-á aos gasodutos de transporte que envolvam acordos internacionais, enquanto o regime de concessão aplicar-se-á a todos os gasodutos de transporte considerados de interesse geral. §2º. Caberá ao Ministério de Minas e Energia, ouvida a ANP, fixar o período de exclusividade que terão os carregadores iniciais para exploração da capacidade contratada dos novos gasodutos de transporte. §3º. A empresa ou o consórcio de empresas concessionários ou autorizados para o exercício da atividade de transporte de gás natural somente poderão explorar aquelas atividades referidas no art. 56 da Lei nº 9.478, de 6 de agosto de 1997, além das atividades de estocagem, transporte de biocombustíveis e construção e operação de terminais".

[43] Sobre o controle tarifário pela ANP, dispõe a lei: "Art. 13. [...] §2º. As tarifas de transporte de gás natural a serem pagas pelos carregadores para o caso dos gasodutos objeto de concessão serão estabelecidas pela ANP, aplicando à tarifa máxima fixada no processo de chamada pública o mesmo fator correspondente à razão entre a receita anual estabelecida no processo licitatório e a receita anual máxima definida no edital de licitação".

gás natural em gasoduto de transporte", que deverá ser detentor de uma autorização da ANP.

Como visto, os gasodutos são reconhecidos como monopólios naturais. Atenta a essa característica e como forma de maximizar a utilização dessa infraestrutura, a lei estabeleceu que, previamente à instalação de um gasoduto, deverá ser realizado um procedimento de chamada pública, de modo a verificar a potencialidade de seu uso.[44] Tendo em consideração o vulto da obra e expectativa de crescimento da demanda, o Ministério de Minas e Energia poderá exigir a construção de um gasoduto com capacidade superior à da soma das manifestações observadas como resultado da consulta pública.[45]

Assim, a contratação da construção e operação dos gasodutos dependerá, em regra, de prévia licitação para celebração de contratos de concessão, que terão duração máxima de 30 anos, prorrogáveis por, no máximo, igual período. A lei determina que o critério de julgamento da licitação seja o da menor receita anual.[46]

---

[44] Lei nº 11.909/2009: "Art. 5º. A outorga de autorização ou a licitação para a concessão da atividade de transporte que contemple a construção ou a ampliação de gasodutos será precedida de chamada pública para contratação de capacidade, com o objetivo de identificar os potenciais carregadores e dimensionar a demanda efetiva. §1º. Os carregadores que não possuam autorização deverão solicitar à ANP sua outorga, na forma e prazo por ela definidos. §2º. No decorrer do processo de chamada pública, de forma iterativa, a ANP deverá fixar a tarifa máxima a ser aplicada aos carregadores interessados na contratação de capacidade de transporte. §3º. Os carregadores que, ao final do processo de chamada pública, solicitarem capacidade de transporte deverão assinar com a ANP termo de compromisso de compra da capacidade solicitada. §4º. O termo de compromisso referido no §3º deste artigo será irrevogável e irretratável e fará parte integrante do edital de licitação".

[45] Lei nº 11.909/2009: "Art. 7º. O Ministério de Minas e Energia poderá determinar que a capacidade de um gasoduto seja superior àquela identificada na chamada pública, definindo os mecanismos econômicos para a viabilização do projeto, que poderão prever a utilização do instrumento de Parceria Público Privada, de que trata a Lei nº 11.079, de 30 de dezembro de 2004".

[46] Lei nº 11.909/2009: "Art. 13. No processo de licitação, o critério para a seleção da proposta vencedora será o de menor receita anual, na forma da regulamentação e do edital. §1º. A receita anual referida no *caput* deste artigo corresponde ao montante anual a ser recebido pelo transportador para a prestação do serviço contratado, na forma prevista no edital e no contrato de concessão. §2º. As tarifas de transporte de gás natural a serem pagas pelos carregadores para o caso dos gasodutos objeto de concessão serão estabelecidas pela ANP, aplicando à tarifa máxima

O carregador poderá contratar com o transportador três diferentes modalidades de serviço: firme, interruptível e extraordinário. O "transporte firme" corresponde à modalidade na qual o transportador se obriga a transportar o volume diário de gás natural solicitado pelo carregador até a capacidade contratada de transporte estabelecida no contrato com o carregador. O "transporte interruptível" constitui modalidade em que o serviço pode ser interrompido pelo transportador, dada a prioridade daqueles que detêm contrato firme. Por fim, o "transporte extraordinário" constitui modalidade de transporte disponível, a qualquer tempo, e que contenha condição resolutiva na hipótese de contratação de capacidade na modalidade firme.

Ainda em atenção à essencialidade dessa infraestrutura, a Lei nº 11.909/2009, em seu art. 33, determina que será assegurado o acesso de terceiros aos gasodutos, da seguinte forma: "(i) firme, em capacidade disponível; (ii) interruptível, em capacidade ociosa; e (iii) extraordinário, em capacidade disponível".

Conclusão

O intuito do presente capítulo foi apresentar brevemente um panorama da regulação do setor de petróleo e gás no Brasil.

Observou-se que algumas etapas da cadeia produtiva do petróleo e gás natural constituem atividades monopolizadas pela União Federal, de modo que, para participação da iniciativa privada, é necessária prévia licitação para celebração de contratos com o poder público.

Em 1997, introduziu-se no Brasil o modelo das concessões industriais, por meio do qual a União Federal passou a licitar direitos de exploração e produção de blocos de petróleo e gás natural.

Em 2010, no contexto de descoberta das reservas da área do pré-sal, introduziu-se no direito brasileiro o regime de partilha de produção para

---

fixada no processo de chamada pública o mesmo fator correspondente à razão entre a receita anual estabelecida no processo licitatório e a receita anual máxima definida no edital de licitação".

blocos situados nessa e em outras áreas que o Conselho Nacional de Política Energética venha a considerar estratégicas. De acordo com a Lei nº 12.351/2010, no regime do contrato de partilha de produção, ganhará o direito de contratar com a União o licitante que apresentar a maior proposta de oferta de excedente em óleo para a União. Nesse modelo, a Petrobras participará necessariamente de todos os consórcios na qualidade de operadora dos blocos, podendo ainda lhe ser delegados, mediante contratação direta (com dispensa de licitação), os direitos de exploração e produção sobre esses blocos.

Observa-se, assim, que, no momento, no que tange às atividades de exploração e produção de petróleo e gás natural, convivem no direito brasileiro dois regimes simultâneos: (i) os contratos de concessão firmados em decorrência de licitações, nos termos da Lei nº 9.478/1997; e (ii) os contratos de partilha de produção, aplicáveis à camada do pré-sal e a outras áreas que o CNPE venha a designar como estratégicas. No primeiro caso, a participação da Petrobras nas licitações dá-se em igualdade de condições com a iniciativa privada. No segundo modelo, a sociedade de economia mista assume, de forma mais aguçada, sua função de braço executor da política pública da União para o setor, já que, como visto, será parte necessária de todos os consórcios que vierem a ser criados para explorar esse bloco, atuando na qualidade de operadora e, ainda, poderá se beneficiar de dispensas de licitação.

Verifica-se, portanto, que, com a legislação promulgada em 2010, o país caminhou no sentido de maior participação direta do Estado na atividade de exploração e produção.

Já as atividades de distribuição e revenda de combustível são abertas à livre iniciativa e regidas pelo princípio da liberdade de concorrência, observada a legislação em vigor e a regulação setorial expedida pela ANP.

No que tange ao transporte de gás natural por dutos, igualmente atividade monopolizada pela União Federal, a Lei nº 11.909/2009 estabeleceu, como regra geral, um modelo de licitação para celebração de contratos de concessão industrial por aqueles que desejem construir e operar gasodutos. Previamente a essas licitações, deverá ser realizado um chamamento público, a fim de que os interessados declarem sua intenção de utilização da capacidade do gasoduto.

Por fim, verifica-se que a distribuição de gás canalizado é considerada, no direito brasileiro, serviço público, cabendo aos estados-membros da Federação decidir acerca da sua prestação, que pode ser realizada diretamente pelo próprio ente público ou contratada com a iniciativa privada, mediante a realização de licitação para celebração de contratos de concessão de serviço público.

Referências

BARBOSA, Alfredo Ruy. Breve panorama dos contratos no setor de petróleo. In VALOIS, Paulo (Org.). *Temas de direito do petróleo e do gás natural*. Rio de Janeiro: Lumen Juris, 2002.

_____. A natureza jurídica da concessão para exploração de petróleo e gás natural. In VALOIS, Paulo (Org.). *Temas de direito do petróleo e do gás natural*. Rio de Janeiro: Lumen Juris, 2005. v. II.

DÍAZ, Jorge Mercado. *¿Pueden desarrollarse mercados competitivos de gas?* Un estudio comparativo de gas natural en Colombia. Bogotá: Universidad Externado de Colombia, 2003.

FIORILLO, Celso Antonio; FERREIRA, Renata Marques. *Curso de direito da energia*. 2. ed. São Paulo: Saraiva, 2010.

JUNIOR, Cirilo. Nova descoberta do pré-sal pode dobrar reservas de petróleo no Brasil. *Folha de S.Paulo*, 29 out. 2010. Disponível em: <www1.folha.uol. com.br/mercado/822358-nova-descoberta-do-pre-sal-pode-dobrar-reservas- -de-petroleo-no-brasil.shtml>. Acesso em: maio 2012.

LOSS, Giovani Ribeiro. *A regulação setorial do gás natural*. Belo Horizonte: Fórum, 2007.

MARQUES NETO, Floriano. *Bens públicos – função social e exploração econômica*: o regime jurídico das utilidades públicas. Belo Horizonte: Fórum, 2009.

PETROBRAS avisa ao governo que vai explorar "área gigante" do pré-sal. *R7 Notícias*, 30 dez. 2011. Disponível em: <http://noticias.r7.com/econo-

mia/noticias/petrobras-avisa-governo-que-vai-explorar-area-gigante-do-pre-sal-20111230.html>. Acesso em: maio 2012.

POSNER, Richard. *Economic analysis of law*. Boston: Little, Brown and Company, 1988.

SALGADO, Lucia Helena. Rumo a um novo marco regulatório para o gás natural. *Revista do Ibrac*, São Paulo, ano 15, n. 4, p. 238, 2008.

_____; FIUZA, Eduardo (Org.). *Marcos regulatórios no Brasil*: é tempo de rever regras? Rio de Janeiro: Ipea, 2009.

SOUTO, Marcos Juruena Villela. *Direito administrativo da economia*. 3. ed. Rio de Janeiro: Lumen Juris, 2003.

_____. *Direito administrativo das concessões*. Rio de Janeiro: Lumen Juris, 2004.

Capítulo 12
Regulação ambiental

*Rômulo Silveira da Rocha Sampaio**

Considerações iniciais[1]

Apesar do título, este não é um texto sobre regulação. É muito mais sobre instituições, sobre o modelo de governança em matéria ambiental. A ideia nasce da constatação de uma peculiaridade especial sobre o modelo institucional de regulação ambiental no Brasil. Quando comparada a outras áreas da regulação, a matéria ambiental apresenta especificidade própria – de duvidosa eficiência. Mesmo se justificada como um tipo de regulação diferenciada, pela natureza difusa do objeto tutelado, a opção legislativa é diversa de outras matérias também de interesse difuso. Exemplo disso é a saúde, tratada pelo art. 196 da CF/88 como um "direito de todos" e regulada pela Agência Nacional de Vigilância Sanitária (Anvisa),

---

* Doutor e mestre em direito ambiental pela Pace Law School, de Nova York, EUA. Mestre em direito econômico e social pela Pontifícia Universidade Católica do Paraná (PUCPR). Professor pesquisador e coordenador do Programa de Direito e Meio Ambiente (PDMA) da Escola de Direito do Rio de Janeiro da Fundação Getulio Vargas (FGV Direito Rio). Professor visitante da Pace Law School e da Georgia State University College of Law, em Atlanta, EUA.

[1] Artigo escrito com a colaboração de Catarina Freitas (PDMA/FGV Direito Rio), Michael Esposito (Tulane Law School) e Carolina Thibes (FGV Direito Rio). Um agradecimento especial aos valiosíssimos comentários da professora Patrícia Regina Pinheiro Sampaio.

com natureza de autarquia especial, independência administrativa, estabilidade de seus dirigentes, autonomia financeira e poderes de regulação, normatização, controle e fiscalização.[2]

A explicação mais plausível para o modelo institucional diferenciado em matéria ambiental, por meio de diversos órgãos e autarquias que dividem os poderes de regulação, normatização, controle, fiscalização e adjudicação administrativa, reside no momento histórico em que a estrutura foi concebida. A Lei da Política Nacional do Meio Ambiente, nº 6.938, de 31 de agosto de 1981, é a responsável pela criação do Sistema Nacional do Meio Ambiente (Sisnama). Esse sistema congrega o conjunto de órgãos e autarquias com poder de regulação em matéria ambiental no Brasil. À época, conforme anotou Sérgio Guerra, não estava consolidado no Brasil o modelo de "administração pública gerencial, composta por agências reguladoras".[3] Vigorava, nas palavras de Marcos Juruena, um "modelo burocrático de gestão (que enfatiza a legalidade e a racionalidade técnica)".[4] A sistematização da regulação ambiental pelo Sisnama, na Lei nº 6.938/1981, foi, portanto, um avanço para o contexto histórico em que estava inserida.

Anteriormente ao Sisnama, a regulação ambiental era marginalmente tratada por um órgão e quatro autarquias: Superintendência da Borracha (Sudhevea); Instituto Brasileiro de Desenvolvimento Florestal (IBDF); Superintendência do Desenvolvimento da Pesca (Sudepe); e Secretaria Especial do Meio Ambiente (Sema). Os dois primeiros foram extintos pela Lei nº 7.732, de 14 de fevereiro de 1989, e os dois últimos pela lei que criou Instituto Brasileiro do Meio Ambiente e dos Recursos Naturais

---

[2] Arts. 1º e 3º da Lei nº 9.782, de 26 de janeiro de 1999.

[3] GUERRA, Sérgio. A regulação ambiental no Brasil deve ser exercida por entidades independentes? In: SAMPAIO, Rômulo S. R.; LEAL, Guilherme; REIS, Antonio (Org.). *Tópicos de direito ambiental*: 30 anos da Política Nacional do Meio Ambiente. Rio de Janeiro: Lumen Juris, 2011. p. 152.

[4] SOUTO, Marcos Juruena Villela. Agências reguladoras. *Revista Tributária e de Finanças Públicas*, v. 33, p. 153, jul. 2000. O autor constata que a "regulação só passou a ser atribuída a entidades independentes a partir de 1997, com a criação das agências de regulação nos setores de energia, petróleo e telecomunicações".

Renováveis (Ibama), de nº 7.735, de 22 de fevereiro de 1989. Meio ambiente, para esses órgãos, era acessório a uma pauta desenvolvimentista.[5]

Com o advento da Lei nº 6.938, de 31 de agosto de 1981, a função normativa das questões envolvendo meio ambiente ficou a cargo de um órgão colegiado. Ao Conselho Nacional do Meio Ambiente (Conama), ficaram reservadas, entre outras, as funções de deliberação e normatização dos padrões de qualidade ambiental. A sua composição restou definida pelo art. 4º do Decreto nº 99.274/1990, e refletiu a preferência por um modelo multipartite, com representantes do governo, sociedade civil, comunidade científica e Ministério Público.[6] O modelo privilegiou representação popular indireta, por meio de organizações da sociedade civil. Quando da criação do Conama, o debate sobre a estrutura de governança na forma de administração pública gerencial ainda era embrionário no Brasil. O grau de conhecimento científico sobre os bens, recursos e serviços ambientais ainda era muito incipiente. Os níveis de incerteza sobre os impactos locais, regionais ou internacionais dos processos produtivos nos diversos elementos que compõem o meio ambiente ainda eram muito grandes. Portanto, a criação de um órgão colegiado, apoiado pelo trabalho técnico de uma autarquia, mostrava-se suficiente para lidar com os grandes desafios que se avizinhavam como decorrência do processo de desenvolvimento do país.

Para exercer as funções executivas, de consentimento, fiscalização e sanção, o Conama foi apoiado pelo Ibama. Anteriormente à criação deste último, essas funções eram fragmentadas pelas entidades referidas acima. A concentração das diferentes pautas no Ibama pode ser considerada um avanço para a época.[7] Mas se o Ibama surgiu para concentrar tarefas que

---

[5] "A atuação de preservação ambiental destes órgãos era bastante limitada e levavam em consideração de maneira preponderante a questão econômica" (GUERRA, Sérgio. "A regulação ambiental no Brasil deve ser exercida por entidades independentes?", 2011, op. cit., p. 154.

[6] Para composição completa do Conama, ver art. 5º do Decreto nº 99.274/1990.

[7] Sobre a criação do Ibama, anotou Paulo de Bessa que "sem dúvida, foi um grande progresso em relação à situação anterior. É lógico, contudo, que remanescem problemas muito graves. O mais importante deles é, sem dúvida, a falta de uma definição clara quanto às tarefas a serem desenvolvidas pelo Instituto, pois existe uma evidente superafetação de atribuições. É de se con-

estavam dispersas, nas últimas décadas, desde sua criação, o movimento foi contrário. O que se presenciou foi uma enorme fragmentação institucional da pauta ambiental. Não apenas entre órgãos e autarquias de diferentes níveis da Federação, mas em um mesmo nível, e muitas vezes para um mesmo assunto. Essa fragmentação foi proporcional ao aumento do conhecimento científico e da complexidade decorrente do maior nível de informação. Para cada novo assunto, para cada nova ameaça ao ambiente apontada pela ciência o modelo de governança ambiental brasileiro foi acrescentando mais um colegiado, mais uma autarquia. O resultado está refletido em uma complexa rede de entidades dedicadas à proteção dos bens, recursos e serviços ambientais, nas três esferas de poder, conforme será mais bem elucidado adiante no presente trabalho.

Essa fragmentação apresenta pelo menos duas facetas. Uma decorrente do pacto federativo; outra da própria estrutura institucional que serve de base para a regulação ambiental brasileira. Sobre o primeiro aspecto, trata-se de típica peculiaridade brasileira com competências comum[8] e concorrente[9] para as três esferas de poder (União, estados e municípios). Sobre a estrutura institucional, a fragmentação de funções sobre um mesmo tema e entre temas diversos decorre de natureza distinta. Algo que, conforme exposto, sugere que seja devido à inexistência do modelo de Estado regulador que inspirou as autarquias de regulação da década de 1990 e à falta de conhecimento científico sobre a complexidade da relação entre os diversos elementos bióticos e abióticos que formam o meio ambiente natural e seus reais e concretos impactos nas esferas local, regional e global. Em vez de se ajustar ao novo paradigma, o modelo ambiental ficou preso à estrutura institucional da época. Diante da fragmentação de poderes e da inexistência das garantias funcionais inerentes a uma autarquia de regime especial,

---

siderar, ademais, que as competências de planejamento, gestão, fiscalização e execução são muito diferenciadas entre si e, não poucas vezes, geram conflitos muito graves no interior de um mesmo órgão" (ANTUNES, Paulo de Bessa. *Direito ambiental*. 14. ed. São Paulo: Atlas, 2012. p. 159).

[8] Art. 23 da CF/88.

[9] Art. 24 da CF/88.

o modelo institucional de regulação ambiental produziu ineficiências e comprometeu a efetividade das políticas públicas. Reside neste ponto o debate que o presente capítulo pretende fomentar.

Buscar a formulação de um modelo institucional geral, aplicável a todas as áreas da regulação, não é objeto do presente trabalho. Até porque nada indica que este seja o caminho.[10] Mas a busca por um paradigma é método útil para fomentar o debate acerca de ineficiências regulatórias que impactam na falta de efetividade da política ambiental.[11] Se o modelo de agências reguladoras independentes é inspirado nos Estados Unidos,[12] ainda que lastreado em fatores diversos,[13] de lá vem também a inspiração para a análise desenvolvida no presente trabalho. Mais especificamente,

---

[10] JUSTEN FILHO, Marçal. *Curso de direito administrativo*. 4. ed. São Paulo: Saraiva, 2009. p. 594. Segundo o autor, "no Brasil, contrariamente ao que se passa em todos os demais países que adotaram o modelo de agências, pretende-se impor uma disciplina jurídica uniforme para as agências reguladoras independentes. Esse é um esforço destinado ao fracasso, que se inicia pela inútil pretensão de produzir um elenco de agências reguladoras independentes".

[11] A falta de efetividade das normas ambientais é premissa assumida no presente trabalho, com base em percepção de profissionais que se dedicam à temática do ambiente. Ela consta também da obra de Lesley McAllister, no seguinte trecho: "*While Brazilian environmental laws are strong on the books, environmental enforcement has been limited in its effectiveness*". Especificamente sobre o modelo institucional de regulação ambiental no Brasil, anotou a autora: "*Environmental agencies tend to be weak both in terms of their resources and their power to coerce compliance*" (MCALLISTER, Lesley K. *Making law matter, environmental protection & legal institutions in Brazil*. Stanford, CA: Stanford University Press, 2008. p. 20).

[12] Sobre a influência do modelo institucional de regulação norte-americana no Brasil, ver: GOMES, Joaquim B. Barbosa. Agências reguladoras: a metamorfose do Estado e da democracia (uma reflexão de direito constitucional e comparado). *Revista de Direito Constitucional e Internacional*, n. 75, p. 591, abr./jun. 2011.

[13] Para Joaquim Barbosa, "os fatores e condições empíricas que impulsionaram o surgimento das agências reguladoras nos EUA" divergem daqueles que inspiraram na nova forma de regulação no Brasil. Para o autor, nos EUA, "a regulação por intermédio de agências independentes constituiu [...] uma brutal (embora não abrupta) ruptura com uma concepção de Estado mínimo, identificado como *policing model*, isto é, um Estado alheio à questão do bem-estar econômico da população". Já no Brasil, continua o autor, "a regulação nasce em um contexto inteiramente diferente. Aqui tenta-se abandonar uma concepção de Estado altamente clientelista, o qual, por certo, sempre foi ativo no campo da economia, mas não para regulá-la eficazmente, mas sim para servir aos interesses dos diversos estamentos superiores de que sempre foi presa" (GOMES, Joaquim B. Barbosa. "Agências reguladoras: a metamorfose do Estado e da democracia", 2011, op. cit., p. 588-589).

no órgão de regulação ambiental norte-americano: a agência ambiental denominada Environmental Protection Agency, doravante "EPA".[14]

Ao propor tal comparação, não desconheço as peculiaridades do regime jurídico brasileiro e de posições doutrinárias restritivas quanto à aceitação do poder regulamentar por agência reguladora. Para Bandeira de Mello, a titulação "agência" não traz nada de novo para o Brasil e, ainda segundo o autor, a nomenclatura, apesar de copiada do direito norte-americano, não pode servir para atribuir às agências brasileiras o poder de regulamentação (e de regulação) do qual desfrutam as instituições equivalentes nos EUA.[15] Esse, contudo, é um debate que escapa ao escopo do presente trabalho.

Para efeito da análise e conclusões aqui lançadas, parto da premissa de que órgãos e autarquias exercem funções típicas de regulação em matéria ambiental. Têm restrito espaço para fazerem política pública, sempre dentro do escopo e em observância ao instrumento legislativo que as institui. Exercem, assim, poderes regulatórios e, no cumprimento da função regulamentar, as autarquias sob regime especial são responsáveis pela im-

---

[14] A EPA foi criada durante o governo Nixon, em 1970, com poder regulamentar centralizador sobre as questões ambientais. Para um breve histórico sobre a criação da agência, ver: WESTMORELAND, Joshua K. Global warming and originalism: the role of EPA in the Obama administration. *Boston College Environmental Affairs Law Review*, v. 37, n. 1, p. 225- 244, 2010. Segundo o autor: "*The EPA is a unique agency, in that it was created by an executive order issued by President Nixon. In his June 1970 Reorganization Memo to Congress, Nixon indicated that necessity was the impetus for the creation of the EPA and, that such action was 'an exception' to the general rule against presidential agency creation. The agency's mission was to assert 'a coordinated attack on the pollutants which debase the air we breathe, the water we drink, and the land that grows our food'. The creation of the EPA was a response to the government's prior approach to dealing with pollution, which assumed that different parts of the environment were distinct entities. Nixon's centralization of environmental rulemaking turned this assumption on its head by conceptualizing the environment as a singular entity with several interrelated parts and by granting to a single agency oversight of those parts*".

[15] "Desgraçadamente, pode-se prever que ditas 'agências' certamente exorbitarão de seus poderes. Fundadas na titulação que lhes foi atribuída, irão supor-se – e assim o farão, naturalmente, todos os desavisados – investidas dos mesmos poderes que as 'agências' norte-americanas possuem, o que seria descabido em face do Direito brasileiro, cuja estrutura e índole são radicalmente diversas do Direito norte-americano" (MELLO, Celso Antônio Bandeira de. *Curso de direito administrativo*. 19. ed. São Paulo: Malheiros, 2005. p. 158).

plementação das políticas públicas.[16] São, portanto, na esfera ambiental, reguladoras de uso do bem público, para usar a classificação do próprio Bandeira de Mello.[17] E, por isso, esses órgãos e autarquias assemelham-se em muito a outras agências brasileiras e à própria EPA norte-americana.

Assim, a metodologia comparativa com o órgão de regulação dos EUA leva em consideração a necessária adaptação do modelo às normas e princípios do direito brasileiro. Mas nem por isso a comparação é menos importante.[18] Pelo contrário. Um dos pilares da regulação da EPA – e, claro, do próprio modelo de agências – é formular (com limites) e dar efetividade a políticas públicas ambientais. Com critérios altamente técnicos, traduzidos setores, acentuado e concentrado poder executivo, de regulação, de normatização e de adjudicação administrativa, a EPA se diferencia do modelo institucional brasileiro. Se por um lado não é possível neste texto aferir causalidade entre o modelo institucional regulatório norte--americano e o maior grau de efetividade de suas políticas ambientais, por outro a comparação pode fomentar o interesse por maior investigação sobre a sensação de falta de efetividade da complexa e ampla legislação brasileira de meio ambiente.

O fundamento do modelo institucional regulatório no Brasil é área pouco explorada pela doutrina do direito ambiental. Melhorar a eficiência regulatória tem impacto direto na efetividade da tutela ambiental. A garantia da efetividade do direito ambiental brasileiro é algo também tratado, a meu ver, de forma insuficiente no Brasil. A concentração de poder

---

[16] Nas palavras de Marcos Juruena, "formulada a política pública, seu acompanhamento é outorgado, por lei, à agência reguladora, que atua no campo da ação exclusiva do Estado; em outras palavras, a agência executa uma ação que pode implicar na restrição da liberdade empresarial em prol do interesse coletivo" (SOUTO, Marcos Juruena Villela. "Agências reguladoras", 2000, op. cit., p. 158).

[17] MELLO, Celso Antônio Bandeira de. *Curso de direito administrativo*, 2005, op. cit., p. 156.

[18] GOMES, Joaquim B. Barbosa. "Agências reguladoras", 2011, op. cit., p. 588, grifo no original. Segundo o autor, "mais estarrecidos ainda com o *novo* fenômeno [Estado regulador] devem ficar aqueles que, por acomodação intelectual e acadêmica, ou até mesmo apego às ideias estabelecidas e desdém por tudo o que se passa fora das fronteiras nacionais, se veem subitamente confrontados com os graves problemas de natureza constitucional engendrados pelas agências propriamente reguladoras e pela já variada progenitura por elas espalhadas pelos quatro cantos do Planeta".

regulamentar em uma única agência, que possa desfrutar dos atributos de autarquia de regime especial, com garantia de relativa independência e tecnicidade às políticas públicas de regulação do bem de uso comum, é, portanto, medida alinhada ao modelo de Estado regulador adotado pelo Brasil na década de 1990 e compatível com o paradigma norte-americano de instituição ambiental.

O poder regulamentar no Brasil é privativo do presidente da República, consoante dispõe o art. 84, IV, da CF/88. Mas não é difícil encontrar na doutrina quem defenda que esse poder é delegável a ministros de Estado e agências reguladoras, ainda que se tente descaracterizar a verdadeira natureza regulamentar nos casos de delegação.[19]

Pode-se falar em diferenças entre regulação e regulamentação. A primeira é ampla, não se restringe ao Poder Executivo. É definidora de estratégia, da própria política pública. Pode emanar do Legislativo, enquanto poder responsável pela elaboração de regras. E pode também ser elaborada pelo Executivo, mas de forma mais restrita, dentro do escopo e dos limites impostos pela lei.[20] A lei, em sentido formal, diante da complexidade social moderna não consegue mais esgotar o campo da política pública ou da regulação propriamente considerada. Por isso, há espaço, embora bastante restrito, para o Executivo formular política por instrumento de regulação.

Um dos instrumentos da regulação, por sua vez, é o regulamento.[21] Nem a regulação, quando proveniente do Executivo, tampouco o regulamento, por conseguinte, podem ser totalmente autônomos. Devem estar vinculados, conforme exposto, ao diploma legislativo que compõe o regime jurídico de determinada área social, econômica ou, no caso do presente

---

[19] GASPARINI, Diogenes. *Direito administrativo*. 11. ed. São Paulo: Saraiva, 2006. p. 121.

[20] Maria Sylvia Z. Di Pietro trata dessa diferenciação. Segundo ela, "fala-se em poder regulamentar; preferimos falar em poder normativo, já que aquele não esgota toda a competência normativa da Administração Pública; é apenas uma de suas formas de expressão, coexistindo com outras" (DI PIETRO, Maria Sylvia Zanella. *Direito administrativo*. 20. ed. São Paulo: Atlas, 2007. p. 78).

[21] "Insere-se, portanto, o poder regulamentar como uma das formas pelas quais se expressa a função normativa do Poder Executivo" (ibid.).

trabalho, do meio ambiente.[22] Aceitar que autarquias sejam responsáveis, ainda que de forma limitada, pelo desenvolvimento de políticas públicas que não foram explicitadas de maneira integral pela vontade do legislativo, reconheço, encontra sérias resistências em clássicos tratadistas do direito brasileiro.[23] Mas resistir à realidade das necessidades regulatórias de diversos setores da economia e do bem-estar social, com fundamento em um formalismo exacerbado da interpretação constitucional brasileira, não contribui para o aperfeiçoamento institucional necessário para o aumento da efetividade do regime jurídico brasileiro. Pelo contrário, essa resistência ao novo modelo de Estado regulador serve de combustível para a insegurança jurídica que impera em diversas áreas e é prejudicial ao bem-estar da população, e aos ambientes econômico e social.

Especificamente em matéria ambiental, o próprio Supremo Tribunal Federal já ampliou as possibilidades do exercício do poder regulamentar. No caso "Cooperativa de Mineração dos Garimpeiros de Serra Pelada (Coomigasp) *vs.* Presidente da República", restou consignado no voto do ministro Celso de Mello:

> [...] exigências de ordem constitucional, vinculadas ao dever indeclinável do Poder Público de velar pela intangibilidade do meio ambiente [...] justificam o ato presidencial impugnado e descaracterizam qualquer situação reveladora de direito subjetivo titularizável pela impetrante.[24]

---

[22] Fala-se em distinção entre regulamentos jurídicos ou normativos e regulamentos administrativos ou de organização, nas palavras de Di Pietro, para países que recepcionam regulamentos autônomos. "Na prática a distinção diz respeito a uma maior ou menor margem de discricionariedade do agente regulador em face da legislação formal vigente. No Brasil, é algo que vem recepcionado, em certo grau, pelas leis de criação de agências reguladoras com respaldo constitucional. A margem de discricionariedade é dado pelo princípio da legalidade" (DI PIETRO, Maria Sylvia Zanella. *Direito administrativo*, 2007, op. cit., p. 79).

[23] ATALIBA, Geraldo. Poder regulamentar do Executivo. In: BARROSO, Luis Roberto; CLÈVE, Clemerson Merlin. *Doutrinas essenciais*: direito constitucional. São Paulo: RT, 2011. v. IV, cap. 3, p. 4611. Assevera o autor: "Não tolera a nossa Constituição que o executivo exerça nenhum tipo de competência normativa inaugural, nem mesmo em matéria administrativa. Essa seara foi categoricamente reservada aos órgãos da representação popular".

[24] Cooperativa de Mineração dos Garimpeiros de Serra Pelada (Coomigasp) *vs.* Presidente da República. MS nº 21.401/PA. STF. Pleno, julgado em 4/6/1992, *DJ*, p. 309, 22 abr. 1994.

Resta claro que o exercício do poder regulamentar pelo Executivo sofreu profundas transformações no Brasil, principalmente na década de 1990. O modelo institucional regulatório em matéria ambiental é do início da década de 1980. Foi pautado pela concentração de temas que eram tratados anteriormente por diferentes autarquias. Ao longo dos anos, foi novamente se fragmentando. O resultado atual é um emaranhado de órgãos colegiados e autarquias que comprometem a efetividade das normas ambientais. Para melhor elucidar o referencial teórico desta parte inicial, o presente capítulo está estruturado em uma parte descritiva e outra propositiva. Na primeira, o objetivo é apresentar de forma sucinta um breve panorama do modelo institucional regulatório em matéria ambiental no Brasil, consolidado na figura do Sisnama. Na sequência, e ainda na parte descritiva, o texto faz breves considerações acerca do paradigma institucional regulatório norte-americano, analisando a natureza, função e estrutura da EPA. Na parte final, este texto conclui pela necessidade de reforma do modelo brasileiro, por meio de uma transição para uma maior concentração dos temas, funções e estrutura em uma autarquia sob regime especial.

As agências reguladoras no direito brasileiro

Conforme exposto na parte inicial deste trabalho, o modelo regulatório brasileiro encontra inspiração no direito comparado, em especial no desenho institucional norte-americano pós-New Deal. Lá foi concebida a figura de agências reguladoras dotadas de autonomia em relação ao Poder Executivo e de insulação política de seus administradores, além de seu alto grau de tecnicidade.[25] Esse modelo desembarcou na América Latina e especificamente no Brasil na década de 1990. Essa época ficou marcada por uma profunda reforma política que trouxe ao nosso sistema institucional as agências reguladoras. O objetivo era regular certos setores da economia

---

[25] BINEMBOJM, Gustavo. *Temas de direito administrativo e constitucional*. Rio de Janeiro: Renovar, 2008. p. 95.

e serviços públicos no processo de transformação do Estado provedor do bem-estar social para o Estado regulador.[26] Certas atividades econômicas e serviços públicos, como a exploração do petróleo, a utilização de recursos hídricos, a telefonia e a aviação civil, entre outros, passaram a se sujeitar a normas técnicas editadas por agências reguladoras, na forma de autarquia sob regime especial. Essas entidades foram criadas especificamente para controlar e direcionar os setores regulados de acordo com os objetivos econômico-sociais buscados.

A natureza jurídica de autarquia especial que caracteriza as agências reguladoras no direito brasileiro as diferencia do regime das demais autarquias da administração indireta. Suas principais características são: a independência assegurada pela vedação da exoneração *ad nutum* de seus dirigentes e pela inexistência de revisão de seus atos pela administração direta;[27] a competência de editar normas técnicas para regular determinado setor, conforme a lei determina; e a autonomia financeira, ao ter dotação orçamentária própria.[28] Apesar de o contexto histórico que ensejou a criação das agências reguladoras não ser o mesmo, fato é que essas autarquias em regime especial apresentam iguais características às *regulatory agencies* norte-americanas. Nos Estados Unidos, as agências reguladoras surgiram como entidades que viriam a restringir as garantias liberais clássicas da autonomia da vontade e da propriedade privada e o livre mercado.[29]

A quebra da Bolsa de Valores de Nova York em 1929 deu início a uma profunda depressão econômica mundial. Os Estados Unidos foram afetados por um repentino aumento no índice de desemprego na década de 1930. Para recuperar e fortalecer a economia, o governo de

---

[26] CARDOSO, Henrique Ribeiro. *O poder normativo das agências reguladoras*. Rio de Janeiro: Lumen Juris, 2006. p. 40-42.

[27] Esta segunda característica é controversa. Ver Parecer da Advocacia-Geral da União nº 51/2006, admitindo recurso hierárquico impróprio. Disponível em: <www.agu.gov.br/SISTEMAS/SITE/PaginasInternas/NormasInternas/AtoDetalhado.aspx?idAto=8453&ID_SITE=>. Acesso em: 9 fev. 2013.

[28] ARAGÃO, Alexandre Santos. *Agências reguladoras e a evolução do direito administrativo econômico*. 2. ed. Rio de Janeiro: Forense, 2005. p. 264.

[29] BINEMBOJM, Gustavo. *Temas de direito administrativo e constitucional*, 2008, op. cit., p. 96-98.

Roosevelt adotou uma série de medidas nos pacotes do New Deal. Desse pacote surgem as agências com capacidade de editar normas com poder de intervenção em determinado setor econômico. O objetivo era claro: corrigir falhas de mercado, restringindo o liberalismo absoluto.[30] Tais agências tinham como características a competência para editar normas técnicas, a independência funcional e o isolamento político de seus administradores.[31] As hipóteses para a criação de agências reguladoras nos Estados Unidos são: (i) o controle do monopólio; (ii) compensação por externalidades (como a poluição ambiental); (iii) compensação por desequilíbrio de informação; (iv) evitar a competição predatória; (v) compensação por relações negociais em que haja desequilíbrio entre as partes.[32]

O contexto de criação das agências reguladoras no Brasil foi distinto. Ocorreu durante o processo de desestatização, durante a década 1990. Houve transferência para a iniciativa privada de determinadas atividades econômicas e prestação de serviços públicos antes exercidos pelo Estado.[33] Esse processo foi instigado pela crise do petróleo em 1973, agravada em 1980. Outros países enfrentaram o mesmo desafio do Brasil, razão pela qual a reforma do Estado foi tida como uma política necessária para os países ocidentais, conforme ficou estabelecido no Consenso de Washington, passando a ser também exigência do Banco Mundial e do Fundo Monetário Internacional em seus financiamentos.[34] Portanto, em um primeiro momento, as agências reguladoras surgiram em decorrência da desestatização de

---

[30] CARDOSO, Henrique Ribeiro. *O poder normativo das agências reguladoras*, 2006, op. cit., p. 112.

[31] ARAGÃO, Alexandre Santos. *Agências reguladoras e a evolução do direito administrativo econômico*, 2005, op. cit., p. 267-268.

[32] CARDOSO, Henrique Ribeiro. *O poder normativo das agências reguladoras*, 2006, op. cit., p. 105.

[33] GUERRA, Sérgio. Discricionariedade técnica e agências reguladoras. In: SEMINÁRIO AS AGÊNCIAS REGULADORAS. *Anais...* Salvador: Escola de Magistratura Federal da 1ª Região (Esmaf), 2010.

[34] CARDOSO, Henrique Ribeiro. *O poder normativo das agências reguladoras*, 2006, op. cit., p. 40-42.

serviços públicos e exploração de determinadas atividades econômicas. No entanto, hoje elas não se limitam a ser um instrumento de desestatização, mas também regulam atividades da livre iniciativa privada com especial sensibilidade para a coletividade, como ocorre no modelo americano.[35]

As agências reguladoras existentes no Brasil são: Agência Nacional de Energia Elétrica (Aneel),[36] Agência Nacional de Telecomunicações (Anatel),[37] Agência Nacional do Petróleo (ANP),[38] Agência Nacional de Vigilância Sanitária (Anvisa),[39] Agência Nacional de Saúde Suplementar (ANS),[40] Agência Nacional de Águas (ANA),[41] Agência Nacional de Transportes Terrestres (ANTT) e Agência Nacional de Transportes Aquaviários (Antaq),[42] Agência Nacional do Cinema (Ancine)[43] e Agência Nacional de Aviação Civil (Anac).[44] Todas são dotadas de autonomia face à administração direta, exercem funções regulatórias e são dirigidas por colegiado técnico, nomeado por prazo determinado pelo presidente da República após prévia sabatina pelo Senado, sendo vedada a exoneração *ad nutum*.[45]

Vale ressaltar que o que diferencia essas autarquias de regime especial das demais autarquias não é o fato de serem formalmente descentralizadas, mas sim o regime jurídico diferenciado. Ou seja, o maior grau de autonomia não deriva da expressão "autarquia de regime especial", mas sim da lei que a constitui. Assim, o Ibama, apesar de se autodenominar "autarquia

---

[35] ARAGÃO, Alexandre Santos. *Agências reguladoras e a evolução do direito administrativo econômico*, 2005, op. cit., p. 267.

[36] Lei nº 9.427/1996.

[37] Lei nº 9.472/1997.

[38] Lei nº 9.478/1997.

[39] Lei nº 9.782/1999.

[40] Lei nº 9.961/2000.

[41] Lei nº 9.984/2000.

[42] Lei nº 10.233/2001.

[43] Instituída pela Medida Provisória nº 2.219/2001.

[44] Lei nº 11.182/2005.

[45] ARAGÃO, Alexandre Santos. *Agências reguladoras e a evolução do direito administrativo econômico*, 2005, op. cit., p. 274.

de regime especial",[46] não o é, conforme estipulado na Lei nº 7.735/1989.[47] O Ibama integra o Sistema Nacional de Meio Ambiente (Sisnama) como o órgão executor, que trabalha junto ao órgão deliberativo, o Conselho Nacional de Meio Ambiente (Conama), ao órgão central (Ministério do Meio Ambiente) e aos órgãos seccionais estaduais e municipais.[48]

O Sistema Nacional do Meio Ambiente (Sisnama)

Sisnama foi o termo utilizado pelo legislador para fazer referência ao complexo conjunto de órgãos colegiados e autarquias das três esferas de governo, encarregados da proteção do meio ambiente.[49] Trata-se de uma figura abstrata que simboliza os órgãos com atribuições diversas sobre regulação, normatização, controle e fiscalização na área ambiental.[50] Vem previsto pelo art. 6º da Lei nº 6.938/1981.[51]

---

[46] Assim o faz em seu sítio na internet: "Vinculado ao Ministério do Meio Ambiente, o Ibama é uma *autarquia de regime especial* (com autonomias administrativa e financeira) e possui, além de uma sede nacional, 27 superintendências regionais em todo o país" (grifos nossos). Disponível em: <www.ibama.gov.br/supes-df/quem-somos>. Acesso em: 6 jun. 2012.

[47] Lei nº 7.735/1989: "Art. 2º. É criado o Instituto Brasileiro do Meio Ambiente e dos Recursos Naturais Renováveis – Ibama, autarquia federal dotada de personalidade jurídica de direito público, autonomia administrativa e financeira, vinculada ao Ministério do Meio Ambiente; (Redação dada pela Lei nº 11.516, 2007)".

[48] GUERRA, Sidney; GUERRA, Sérgio. *Curso de direito ambiental*. Belo Horizonte: Fórum, 2009.

[49] Freitas adverte para a diferença entre órgãos e entidades do Sisnama. Para o autor, "o conceito legal distingue órgãos e entidades. E com razão, pois a entidade é pessoa jurídica, com personalidade própria, enquanto o órgão é elemento despersonalizado, incumbido de realizar as finalidades da entidade a que pertence" (FREITAS, Vladimir Passos de. *Direito administrativo e meio ambiente*. 4. ed. Curitiba: Juruá, 2010. p. 73).

[50] José Affonso da Silva apresenta conceito mais amplo para explicar o Sisnama. Segundo o autor, trata-se de "um conjunto articulado de órgãos, entidades, regras e práticas da União, dos Estados, do Distrito Federal, dos Territórios, dos Municípios e de fundações instituídas pelo Poder Público, responsáveis pela proteção e melhoria da qualidade ambiental" (SILVA, José Affonso da. *Direito ambiental constitucional*. São Paulo: Malheiros, 2010. p. 155).

[51] Lei nº 6.938/1981: "Art. 6º. Os órgãos e entidades da União, dos Estados, do Distrito Federal, dos Territórios e dos Municípios, bem como as fundações instituídas pelo Poder Público, responsáveis pela proteção e melhoria da qualidade ambiental, constituirão o Sistema Nacional do Meio Ambiente – SISNAMA".

Conforme exposto na parte introdutória do presente trabalho, a criação do Sisnama representou louvável iniciativa para organização institucional de órgãos e autarquias com atribuições normativas e de poder de polícia para a defesa do meio ambiente. Com a delimitação de competências legislativa e administrativa na Constituição Federal de 1988 (arts. 23 e 24, respectivamente), estados e municípios passaram a desfrutar de amplos poderes para legislar sobre meio ambiente e gerir os bens, recursos e serviços ambientais. A competência legislativa vem prevista na modalidade concorrente, com regras insculpias nos §§1º a 4º do art. 24 e com a inclusão dos municípios pela combinação do art. 30, I e II, da CF/88. E a competência administrativa veio prevista na modalidade comum, com regras de cooperação estabelecidas pela Lei Complementar nº 140/2011, conforme prevê o art. 23, parágrafo único, da CF/88. Esse regime constitucional de competências, aliado ao art. 6º da Lei nº 6.938/1981, fez com surgisse ao longo das últimas duas décadas uma complexa e ineficiente rede institucional de órgãos e autarquias ambientais nas três esferas de governo.

A espinha dorsal do modelo institucional regulatório vigente nas três esferas de governo é composto, em linhas gerais, por um órgão consultivo e deliberativo com atribuição normativa e por uma autarquia com função restrita ao poder de polícia na área ambiental. Ou seja, aquelas funções que estão concentradas em uma agência reguladora com natureza de autarquia especial para diferentes direitos difusos (saúde, por exemplo), na área ambiental estão fragmentadas em diferentes órgãos e autarquias. O contrário do modelo norte-americano, que teria inspirado o modelo de agências brasileiras, resguardadas as peculiaridades dos sistemas jurídicos, conforme ressaltado nas considerações iniciais do presente trabalho. A criação do Ibama, que representara uma concentração de atividades antes espalhadas por um órgão e três autarquias, é contrafactual com o a fragmentação que ocorreu nas duas últimas décadas no Brasil.

Os órgãos e autarquias definidos pelo art. 6º da Lei nº 6.938/1981 são: o Conselho de Governo, o Conama, o Ministério do Meio Ambiente, o Ibama, os órgãos seccionais e os órgãos locais. Suas funções também vêm definidas pelo referido dispositivo legal.[52]

A racionalidade do sistema institucional tem seu pilar fundamental no Ministério do Meio Ambiente enquanto órgão central com a função de "planejar, coordenar, supervisionar e controlar, como órgão federal, a política nacional e as diretrizes governamentais fixadas para o meio ambiente".[53] É órgão com função gerencial, mas sem poderes normativos ou de fiscalização na área ambiental. Para exercer essas funções, a Política Nacional do Meio Ambiente criou dois órgãos: o Conama, "com a finalidade de assessorar, estudar e propor ao Conselho de Governo diretrizes de políticas governamentais para o meio ambiente e os recursos naturais e deliberar, no âmbito de sua competência, sobre normas e padrões compatíveis com o meio ambiente". Em outras palavras, um órgão colegiado com nítida função regulatória para a principal função de regulação em matéria ambiental: a materialização do vago e abstrato conceito de meio ambiente ecologicamente equilibrado. E para controlar e fiscalizar o cumprimento das políticas acordadas pelo Conama, criou-se o Ibama. Esse modelo geral é seguido pelos estados e pelos municípios, segundo previsão do art. 6º da Lei nº 6.938/1981, para órgãos seccionais (estaduais) e órgãos locais (municipais).

O Conselho de Governo, previsto no inciso I do mesmo dispositivo legal, desfruta de função de assessoramento ao presidente da República. Mas, segundo constatação de Édis Milaré, "até o momento não teve qualquer atuação concreta na formulação de diretrizes de ação governamental relacionada ao meio ambiente. Na prática, seu lugar tem sido ocupado pelo Conselho Nacional do Meio Ambiente – Conama".[54] O modelo

---

[52] Freitas lembra que a "estrutura do Sisnama encontra-se no art. 3º do Decreto nº 99.274, de 06.06.1990. Nos seus incisos, acham-se o Conselho de Governo (Conama), a Secretaria do Meio Ambiente da Presidência da República (Semam/PR), o Instituto Brasileiro do Meio Ambiente e dos Recursos Naturais Renováveis (Ibama), os órgãos seccionais, federais ou estaduais e, finalmente, os órgãos locais, ou seja, os municipais" (FREITAS, Vladimir Passos de. *Direito administrativo e meio ambiente*, 2010, op. cit., p. 73).

[53] Art. 6º, II, da Lei nº 6.938/1981.

[54] MILARÉ, Édis. *Direito do ambiente*. 7. ed. São Paulo: Revista dos Tribunais, 2011. p. 368.

institucional fica centrado nos órgãos referidos acima: MMA, Conama e Ibama. Por isso, o equivalente ao que chamaríamos de uma "agência ambiental", no Brasil, é a combinação do Conama mais Ibama, com vinculação ao MMA. O primeiro com função de formulação da política ambiental e o segundo com o exercício do poder de polícia.

A participação pública na formulação das políticas ambientais seria garantida pela composição multipartite do Conama, enquanto órgão colegiado. Representantes da sociedade civil e governo formam o conselho. O subsídio técnico para as deliberações dos diferentes grupos de trabalho é proporcionado pelo Ibama. Ao contrário do que ocorre com as agências reguladoras de outras áreas, no meio ambiente os responsáveis pela política pública não são necessariamente técnicos. Não precisam ser. Por isso, nem sempre a definição da regulação ambiental é puramente técnica. Há um conflito de interesses entre entidades representativas de setores produtivos, de associações de proteção ambiental e do governo. Do jogo de forças inerente a qualquer instituição colegiada, surgem critérios e normas com impactos em inúmeros direitos e interesses fundamentais. Por isso, esses critérios enfrentam constantemente questionamentos de constitucionalidade.

Ainda sobre a participação, traçando-se um paralelo com as agências reguladoras, nestas não há exclusão da sociedade. Pelo contrário, a participação é direta, ao contrário do que ocorre com o Conama. Neste, há o monopólio de entidades que representariam os múltiplos e diversos interesses sociais. Na prática, essa forma indireta de participação[55] é in-

---

[55] Mirra chama esta participação de semidireta. Para o autor, a "participação popular semidireta na proteção do meio ambiente, diversamente da direta, é aquela exercida por grupos e instituições sociais secundários que atuam como intermediários entre os indivíduos, titulares do direito ao meio ambiente ecologicamente equilibrado e do meio ambiente como bem de uso comum do povo, e os representantes eleitos pela população. São [...] em termos mais simples, *entes intermediários*, aos quais se atribui a titularidade da participação pública ambiental". O mesmo autor corrobora a assertiva apresentada no trabalho ao confirmar que, no Brasil, "não são poucas as hipóteses em que a participação das ONGs ambientalistas, além de formalmente institucionalizada, recebeu destaque, notadamente em comparação com as pessoas físicas, individualmente consideradas" (MIRRA, Álvaro Luiz Valery. *Participação, processo civil e defesa do meio ambiente*. São Paulo: Letras Jurídicas, 2011. p. 128; 131, grifos no original).

suficiente e menos representativa do que aquela que ocorre nas agências reguladoras por meio de comentários a propostas de regulamentos e, em alguns casos, audiências públicas.[56]

Como se não bastasse, conforme exposto, esse ineficiente e arcaico modelo regulatório institucional foi-se complicando ao longo das últimas décadas. Ficou ainda mais diverso e confuso. Em seu tratado, Paulo de Bessa se referiu a esse modelo institucional como sendo um "verdadeiro labirinto legal e regulamentar".[57] O resultado é sentido na ausência de segurança jurídica que prevalece na área ambiental. E pior: é responsável pela sensação geral e disseminada de ausência de efetividade do moderno regime jurídico ambiental brasileiro.

A título exemplificativo, somam-se ao Conama e ao Ibama, apenas na esfera federal, os seguintes órgãos colegiados e autarquias: Instituto Chico Mendes de Biodiversidade (ICMBio): autarquia federal, dotado de poder de polícia sobre unidades de conservação da natureza; Agência Nacional de Águas (ANA): autarquia sob regime especial, com autonomia financeira, vinculada ao MMA, com a finalidade de implementar a Política Nacional de Recursos Hídricos; Conselho Nacional de Recursos Hídricos (CNRH): órgão colegiado com funções deliberativa e normativa sobre recursos hídricos;[58] Comissão Nacional de Biodiversidade (Conabio): órgão com função de coordenar, acompanhar e avaliar as ações do Programa Nacional da Diversidade Biológica (Pronabio);[59] Comissão Nacional do Programa Cerrado Sustentável (Conacer): órgão "com a finalidade de promover a conservação, a restauração, a recuperação e o manejo sustentável de ecossistemas do bioma cerrado, bem como a valorização e

---

[56] Em sentido contrário, Paulo Affonso L. Machado, para quem "esse conselho [Conama] tem tido uma atuação digna de elogios. Se maior não foi a sua atuação, atribua-se ao restrito número de suas reuniões (quatro reuniões ao ano) e a brevidade de seus encontros" (MACHADO, Paulo Affonso Leme. *Direito ambiental brasileiro*. 20. ed. São Paulo: Malheiros, 2012. p. 196).

[57] ANTUNES, Paulo de Bessa. *Direito ambiental*, 2012, op. cit., p. 159.

[58] Lei nº 9.984/2000.

[59] MINISTÉRIO DO MEIO AMBIENTE. Colegiados. Disponível em: <www.mma.gov.br/biodiversidade/comissao-nacional-de-biodiversidade>. Aceso em: 31 jan. 2013.

o reconhecimento de suas populações tradicionais";[60] Comissão de Gestão de Florestas Públicas: vinculada ao MMA, de natureza consultiva;[61] Serviço Florestal Brasileiro: com função de gestão das florestas públicas brasileiras;[62] Conselho de Gestão do Patrimônio Genético (Cegen): órgão de caráter deliberativo e normativo criado pela MP nº 2.186-16/2001 no âmbito do Ministério do Meio Ambiente;[63] Comissão Técnica Nacional de Biossegurança (CTNBio): órgão com função deliberativa e normativa na área de biossegurança relativa aos organismos geneticamente modificados.[64] Paulo Affonso Machado lembra ainda os seguintes órgãos: Comitê do Fundo Nacional do Meio Ambiente; Conselho Nacional da Amazônia Legal;[65] e Comitê Interministerial da Política Nacional de Resíduos Sólidos. Para a área de mudança do clima, há também a Comissão Interministerial de Mudança Global do Clima.[66]

Paulo Affonso Leme Machado já advertia que "quando se quer resolver um assunto, atribui-se a matéria para responsabilidade de uma só pessoa, e quando se pretende procrastinar, confere-se a responsabilidade da solução a um colegiado".[67] Embora o consagrado tratadista esteja discorrendo sobre critérios para que um colegiado possa funcionar de forma eficiente, a máxima parece ser a realidade do modelo institucional regulatório brasileiro. São inúmeros os conselhos. E o sentimento de falta de efetividade das normas e regulamentos ainda assim impera. Não se está querendo propor que os conselhos sejam necessariamente ruins. Aliás, uma das inovações positivas das agências reguladoras reside no fato de o

---

[60] Decreto nº 5.577/2005.

[61] Art. 51 da Lei nº 11.284/2006.

[62] Art. 54 da Lei nº 11.284/2006.

[63] MINISTÉRIO DO MEIO AMBIENTE. Conselho de Gestão do Patrimônio Genético. Disponível em: <www.mma.gov.br/patrimonio-genetico/conselho-de-gestao-do-patrimonio-genetico>. Aceso em: 31 jan. 2013.

[64] COMISSÃO TÉCNICA NACIONAL DE BIOSSEGURANÇA. Disponível em: <www.ctnbio.gov.br/index.php/content/view/2.html>. Aceso em: 31 jan. 2013.

[65] MACHADO, Paulo Affonso Leme. *Direito ambiental brasileiro*, 2012, op. cit., p. 198-200.

[66] COMISSÃO INTERMINISTERIAL DE MUDANÇA GLOBAL DO CLIMA. Disponível em: <www.mct.gov.br/index.php/content/view/4016.html>. Acesso em: 31 jan. 2013.

[67] MACHADO, Paulo Affonso Leme. *Direito ambiental brasileiro*, 2012, op. cit., p. 193.

órgão máximo ter caráter colegiado – a Diretoria Colegiada ou Conselho Diretor. Não se pretende negar a importância de órgãos colegiados. A intenção é qualificá-los e torná-los mais efetivos do que o caos institucional de governança que atualmente impera na área ambiental.

Se a intenção da criação do Ibama teve natureza centralizadora de funções que estavam dispersas entre três autarquias e um órgão, a proliferação de autarquias e conselhos nas últimas três décadas e a rejeição ao modelo de autarquia de regime especial da década de 1990 não guarda relação lógica e jurídica que justifique a atipicidade do modelo institucional em relação às demais áreas da regulação. Trata-se de modelo contrário à ideia original de criação do Ibama. E é contrário também ao modelo institucional de regulação ambiental que inspirou a criação da agência reguladora ambiental norte-americana, conforme será demonstrado a seguir. Por isso, o argumento deste texto é que não há justificativa, do ponto de vista da eficiência regulatória, para a manutenção do atual modelo institucional de governança em matéria ambiental. Uma reforma que concentre as funções de regulação é imperativa para garantir maior efetividade das normas ambientais brasileiras.

A agência ambiental norte-americana (EPA)

A agência ambiental norte-americana (EPA) foi criada oficialmente por uma ordem executiva do presidente Richard Nixon, em 9 de julho de 1970. Tal ordem executiva ficou conhecida como o Plano de Reorganização nº 3. Esse instrumento normativo foi responsável também pela estruturação da National Oceanic and Atmospheric Administration (Noaa) ou Administração Nacional de Oceanos e Atmosfera.[68]

A criação de uma agência ambiental por um presidente do Partido Republicano – também conhecido nos EUA como Good Old

---

[68] UNITED STATES ENVIRONMENTAL PROTECTION AGENCY (EPA). *Reorganization Plan nº 3 of 1970*. Disponível em: <www.epa.gov/aboutepa/history/org/origins/reorg.html>. Acesso em: 12 jun. 2012.

Party (GOP), historicamente mais conservador e resistente à regulação ambiental – foi fruto de uma preocupação social crescente com grandes acidentes decorrentes do processo de industrialização. Foi também no final da década de 1960, início da década de 1970, que os EUA promulgaram suas principais leis ambientais, entre elas a National Environmental Policy Act (Nepa) ou Política Nacional do Meio Ambiente.

No começo da década de 1960 a obra de uma bióloga que trabalhava para o Departamento Nacional de Vida Selvagem influenciou de forma bastante contundente a sociedade norte-americana. *Primavera silenciosa* é o título do livro publicado em 1962 por Rachel Carlson. Através desse trabalho, a autora disseminou a preocupação com os impactos negativos da utilização de um agrotóxico conhecido por DDT.[69] Logo em seguida, um grande vazamento de óleo contaminou aproximadamente 100 km da costa da Califórnia. Este acidente ficou conhecido como o vazamento de Santa Bárbara, de 1969. Em resposta a esses e a outros acidentes ambientais, o presidente e o Congresso norte-americanos agiram, regulando para assegurar que todos pudessem desfrutar de um ambiente seguro, saudável, produtivo, estética e culturalmente preservado.[70]

O Congresso norte-americano aprovou, então, a Lei da Política Nacional do Meio Ambiente (Nepa). De caráter inovador, esse diploma legal exigiu que o planejamento de projetos de qualquer autarquia ou órgão federal fosse previamente acompanhado de um relatório apontando seus potenciais impactos. Logo após a criação da Nepa pelo Poder Executivo, o Plano de Reorganização nº 3 foi submetido a sessões de comissões especializadas na Câmara dos Representantes (equivalente à Câmara dos

---

[69] Sobre a influência da obra de Rachel Carlson e a relação entre grandes acidentes e a formulação de políticas públicas ambientais, ver: SAMPAIO, Rômulo S. R. *Direito ambiental*: doutrina e casos práticos. São Paulo: Campus Elsevier, 2011. p. 71.

[70] "*In response to this growing concern for the environment, the president and congress took action to ensure that all Americans had 'safe, healthful, productive, esthetically and culturally pleasing surroundings*" (UNITED STATES ENVIRONMENTAL PROTECTION AGENCY – EPA. *Reorganization Plan nº 3 of 1970*, op. cit.).

Deputados no Brasil) e no Senado. Aprovada pelo Congresso, a EPA começou suas operações em 2 de dezembro de 1970.[71]

Relevante para o presente texto é o fato de que antes da criação da EPA, as funções e responsabilidades pela proteção ambiental eram fragmentadas entre diversos órgãos e autarquias federais. Essa estrutura institucional era ineficiente para a regulação dos riscos ambientais. Os acidentes de grandes proporções e os riscos ambientais a que estavam submetidos os cidadãos norte-americanos são fortes indícios dessa ineficiência regulatória.

A concepção de uma agência reguladora central, com funções e atribuições plenas de regulação ambiental, objetivou a maximização de recursos e esforços antes espalhados por diferentes órgãos e autarquias. O resultado se refletiu na maior eficiência e efetividade dos diplomas ambientais que estavam por vir. Algumas dessas autarquias e órgãos que foram incorporados pela EPA incluem: Administração Federal da Qualidade da Água (Federal Water Quality Administration), a Comissão Nacional de Controle da Poluição do Ar (National Air Pollution Control Commission) e algumas funções da Administração de Alimentos e Drogas (Food and Drug Administration). Com um mandato unificado e integrado, as atribuições da EPA foram-se consolidando ao longo dos anos nas áreas de concepção e elaboração normativa, adjudicação administrativa e poder de polícia.

Como qualquer outra agência reguladora, a EPA é comandada por um administrador indicado pelo presidente e aprovado pelo Congresso. A agência conta atualmente com 17 mil funcionários e um orçamento anual de US$ 8,6 bilhões. Nos últimos 40 anos, a EPA regulamentou diversas leis ambientais federais que tratam do ar, água, uso do solo, espécies ameaçadas de extinção e resíduos sólidos. No exercício do poder de polícia, a EPA já lavrou milhares de autos de infração e impôs bilhões de dólares em multas. Além disso, a agência trabalha também de forma

---

[71] UNITED STATES ENVIRONMENTAL PROTECTION AGENCY (EPA). *When and how was the EPA created?* Disponível em: <http://publicaccess.supportportal.com/link/portal/23002/23012/Article/23723/When-and-how-was-the-EPA-created>. Acesso em: 12 jun. 2012.

colaborativa com diversos setores produtivos e governamentais em diferentes programas voluntários para promoção de eficiência energética e redução da poluição.[72]

Trata-se, portanto, de uma autarquia bastante diversa do Ibama. Uma típica agência reguladora, muito mais assemelhada às autarquias de regime especial no direito brasileiro. A concepção, o mandato e a natureza da EPA são contrários aos elementos constitutivos do modelo institucional regulatório em matéria ambiental no Brasil. Se não é possível afirmar no presente capítulo que o modelo de governança regulatória nos EUA em matéria ambiental guarda relação de causalidade ou mesmo correlação com a percepção de maior efetividade do direito do ambiente naquele país, por certo que esta estrutura é indicativa de uma necessidade de maior reflexão sobre as instituições com funções regulatórias no Brasil.

Conclusão

O modelo institucional regulatório ambiental no Brasil é ineficiente e não é capaz de proporcionar efetividade ao ordenamento jurídico do ambiente consagrado pela Constituição Federal de 1988. O modelo tem conformação mais política do que técnica. A natureza dessa fragilidade é institucional. Decorre do modelo adotado pela Lei nº 6.938/1981 (Política Nacional do Meio Ambiente – PNMA).

Há delegação do poder deliberativo e normativo para órgãos colegiados, os conselhos de meio ambiente, nas três esferas da Federação. Esses conselhos são formados por entidades representativas da sociedade. Há inibição da participação direta. Preteriu-se o modelo de agência reguladora de regime autárquico especial para fragmentação pouco eficiente em conselhos e autarquias de poderes regulatórios nulos ou muito limitados. A "agência ambiental", portanto, não segue o modelo tradicional das

---

[72] WILLIAMS, Dennis C. The guardian: EPA's formative years, 1970-1973. *United States Environmental Protection Agency (EPA)*, set. 1993. Disponível em: <www.epa.gov/aboutepa/history/publications/print/formative.html>. Acesso em: 22 jun. 2012.

agências reguladoras de outras matérias (Aneel, Anvisa, Anatel etc.) ou dos EUA, que serviram de inspiração para o modelo de regulação por agências no Brasil. Naquele país há uma agência como todas as outras – a Environmental Protection Agency.

O atual modelo é contrário ao fundamento que inspirou a criação do Ibama, pautado pela necessidade de concentração de temas e pautas fragmentadas entre distintos órgãos e autarquias. A proliferação de colegiados e autarquias nas últimas décadas para tratar dos diferentes aspectos do meio ambiente gera ineficiência e produz a sensação de falta de efetividade do controle das normas ambientais vigentes.

A proposta normativa do presente capítulo é a reformulação do modelo institucional regulatório brasileiro em matéria ambiental. Os fundamentos para essa reforma estariam calcados em dois pilares básicos: (1) extinção do Conselho Nacional do Meio Ambiente (Conama); (2) criação de Agência Nacional de Proteção Ambiental (Anpa), incorporando o quadro técnico de todos os órgãos e autarquias com atribuição ambiental e dotando-a das características inerentes a essa entidade, em especial: (i) decisão por diretoria colegiada; (ii) conferência de mandato e estabilidade aos diretores durante sua vigência, com vedação à exoneração imotivada; e (iii) vedação explícita a recurso hierárquico impróprio na esfera administrativa. Em outras palavras, trata-se de recomendação normativa com o intuito de fortalecimento do Ibama e demais órgãos e autarquias com atribuições regulatórias em matéria ambiental. O mesmo se propõe para estruturas estaduais e municipais.

São inúmeras as vantagens desse fortalecimento da estrutura institucional regulatória ambiental no Brasil.

A participação pública nos processos deliberativos, função primordial dos conselhos de meio ambiente refletida nas suas respectivas composições, continuaria garantida. Seria, inclusive, mais efetiva, pois deixaria de ser indireta, por meio de representação por entidades organizadas da sociedade civil, facilmente capturadas, e passaria a ser direta, como em todas as outras agências reguladoras brasileiras. Qualquer cidadão pode comentar as minutas de ato normativo antes de serem publicados no

Diário Oficial. O novo marco legal da regulação ambiental no Brasil poderia ir além: exigir que os comentários sobre minutas de regulamentos tivessem de ser respondidos pelo regulador.

Nos processos de licenciamento, atualmente conduzidos pelo Ibama, a participação pública por meio de audiências públicas continuaria resguardada.

A concentração de funções numa única agência ampliaria também o controle social. Passaria a se concentrar num único órgão, como é feito com as outras áreas reguladas no Brasil.

O custo de transação para o setor privado seria radicalmente reduzido. Ao invés de ter de negociar licenças e autorizações com múltiplos órgãos, passaria a ter todas as suas demandas concentradas num único órgão. Isso aumentaria também a segurança jurídica para os setores regulados e diminuiria a incerteza que vigora atualmente e que é responsável por inviabilizar fluxos de caixa e análises de viabilidade econômica e financeira de diversos empreendimentos no Brasil.

Um corpo técnico altamente qualificado, admitido por concurso público e com plano de carreira na agência aumentaria a eficiência regulatória e diminuiria o espaço para decisões políticas. Um presidente e diretores indicados pelo presidente da República, com mandato que se sobrepusesse ao do presidente responsável pela indicação aumentaria a independência da agência, principalmente, para os casos em que o Estado é regulado no exercício da atividade privada – por exemplo, uma empresa pública empreendendo grande projeto de infraestrutura e que dependesse de licença emitida pela agência. A diretoria de licenciamento, indicada pelo presidente da agência, não estaria suscetível a pressões políticas responsáveis pela flexibilização de procedimentos intrínsecos ao procedimento de licença ambiental.

Referências

ANTUNES, Paulo de Bessa. *Direito ambiental.* 14. ed. São Paulo: Atlas, 2012.

ARAGÃO, Alexandre Santos. *Agências reguladoras e a evolução do direito administrativo econômico*. 2. ed. Rio de Janeiro: Forense, 2005.

ATALIBA, Geraldo. Poder regulamentar do Executivo. In: BARROSO, Luis Roberto; CLÈVE, Clemerson Merlin. *Doutrinas essenciais*: direito constitucional. São Paulo: RT, 2011. v. IV, cap. 3, p. 4611.

BINEMBOJM, Gustavo. *Temas de direito administrativo e constitucional*. Rio de Janeiro: Renovar, 2008.

CARDOSO, Henrique Ribeiro. *O poder normativo das agências reguladoras*. Rio de Janeiro: Lumen Juris, 2006.

DI PIETRO, Maria Sylvia Zanella. *Direito administrativo*. 20. ed. São Paulo: Atlas, 2007.

FREITAS, Vladimir Passos de. *Direito administrativo e meio ambiente*. 4. ed. Curitiba: Juruá, 2010.

GASPARINI, Diogenes. *Direito administrativo*. 11. ed. São Paulo: Saraiva, 2006.

GOMES, Joaquim B. Barbosa. Agências reguladoras: a metamorfose do Estado e da democracia (uma reflexão de direito constitucional e comparado). *Revista de Direito Constitucional e Internacional*, n. 75, p. 591, abr./jun. 2011.

GUERRA, Sérgio. Discricionariedade técnica e agências reguladoras. In: SEMINÁRIO AS AGÊNCIAS REGULADORAS. *Anais...* Salvador: Escola de Magistratura Federal da 1ª Região (Esmaf), 2010.

_____. A regulação ambiental no Brasil deve ser exercida por entidades independentes? In: SAMPAIO, Rômulo S. R.; LEAL, Guilherme; REIS, Antonio (Org.). *Tópicos de direito ambiental*: 30 anos da Política Nacional do Meio Ambiente. Rio de Janeiro: Lumen Juris, 2011.

GUERRA, Sidney; GUERRA, Sérgio. *Curso de direito ambiental*. Belo Horizonte: Fórum, 2009.

JUSTEN FILHO, Marçal. *Curso de direito administrativo*. 4. ed. São Paulo: Saraiva, 2009.

MACHADO, Paulo Affonso Leme. *Direito ambiental brasileiro*. 20. ed. São Paulo: Malheiros, 2012.

MCALLISTER, Lesley K. *Making law matter, environmental protection & legal institutions in Brazil*. Stanford, CA: Stanford University Press, 2008.

MELLO, Celso Antônio Bandeira de. *Curso de direito administrativo*. 19. ed. São Paulo: Malheiros, 2005.

MILARÉ, Édis. *Direito do ambiente*. 7. ed. São Paulo: Revista dos Tribunais, 2011.

MIRRA, Álvaro Luiz Valery. *Participação, processo civil e defesa do meio ambiente*. São Paulo: Letras Jurídicas, 2011.

SAMPAIO, Rômulo S. R. *Direito ambiental*: doutrina e casos práticos. São Paulo: Campus Elsevier, 2011.

SILVA, José Affonso da. *Direito ambiental constitucional*. São Paulo: Malheiros, 2010.

SOUTO, Marcos Juruena Villela. Agências reguladoras. *Revista Tributária e de Finanças Públicas*, v. 33, p. 153, jul. 2000.

WESTMORELAND, Joshua K. Global warming and originalism: the role of EPA in the Obama administration. *Boston College Environmental Affairs Law Review*, v. 37, n. 1, p. 225- 244, 2010.

WILLIAMS, Dennis C. The guardian: EPA's formative years, 1970-1973. *United States Environmental Protection Agency*, set. 1993. Disponível em: <www.epa.gov/aboutepa/history/publications/print/formative.html>. Acesso em: 22 jun. 2012.

Capítulo 13

A gestão coletiva dos direitos autorais no Brasil: a regulação do Ecad e sua reforma

*Ronaldo Lemos**

Introdução[1]

Este capítulo trata de aspectos relevantes da gestão coletiva dos direitos autorais, efetuada no Brasil por meio do Escritório Central de Arrecadação e Distribuição (Ecad). A gestão coletiva é um dos pilares do exercício dos direitos autorais. Por essa mesma razão é uma das áreas que mais carecem de transformações, especialmente tendo em vista os novos contingentes de criadores intelectuais advindos da internet e da tecnologia digital. As demandas por transparência culminaram no Brasil, por exemplo, com a aprovação da recente Lei de Acesso à Informação e com a criação, por parte do Brasil e dos Estados Unidos, em parceria, do Open Government

---

* Coordenador do Centro de Tecnologia e Sociedade (CTS) da Escola de Direito do Rio de Janeiro da Fundação Getulio Vargas (FGV Direito Rio) e professor titular de propriedade intelectual. É professor visitante da Universidade de Princeton, nos Estados Unidos, e diretor do Creative Commons no Brasil. É mestre em direito pela Universidade de Harvard, doutor em direito pela Universidade de São Paulo (USP) e autor de diversos livros e artigos, incluindo *Direito, tecnologia e cultura*.

[1] Agradeço as contribuições dos professores e pesquisadores do CTS da FGV na elaboração do projeto de lei, em especial aos professores Bruno Magrani, Carlos Affonso Pereira de Souza, Joana Varon Ferraz, Luiz Moncau, Pedro Belchior, Pedro Nicoletti Mizukami e Sergio Branco.

Partnership, que dissemina o valor da transparência globalmente, já contando com a adesão de 46 países. A tecnologia da informação, por sua vez, traz consigo a possibilidade de novas formas de gestão coletiva, mais eficientes, transparentes e exercidas em compasso com as demandas atuais.

A comissão parlamentar de inquérito (CPI) constituída no Senado Federal com a finalidade de investigar o Ecad (CPI do Ecad), cujos trabalhos foram concluídos e aprovados pelo Senado em 26 de abril de 2012, identificou uma série de irregularidades na gestão coletiva, o que levou ao indiciamento de 15 membros do Ecad e das associações que o compõem. Além disso, após amplo trabalho de investigação, o relatório final da CPI do Ecad concluiu que o sistema de gestão coletiva opera com inúmeros problemas, entre eles a falta de transparência, de boa governança e de qualquer fiscalização por parte de autoridade governamental. Em síntese, apesar de operar na forma de monopólio legal, desde a extinção do Conselho Nacional de Direitos Autorais no início da década de 1990 o Ecad não é regulado, gerando distorções e desvios de finalidade que projeto de lei elaborado pelo CTS-FGV buscou corrigir.

Uma vez constatada a necessidade de regulação e reforma da gestão coletiva, o Centro de Tecnologia e Sociedade da Escola de Direito da Fundação Getulio Vargas foi chamado pela CPI que investigou o Ecad para elaborar um projeto de lei para a reforma do sistema de gestão coletiva.

O Centro de Tecnologia e Sociedade da Escola de Direito da Fundação Getulio Vargas (CTS-FGV) é um centro de ensino e pesquisa avançada dedicado integralmente ao estudo do impacto da tecnologia sobre a sociedade brasileira e à formulação de políticas públicas e práticas privadas a esse respeito. Entre suas principais linhas de atuação está a questão da propriedade intelectual, especialmente o direito autoral, e das transformações por ela sofridas em face das novas demandas trazidas pelo avanço tecnológico. Os dois princípios que orientam as atividades da Fundação Getulio Vargas orientam também a atuação do CTS: a promoção do desenvolvimento nacional e o aperfeiçoamento das instituições democráticas.

Nessa perspectiva, o CTS-FGV partiu do princípio de que práticas como a opacidade, a centralização excessiva, a ausência de transparência e a existência de estruturas de governança arcaicas, fundadas no personalismo e na ausência de profissionalização, são obsoletas e chamam a necessidade de reforma. Da mesma forma, partiu do princípio de que é equivocada a argumentação por parte do Ecad de que a condição de monopólio no exercício de suas atividades é "natural", incontornável, não sendo possível organizar a gestão coletiva de forma mais acessível, aberta e transparente, abarcando o contingente de criadores que não se sentem representados pelo sistema atual.

Alguns dos problemas da gestão coletiva

A CPI em tela apontou questões como o arbitramento, por parte das sociedades que compõem o Ecad, do mesmo valor cobrado a título de taxa administrativa – fixada por todas em idênticos 7,5%. Tal prática de fixação de valores chama a atenção, uma vez que não existe razão para que cada uma das nove sociedades que compõem o Ecad não possa adotar taxas diferentes. A esse respeito, cada sociedade possui administração, sede, pessoal, história e estrutura de custos distinta. Não faz sentido, nem tem guarida na lei, o fato de que todas adotem uniformemente o mesmo percentual. Do ponto de vista dos artistas e criadores intelectuais, cada sociedade poderia competir oferecendo percentuais de administração mais baixos, atraindo assim mais artistas e a formação de um catálogo mais amplo, o que, por sua vez, favoreceria economicamente em termos de eficiência todo o universo de criadores que dependem do sistema de arrecadação coletiva.

Não seria inconcebível, também, que descontos na taxa de administração fossem também revertidos aos usuários da música, que pagam ao Ecad por esse direito. Há várias possibilidades de implementar esse sistema. Por exemplo, estabelecendo-se a média entre as diferentes taxas administrativas praticadas pelas associações, ponderada em relação ao tamanho de cada catálogo, permitindo assim a redução de preços quanto ao valor final dos *royalties* pagos ao Ecad. Outra possibilidade seria a criação de um sistema de "rebates", que permitiriam devolver de forma financeira ou não financeira (por exemplo, com descontos em prestações futuras) ao usuário de música que optasse por utilizar catálogos específicos das associações taxados a menor percentual. Trata-se apenas de duas entre muitas hipóteses, que ilustram como salta aos olhos a prática do mesmo preço uniforme por parte de todas as nove associações que compõem o Ecad.

Em face de constatações como a acima, o CTS-FGV buscou a elaboração de um projeto de lei que visasse atender às demandas legais, sociais e econômicas que consubstanciam a necessidade de maior regulação do órgão de gestão coletiva.

Com isso, elaborou um anteprojeto de lei que teve por objetivo atender aos resultados apurados por meio da CPI do Ecad. Tal anteprojeto foi incorporado ao relatório final da CPI aprovado pelo Senado, com o objetivo de promover o aperfeiçoamento da gestão coletiva no país.

O anteprojeto trata da regulação do sistema de gestão coletiva, estabelecendo condições para o exercício das prerrogativas do escritório central, cujo objetivo é a arrecadação e a distribuição dos direitos relativos à execução pública de obras musicais, literomusicais e de fonogramas. O projeto foi apresentado de forma autônoma, com o objetivo de revogar e promover a reforma dos artigos específicos da Lei de Direitos Autorais que tratam da questão, criando assim uma lei especial para a gestão coletiva.

Como os trabalhos da CPI foram conclusivos, tendo analisado em profundidade a questão da gestão coletiva no país, o projeto foi feito de forma autônoma, sem vinculação ao atual projeto de lei de reforma dos direitos autorais. A razão para isso é que a CPI que analisou o Ecad reuniu as condições técnicas e a legitimidade necessárias para propor uma solução própria, pontual e específica para as questões detectadas. Em outras palavras, consistiu no fórum mais aprofundado de estudo do sistema de gestão coletiva no país, apresentando relatório conclusivo e ensejando uma proposta prática e efetiva para os problemas constatados.

O anteprojeto de lei para a reforma do Ecad e da gestão coletiva no Brasil

Segue abaixo a íntegra do projeto de lei proposto pelo Centro de Tecnologia e Sociedade para a reforma da gestão coletiva no Brasil. Logo após sua apresentação, segue texto de análise dos problemas enfrentados pela atual gestão coletiva em nosso país, bem como a justificativa para o texto apresentado.

O projeto buscou atender a cinco princípios:

a) *Transparência*. O projeto de lei cria obrigações claras de transparência para gestão coletiva, por se tratar de atividade que afeta número difuso de pessoas, tanto na sociedade quanto no segmento de artistas, produtores e titulares de direitos.

b) *Eficiência*. O projeto estabelece a eficiência como princípio, tanto técnico quanto econômico. Artistas terão direito a serem informados sobre seus direitos e créditos. Além disso, as regras de concorrência previstas na Constituição Federal aplicam-se à gestão coletiva.

c) *Modernização*. O projeto reorganiza a gestão coletiva, racionalizando a estrutura das associações que a compõem. As associações passam a ser divididas por direitos específicos. Estabelece também o princípio da modernização tecnológica em favor do artista e dos titulares de direitos autorais.

d) *Regulação*. O projeto mantém a existência de um único escritório central. Em contrapartida, este fica subordinado ao Ministério da Justiça, que funcionará como instância reguladora e supervisora.

e) *Fiscalização*. O projeto atribui ao Ministério da Justiça a prerrogativa de fiscalizar a gestão coletiva, selecionando e homologando as entidades por ela responsáveis e prevenindo abusos, inclusive quanto ao arbitramento de preços.

Anteprojeto de lei aprovado no âmbito da CPI que investigou o Ecad

PROJETO DE LEI DO SENADO Nº…, DE 2012

Dispõe sobre a Gestão Coletiva de Direitos Autorais e estabelece condições para o exercício das prerrogativas do Escritório Central cujo objetivo é a arrecadação e a distribuição dos direitos relativos à execução pública de obras musicais e literomusicais e de fonogramas.

O CONGRESSO NACIONAL decreta:

Art. 1º. Esta lei dispõe sobre a Gestão Coletiva de Direitos Autorais e estabelece condições para o exercício das prerrogativas do Escritório Central cujo objetivo é a arrecadação e a distribuição dos direitos relativos à execução pública de obras musicais e literomusicais e de fonogramas.

Art. 2º. Para o exercício e defesa de seus direitos, podem os autores e os titulares de direitos conexos associarem-se, sem intuito de lucro.
§1º. Caberá ao Ministério da Justiça, através de órgão competente, selecionar e habilitar uma única associação responsável pela gestão coletiva por cada segmento de direitos, que se reunirão em um único Escritório Central que exercerá a função de arrecadação e distribuição dos direitos relativos à execução pública, nos termos do art. 68, §2º, da Lei nº 9.610, de 19 de fevereiro de 1998, pelo prazo de 5 (cinco) anos.
§2º. O Ministério da Justiça organizará o processo de seleção das associações por natureza dos respectivos direitos, na forma do regulamento.
§3º. As associações com sede no exterior far-se-ão representar, no País, por associações nacionais constituídas na forma prevista nesta Lei.
§4º. Compete ao Ministério da Justiça homologar o regimento interno e os demais normativos do Escritório Central.
§5º. O Escritório Central e as associações poderão manter fiscais, aos quais é vedado receber do usuário numerário a qualquer título.

§6º. A inobservância da norma do parágrafo anterior tornará o faltoso inabilitado à função de fiscal, sem prejuízo das sanções civis e penais cabíveis.

§7º. O Escritório Central organizado na forma prevista neste artigo não terá finalidade de lucro e será dirigido e administrado pelas associações que o integrem.

§8º O recolhimento de quaisquer valores pelo Escritório Central somente se fará por depósito bancário.

§9º. O Escritório Central de Arrecadação e Distribuição atuará em juízo e fora dele em seu próprio nome como substituto processual dos titulares de direitos a ele vinculados.

§10. A parcela destinada aos autores e demais titulares de direitos não poderá ser inferior a setenta e cinco por cento dos valores arrecadados pelo Escritório Central, deduzida as despesas de administração.

Art. 3º. Com o ato de filiação, as associações habilitadas para o exercício da gestão coletiva de direitos autorais tornam-se mandatárias de seus associados para a prática de todos os atos necessários à defesa judicial ou extrajudicial de seus direitos autorais, bem como para o exercício da atividade de cobrança desses direitos.

§1º. Os titulares de direitos poderão praticar, pessoalmente, os atos referidos neste artigo, mediante comunicação prévia à associação a que estiverem filiados.

§2º. O exercício da atividade de arrecadação e distribuição citada no *caput* somente será lícito para as associações que obtiverem habilitação no Ministério da Justiça, aplicados os requisitos do art. 5º.

§3º. As associações e o Escritório Central estão sujeitos às regras concorrenciais contidas na Lei nº 8.884, de 11 de junho de 1994, e ao Sistema Nacional de Defesa do Consumidor.

§4º. As associações e o Escritório Central não poderão definir critérios subjetivos para a admissão de novos associados ou associações, nem exigir percentual quantitativo mínimo de direitos autorais cadastrados como requisito para admissão.

Art. 4º. Cada associação de gestão coletiva de direitos autorais fixará, considerando regras de mercado, o valor dos direitos autorais dos quais for mandatária.

§1º. A cobrança dos usuários deverá ser proporcional à utilização das obras dos quais a associação é mandatária, exceto quando a observância desta proporcionalidade não for eficiente ou inviável tecnicamente, hipótese na qual a cobrança poderá ser realizada de outra maneira, com base em critérios justificados.

§2º. As associações deverão adotar os princípios da isonomia, transparência e publicidade na definição dos valores e cobrança pela utilização de qualquer obra ou fonograma sob sua gestão.

§3º. Compete ao Ministério da Justiça homologar os preços fixados pelas associações de gestão coletiva de direitos autorais, nos termos do regulamento.

§4º. Os litígios entre usuários e titulares de direitos autorais ou seus mandatários, em relação aos critérios de cobrança e valores de arrecadação, e entre titulares e suas associações, em relação aos valores e critérios de distribuição, poderão ser objeto da atuação administrativa do Ministério da Justiça para a resolução de conflitos, na forma do regulamento, sem prejuízo da apreciação pelos órgãos do Sistema Brasileiro de Defesa da Concorrência, ou do Sistema Nacional de Defesa do Consumidor, quando cabível.

Art. 5º. Para a concessão da habilitação para o exercício da atividade de arrecadação e distribuição de que trata o art. 3º será feita análise pelo Ministério da Justiça, conforme regulamento, atendendo-se aos seguintes critérios:

I. o cumprimento, pelos estatutos da entidade solicitante, dos requisitos estabelecidos na legislação para sua constituição;

II. a demonstração de que a entidade solicitante reúne as condições necessárias para assegurar uma administração eficaz, idônea e transparente dos direitos a ela confiados e capacidade técnica para gerir as obras dos titulares de direitos, mediante comprovação dos seguintes documentos e informações:

a) os cadastros das obras e titulares que representam;

b) contratos e convênios mantidos com usuários de obras de seus repertórios e prestadores de serviço, que não poderão ser objeto de confidencialidade;

A gestão coletiva dos direitos autorais no Brasil

c) estatutos e respectivas alterações;

d) atas das assembleias ordinárias e extraordinárias;

e) acordos de representação com entidades congêneres estrangeiras, quando existentes;

f) relatório anual de suas atividades, quando aplicável;

g) demonstrações contábeis anuais auditadas, quando aplicável;

h) relatório anual de auditoria externa e independente de suas contas; e

i) plano de cargos e salários, incluindo valor das remunerações dos dirigentes, gratificações, bonificações e outras modalidades de remuneração e premiação, com valores atualizados;

j) detalhamento do modelo de governança da associação, incluindo estrutura de representação isonômica dos associados.

III. outras informações consideradas relevantes pelo Ministério da Justiça, na forma do regulamento, assim como as que demonstrem o cumprimento de suas obrigações internacionais contratuais que possam ensejar questionamento ao Estado brasileiro no âmbito dos acordos internacionais dos quais é parte.

§1º. Os documentos e informações a que se referem os incisos II e III deste artigo deverão ser apresentados anualmente ao Ministério da Justiça.

§2º. A habilitação de que trata o §2º do art. 3º deverá ser anulada quando for constatado vício de legalidade ou cancelada administrativamente pelo Ministério da Justiça quando verificado que a associação não atende ao disposto neste artigo, assegurados sempre o contraditório e a ampla defesa, bem como a comunicação do fato ao Ministério Público.

§3º. A ausência de uma associação que seja mandatária de determinada categoria de titulares em função da aplicação do §2º deste artigo não isenta os usuários de direitos autorais de suas respectivas obrigações previstas em lei, que deverão ser recolhidos ao Escritório Central, ficando este responsável pela fixação dos valores dos direitos autorais e conexos em relação ao período compreendido entre o indeferimento do pedido de habilitação, a anulação ou o cancelamento da habilitação e a obtenção de nova habilitação ou constituição de entidade sucessora nos termos do art. 3º.

§4º. A associação cuja habilitação seja anulada, cancelada, pendente de apreciação pela autoridade competente, ou apresente qualquer outra forma de irregularidade, não poderá utilizar tais fatos como impedimento para distribuição de eventuais valores já arrecadados, sob pena de responsabilização pessoal de seus dirigentes nos termos do art. 10.

§5º. As associações de gestão coletiva de direitos autorais deverão manter atualizados e disponíveis aos associados os documentos e as informações previstas nos incisos II e III.

§6º. Todos os bancos de dados de titulares de direitos e demais ferramentas técnicas, informações e meios necessários ao processo de arrecadação e distribuição de direitos deverão ser centralizados em caráter definitivo no Escritório Central, sem prejuízo de que as associações mantenham cópia da parte que lhes é cabível.

Art. 6º. As associações de gestão coletiva de direitos autorais e o Escritório Central de Arrecadação e Distribuição, no desempenho de suas funções, deverão:

I. dar publicidade e transparência, por meio de sítios eletrônicos próprios, às formas de cálculo e critérios de cobrança, discriminando, dentre outras informações, o tipo de usuário, tempo e lugar de utilização, os critérios de distribuição dos valores dos direitos autorais arrecadados, incluídos as planilhas e demais registros de utilização das obras e fonogramas fornecidos pelos usuários, bem como o banco de dados de obras e titulares cadastrados;

II. dar publicidade e transparência, por meio de sítios eletrônicos próprios, aos estatutos, regulamentos de arrecadação e distribuição, às atas de suas reuniões deliberativas e aos cadastros das obras e titulares que representam, bem como o montante arrecadado e distribuído;

III. promover a concorrência e a eficiência operacional, dentre outros meios, na redução de seus custos administrativos e nos prazos de distribuição dos valores aos titulares de direitos;

IV. oferecer aos titulares de direitos os meios técnicos para que possam acessar o balanço dos seus créditos da forma mais eficiente dentro do estado da técnica;

V. aperfeiçoar seus sistemas para apuração cada vez mais acurada das execuções públicas realizadas e publicar anualmente seus métodos de verificação, amostragem e aferição;

VI. garantir aos associados e usuários o acesso às informações referentes às obras das quais possuem direitos e suas execuções aferidas;

VII. verificar a titularidade efetiva de cada obra cadastrada, prevenindo o falseamento de cadastros e fraudes e promovendo a desambiguação de nomes similares de obras.

Parágrafo único. As informações contidas nos incisos I e II devem ser atualizadas, no mínimo, semestralmente.

Art. 7º. As associações de gestão coletiva de direitos autorais deverão prestar contas dos valores devidos, no mínimo a cada noventa dias, e de modo direto aos seus associados.

Parágrafo único. O direito à prestação de contas poderá ser exercido diretamente por qualquer associado ou quando requisitado pelo Ministério da Justiça.

Art. 8º. Qualquer associado que faça parte de associação habilitada para a gestão coletiva poderá requisitar que seja realizada auditoria independente, a ser escolhida pela assembleia geral, uma única vez por ano, com vistas a determinar a exatidão das contas prestadas pela associação autoral a seus representados.

Art. 9º. Os dirigentes, gestores, gerentes, superintendentes e ocupantes de cargos análogos das associações de gestão coletiva de direitos autorais e do Escritório Central respondem solidariamente, com seus bens particulares, por desvio de finalidade ou quanto ao inadimplemento das obrigações para com os associados, por dolo ou culpa.

Art. 10. Cabe ao Escritório Central e às associações de gestão coletiva zelar pela continuidade da arrecadação e, no caso de perda da habilitação por alguma associação, cabe a ela cooperar para que a transição entre associações seja realizada sem qualquer prejuízo aos seus titulares, transferindo todas as informações necessárias ao processo de arrecadação e distribuição de direitos, respondendo seus diretores, gerentes, superintendentes e ocupantes de cargos análogos solidariamente, com seus bens particulares, quanto aos prejuízos causados aos associados.

Art. 11. As emissoras de rádio ou televisão deverão, até o último dia útil de cada trimestre, disponibilizar planilhas com a relação completa das obras musicais executadas no trimestre anterior, por meio de seu sítio eletrônico. Parágrafo único. Na inexistência da disponibilidade de sítio eletrônico, as planilhas com a relação completa das obras musicais executadas no mês anterior deverão ser fornecidas à entidade arrecadadora em meio impresso.

DAS DISPOSIÇÕES TRANSITÓRIAS

Art. 12. As associações de gestão coletiva de direitos autorais que estejam, desde 1 de janeiro de 2012, legalmente constituídas e arrecadando e distribuindo os direitos autorais de obras e fonogramas serão consideradas habilitadas para exercício das suas atividades até a conclusão do processo de seleção e habilitação promovido pelo Ministério da Justiça, do qual poderão participar em igualdade de condições com outros concorrentes.

Art. 13. As associações que reúnam titulares de direitos sobre as obras audiovisuais e o Escritório Central deverão unificar a arrecadação dos direitos relativos à exibição e execução pública, inclusive por meio de radiodifusão ou transmissão por qualquer modalidade, seja delegando a cobrança a uma delas, seja constituindo um ente arrecadador com personalidade jurídica própria.
§1º. Até a implantação da arrecadação unificada prevista neste artigo, a arrecadação e distribuição dos direitos sobre as obras musicais, literomusicais e fonogramas, referentes à exibição audiovisual, será feita pelo Escritório Central, quer se trate de obras criadas especialmente para as obras audiovisuais ou obras preexistentes às mesmas.
§2º. A organização da arrecadação unificada de que trata o *caput* deste artigo deverá ser feita de comum acordo entre as associações de gestão coletiva de direitos autorais correspondentes e o Escritório Central, inclusive no que

concerne à definição dos critérios de divisão dos valores arrecadados entre as associações e o Escritório Central.

Análise da gestão coletiva no Brasil e justificativa do texto do anteprojeto de lei aprovado pela CPI do Ecad

O fundamento da necessidade de regulação da gestão coletiva

Conforme visto, o anteprojeto de lei aprovado no âmbito da CPI do Ecad buscou atender a cinco princípios: (a) transparência; (b) eficiência; (c) modernização; (d) regulação; e (e) fiscalização. A razão para que as associações de gestão coletiva se subordinem a esses princípios consiste no fato de que as mesmas são depositárias de vultosos recursos arrecadados com força de lei perante diversos estratos da sociedade brasileira. Esses recursos são recebidos não em seu próprio nome, mas em nome dos seus associados, artistas, compositores e demais titulares de direitos autorais.

Dessa forma, o Ecad e as associações que o compõem, como depositários destes recursos, possuem deveres fiduciários com relação ao grupo difuso que a eles contribui, quanto ao grupo difuso que deles deve receber. Dessa relação fiduciária emerge a necessidade de regulação do sistema de gestão coletiva. Através da proposta, ficam estabelecidas regras mínimas de transparência, eficiência e idoneidade como forma de assegurar seu melhor funcionamento e aperfeiçoamento institucional.

Dispõe-se, no anteprojeto, que as associações que pretendem exercer a cobrança em questão serão obrigadas a comprovar que atendem aos requisitos estabelecidos em lei, bem como a divulgar seus estatutos e respectivas alterações, as atas das assembleias ordinárias e extraordinárias que realizem, os acordos que possuam com associações estrangeiras equivalentes e outros dados relevantes, tal como a apresentar relatórios de atividades e realizar auditorias externas. Estas obrigações, sem impedir nem mitigar o direito à livre associação, garantido constitucionalmente, induzem maior transparência em todo o sistema, o que é de fundamental importância, especialmente se considerarmos o poder que as associações de gestão coletiva possuem sobre valores financeiros arrecadados junto a público difuso e pertencentes a terceiros (autores e titulares de direitos conexos).

Além disso, vale lembrar o Ecad exerce sua atividade em regime de monopólio, diferentemente, por exemplo, de países como os Estados Unidos, onde existe mais de uma entidade arrecadadora. Esse privilégio concedido implica maior responsabilidade por parte das entidades arrecadadoras: em troca do monopólio concedido pela sociedade, é natural que incorram em obrigações de transparência, eficiência e publicidade com respeito a suas atividades. Não deve haver monopólio sem regulação que o justifique. Outrossim, como mencionado, tais entidades são depositárias de recursos significativos arrecadados junto ao público em geral para a remuneração do uso de obras autorais. O público que contribuiu pagando as respectivas taxas dessas associações e a sociedade em geral têm o interesse legítimo de serem informados publicamente sobre a destinação desses recursos, bem como sobre a formação de preços praticada por essas associações, especialmente em face do exercício em regime centralizado de sua atividade. O público tem também o direito a compreender em que medida existe concorrência entre as diversas associações que constituem o Ecad e se não existe coordenação indevida na formação dos preços e taxas administrativas dessas associações.

A competência do Ministério da Justiça para exercer a regulação

Desse modo, diante da necessidade de criação de um mecanismo de supervisão do sistema de gestão coletiva dos direitos autorais no Brasil, o presente anteprojeto de lei atribui ao Ministério da Justiça, através da criação de conselho e secretaria específicos, a competência para regulamentar e mediar a gestão coletiva de direitos autorais. A indicação do Ministério da Justiça é relevante, pois se trata do ministério responsável por gerir diversas áreas conexas ao tema da gestão coletiva. Por exemplo, encontra-se no âmbito do Ministério da Justiça a atribuição de gerir o sistema de defesa da concorrência, o Departamento de Proteção e Defesa do Consumidor (DPDC), o Conselho Nacional de Combate à Pirataria, a articulação para a defesa dos direitos difusos de diversas naturezas, o cadastro dos cartórios e das serventias judiciais e extrajudiciais, o cadastro nacional das entidades públicas e a gestão da qualificação de entidades da sociedade civil, como as organizações da sociedade civil de interesse público (Oscips).

O Ministério da Justiça, portanto, já possui hoje as capacidades instaladas necessárias e conexas à supervisão das associações da sociedade civil que promovem a gestão coletiva dos direitos autorais, bem como o Ecad, por elas formado. Desse modo, a supervisão torna-se importante, principalmente em vista da dimensão pública advinda do fato de que o exercício da gestão coletiva continuará a ser realizado de forma centralizada.

A atuação do Ministério da Justiça se dará no sentido de selecionar, por prazo determinado, as associações melhor preparadas para a representação dos interesses dos titulares de determinado segmento autoral. Nesse sentido, da mesma forma como acontece com as Oscips, serão habilitadas pelo Ministério da Justiça as associações que demonstrarem melhor capacidade para a gestão coletiva dos direitos autorais, atendidos princípios como eficiência, transparência e idoneidade.

Optou-se pela implementação de sistema caracterizado pela segmentação de categorias classificadas de acordo com a natureza do direito dos titulares a serem representados. Cada um dos segmentos – a serem definidos pelo regulamento – será representado por uma única associação, que deverá determinar os preços e taxas de administração de forma independente e atendidas circunstâncias de mercado. Busca-se o incentivo à concorrência e ao desenvolvimento contínuo das associações e do escritório central, exigindo-se melhoria técnica progressiva e frequente do sistema e métodos para aferição das execuções públicas, o que leva ao incremento da eficiência de todo o sistema. Igualmente, foram definidos critérios mínimos para que as associações sejam selecionadas pelos órgãos competentes do Ministério da Justiça, privilegiando-se critérios objetivos e a cobrança proporcional pela execução pública, bem como a garantia de acesso às informações de tempo e local destas execuções, o que previne que se repitam as irregularidades e ilicitudes detectadas no trabalho da CPI que investigou o Ecad.

Os direitos autorais como sujeitos aos princípios da ordem econômica constitucional e os mecanismos de regulação da gestão coletiva

É importante lembrar que desde a inclusão dos direitos autorais no âmbito da Organização Mundial do Comércio, em 1996, através da assinatura do acordo Trips (Trade Related Intellectual Property Agreement), do qual o Brasil é signatário, o direito autoral passou a fazer parte do âmbito do comércio internacional, sem qualquer excepcionalidade. Caem por terra, desse modo, argumentos que remontam ao século XIX, de que os direitos autorais seriam bens "fora do comércio". Ao contrário, são hoje das atividades econômicas mais importantes tanto globalmente como de forma crescente em nosso país. Há muito foram superados argumentos de que "não são uma atividade econômica" ou que "não deve haver sujeição dos direitos autorais às regras constitucionais". Desse modo, aplicam-se regularmente aos direitos autorais os princípios da ordem econômica regidos pela Constituição Federal, bem como demais princípios pertinentes, como a proteção ao consumidor.

Cada associação, de forma individual, fará a fixação de preços, e criar-se-ão mecanismos para a prevenção do abuso de direito e violações às regras concorrenciais. Caberá ao Ministério da Justiça, no caso de conflitos relativos aos preços fixados entre usuários de direitos autorais e o escritório central ou as associações que o compõem, arbitrar tais conflitos, como, aliás, acontece nos Estados Unidos através do "Copyright Board". Torna-se condição para a obtenção da habilitação para o exercício da atividade de gestão coletiva a observância de princípios como a isonomia, a transparência e a eficiência, ampliando a representatividade das associações e eliminando barreiras que permitam "blindá-las" com relação a seus próprios associados. Como deriva do seu próprio nome, uma associação é constituída por associados. E cabe a esses mesmos associados, no caso os artistas e os titulares de direitos autorais em amplo espectro, exercer a supervisão e fiscalização das associações que os representam, sem que sejam de qualquer forma preteridos.

Foram incluídas disposições transitórias para assegurar a manutenção do sistema de arrecadação, inclusive através da determinação de que o escritório central concentre todos os bancos de dados e ferramentas necessárias para as atividades inerentes à gestão coletiva, que permanece viável e em curso inclusive nos momentos em que seja necessária a substituição das associações que o compõem por motivo de desatendimento aos princípios fundamentais estabelecidos.

A atribuição do Ministério da Justiça será de outorgar habilitação para que uma única sociedade por segmento de direitos exerça as atividades de gestão coletiva. Isso não impede o direito de livre associação dos titulares de direitos, garantido no art. 5º, inciso XVII, da Constituição Federal, pois não obsta ou dificulta de qualquer maneira a criação de associações por autores ou titulares de direitos conexos. Modalidades de outorga de habilitação e qualificação, diga-se, aplicam-se às mais diversas atividades, como é o caso das instituições financeiras, das Oscips, dos cartórios, dos registros de títulos e documentos, entre muitas outras. Não há que falar em cerceamento da liberdade de associação derivada da necessidade de habilitação, ainda mais considerando-se que a preservação da existência de um único escritório central implica, em si, em intervenção pública na atividade econômica de arrecadação de direitos autorais, o que por si só justifica que, em contrapartida, a atividade seja regulada.

A formação de preços por parte do escritório central não se furta ao critério de razoabilidade. Dessa forma, o Ecad e suas associações devem dar publicidade, através de seus sítios eletrônicos, às fórmulas que utilizam para calcular o quanto deve ser arrecadado e informar como esses recursos serão distribuídos. Estas medidas representam mais segurança para os autores, que terão maior facilidade de compreensão do funcionamento das entidades que os representam, bem como dos valores que devem receber. Além disso, dão segurança jurídica e previsibilidade a quem paga pelo uso da execução pública de música no país, permitindo assim que o mercado amadureça a partir de um regime de fixação de preços transparente. O monopólio concedido pela lei não se aplica a todas suas atividades. É necessário estabelecer que a ordem econômica prevista na Constituição Federal aplica-se e determina que haja competição e livre concorrência em todas as atividades que não estiverem cobertas pelo monopólio legal (entre elas a fixação das taxas de administração de cada associação, ou ainda o cumprimento de prazos de distribuição, ou até a formação de preços diferentes para cada catálogo de cada associação que compõe o Ecad). Assim, haverá mais segurança e previsibilidade para o usuário das obras e para os titulares das mesmas, que terão mais condições de projetar o planejamento financeiro de despesas e receitas com relação a direitos autorais. Com a aprovação do projeto, a expectativa é de ampliação da circulação das obras, fortalecimento do sistema de arrecadação e maior legitimidade do mesmo, com benefícios para toda a coletividade e também para os autores, que poderão perceber os ganhos dessas utilizações.

Das regras de transparência aplicáveis à gestão coletiva e sua fundamentação

O anteprojeto traz disposição de fundamental importância para assegurar a transparência do sistema de gestão coletiva. Por ele, assegura-se aos autores e titulares de direitos conexos amplo acesso a dados essenciais sobre o funcionamento, regras de arrecadação e critérios de distribuição das entidades de gestão coletiva. A referida imposição surge para resolver potenciais problemas em associações que não oferecem as condições adequadas para que autores e titulares de direitos conexos tenham acesso a documentos que informam sobre as regras de arrecadação e distribuição, convênios etc.

Propõe-se que as associações de gestão coletiva de direitos sejam obrigadas a prestar contas dos valores devidos, em caráter regular e de modo direto, aos seus associados. Esta proposta é fundamental para assegurar a transparência do sistema de gestão coletiva de direitos autorais. Como mencionado, tais entidades arrecadadoras são depositárias de recursos significativos arrecadados junto ao público em geral para a remuneração do uso de obras autorais. O público que contribuiu pagando as respectivas taxas dessas associações, bem como a sociedade em geral e seus membros têm o interesse legítimo de serem informados publicamente sobre a aplicação desses recursos e, do mesmo modo, sobre a formação de preços praticada por essas associações, especialmente em face do exercício em regime de monopólio de sua atividade. O público tem, também, direito a compreender em que medida existe concorrência entre as diversas associações que constituem o Ecad e se não existe coordenação indevida na formação dos preços e taxas administrativas dessas associações.

A manutenção do escritório central para a arrecadação e distribuição de direitos autorais apenas se justifica se forem aprovados requisitos mínimos de transparência e controle público a respeito das atividades desempenhadas pelo mesmo. O monopólio exercido pelo Ecad é um privilégio concedido por lei, que implica também maior responsabilidade por parte das entidades arrecadadoras: em troca do monopólio concedido pela sociedade é natural que o Ecad seja obrigado a prestar contas de forma transparente a respeito de suas atividades. A esse respeito, não pode haver monopólio sem regulação. Caso não haja a aprovação de regras estabelecendo maior transparência e responsabilidade pública para o Ecad, deve ser modificada a redação do projeto de modo a suprimir o monopólio do órgão e abrir a arrecadação de direitos autorais à livre concorrência, nos termos dos princípios que regem a ordem econômica da Constituição Federal. Nessa hipótese, um regime de concorrência levaria as entidades arrecadadoras a competir por eficiência e transparência, visando buscar sua legitimação perante os autores e o público em geral, algo que não acontece hoje, já que artistas e público pagante pelo uso das obras não têm alternativas quanto ao desempenho destas atividades, que são prestadas em regime monopolístico.

De fundamental importância para a saúde do sistema de gestão coletiva é a definição segundo a qual todas as obrigações de transparência e prestação de contas aplicáveis às associações de gestão coletiva deverão ser aplicadas também ao Escritório Central de Arrecadação de Direitos Autorais (Ecad). Vale ressaltar que, pelo modelo atualmente implantado no Brasil, a arrecadação e a distribuição relativas à execução de obras musicais, literomusicais e fonogramas é feita por uma única instituição, o Ecad, sem que exista qualquer contrapartida, como a supervisão estatal ou transparência, ao contrário do que ocorre em outros setores da economia que possuem limitações à concorrência ou administram recursos de terceiros. Vários fatos apontam que essa situação está longe da ideal. Dessa forma, a proposta vem suprir uma carência deixada pela Lei nº 9.610/1998.

Com as mudanças propostas, importante prever não somente a existência de associações de gestão coletiva para realizar a cobrança sobre a utilização (exibição) de obras dessa natureza, como também a unificação da arrecadação das associações de gestão coletiva do audiovisual e do Ecad. Esse dispositivo é extremamente importante não só para facilitar a cobrança e o recolhimento no caso da exibição de obras audiovisuais, mas igualmente para dar maior segurança e previsibilidade aos usuários dessas obras, que deverão recolher os valores devidos a título de direito autoral para uma única entidade arrecadadora. Com maior segurança e previsibilidade, a tendência é de que o sistema proposto induza a circulação das obras com efeitos positivos para toda a coletividade, que terá mais acesso aos bens culturais produzidos, e aos autores e titulares de direitos conexos, que poderão perceber remuneração pela exibição de suas criações.

Da responsabilidade dos administradores das sociedades que compõem o sistema de gestão coletiva

Uma das modificações mais importantes a serem adotadas diz respeito aos ocupantes dos cargos de direção das associações e do escritório central. Os dirigentes, diretores, superintendentes ou gerentes das associações de gestão coletiva de direitos autorais e do escritório central são agentes fiduciários de diversos grupos diferentes e difusos. De um lado, são fiduciários de todos os autores brasileiros, que dependem dessas entidades para a arrecadação de sua remuneração; de outro, das inúmeras pessoas e instituições que pagam recursos a essas associações para a utilização de obras autorais. Dessa forma, os dirigentes dessas associações são depositários de grandes volumes de recursos arrecadados junto à sociedade, com uma finalidade específica de distribuição para os respectivos autores. Assim, tal como os administradores de uma sociedade anônima captam recursos junto à sociedade para fins de investimento nas suas atividades, o mesmo acontece de maneira ainda mais grave com relação ao Ecad e às sociedades arrecadadoras. Diferentemente dos gestores das sociedades anônimas, os dirigentes do Ecad não podem ser substituídos facilmente pelos grupos de fiduciários que representam. Isso se agrava ainda mais por suas atividades serem exercidas em regime de monopólio. A responsabilização solidária e pessoal dos administradores dessas entidades apenas reconhece seu papel de gestores de recursos arrecadados junto à sociedade e seu compromisso no cumprimento dos deveres de distribuição junto aos autores afiliados. A impossibilidade de substituição no caso de ineficiência ou malversação traduz-se na situação atual, que o anteprojeto em tela visa sanar, em que há diretores tanto do Ecad como de suas respectivas associações que não se renovam há décadas. O regime de monopólio hoje concedido pela lei faz com que os dirigentes das sociedades arrecadadoras permaneçam "blindados" com respeito aos seus mandantes fiduciários, sejam eles autores e titulares ou aqueles que pagam direitos autorais de forma difusa pelo uso da música em execução pública. Em outras palavras, autores e público em geral não podem optar por outra entidade caso o Ecad e suas associações não desempenhem de forma satisfatória suas funções, nem podem interferir diretamente na formação de sua diretoria. Por essa razão, os deveres fiduciários dos administradores devem ser reforçados. O texto contribui para maior profissionalização e transparência do sistema de arrecadação autoral no Brasil, bem como para princípios de governança minimamente razoáveis.

É essencial que as associações de gestão coletiva tenham um mínimo de controle por parte dos órgãos de defesa da concorrência e do consumidor, evitando assim abusos na forma de cobrança. Como dito acima, direito autoral atualmente é uma das atividades econômicas mais proeminentes do comércio internacional e nacional e, desde 1996, os direitos intelectuais fazem parte do rol das atividades que compõem a Organização Mundial do Comércio, através do acordo Trips, do qual o Brasil é signatário. Dessa forma, não faz sentido tratar o direito autoral como bem "fora do comércio", excepcionado de suas obrigações para com o consumidor e a concorrência. Trata-se de um bem essencial, como vários outros, mas que se subsume igualmente aos preceitos constitucionais da ordem econômica, inclusive a livre concorrência, a livre-iniciativa e o princípio da proteção ao consumidor.

Conclusão

A CPI que investigou o Ecad apurou a prática de diversos ilícitos na gestão coletiva dos direitos autorais no Brasil. Entre eles, práticas como apropriação indébita, fraude em auditoria e formação de quadrilha. Tais práticas levaram ao indiciamento de 15 administradores do sistema de gestão coletiva.

No entanto, para além dos indiciamentos, o mais importante é a reforma institucional do sistema. Da forma como o mesmo se organiza no Brasil, há incentivos para que situações como aquelas apuradas pela CPI do Ecad repitam-se no futuro. A razão para isso é que o sistema tornou-se um fim em si mesmo, gerido por um modelo de governança deficiente e distante dos seus efetivos constituintes, a saber, artistas e titulares de direitos (que dele devem receber recursos) e usuários do direito autoral (que a ele devem pagar).

Dessa forma, o entendimento é que os problemas da gestão coletiva dos direitos autorais no Brasil persistirão mesmo que os indiciados pelos ilícitos apurados sejam punidos criminalmente. Apenas a reforma institucional do sistema, introduzindo os cinco princípios que orientaram a elaboração do anteprojeto de lei acima apresentado (transparência, eficiência, modernização, regulação e fiscalização) terá condições efetivas de evitar futuros desvios de finalidade, que se fundam não apenas na torpeza do indivíduo, mas também em deficiências institucionais que carecem de controles e governança adequada.

Capítulo 14
Regulação estatal sob a ótica da organização administrativa brasileira

*Sérgio Guerra**

Até a década de 1980 o Brasil seguiu o modelo de forte intervenção estatal direta, seja na prestação de serviços públicos, seja na atuação nas atividades econômicas em sentido estrito. Mas com o fim do governo ditatorial militar e com o forte clamor pela melhoria das condições de vida da população provocou-se um sucessivo processo de mutação das estruturas estatais, notadamente da organização administrativa do Brasil.

Inserida no contexto do padrão neoliberal, houve, no Brasil, a opção pela participação no amplo processo econômico globalizante, e, em seu bojo, a adoção de um programa de redução do papel do Estado na exploração de atividades econômicas e prestação direta de serviços públicos.

De cerca de 600 empresas estatais federais, o Brasil chegou, atualmente, a 126. O país seguiu na linha de que caberia preponderantemente às forças do mercado o papel de protagonista na organização da economia, de modo que à iniciativa privada seriam destinados os bônus e os ônus da flutuação mercadológica.

---

* Pós-doutor em administração pública. Doutor e mestre em direito. Vice-diretor de Ensino, Pesquisa e Pós-Graduação e professor titular de direito administrativo da Escola de Direito do Rio de Janeiro da Fundação Getulio Vargas (FGV Direito Rio). Editor da *Revista de Direito Administrativo (RDA)*.

As decisões governamentais seguiram as premissas constitucionais. Nos termos da Constituição Federal de 1988 ao Estado reservou-se a atuação direta (i) nas atividades econômicas monopolizadas (indústria do petróleo e gás) e nos casos compreendidos como sendo (ii) imperativo da segurança nacional e (iii) de relevante interesse coletivo.

Não podemos, contudo, dizer que o Brasil seja, hoje, um estado liberal.

A revisitação ao modelo minimalista do liberalismo oitocentista, em que o Estado valoriza a livre iniciativa e passa a adotar o princípio da subsidiariedade, foi mitigada na Carta Brasileira de 1988 com freios e contrapesos que visam assegurar garantias e direitos fundamentais ao cidadão.

Se, de um lado, a Constituição Federal assegurou a livre iniciativa como um dos pilares dessa nova era, de outro, o texto constitucional valorizou, como eixo principal, a dignidade da pessoa humana e outros princípios a serem observados e sopesados no caso concreto.

Para a atuação executiva estatal por esse novo enfoque, destaque-se a função regulatória, disposta no art. 174 da Constituição Federal de 1988:

> Como agente normativo e regulador da atividade econômica, o Estado exercerá, na forma da lei, as funções de fiscalização, incentivo e planejamento, sendo este determinante para o setor público e indicativo para o setor privado.

Essa previsão constitucional foi edificada a partir da ideia de que as modernas formas de administração do interesse público – em evolução para não mais serem encaradas como poder supremo – devem ordenar e implementar políticas estratégicas para suas respectivas sociedades de forma sistêmica; isto é, tanto no sistema social como no campo científico e tecnológico, ambos umbilicalmente atados ao sistema econômico.

Nesse cenário o Estado vê-se compelido a adotar, ponderadamente, práticas de gestão modernas e eficazes, sem priorizar o aspecto econômico nem, tampouco, perder de vista sua função eminentemente voltada ao interesse público, direcionada ao bem de cada um dos cidadãos.

A busca de uma gestão moderna e eficiente no contexto político--econômico-social vem gerando novas competências e estratégias para o exercício das escolhas administrativas, com vistas à perfeita conformação dessas mudanças e desses acoplamentos ao contexto jurídico-constitucional brasileiro.

Com essa premissa constitucional buscou-se, no Brasil, no início da segunda metade da década de 1990, um novo marco teórico para a administração pública que substituísse a perspectiva burocrática weberiana até então seguida. Sob os influxos dessa onda, em que se impôs uma reforma administrativa para a renovação de estruturas estatais absorvidas do modelo burocrático francês, o governo federal brasileiro editou, em 1995, o Plano Diretor da Reforma do Estado, direcionando a administração pública para um padrão de gerência com eficiência nos moldes da iniciativa privada.

Além disso, promulgou-se uma série de emendas constitucionais visando "abrir", ao setor privado, determinados subsistemas econômicos – como, telecomunicações, petróleo, gás natural – e, nesta senda, adaptar os deveres do Estado (e de suas empresas) a esse modelo.

A abordagem, então disciplinada democraticamente pelo Poder Legislativo, decorreu do reconhecimento de que as democracias contemporâneas (verdadeiras sociedades de riscos) carecem de entidades autônomas e independentes. Assim, estas novas entidades foram criadas para a regulação de atividades econômicas preponderantemente calcadas em aspectos científicos e, paralelamente, com certa proteção às pressões político-partidárias.[1]

Em síntese, a Constituição Brasileira de 1988 dispõe que o Estado se estrutura numa democracia, tendo por objetivo garantir a dignidade e o bem-estar dos cidadãos, valorizando o trabalho, a livre iniciativa e o pluralismo político. Ademais, na sua função normativa e reguladora, o Estado deve atuar de forma a promover a fiscalização, o fomento e o planejamento das atividades econômicas.

---

[1] Sobre os desafios e riscos na criação dessas entidades, ver PRADO, Mariana Mota. The challenges and risks of creating independent regulatory agencies: a cautionary take from Brazil. *Vanderbilt Journal of Transnational Law*, v. 41, n. 2, p. 435-503, mar. 2008.

Portanto, podemos extrair do texto constitucional que o Brasil se enquadra na categoria de Estado regulador.

Quanto às três subfunções (fiscalizar, incentivar e planejar) decorrentes da função regulatória, o planejamento estatal é, nos ditames constitucionais, determinante para o setor público e meramente indicativo para o setor privado. Ou seja, as escolhas do administrador público devem, sempre, levar em conta que o Estado tem a missão, primeiramente, de planejar as ações que impactarão a sociedade como um todo, e, compulsoriamente, estará vinculado a esses mesmos planos.

Diante desse preceito constitucional, surgem algumas questões e dúvidas acerca do que é *regulação estatal* e do que representa enquadrar o Brasil no rótulo de Estado regulador.

A regulação estatal está atrelada a um sistema econômico? Ou a regulação exercida pelo Estado representa uma estrutura do sistema político? A resposta parece ser negativa para ambas as perguntas. Em termos sistêmicos, a nossa economia segue o modelo capitalista. Ademais, no Brasil há grande dificuldade em se definir que sistema político está vigorando, podendo-se afirmar que estamos próximos ao modelo social-democrata.

Resta, então, indagar se a regulação está atrelada ao sistema organizacional do Estado. Ao nosso sentir, a resposta deve ser afirmativa. Quando sustentamos que um Estado é regulador, como no Brasil, estamos nos referindo à estrutura da organização administrativa.

Os Estados Unidos da América são um Estado regulador; contudo seguem, também sob a estrutura capitalista, um sistema liberal. O Brasil é um Estado regulador, em que pese, quanto ao sistema político, estar próximo à social-democracia com inúmeras medidas de impacto social custeadas pelo Estado.

Partindo-se da premissa de que o Brasil é um Estado regulador do ponto de vista organizacional, resta perquirir neste artigo: (i) à luz do sistema jurídico, qual deve ser o fundamento da regulação estatal; (ii) como está estruturada, do ponto de vista organizacional, a regulação exercida pelo Estado; (iii) quais foram os influxos estrangeiros recebidos pelo Brasil na adoção da estrutura de regulação estatal; (iv) como corrigir as eventuais falhas do sistema regulatório exercido pelas entidades reguladoras autônomas, criadas após o Plano Diretor da Reforma do Estado de 1995.

Fundamento da regulação estatal à luz do sistema jurídico

Há pelo menos três concepções quanto à amplitude do conceito de intervenção regulatória.[2] A primeira delas alcançaria toda forma de intervenção na economia, independentemente dos instrumentos e fins – *intervenção ampla*. Uma intervenção *menos abrangente* corresponderia àquela aplicada na economia mediante condicionamento, coordenação e disciplina da atividade econômica. Por fim, numa modelagem *restritiva* somente haveria o condicionamento normativo da atividade econômica privada.

Há outras formas de sistematização da regulação estatal, pela ótica das medidas estruturais e de conduta: *sunshine regulation*, *light-handed regulation*, autorregulação, regulação setorial independente e o modelo de regulação norte-americano.[3]

Diante dessas concepções e categorias, indaga-se o fundamento para a regulação estatal do ponto de vista do sistema jurídico.

Entendemos que estamos diante de uma nova categoria das escolhas administrativas: a *escolha regulatória*. Na regulação de atividades econômicas pelo Estado, a estrutura estatal necessária para equilibrar os subsistemas regulados, ajustando as falhas do mercado, ponderando-se diversos interesses ambivalentes, tudo com vistas à dignidade da pessoa humana, não se enquadra no modelo positivista clássico e moderno, haja vista sua patente singularidade.

---

[2] MOREIRA, Vital. *Autorregulação profissional e administração pública*. Lisboa: Almedina, 1997. p. 3-7.

[3] SENDÍN GARCÍA, Miguel Ángel. *Regulación y servicios públicos*. Granada: Comares, 2003. p. 8 e segs.

A regulação se distingue dos modos clássicos de intervenção do Estado na economia, pois consiste em supervisionar o jogo econômico, estabelecendo certas regras e intervindo de maneira permanente para amortecer as tensões, compor os conflitos e assegurar a manutenção de um equilíbrio do conjunto. Ou seja, por meio da regulação o Estado não se põe mais como ator, mas como árbitro do processo econômico, limitando-se a enquadrar a atuação dos operadores e se esforçando para harmonizar suas ações.[4]

A escolha regulatória, como espécie de intervenção estatal, manifesta-se tanto por poderes e ações com objetivos declaradamente econômicos[5] – o controle de concentrações empresariais, a repressão de infrações à ordem econômica, o controle de preços e tarifas, a admissão de novos agentes no mercado – como por outros com justificativas diversas, mas efeitos econômicos inevitáveis – medidas ambientais, urbanísticas, de normalização, de disciplina das profissões etc.[6]

Compreendemos, do ponto de vista jurídico, a regulação estatal pela ótica da organização administrativa, com medidas setoriais/sistêmicas. Diante da grande tecnicidade decorrente da sofisticação do conhecimento humano, naturalmente há uma especialização dos direitos, ramos do sistema jurídico.

Isso se revela na edição de legislações cada vez mais herméticas para a compreensão e operação, das quais não bastam sólidos conhecimentos jurídicos, fazendo necessário a eles acoplar conhecimentos técnicos do setor específico normatizado. Tal especialização vai implicar não apenas

---

[4] CHEVALLIER, Jacques. *O Estado pós-moderno*. Trad. Marçal Justen Filho. Belo Horizonte: Fórum, 2009. p. 73.

[5] M. Chemillier-Gendreau, da Universidade Paris VII, anota que a regulação resume os vários mecanismos que levam o sistema econômico ao equilíbrio. Por suas palavras, "*est utilisé pour rendre compte des différents mécanismes par lesquels le système économique parvient à l'équilibre: le couple équilibre/régulation est au centre des analyses économiques, la régulation étant posée comme la condition de réalisation de l'équilibre*" (CHEMILLIER-GENDREAU, M. De quelques usages du concept de régulation. In: MIAILLE, Michel (Org.). *La régulation entre droit et politique*. Paris: L'Harmattan, 1995. p. 79).

[6] SUNDFELD, Carlos Ari. Serviços públicos e regulação estatal. In: SUNDFELD, Carlos Ari (Org.). *Direito administrativo econômico*. São Paulo: Malheiros, 2000. p. 23.

uma segmentação dos instrumentos legais, como também a construção de diversos subsistemas.

A regulação estatal representa um estado de equilíbrio e de regularidade no funcionamento de um subsistema, mediante regras, em sua maioria elaboradas com alto grau de tecnicidade e complexidade. Essas regras devem ser observadas em determinado comportamento ou situação, afetando-se minimamente direitos e garantias fundamentais do cidadão.

Pela ótica do postulado da eficiência e como fundamento jurídico, a regulação estatal deve alcançar a maior satisfação do interesse público substantivo com o menor sacrifício de outros interesses constitucionalmente protegidos. Secundariamente, a regulação deve buscar o menor dispêndio de recursos públicos.[7]

A escolha regulatória fundamenta-se, portanto, na atuação do Estado sobre decisões e atuações empresariais de forma adequada, necessária e proporcional, para o equilíbrio de subsistemas.

A regulação deve levar em conta fundamentos técnicos e científicos que visem atender ao interesse público substantivo sem, contudo, deixar de sopesar os efeitos dessas decisões no subsistema regulado com os interesses de segmentos da sociedade e, até, com o interesse individual no caso concreto.

Esses fundamentos levam à indicação de alguns princípios fundamentais e norteadores da base jurídica regulatória no Brasil. O primeiro, relacionado à perfeita concepção da tecnicidade das escolhas regulatórias, para que esta ameaça não seja um instrumento de embaraço ao estado democrático de direito (tecnocracia). O segundo, voltado à necessária especialização dos ramos jurídicos em subsistemas que impõem uma pluralidade de fontes em cotejo com a difícil tarefa de discernir onde começa e termina o espaço de cada um à luz do princípio tripartite de separação dos poderes. O terceiro, ligado à permanente ambivalência, que aspira ao sopesamento de valores e princípios.

---

[7] MOREIRA NETO, Diogo de Figueiredo. *Direito regulatório*: a alternativa participativa e flexível para a administração pública de relações setoriais complexas no estado democrático. Rio de Janeiro: Renovar, 2003. p. 93.

Consideradas as premissas e especificidades antes apresentadas acerca da regulação estatal, identificando-a como tema sujeito à organização administrativa, cumpre examinar quais são os mecanismos de regulação estatal que foram desenvolvidos no Brasil.

Mecanismos de intervenção regulatória pelo Estado brasileiro

À luz do texto constitucional de 1988, podem-se identificar inúmeras formas de intervenção do Estado em face da ordem econômica, que orientam as escolhas políticas em diversas atuações. Apesar de haver dificuldade prática em apontar todos os mecanismos de intervenção estatal no Estado regulador, cumpre indicar algumas formas de fazê-lo, de modo a melhor compreender qual aparato é necessário para a estruturação da organização administrativa brasileira.[8]

O Estado intervém quando proíbe, por meio de lei, a exploração de atividade econômica, como a produção de materiais com o uso do amianto (Lei nº 12.684/2007, do Estado de São Paulo).

Também é uma forma de intervenção quando o Estado cria um monopólio para a exploração de atividade econômica, a exemplo do que ocorria com as atividades inerentes à indústria do petróleo, notadamente antes da edição da Emenda Constitucional nº 9/1995 e o monopólio das atividades afetas aos correios (Lei nº 6.538/1978, julgado pelo Supremo Tribunal Federal em sede da Ação de Descumprimento de Preceito Fundamental nº 46).

Constitui mecanismo de intervenção do Estado o ato de reservar algumas atividades econômicas como sendo serviços públicos e, portanto, executados pelos particulares por meio de concessão, permissão ou autorização. Exemplos marcantes alcançam os serviços de telecomunicações, distribuição de energia elétrica e transporte público, atualmente regulados, em sua maioria, por agências reguladoras.

---

[8] Conforme GUERRA, Sérgio. *Agências reguladoras*: da administração piramidal à governança em rede. Belo Horizonte: Fórum, 2012. p. 54 e segs.

A presença do Estado é marcante quando atua na qualidade de agente econômico de forma direta, como nos casos de empresas estatais prestadoras de serviços públicos (serviços postais – Lei nº 6.538/1978, com a observação supra, ou no caso da Eletrobras). A regulação do exercício de atividades determinadas, por exemplo, do sistema financeiro – Lei nº 4.595/1964, que dispõe sobre a política e as instituições monetárias, bancárias e creditícias, é forma de intervenção estatal.

Mesmo atuando em sentido mais amplo, quando regula o exercício de atividades gerais – como no caso da disciplina ambiental (Lei nº 6.938/1981) e da concorrência (Lei nº 8.884/2004) –, o Estado atua de maneira intervencionista. Também, o Estado disciplina normativamente o exercício de atividades econômicas, por exemplo, legislando acerca da atividade da indústria do tabaco (Lei nº 6.437, de 20 de agosto de 1977, Lei nº 9.294, de 15 de julho de 1996, e Lei nº 9.782, de 26 de janeiro de 1999).

Outra forma de intervenção está na delegação de funções de autorregulação, como nos casos de profissões regulamentadas (Conselho Regional de Administração, Conselho Regional de Corretores de Imóveis etc.). Ao atuar na figura de "contratante" de bens e serviços, o Estado intervém na economia, por exemplo na contratação de infraestrutura por meio de parcerias público-privadas (Lei nº 11.079/2004).

Fomentando, incentivando ou induzindo a atuação dos agentes econômicos privados (ex.: política aduaneira, disciplinada pelo vetusto Decreto-Lei nº 37, de 18 de novembro de 1966) ou quando o Estado exerce o poder de polícia sobre atividades econômicas, como no caso da vigilância sanitária (Lei nº 9.782, de 26 de janeiro de 1999), está ele intervindo.

Vale destacar que a forma de intervenção estatal pode ocorrer isolada ou, até, de forma cumulativa em determinados setores, de modo que o Estado reserva uma atividade econômica como serviço público, regulando-a, atuando como agente econômico e criando políticas indutivas (ex.: setor elétrico).

Como se vê, são inúmeras formas de intervenção estatal, de modo que o Estado deve estar preparado para atuação de sua organização administrativa. Adotar ou não regulação estatal descentralizada é, portanto, uma questão de escolha política, governamental.

Atualmente, podemos identificar seis mecanismos estatais (espécies) para operacionalizar a regulação estatal (gênero). O primeiro é a regulação direta, exercida por ministérios e secretarias. Exemplo dessa regulação direta está nos serviços postais. Recentemente, o Ministério das Comunicações editou portaria acerca de indicadores e universalização dos serviços prestados pela Empresa Brasileira de Correios e Telégrafos.

Um segundo modelo de regulação estatal está associado às autarquias comuns, como o Instituto Brasileiro de Meio Ambiente e Recursos Naturais, que regula as atividades potencialmente poluidoras do meio ambiente no âmbito federal. Essas autarquias comuns são vinculadas (e não subordinadas) aos ministérios, porém seus membros dirigentes são indicados pelos ministros e, a qualquer hora, podem ser destituídos (não gozam de real autonomia frente o poder central).

Um terceiro modelo de regulação estatal é exercido por agências executivas. Atualmente, só existe uma: o Instituto Nacional de Metrologia, Qualidade e Tecnologia (Inmetro), que, como autarquia, promove a regulação com ligeira autonomia em comparação com autarquias comuns. Isso significa que seus dirigentes também podem deixar, a critério exclusivo da chefia do Poder Executivo, seus cargos em comissão.

Identificamos um quarto modelo: as entidades reguladoras denominadas autarquias especiais. Nessa categoria temos as agências reguladoras, a Comissão de Valores Mobiliários (CVM) e o Conselho Administrativo de Defesa Econômica (Cade). Essas entidades não são subordinadas ao poder público central; possuem órgãos de direção colegiados em que cada diretor recebe um mandato. Detêm autonomia administrativa, financeira e independência decisória (última palavra no setor regulado).

Em quinto lugar, podem-se identificar os conselhos profissionais (Conselho Regional de Corretores de Imóveis, Conselho Regional de Medicina etc.) como espécie de regulador estatal. Eles promovem a autorregulação das profissões regulamentadas.

E, em sexto lugar, temos a autorregulação exercida pela Ordem dos Advogados do Brasil, como entidade *sui generis*, conforme já decidiu o Supremo Tribunal Federal na Ação Direta de Inconstitucionalidade nº 3.026 e no Recurso Extraordinário nº 603.583. Vê-se, portanto, que apenas a OAB tem assento constitucional para promover a regulação de determinada profissão e atividade; as demais se inserem na discricionariedade (escolha) do chefe do Poder Executivo, juntamente com a concordância da maioria do Poder Legislativo na aprovação dos projetos de lei de criação de entidades dotadas de maior ou menor autonomia frente o poder central.

Agências reguladoras brasileiras e os influxos estrangeiros na composição do sistema estatal de regulação

Sem prejuízo de algumas leis especiais e disposições constitucionais que disciplinam a matéria, o marco legal da organização administrativa brasileira ainda é disposto, em grande parte, pelo Decreto-Lei nº 200/1967.

O Brasil, em termos de organização administrativa, está próximo de um modelo ainda não totalmente superado de uma administração inspirada – mas não totalmente alcançada – no modelo *weberiano*, com ilhas de excelência, rotulada de pesada, lenta e ineficiente, que acaba por frustrar a sociedade.

Do ponto de vista da regulação jurídica, o principal sistema de organização estatal é a utilização de agências reguladoras. Como a função regulatória e seu modo de execução, por meio de órgãos com ou sem autonomia, não foram explicitados na Carta de 1988, estavam afetos à discricionariedade legislativa. Apenas no art. 20, XI, e no art. 177 da Constituição Federal está prevista a criação de órgãos reguladores para os serviços públicos de telecomunicações e para as atividades monopolizadas da indústria do petróleo. Ambas as previsões não constavam do texto original, decorrendo de emendas constitucionais.

Entre algumas ações governamentais visando alcançar um modelo de *organização administrativa gerencial*, foram criadas (ou reestruturadas), no bojo do processo de desestatização, *entidades reguladoras independentes* (autarquias especiais vinculadas, e não subordinadas ao poder público central), compondo, em parte, a chamada administração descentralizada ou indireta.

No bojo da tentativa de estruturação desse modelo foram criadas 10 agências reguladoras federais. São elas:

- Agência Nacional de Energia Elétrica (Aneel);
- Agência Nacional de Petróleo, Gás e Biocombustíveis (ANP);
- Agência Nacional de Telecomunicações (Anatel);
- Agência nacional de Vigilância Sanitária (Anvisa);
- Agência Nacional de Águas (ANA);
- Agência Nacional de Saúde Suplementar (ANS);
- Agência Nacional de Cinema (Ancine);
- Agência Nacional de Transportes Terrestres (ANTT);
- Agência Nacional de Transporte Aquaviários (Antaq); e
- Agência Nacional de Aviação Civil (Anac).

Também foram reestruturadas entidades como o Cade, criado em 10 de setembro de 1962 e alterado pela Lei nº 12.529, de 30 de novembro de 2011, e a CVM, criada em 7 de dezembro de 1976, entes estatais que passaram a ter, praticamente, as mesmas características das agências reguladoras.

A organização dessas entidades autárquicas estruturou-se de forma que suas decisões definitivas observem, em regra, a forma colegiada. O Conselho Diretor é composto pelo diretor-presidente e demais diretores, com *quorum* deliberativo por maioria absoluta. As nomeações desses dirigentes são feitas para mandatos por prazos certos e não coincidentes, havendo impossibilidade de exoneração *ad nutum*.

A autonomia financeira e orçamentária está assegurada nas leis instituidoras de cada agência reguladora, em que pese o contingenciamento de recursos (retardamento ou inexecução de parte da programação de despesa prevista na lei orçamentária) que essas autarquias vêm experimentando nos últimos anos.

Os recursos das agências reguladoras advêm das denominadas taxas de fiscalização ou regulação pagas por aqueles que exercem as respectivas atividades econômicas reguladas, de modo que inexista dependência de recursos do orçamento do Tesouro.

Finalmente, a independência decisória representa o estabelecimento do Conselho Diretor da agência reguladora como última instância decisória, haja vista sua vinculação administrativa (e não subordinação hierárquica) ao respectivo ministério.

A ideia de descentralização governamental, ocorrida no Brasil na década de 1990, advém do movimento estruturado no Reino Unido, denominado *new public management* (NPM). Tal movimento foi adotado a partir da década de 1980 visando modernizar a organização administrativa e utilizado para descrever a onda de reformas do setor público naquele período.

Com efeito, naquele período,

> vários países –entre eles o Brasil– tentaram reformas que permitissem maior agilidade e flexibilidade à atividade estatal. Os diversos planos de melhora receberam a denominação comum de Nova Gerência Pública (*New Public Management*) e seus principais enunciados foram sintetizados num memorável relatório da OCDE (1996). Tratava-se de medidas destinadas a dotar a administração pública de um comportamento gerencial que aliviasse a máquina ou o aparelho do Estado [Saravia, 2010:22].[9]

Os pontos centrais desse movimento se referiam à adaptação e à transferência dos conhecimentos gerenciais desenvolvidos no setor privado para o público, pressupondo a redução do tamanho da máquina administrativa, uma ênfase crescente na competição e no aumento de sua eficiência.[10]

---

[9] SARAVIA, Enrique. Governança social no Brasil contemporâneo. *Revista Governança Social – IGS*, Belo Horizonte, ano 3, ed. 7, p. 21-23, dez. 2009/mar. 2010.

[10] PECI, Alketa; PIERANTI, Octavio Penna; RODRIGUES, Silvia. Governança e *new public management*: convergências e contradições no contexto brasileiro. *O&S*, v. 15, n. 46, p. 39-55, jul./set. 2008.

O programa do NPM pode ser resumido, de forma objetiva, nas seguintes medidas:

a) diminuição do tamanho do Estado, inclusive do efetivo de pessoal;
b) privatização de empresas e atividades;
c) descentralização de atividades para os governos subnacionais;
d) terceirização de serviços públicos (*outsourcing*);
e) regulação de atividades conduzidas pelo setor privado;
f) transferência de atividades sociais para o terceiro setor;
g) desconcentração de atividades do governo central;
i) separação de atividades de formulação e implementação de políticas públicas;
j) estabelecimento de mecanismos de aferição de custos e avaliação de resultados;
k) autonomização de serviços e responsabilização de dirigentes;
l) flexibilização da gestão orçamentária e financeira das agências públicas;
m) adoção de formas de contratualização de resultados;
n) abolição da estabilidade dos funcionários e flexibilização das relações de trabalho no serviço público.[11]

No bojo das reformas administrativas, trazidas nos governos Margareth Thatcher e John Major, foram criadas diversas entidades regulatórias. Destaque-se a Office of Telecomunication (Oftel), na área de telecomunicações, criada no ano de 1984; a Office of Gas (Ofgas), para regular o setor de gás, e a Office of Eletricity Regulation (Offer), regulando o setor de eletricidade. As duas últimas entidades, após fusão no ano de 1999, transformaram-se na Office of Gas and Eletricity Markets (Ofgem), abrangendo os setores de gás e eletricidade.[12]

Foram criadas a Water Services Regulation Authority (Ofwat),[13] para o setor voltado aos recursos hídricos; a Office of Rail Regulation (ORR),[14]

---

[11] COSTA, Frederico Lustosa da. *Reforma do estado e contexto brasileiro*: crítica do paradigma gerencialista. Rio de Janeiro: FGV, 2010. p. 154.

[12] Disponível em: <www.ofgem.gov.uk>. Acesso em: 13 ago. 2012.

[13] Ibid.

[14] Disponível em: <www.rail-reg.gov.uk>. Acesso em: 13 ago. 2012.

do sistema ferroviário; a Civil Aviation Authority (CAA),[15] para o setor aéreo; a Office of Fair Trading (OFT),[16] atuando na defesa da concorrência; e uma agência responsável por loterias, a Office of The National Lottery (Oflot), sucedida pela National Lottery Commission.[17]

Veja-se que isso passou a ser uma tendência internacional. As *entidades reguladoras independentes*, com suas características próprias, estão implantadas em diversos países. A título exemplificativo, identificam-se as seguintes "agências": as *independent regulatory commissions* estadunidenses, as *autorités administratives indépendantes* francesas, as *autorità indipendenti* italianas, as *administraciones independientes* espanholas, as *régies* canadenses, as *ambetswerk* suecas e finlandesas, os *ministerialfreien Raums* germânicos.[18]

Cumpre destacar, ainda, que com o processo de unificação europeia tornou-se quase imperativa a necessidade de coordenar a atividade das diversas agências reguladoras de cada país. Assim, foram criadas inúmeras instituições com esse objetivo.

Cite-se a Agência Europeia para a Segurança da Aviação (Easa). Essa entidade foi criada pelo Parlamento Europeu e pelo Conselho da Europa no ano de 2002.[19] Vale destacar a Autoridade Europeia de Segurança Alimentar (Efsa), também criada no ano de 2002 pelo Conselho da Europa. É um órgão comunitário com personalidade jurídica própria, independente das instituições da comunidade.[20]

Cabe ressaltar, igualmente, a existência da Agência Europeia de Segurança Marítima (Emsa), criada em 2002 com o objetivo de reduzir o risco de acidentes marítimos, a poluição produzida por navios e a perda de vidas humanas no mar.[21]

---

[15] Disponível em: <www.caa.co.uk>. Acesso em: 18 ago. 2012.

[16] Disponível em: <www.oft.gov.uk>. Acesso em: 1 mar. 2012.

[17] Disponível em: <www.natlotcomm.gov.uk>. Acesso em: 15 mar. 2012.

[18] Para análise detalhada sobre esses entes, ver CARDOSO, José Lucas. *Autoridades administrativas independentes e Constituição*. Coimbra: Coimbra Ed., 2002.

[19] Disponível em: <www.easa.eu.int/language/pt/home.php>. Acesso em: 10 mar. 2012.

[20] Disponível em: <www.efsa.europa.eu/>. Acesso em: 10 mar. 2012.

[21] Disponível em: <www.emsa.eu.int/>. Acesso em: 10 mar. 2012.

Outro ente, criado em 2003, é o Grupo Europeu de Reguladores de Eletricidade e Gás ou European Regulators Group for Electricity and Gas (Ergeg), que surgiu no âmbito da Comissão Europeia como grupo assessor das autoridades reguladoras independentes de cada país, de forma a apoiar a comissão na consolidação do mercado europeu de eletricidade e gás.[22] Do mesmo modo o Grupo Europeu de Reguladores de Redes e Serviços de Comunicação Eletrônica (ERG Telecom),[23] criado pela Comissão Europeia em 2002, com o objetivo de fomentar a cooperação e coordenação das autoridades nacionais de regulação com a comissão, promover o desenvolvimento do mercado interno de redes e serviços de comunicação eletrônica e lograr a aplicação efetiva, em todos os Estados-membros, das determinações do novo marco regulatório.

Para além da *new public management*, sofremos, no Brasil, direta influência estadunidense quanto à estruturação dos entes regulatórios autônomos. Com efeito, os Estados Unidos da América experimentaram um amplo e contínuo desenvolvimento da regulação setorial desde 1887, quando surgiu a Interstate Commerce Commission, com competência regulatória do transporte ferroviário interestadual.

Diante da experiência acumulada com tantas décadas de regulação setorial descentralizada, cumpre examinarmos os principais aspectos jurídicos relacionados a esses entes com independência frente o Poder Executivo central.

Os *independent establisments* são entes estatais autônomos, dirigidos por um colegiado composto por *commissioner*s eleitos pelo chefe do Poder Executivo e investidos para exercer o múnus público por meio de mandato fixo. Desse modo, esses dirigentes só podem ser exonerados em caso de falta grave.

Os mandatos dos *commissioners* variam, sendo certo que sempre são determinados por prazos escalonados, de forma que os mandatos não sejam coincidentes. A nomeação do *chairperson*, que preside o órgão

---

[22] Disponível em: <www.energy-regulators.eu/portal/page/portal/EER_HOME>. Acesso em: 10 mar. 2012.

[23] Disponível em: <ec.europa.eu>. Acesso em: 10 mar. 2012.

colegiado, compete ao chefe do Poder Executivo, com prévia aprovação do Senado Federal.

No modelo de *administrative agencies*, podemos encontrar, atualmente, algumas entidades norte-americanas, a exemplo da Consumer Product Safety Commission (CPSC), Environmental Protection Agency (EPA), Equal Employment Opportunity Commission (Eeoc), Federal Communications Commission (FCC), entre outras.

A necessária correção de falhas do sistema regulatório exercido pelas entidades reguladoras brasileiras

Como dito acima, o Brasil recebeu, na criação de agências reguladoras, influência do *new public management* e do modelo norte-americano.

Naquele momento político (década de 1990), e diante da forte crise econômica, o governo brasileiro precisava desenvolver consistente esforço institucional para implantar o modelo constitucional de Estado regulador sem se valer da regra clássica da hierarquia. Por isso criou uma espécie de entidade estatal sem subordinação ao poder central e que teria, nas suas decisões, o "poder" de dizer a última palavra em sede administrativa.

O fator fundamental para a adoção desse modelo estava atrelado à premente necessidade de atrair investimentos, sobretudo estrangeiros, e gerar salvaguardas institucionais que significassem, para o setor privado globalizado, um compromisso com a manutenção de regras e contratos a longo prazo.

De fato, com aquele gesto, o governo do presidente Fernando Henrique Cardoso, com a aprovação do Congresso Nacional, pretendeu na verdade demonstrar que a regulação deixava de ser assunto de governo para ser assunto de Estado. Isto é, a regulação deveria ser efetiva, sem percalços inerentes aos processos político-partidários.

Os agentes políticos (eleitos pelo povo) liberariam parte de seus "poderes" a favor de entidades autônomas, não eleitas, para tentar reduzir o "risco regulatório".[24] Essas entidades passariam, na prática, a ser capazes até de mitigar as decisões das autoridades que passaram pelo crivo das urnas (freios e contrapesos).

O Brasil não se encontra em ambiente político similar àquele que propiciou a criação das agências reguladoras na década de 1990. Naquela fase, a segregação de competências entre a administração pública direta e a indireta em setores estratégicos (telefonia, energia elétrica etc.) por meio de entidades autônomas se apresentou como sendo fundamental para: (i) criar um ambiente propício à segurança jurídica e atração de capital privado (notadamente estrangeiro); e (ii) descentralizar a regulação de temas complexos e preponderantemente técnicos, naturalmente distantes dos debates e interesses políticos do Congresso Nacional na atual sociedade de rede.

Hoje, há certa estabilidade em termos políticos e econômicos no Brasil, de modo que a criação de entes estatais autônomos (órgãos de Estado) só se justifica se, além da ampliação da complexidade técnica, outra razão se apresentar plausível.

É fato que no atual quadro político nacional, a chefia do Poder Executivo federal – e seu partido político – se vale de um "governo de coalizão" com outros partidos para obter maioria no Congresso Nacional e aprovar as políticas públicas de seu interesse. Sabe-se que muitas dessas políticas públicas, em tese, não foram aprovadas pela sociedade, haja vista o resultado final da eleição presidencial de 2010 (56,05% de votos para Dilma Rousseff e 43,95% para José Serra).

---

[24] O relatório da Organização para a Cooperação e Desenvolvimento (OCDE) foi apresentado em seminário realizado pela Casa Civil da Presidência da República, no dia 28 de maio de 2008. O estudo, realizado em 2007, analisa os marcos regulatórios e o desempenho das agências reguladoras nos setores de energia, telecomunicações, transportes terrestres e assistência suplementar à saúde no Brasil. Pela pesquisa, as agências reguladoras contribuíram para a criação de um ambiente de concorrência e o bom desempenho da economia brasileira. Segundo a pesquisa: "Em termos gerais, depois de dez anos de experiência institucional, a situação macroeconômica melhorou e o progresso feito pelas agências reguladoras setoriais também foi satisfatório. Houve uma tendência de diminuição do risco regulatório" (ORGANIZAÇÃO PARA COOPERAÇÃO E DESENVOLVIMENTO ECONÔMICO. *Brasil*: fortalecendo a governança para o crescimento. Brasília: OCDE, 2008).

Também parece ser indisputável que esses partidos políticos "aliados", que apoiam o governo, acabam por não ter compromisso com os programas do governo eleito e, assim, visam, salvo raras exceções, alcançar interesses menores, que se aproximam do fisiologismo.

Desse modo, a razão para a criação de entes estatais com autonomia e independência decisória poderia encontrar eco na atual situação político-partidária brasileira. Assim, justificar-se-ia a alteração normativa e/ou criação de novas autarquias especiais e agências executivas para setores sensíveis à efetividade de uma democracia material (e não meramente formal),[25] em que se destacaria o *accountability*.

A estruturação dos entes antigos ou de novos deveria ter, no mínimo, as seguintes características básicas:

a) definição do marco legal, com atribuições expressas das funções técnicas neutrais a serem exercidas pelo ente;

b) formação de um conselho consultivo, composto de pessoas de notório reconhecimento público no setor escolhidas pelo chefe do Poder Executivo, com a responsabilidade, inclusive, de defender o orçamento do novo órgão junto ao poder público central;

c) direção por órgão colegiado, com cinco membros;

d) identificação dos candidatos aos cargos de direção no mercado;

e) identificação dos diretores feita pelo conselho consultivo ou por meio de um "comitê de busca", formado por personalidades de notório reconhecimento público, a serem escolhidos pelo conselho consultivo da entidade;

f) "busca" por meio de editais públicos de chamadas de candidaturas, amplamente divulgados, visando identificar entre integrantes da esfera pública, da comunidade científica/tecnológica e do meio empresarial, nomes que se identifiquem com as diretrizes técnicas e político-administrativas estabelecidas legalmente para a entidade;

g) poderiam se candidatar ao cargo de dirigente da entidade brasileiros com formação acadêmica e atuação profissional comprovada no setor

---

[25] Sobre essa questão, ver: BAYÓN, Juan Carlos. Derechos, democracia y constitución. In: CARBONELL, Miguel. (Org.). *Neoconstitucionalismo(s)*. 2. ed. Madri: Trotta, 2005.

público ou privado em atividades técnicas de produção de bens e serviços, pesquisa, consultoria, ensino e assessoramento em quaisquer das áreas de atuação da entidade;

h) candidatos deveriam possuir experiência gerencial mínima de 10 anos, computados pela soma de anos ou frações dos tempos de exercício profissional em cargos comprovadamente ocupados;

i) por experiência gerencial, poderia ser aceito o exercício de cargos de chefia superior, tais como ministro do governo federal, secretário de governo municipal ou estadual, presidente ou diretor de instituições e empresas públicas ou privadas, superintendência de órgãos ou empresas, diretoria executiva, chefia de assessorias técnicas, chefia ou diretoria de centros e/ou departamentos de pesquisa, ensino e extensão e de entidades de ensino superior ou tecnológico, entre outras, a critério da "comissão de busca";

j) candidato a dirigente não poderia manter, com entidade do setor regulado, qualquer um dos seguintes vínculos: acionista ou sócio com participação no capital social de empresa coligada, controlada ou controladora; membro de conselho de administração, fiscal, de diretoria executiva ou de órgão gerencial; empregado, mesmo com contrato de trabalho suspenso; prestador de serviço permanente ou temporário, inclusive das empresas controladoras e controladas ou das fundações de previdência de que sejam patrocinadoras; ou membro de conselho ou de diretoria de associação regional ou nacional, representativa de interesses dos associados ou de órgãos governamentais, de conselho ou diretoria de categoria profissional de empregados dos associados ou de órgãos governamentais, bem como membro de conselho ou diretoria de associação ou classe de usuários/consumidores do setor;

k) formação de lista tríplice pelo "comitê de busca", para a escolha dos dirigentes;

l) escolha dos dirigentes pelo presidente da República e sabatina pelo Senado Federal;

m) nomeação a termo, tendo o mandato fixo de quatro anos, vedada a recondução;

n) impossibilidade de demissão *ad nutum*, salvo nas situações previstas em lei;
o) autonomia administrativa e financeira efetiva, sem a possibilidade de contingenciamento de recursos orçamentários pela administração pública direta. Os orçamentos seriam segregados, constituindo o ente uma unidade orçamentária autônoma;
p) independência decisória, vedado expressamente na lei recurso hierárquico impróprio contra decisões proferidas na esfera de sua competência legal;
q) estabelecimento de "plano de gestão" e "plano de execução das metas", estas a serem alcançadas anualmente, a exemplo do Inmetro;
r) controle efetivo (não meramente formal), pelo conselho consultivo, entre outros controles já institucionalizados no país, das atividades desenvolvidas pela direção;
s) disponibilização, via internet, do processo de acompanhamento e controle do "plano de gestão" e do "plano de metas".

Com a forma estruturada acima, parece-nos que as agências reguladoras – como entes da organização administrativa brasileira vocacionados ao desenvolvimento de atividades típicas de Estado e que, assim, atuam em áreas que demandam decisões preponderantemente técnicas – poderiam melhor atingir a missão pública do Estado regulador: o bem-estar da sociedade e de cada um dos cidadãos brasileiros, nos termos preconizados na Constituição Federal de 1988.

Conclusões

Muito em função da crise de financiamento do Estado e dos processos de democratização no mundo, o modelo intervencionista brasileiro, ancorado na atuação direta do Estado em diversos setores, cedeu espaço a um modelo temperado, inserido em um movimento, dito neoliberal, que surgiu no continente europeu na década de 1980.

Surge o modelo de Estado regulador, com a promulgação da Constituição Federal de 1988, tendo como eixo a busca da dignidade da pessoa humana. Com efeito, a Constituição Brasileira de 1988 pautou a ordem econômica no princípio da livre iniciativa e na valorização do trabalho humano (art. 170), reservando ao Estado funções de fiscalização, incentivo e planejamento (art. 174). Buscando ajustar-se a esse novo modelo, o Brasil implementou amplo processo de desestatização (notadamente, privatizações), transferindo, para a iniciativa privada diversas atividades econômicas e a concessão de serviços públicos.

Pode-se concluir que foi com o aparecimento desses novos operadores privados na execução de atividades econômicas que se adotou uma posição política num ambiente globalizado em que deveria haver uma "segregação" das funções de regulação daquelas típicas funções de governo.

A estrutura, de viés hierarquizado, deixaria, nessa fase por que passou o Estado brasileiro, de ser uníssona no bojo da administração pública. O Estado, seguindo influxos da *new public management*, procurou dar um viés de *administração pública gerencial* e, entre outras medidas, criou autarquias especiais próximas ao modelo estadunidense para regular alguns setores econômicos e a prestação de serviços públicos.

As agências reguladoras receberam uma série de competências não livres de controvérsias, tanto em sede doutrinária quanto em sede pretoriana, à luz da clássica teoria tripartite de separação de poderes.

O surgimento das agências reguladoras brasileiras começou, basicamente, paralelamente ao lançamento, pelo governo federal, do denominado Plano Diretor da Reforma do Aparelho do Estado, a partir da motivação de reconstruir o Estado de forma a resgatar sua autonomia financeira e sua capacidade de implementar políticas públicas.

Referindo-se às agências, o Plano Diretor da Reforma do Aparelho do Estado previu que dois fatores inspiraram a formulação do projeto: a responsabilização por resultados e a autonomia de gestão. Assim, o objetivo inicial – não implementado na prática – focava na modernização da máquina pública visando transformar autarquias e fundações, que exerciam atividades exclusivas do Estado (com o necessário poder de polícia), em agências autônomas.

O plano previa que o projeto das agências autônomas desenvolver-se-
-ia em duas dimensões. Em primeiro lugar, seriam elaborados os instrumentos legais necessários à viabilização das transformações pretendidas e um levantamento visando superar os obstáculos na legislação, normas e regulações existentes.

Em paralelo, seriam aplicadas as novas abordagens em algumas autarquias selecionadas, que se transformariam em laboratórios de experimentação.

Com efeito, na década de 1990, diante da forte crise econômica, o governo brasileiro desenvolveu consistente esforço político e institucional para implantar o modelo constitucional de Estado regulador sem se valer da regra clássica da hierarquia; isto é, criou-se uma espécie de entidade estatal sem subordinação ao poder central que teria, nas suas decisões, o "poder" de dizer a última palavra em sede administrativa.

É fato que este processo gerou significativas mudanças práticas na organização administrativa do governo. Essas mudanças trazem, em seu bojo, expressivas transferências de "poder" para novos atores.

Conclusivamente, a assunção de atividades econômicas de relevante compromisso social pelo setor privado em um ambiente globalizado indica a regulação por meio de entidades estatais descentralizadas, com amplas funções e amplo conhecimento técnico sobre os setores regulados. O padrão regulatório brasileiro, como estruturado, tem elementos para perseguir o equilíbrio entre o Estado, o cidadão e o agente regulado, de modo que o regulador possa se manter equidistante dessas três figuras.

Para contribuir para essa equidistância, sugerimos algumas medidas na estruturação desses organismos regulatórios, envolvendo, especialmente, a forma de escolha dos seus dirigentes.

Referências

BAYÓN, Juan Carlos. Derechos, democracia y constitución. In: CARBONELL, Miguel (Org.). *Neoconstitucionalismo(s)*. 2. ed. Madri: Trotta, 2005.

CARDOSO, José Lucas. *Autoridades administrativas independentes e Constituição*. Coimbra: Coimbra Ed., 2002.

CHEMILLIER-GENDREAU, M. De quelques usages du concept de régulation. In: MIAILLE, Michel (Org.). *La régulation entre droit et politique*. Paris: L'Harmattan, 1995.

CHEVALLIER, Jacques. *O Estado pós-moderno*. Trad. Marçal Justen Filho. Belo Horizonte: Fórum, 2009.

COSTA, Frederico Lustosa da. *Reforma do estado e contexto brasileiro*: crítica do paradigma gerencialista. Rio de Janeiro: FGV, 2010.

GUERRA, Sérgio. *Agências reguladoras*: da administração piramidal à governança em rede. Belo Horizonte: Fórum, 2012.

MOREIRA, Vital. *Autorregulação profissional e administração pública*. Lisboa: Almedina, 1997.

MOREIRA NETO, Diogo de Figueiredo. *Direito regulatório*: a alternativa participativa e flexível para a administração pública de relações setoriais complexas no estado democrático. Rio de Janeiro: Renovar, 2003.

ORGANIZAÇÃO PARA COOPERAÇÃO E DESENVOLVIMENTO ECONÔMICO (OCDE). *Brasil*: fortalecendo a governança para o crescimento. Brasília: OCDE, 2008. (Relatório sobre a Reforma Regulatória no Brasil.)

PECI, Alketa; PIERANTI, Octavio Penna; RODRIGUES, Silvia. Governança e New Public Management: convergências e contradições no contexto brasileiro. *O&S*, v. 15, n. 46, p. 39-55, jul./set. 2008.

PRADO, Mariana Mota. The challenges and risks of creating independent regulatory agencies: a cautionary take from Brazil. *Vanderbilt Journal of Transnational Law*, v. 41, n. 2, p. 435-503, mar. 2008.

SARAVIA, Enrique. Governança social no Brasil contemporâneo. *Revista Governança Social* – IGS, Belo Horizonte, ano 3, ed. 7, p. 21-23, dez. 2009/ mar. 2010.

SENDÍN GARCÍA, Miguel Ángel. *Regulación y servicios públicos*. Granada: Comares, 2003.

Capítulo 15

Regulação econômica e direito penal econômico: eficácia e desencontro no crime de evasão de divisas*

*Thiago Bottino***

> *Mudam-se os tempos, mudam-se as vontades,*
> *Muda-se o ser, muda-se a confiança;*
> *Todo o mundo é composto de mudança,*
> *Tomando sempre novas qualidades.*
> Luís Vaz de Camões *(Sonetos)*

---

* Publicado originalmente como artigo na *Revista Brasileira de Ciências Criminais*, São Paulo, n. 101, 2013.

** Mestre e doutor em direito constitucional pela Pontifícia Universidade Católica do Rio de Janeiro (PUC-Rio). Bacharel em direito pela Universidade Federal do Estado do Rio de Janeiro (Unirio). Membro efetivo da Comissão Permanente de Direito Penal do Instituto dos Advogados Brasileiros (IAB). Professor adjunto e coordenador de graduação da Escola de Direito do Rio de Janeiro da Fundação Getulio Vargas (FGV Direito Rio), onde leciona as disciplinas *direito penal econômico* e *processo penal* nos cursos de graduação e pós-graduação, e a disciplina *reflexos penais da regulação econômica* no curso de mestrado em Direito e Regulação. E-mail: <bottino@fgv.br>.

Introdução[1]

O tema não é novo,[2] mas é atual. E vem ganhando cada vez mais importância. Há alguns anos os juristas e os economistas vêm alertando para a incongruência do crime de evasão de divisas no atual cenário econômico.[3]

Já há, inclusive, projetos de lei em tramitação no Congresso Nacional[4] prevendo anistia para aqueles que repatriarem depósitos mantidos no ex-

---

[1] Este capítulo é produto das discussões iniciais realizadas no âmbito do projeto Reforma da Legislação Penal Econômica, um dos vários projetos desenvolvidos pelo grupo de pesquisa Direito Penal, Economia, Governança e Regulação. Agradeço aos integrantes do grupo, em especial a Luiz Francisco Mota Santiago Filho, Luciana dos Reis Frattini, Heitor Campos Guimarães e Mariana Barbosa. O grupo desenvolve diferentes pesquisas, todas relacionadas aos aspectos que aproximam a política econômica, as regras administrativas, as regras de mercado e o direito penal.

[2] Destacam-se, entre vários outros, os textos inovadores de: BATISTA, Nilo. Consumação e tentativa no crime de evasão de divisas. In: SHECAIRA, Sérgio Salomão (Org.). *Estudos criminais em homenagem a Evandro Lins e Silva*. São Paulo: Método, 2001; PIERI, Ricardo. Evasão de divisas? *Revista Brasileira de Ciências Criminais*, São Paulo, n. 62, 2006; FELDENS, Luciano; SCHMIDT, Andrei Zenker. *O crime de evasão de divisas*: a tutela penal do sistema financeiro nacional na perspectiva da política cambial brasileira. Rio de Janeiro: Lumen Juris, 2006; TÓRTIMA, José Carlos; TÓRTIMA, Fernanda Lara. *Evasão de divisas*: uma crítica ao conceito territorial de saída de divisas contido no parágrafo único do art. 22 da Lei nº 7.492/86. 2. ed. Rio de Janeiro: Lumen Juris, 2009.

[3] Exemplo disso são os recorrentes artigos e editoriais de jornais sobre o tema do repatriamento de valores, a crescente entrada de dólares na economia brasileira e a descriminalização da evasão de divisas: José Carlos Tórtima (*O Globo*, 23 out. 2008), Carlos José Marques (*IstoÉ Dinheiro*, 3 jun. 2009), Fausto Martin de Sanctis (*Folha de S.Paulo*, 6 out. 2009, p. A 3), José Mentor (*Folha de S.Paulo*, 14 out. 2009), Antenor Madruga (*Valor Econômico*, 10 dez. 2009, p. A 14), Editorial *O Estado de S. Paulo* ("A inundação de dólares continua", 11 mar. 2011), Editorial IBCCRIM (*Boletim IBCCRIM*, n. 221, abr. 2011), Carlos Alberto Sardenberg (*O Globo*, 2 jun. 2012).

[4] No Senado: Projeto de Lei nº 354/2009, de autoria do senador Delcídio Amaral (PT-MS). Na Câmara: Projeto de Lei nº 113/2003, do deputado Luciano Castro (PR/RR) e Projeto de Lei nº 5.228/2005, do deputado José Mentor (PT-SP). O Senado constituiu uma comissão de juristas para elaborar um anteprojeto de Código Penal (Requerimento nº 756 de 16/6/2011), tendo a comissão apresentado o resultado dos trabalhos em 27/6/2012. Nesse anteprojeto permanece o crime de evasão de divisas, com a seguinte redação: "Art. 366. Fazer sair do País moeda, nacional ou estrangeira, ou qualquer outro meio de pagamento ou instrumento de giro de crédito, em desacordo com a legislação aplicável: Pena - prisão, de dois a seis anos. Parágrafo único. Incorre na mesma pena quem, fora da hipótese do *caput*, mantiver depósitos no exterior não declarados ao órgão federal competente".

terior e nunca declarados às autoridades brasileiras (persistindo, porém, a incriminação dos depósitos ocultos não repatriados).

Se por um lado, a discussão avança lentamente no plano legislativo, por outro parece inexistir no plano judicial. Isso quando, há muito tempo, o tema está pacificado no plano econômico.

A inutilidade de manter a punição pelo crime de evasão de divisas (art. 22 da Lei nº 7.492/1986) nos mesmos moldes em que foi concebida na década de 1980 se insere, obviamente, dentro de um problema mais amplo, relacionado à necessária reforma da legislação penal econômica em seu conjunto. Assim como o crime de evasão de divisas, várias outras figuras delitivas perderam o sentido e a atualidade ou precisam se adaptar aos novos tempos. E é fácil entender o porquê: a economia brasileira transformou-se radicalmente nos últimos 25 anos! Os fantasmas de década de 1980 (dívida externa, hiperinflação) não são os mesmos de hoje. Mas ainda estamos amarrados à legislação daquela época.[5]

Essa situação ensejou a criação de projeto denominado "Reforma da Legislação Penal Econômica" (cujo objetivo é identificar as principais dicotomias entre a legislação e a realidade econômica que a lei pretende regular) no âmbito do grupo de pesquisa denominado "Direito Penal, Economia, Governança e Regulação" desenvolvido pela Escola de Direito do Rio de Janeiro da Fundação Getulio Vargas.

---

[5] Ao comentar os 20 anos da Lei nº 7.492/1986, Luiz Carlos dos Santos Gonçalves apontou a "morte" da Lei dos Crimes contra o Sistema Financeiro Nacional: "A lei não se mostrou maleável para responder a novas demandas de proteção. Exemplificamos com os seguintes itens: i) a falta de transparência na gestão de instituições financeiras e na atuação dos órgãos de fiscalização; ii) as auditorias negligentes, imperitas ou fraudulentas; iii) a relação incestuosa entre órgãos governamentais e instituições financeiras públicas ou com capitais públicos, como bancos oficiais ou fundos de pensão; iv) a gestão de recursos vindos de agências internacionais de fomento; v) as taxas extorsivas de juros e o abuso na concessão de empréstimos; vi) as condutas praticadas por pessoas jurídicas, às vezes, com sede no exterior, dificultando a individualização da responsabilidade penal; vii) a garantia de ressarcimento dos poupadores e investidores, quando lesados pela gestão inescrupulosa de instituições financeiras" (GONÇALVES, Luiz Carlos dos Santos: Exame necroscópico da Lei do Colarinho Branco. In: ROCHA, João Carlos de Carvalho et al. (Org.). *Crimes contra o sistema financeiro nacional*: 20 anos da Lei nº 7.492/86. Belo Horizonte: Del Rey, 2006. p. 2).

O horizonte de trabalho é vasto e não faltam desafios. Podemos citar, apenas a título de exemplo, a necessidade de melhor definir as condutas que caracterizam os crimes de gestão fraudulenta e temerária; a uniformização do tratamento legal dos crimes tributários; e o aprimoramento das figuras de *insider trading* e manipulação de mercado de capitais, entre várias outras.

Entretanto, entre tantos temas existentes, a evasão de divisas sobressai. No caso desse delito, a dicotomia entre o plano normativo e o plano fático (no caso, a política econômica na gestão e controle das reservas cambiais) é tão gritante que não havia como iniciar os trabalhos senão por esse tipo penal. Afinal, se o direito se descola completamente da realidade que pretende regular, ele perde a capacidade de se justificar perante a sociedade e se torna uma retórica vazia; por outro lado, se concebido apenas como formalização normativa imutável, o direito deixa de contribuir na construção de um projeto político de transformação social.

Nesse ponto, o crime de evasão de divisas talvez seja hoje o exemplo mais claro de instrumentalização do direito penal para auxiliar a regulação do sistema financeiro que, ao logo do tempo, desconectou-se da política econômica que pretendia defender, transformando-se em norma inócua do ponto de vista do bem jurídico que visava proteger, restando apenas o efeito perverso inerente a qualquer norma penal, consistente na possibilidade de punição e privação de liberdade.[6]

A proposta do presente capítulo é apresentar uma solução jurídica que compatibilize os planos da realidade e da legalidade no que tange ao crime de evasão de divisas. O texto está dividido em quatro partes: na primeira, é feita uma breve apresentação sobre o crime econômico e a noção de bem jurídico supraindividual; a segunda parte dedica-se a apresentar o tipo

---

[6] "O delito de evasão de divisas tende a desaparecer, perante os interesses do capitalismo financeiro transnacional que hoje dá as cartas, sendo substituído pela nova estrela da pauta de políticas criminais do empreendimento econômico internacionalmente dominante: a lavagem de dinheiro. Enquanto não sobrevém a *abolitio criminis*, uma aplicação dogmaticamente correta da lei recomendaria aprofundar a reflexão sobre diversos aspectos técnicos polêmicos, entre os quais está a tentativa do delito" (BATISTA, Nilo: "Consumação e tentativa no crime de evasão de divisas", 2001, op. cit., p. 168).

penal de evasão de divisas tal como definido no plano normativo (a lei e demais instrumentos normativos que o complementam); na terceira parte, aponta-se a incongruência da norma penal face à realidade econômica atual; por fim, a quarta e última parte desse capítulo propõe soluções de interpretação do art. 22 da Lei nº 7.492/1986 para a adequação entre o plano dos fatos e o plano das normas.

O crime econômico

O conceito de "direito penal econômico" tem sido longamente discutido nos últimos anos. Surgido no âmbito da criminologia estadunidense,[7] fortemente associado às características dos seus autores e a problemas de seletividade do sistema penal,[8] o direito penal econômico pode ser definido hoje por duas diferentes perspectivas. A primeira, de cunho

---

[7] A terminologia "crime de colarinho branco" (*white collar crime*) foi utilizada pela primeira vez pelo sociólogo estadunidense Edwin H. Sutherland, em 1939, durante a 34ª Conferência Anual da Sociedade Americana de Sociologia. Naquele ano, a conferência foi realizada em conjunto com a 52ª Conferência Anual da Associação Americana de Economia. O objetivo da palestra inaugural proferida por Sutherland era chamar a atenção para o exame de uma categoria de ilícitos que até então era solenemente ignorada nos estudos conduzidos pelos sociólogos e criminólogos: os crimes praticados por diretores das grandes corporações (SUTHERLAND, Edwin H. *White collar crime*: the uncut version. New Haven: Yale University Press, 1983).

[8] Uma das questões importantes em relação aos crimes econômicos diz respeito ao funcionamento do sistema penal. Os meios de comunicação e a sociedade em geral têm a percepção de que o sistema penal opera de forma seletiva, privilegiando os autores de crimes econômicos e atuando de forma mais grave e intensa sobre a população sem recursos econômicos. Esse traço de funcionamento diferenciado já fora identificado por Sutherland, que explicava que a aplicação diferenciada da lei pode ser debitada a três fatores: (1) *status*: o poder imuniza os "homens de negócio" em relação aos crimes, já que incriminá-los poderá trazer problemas para o incriminador no futuro; (2) homogeneidade cultural: juízes, administradores, legisladores e homens de negócios possuem a mesma formação cultural, muitas vezes partilham as mesmas origens sociais e essa homogeneidade faz com que não seja uma tarefa fácil caracterizar os criminosos econômicos dentro do estereótipo do criminoso comum; (3) a relativa desorganização na reação aos crimes de colarinho branco: as violações das leis pelos homens de negócios são complexas e produzem efeitos difusos. Não se trata de agressões simples e diretas de um indivíduo contra outro. Além disso, podem permanecer por muitos anos sem serem descobertas (ibid.).

criminológico,[9] observa as condutas praticadas, seus agentes, suas causas e finalidades, além das características objetivas desses delitos. Por esse critério, define o direito penal econômico como o ramo do direito penal voltado para a identificação e criminalização de condutas praticadas nas relações comerciais ou na atividade empresarial, pelos administradores, diretores ou sócios de empresas, geralmente de forma não violenta e envolvendo fraude ou violação da relação de confiança.

No entanto, é possível outra definição, relacionada à dogmática penal,[10] tomando por base o bem jurídico protegido, entendido como bem individual ou coletivo que merece e recebe proteção jurídica e que, quando é especialmente valioso, pode ser protegido por meio do direito penal.[11]

O direito penal teria o encargo de proteger a sociedade salvaguardando os bens jurídicos relevantes aos interesses sociais. Além disso, a noção de bem jurídico também estabeleceria limites a serem observados pelo *jus puniendi* do Estado, que não poderia produzir normais penais as quais não tivessem por escopo proteger bens jurídicos anteriormente assimilados pelo ordenamento. Sendo assim, o objeto de proteção penal deveria ser prontamente delimitado, pois a falta de definição do

---

[9] *"La criminalidad económica constituye um fenômeno complejo que requiere el conoscimento de aspectos que no son jurídico penales em sentido estricto"* (BACIGALUPO, Enrique. *Derecho penal econômico*. Buenos Aires: Hammurabi, 2004, p. 29).

[10] *"Otra aproximación de carácter clásicamente criminológico acentúa las particularidades del autor, a quien Sutherland describió como una persona de alta reputación y de 'cuello blanco'. Esta explicación basada específicamente en el autor del white collar crime fue ampliada por la criminología reciente hacia una perspectiva, ya indicada por Sutherland, de la realización de la conducta en el ejercicio de una profesión (occupational crime). Este tipo de aproximaciones criminológicas no parecen ser aptas para el Derecho penal y, en general, para todo Derecho debido a que, por razones constitucionales de seguridad jurídica, es imprescindible la descripción legislativa del hecho y no la definición del autor"* (TIEDMANN, Klaus. *Manual de derecho penal económico*. Valência: Tirant lo Blanch, 2010. p. 57).

[11] "A noção de bem jurídico, já por muitos tratada, constitui o marco que delimita os extremos daquilo que legitimamente pode e não pode ser criminalizado. Esta é hoje uma concepção generalizada. Para a política criminal, é a tutela dos bens jurídicos que simultaneamente define a função do direito penal e marca os limites da legitimidade da sua intervenção. A dogmática vê nesta categoria o critério de uma interpretação teleológica assim como o fundamento da ilicitude material" (SOUSA, Susana Alves de. Direito penal das sociedades comerciais. In: FARIA COSTA, José de et al. *Direito penal económico e europeu*: textos doutrinários. Coimbra: Coimbra Ed., 2009. p. 436).

bem jurídico tutelado acarretaria, indubitavelmente, a ilegitimidade da própria norma.

O direito penal orienta a escolha dos bens jurídicos a merecerem sua tutela através da aplicabilidade dos princípios da subsidiariedade e fragmentariedade. O princípio da subsidiariedade estabelece que o direito penal só deve atuar na defesa dos bens jurídicos imprescindíveis à coexistência pacífica dos homens e que não podem ser eficazmente protegidos de forma menos gravosa. Desse modo, a lei penal só poderá intervir quando for absolutamente necessário para a sobrevivência da comunidade, como *ultima ratio*.

Já com o postulado da fragmentariedade, tem-se que a função maior de proteção de bens jurídicos atribuída a lei penal não é absoluta, o que faz com que só devam eles ser defendidos penalmente ante certas formas de agressão, consideradas socialmente intoleráveis. Isso que dizer que apenas as ações ou omissões mais graves endereçadas contra bens valiosos podem ser objeto de criminalização.[12]

Tradicionalmente, a proteção de bens jurídicos por meio do direito penal sempre esteve restrita a elementos materiais e individuais. Fruto do paradigma moderno caracterizado pelo racionalismo subjetivista (que coloca a razão humana como único meio legítimo para explicar a realidade) e pelo cientificismo (que impôs a prevalência do raciocínio lógico-formal), aliados à lógica utilitarista (de prevalência dos interesses individuais na atuação social), o direito penal iluminista era fortemente influenciado pela noção de direitos individuais exigíveis frente ao Estado.

Segue daí que o direito penal foi utilizado como instrumento para limitar o poder punitivo do Estado e estabelecer garantias em defesa da liberdade individual contra projetos estatais que a limitassem em virtude de "interesses sociais" excludentes e autoritários. A elaboração de um

---

[12] Nas palavras de Miguel Reale Júnior, "o Direito Penal tem caráter subsidiário, devendo constituir a *ultima ratio* e por isso ser fragmentário, pois o antijurídico penal é restrito em face do antijurídico decorrente do ordenamento, por ser obrigatoriamente seletivo, incriminando apenas algumas condutas lesivas a determinado valor, as de grau elevado de ofensividade" (REALE JÚNIOR, Miguel. *Instituições de direito penal*: parte geral. Rio de Janeiro. Forense, 2002. v. 1, p. 25).

conjunto de regras e princípios penais (hoje associado ao garantismo)[13] visava afastar a tipificação de condutas penais por meio de normas que não estejam relacionadas a fatos, mas a pessoas,

> como as normas que, em terríveis ordenamentos passados, perseguiam as bruxas, os hereges, os judeus, os subversivos e os inimigos do povo; como as que ainda existem em nosso ordenamento, que perseguem os "desocupados" e os "vagabundos", os "propensos a delinquir" [...].[14]

Não obstante as mudanças socioeconômicas e tecnológicas nos últimos séculos tenham sido avassaladoras, tanto a soberania popular como a noção de garantias invioláveis dos indivíduos são construções teóricas herdadas da modernidade que não devem ser solapadas em nome de uma pretensa pós-modernidade.[15] E isto sobretudo porque nenhum avanço científico, econômico ou tecnológico foi capaz de pôr em xeque a justificação racional do poder estatal ou a concepção ilustrada e democrática de Estado de direito, em que o Estado não é um fim em si mesmo, mas um meio que tem como fim a tutela da pessoa humana, de seus direitos fundamentais, de sua liberdade e da segurança coletiva.

Já há alguns anos, no entanto, autores defendem a possibilidade de tutela penal de bens imateriais.[16] A proteção da ordem econômica (e, por

---

[13] No plano do direito penal material, o sistema garantista impõe as seguintes regras: *nulla poena sine crimine* (retributividade); *nullum crimen sine lege* (legalidade); *nulla lex (poenalis) sine necessitate* (necessidade); *nulla necessitas sine injuria* (lesividade ou ofensividade do evento); *nulla injuria sine actione* (materialidade); *nulla actio sine culpa* (culpabilidade ou responsabilidade pessoal).

[14] FERRAJOLI, Luigi. *Direito e razão*: teoria do garantismo penal. São Paulo: RT, 2002. p. 31.

[15] *"Como quiera que los ideales de la modernidad fueron los valores ilustrados de la razón, la libertad, la igualdad y la fraternidad universal, deberíamos ser conscientes que la negociación posmoderna de la tradición ilustrada comporta un abandono de esos valores que siguen siendo básicos. Tiene razón Habermas cuando indica que la modernidad constituye un proyecto inacabado y que, en lugar de abandonar ese proyecto como una causa perdida, deberíamos aprender de los errores de aquellos programas extravagantes que trataron o tratan de negar la modernidad"* (PEREZ LUÑO, Antonio-Enrique. Derechos humanos y constitucionalismo en la actualidad: ¿Continuidad o cambio de paradigma? In: PEREZ LUÑO, Antonio Enrique (Org.). *Derechos humanos y constitucionalismo ante el tercer milenio*. Madri: Marcial Pons, 1996. p. 13).

[16] "A superação da razão moderna há-se passa, primacialmente, pela assunção de uma nova ética social, dirigida para a vida, para a dignidade da pessoa humana e para a soli-

Regulação econômica e direito penal econômico

consequência, do sistema financeiro) seria uma característica das transformações socioeconômicas pelas quais passaram as democracias ocidentais nas últimas décadas.

O final do século XX e o princípio do século XXI são caracterizados por forte expansão nos processos de integração econômica, social e cultural. As grandes distâncias geográficas foram demolidas pelo avanço da tecnologia de comunicação, pelo acesso irrestrito à informação disponibilizada na rede mundial de computadores e pela integração dos sistemas financeiros globais. Essa integração ocorre no âmbito dos governos nacionais, dos blocos regionais e, de forma muito mais incisiva, nas transações comerciais entre indivíduos. A sociedade capitalista entra em uma nova fase denominada sociedade pós-industrial. Nesse sentido, os diversos fatores ligados ao complexo funcionamento do mercado mundial acabaram criando um ambiente fértil para a proliferação dos crimes econômicos.

São características dessa sociedade pós-industrial, além da globalização, da integração supranacional e dos avanços tecnológicos e científicos, também o crescimento de um sentimento de insegurança. Os riscos inerentes à nova organização econômica e financeira são incomensuráveis e imprevisíveis. É nesse ambiente global tão hostil a valores como a previsibilidade e a certeza que o risco se tornou uma variável a ser considerada

---

dariedade. Os renovados desafios ecológicos, técnicos e sociais – colocados pela pós-modernidade – tiveram o mérito de elucidar a inadequação da resposta oferecida pela racionalidade técnico-instrumental. Hoje, porventura mais do que nunca, revela-se de suma importância uma adequada articulação entre ética, economia e ecologia" (SIMÕES, Pedro Coelho: A supraindividualidade como factor de superação da razão moderna. In: COSTA, José de Faria: *Temas de direito penal econômico*. Coimbra: Coimbra Ed., 2005. p. 307-308). No mesmo sentido, afirmava o falecido prof. João Marcello de Araújo Júnior: "[...] os bens jurídicos a serem selecionados pela lei penal não se limitam mais aos 'naturais' e ao patrimônio individual. A inserção social do homem é muito mais ampla, abrangendo todas as facetas da vida econômica. Daí um novo bem jurídico: a ordem econômica, que possui caráter supraindividual e se destina a garantir a política econômica do Estado, além de um justo equilíbrio na produção, circulação e distribuição de riqueza entre os grupos sociais" (ARAÚJO JÚNIOR, João Marcello. O direito penal econômico. *Revista Brasileira de Ciências Criminais*, São Paulo, n. 25, 1999).

no âmbito do direito penal, dado o sentimento generalizado que marca as sociedades contemporâneas.[17]

O advento da sociedade de risco ocasionou sérias modificações no tratamento oferecido à noção de bem jurídico penal. Tal fato está intimamente ligado à expansão do direito penal e à sua crise. A sociedade contemporânea clama por um Estado mais enérgico, pelo combate aos crimes econômicos, ambientais e políticos. Assim, podemos considerar que o direito penal está em crise, mas ao mesmo tempo, em expansão, como resposta jurídica aos problemas sociais.

Logo, uma característica do direito penal econômico será a criminalização de condutas que não afetam um bem jurídico individual determinado (como vida, patrimônio, honra), mas conceitos indeterminados e classificados como bens jurídicos supraindividuais, relacionados à previsibilidade dos comportamentos ou, ainda, à conformidade dos comportamentos individuais às regras que regulam a atividade econômica (bom funcionamento do sistema financeiro nacional, boas condições de concorrência e livre iniciativa, transparência nas operações financeiras, fiscalização e *accountability* dos atores econômicos etc.). Evidencia-se, assim, para alguns autores, o caráter supraindividual do bem jurídico atingido.[18]

No entanto, a lesão a tais bens jurídicos supraindividuais, por sua natureza difusa e imaterial, não pode ser mensurada, avaliada e provada senão por critérios abstratos ou por presunções. Nesse ponto, a forma de avaliar se houve, ou não, a lesão a tais bens jurídicos se desloca para a observância do próprio direito, nesse caso o direito administrativo. Em

---

[17] "Na sociedade de risco, por múltiplas causas os indivíduos experimentam maior intensidade na dimensão subjetiva dos riscos do que em sua dimensão objetiva" (PEREIRA, Flávia Goulart. Os crimes econômicos na sociedade de risco. *Revista Brasileira de Ciências Criminais*, São Paulo, n. 51, 2004). A respeito do tema, ver ainda: SILVA SANCHEZ, Jesús Maria. *A expansão do direito penal*: aspectos da política criminal nas sociedades pós-industriais. São Paulo: RT, 2002.

[18] *"En un sentido dogmático-penal se aprecia hoy en día la peculiaridad de los delitos económicos y del Derecho penal económico, principalmente, en la protección de bienes jurídicos supraindividuales (sociales o colectivos, intereses de la comunidad)"* (TIEDMANN, Klaus. *Manual de derecho penal económico*, 2010, op. cit., p. 58, grifos no original).

outras palavras, o direito penal econômico se transforma em instrumento de reforço das normas administrativas que orientam as atividades econômicas.

O alvo de tutela penal nesses crimes é o regular funcionamento do mercado empresarial e, sobretudo, a observância das regras administrativas[19] que regulam determinada atividade econômica.[20] Nessa linha de raciocínio, mesmo os comportamentos que não repercutam diretamente em aspectos individuais mereceriam a resposta penal do Estado, porque atentariam contra a *ordem econômica* ou o *sistema financeiro*, afetação mensurada a partir da violação daquelas regras que orientam e regulam a atividade econômica, seja do Estado, seja do indivíduo.[21]

---

[19] Tal aproximação é especialmente relevante para o estudo do crime de evasão de divisas, como anotam Luciano Feldens e Andrei Schmidt: "Essa mudança cultural colaborou para uma significativa ruptura na política criminal contemporânea, pois a inconveniência (e gradual supressão) dos controles estatais prévios sobre os fluxos econômicos globais sobrecarregou a missão desempenhada pelos mecanismos jurídicos sancionatórios, que atuam posteriormente à verificação do desvio. Ao lado do Direito Administrativo, ganhou expressão um novo Direito Penal que, em vez de orientar-se à tutela dos interesses individuais, veio a reforçar a proteção de interesses difusos. [...] estamos nos referindo a um Direito Penal secundário, que sanciona, com penas, violações próprias do Direito Administrativo, sendo compreensível, dessarte, que a sanção penal relacionada a delitos econômicos tenha frequentemente finalidade constitutiva de uma ética-social" (FELDENS, Luciano; SCHMIDT, Andrei Zenker. *O crime de evasão de divisas*, 2006, op. cit., p. 149-150).

[20] "*La criminalidad económica como criminalidad de empresa afecta a la regulación jurídica de la producción, distribución y consumo de bienes e servicios en cuanto entraña a la actividad de la empresa como célula esencial en la actividad de carácter económico, y ésta se puede presentar sin necesidad de la intervención del Estado. La crítica de que esta caracterización del Derecho Penal Económico es excesivamente amplia y meramente descriptiva porque carece de la determinación de un bien jurídico protegido no tiene en cuenta la necesaria referencia político-criminal a la criminalidad económica: el esfuerzo para la contención o la supresión de la criminalidad en el ámbito de la vida económica*" (DEL VALLE, Carlos Perez. Introduccion al derecho penal económico. In: BACIGALUPO, Enrique. *Derecho penal económico*. Buenos Aires: Hammurabi, 2004. p. 33).

[21] Por outro lado, há autores que somente admitem que os bens jurídicos supraindividuais sejam considerados penalmente relevantes caso estejam, na hipótese concreta da ação do agente, violando simultaneamente bens jurídicos individuais concretamente mensuráveis: "A consequência prática dessa concepção é que a tipicidade material dos crimes contra o Sistema Financeiro nacional exige a existência de lesão ou exposição a perigo concreto dos interesses individuais patrimoniais protegidos juridicamente. [...] A rigor, a 'boa execução da política econômica do governo'; a 'credibilidade do sistema financeiro e de suas instituições'; 'a boa execução do Sistema Financeiro Nacional' etc. não constituem o objeto de tutela penal, e sim a razão (*ratio legis*) dessa tutela"

Em outras palavras, não se protegem necessariamente interesses individuais (ou que podem ser individualizados e quantificados), mas sim o próprio sistema financeiro, ao punirem-se comportamentos que podem ou não gerar dano individual, mas que têm potencial de prejudicar o sistema. O objeto de proteção pelo direito penal são as normas administrativas que orientam aquele setor da economia, numa modalidade chamada "crimes de perigo".[22] A partir daí, o direito penal surge como importante meio de reforço das regras que regulam o funcionamento dos sistemas econômico e financeiro,[23] com vistas a assegurar a "normalidade econômica".

Indispensável, nesse ponto, o alerta de Heloisa Estellita:

> Ao se pensar na proteção penal de um bem jurídico de caráter econômico, é imperioso o questionamento acerca do conteúdo deste bem jurídico e, além disso, de quais seriam os ataques violentos que as normas sancionatórias de caráter não penal falharam em evitar. Enfim, é preciso saber da ideal

(MALAN, Diogo. Bem jurídico tutelado pela Lei nº 7.492/86. In: BOTTINO, Thiago; MALAN, Diogo (Org.). *Direito penal e economia*. São Paulo: Elsevier, 2012. p. 50).

[22] "Os bens jurídicos protegidos em sede de Direito Penal Econômico afastam-se, sem dúvida, dos clássicos bens jurídicos. É assim, desde logo, numa perspectiva ontológica na medida em que a sua dignidade não reside numa essência axiológica, mas antes numa sedimentação histórica e social, sendo directamente determinados por uma orientação político-económica. Também do ponto de vista do titular nos confrontamos, na maioria das vezes, perante bens supraindividuais. A própria construção da incriminação releva com frequência o privilegiar do perigo de conduta face à lesão efectiva do bem jurídico" (SOUSA, Susana Alves de. "Direito penal das sociedades comerciais", 2009, op. cit., p. 440).

[23] Como bem registra Guilherme Guedes Raposo: "E é exatamente nesse contexto que o Estado, como ente regulador da vida em sociedade, tem sido chamado a atuar positivamente a fim de garantir um mínimo de estabilidade social e um sistema de produção de riquezas que assegure a existência de um futuro para a humanidade. E o direito em geral, por ser um conjunto de normas de que o Estado se vale para organizar a vida em sociedade com o objetivo de atender aos anseios de seus integrantes, tem refletido algumas dessas transformações sociais ocorridas nas últimas décadas. Mais especificamente na teoria do bem jurídico-penal, tem sido possível verificar que todo esse conjunto de transformações sociais está repercutindo, de forma direta, na escolha dos interesses merecedores de proteção pelo sistema penal. De fato, se em período anterior o núcleo do sistema penal era marcado essencialmente por comportamentos lesivos a bens individuais e concretos, como a vida e o patrimônio, nos últimos anos tem havido um considerável aumento da tipificação de condutas lesivas a interesses transindividuais e abstratos" (RAPOSO, Guilherme Guedes. *Teoria do bem jurídico e estrutura do delito*. Porto Alegre: Nuria Fabris, 2011. p. 142).

normalidade econômica para chegar aos desvios causadores da anormalidade econômica. Enfim, o que se quer evitar e/ou corrigir com a proteção penal neste campo? Ocorre que esta normalidade ideal é contingente, historicamente determinada. Trata-se de um valor, uma aspiração, que sofre contínua mutação influenciada pelos valores de cada sociedade: o que é bom economicamente num momento não o é em outro.[24]

Especificamente quanto ao sistema financeiro nacional (SFN), a Lei nº 7.492/1986, atualmente em vigor, foi objeto de duras críticas desde o momento de sua promulgação, seja pelas falhas de técnica legislativa, pela atribuição de responsabilidade penal objetiva, pelo uso exacerbado de tipos penais em branco e de perigo abstrato.[25]

Seguindo a linha daqueles que admitem a proteção de bens jurídicos "administrativos", defende Luiz Regis Prado que o sistema financeiro nacional constitui um

> conjunto de instituições (monetárias, bancárias e sociedades por ações) e do mercado financeiro (de capitais e valores mobiliários) [que] tem por

---

[24] ESTELLITA, Heloisa. Tipicidade no direito penal econômico. *Revista dos Tribunais*, n. 725, São Paulo, 1996. Para uma interessante crítica ao conceito de bem jurídico supraindividual ou "espiritualizado", ver o magistério de Renato de Mello Jorge Silveira: "[…] por um lado, afirma-se pela dificuldade de determinação do grau de lesividade necessário a cada bem jurídico. Por outro, que não se está a tratar de uma antecipação da tutela penal de bens essenciais, mas tão só de uma proteção de bens que, por sua peculiar natureza, já exige o emprego de técnica abstrata. […] Caso se venha aceitar uma obrigatoriedade de construção penal para tais situações (com o que aqui, indiscriminadamente, não se concorda, dando-se preferência a outros postulados), parece fundamental que, ao lado destes bens, quer espiritualizados, como pressupõe Schunemann, quer outras tantas interpretações, mesmo restritivas, como sugere Roxin, sejam, por igual, utilizados critérios de imputação objetiva caso a caso" (SILVEIRA, Renato de Mello Jorge. A construção do bom jurídico espiritualizado e suas críticas fundamentais. *Boletim do Instituto Brasileiro de Ciências Criminais*, São Paulo, ano 10, n. 122, p. 14, jan. 2003).

[25] A criação de tipos penais de perigo abstrato vem gerando desconforto e está na pauta do dia nas principais discussões acerca da expansão do direito penal. Os crimes de perigo abstrato presumem de forma absoluta a criação do perigo pelo autor da conduta prevista no tipo respectivo. Isto quer dizer que o agente é punido pela mera desobediência da letra da lei, sem que se comprove a existência de qualquer lesão ou ameaça de lesão ao bem tutelado, ou seja, de qualquer resultado jurídico/normativo.

objetivo gerar e intermediar créditos (e empregos), estimular investimentos, aperfeiçoar mecanismos de financiamento empresarial, garantir a poupança popular e o patrimônio dos investidores, compatibilizar crescimento com estabilidade econômica e reduzir desigualdades, assegurando uma boa gestão da política econômico-financeira do Estado, com vistas ao desenvolvimento equilibrado do País.[26]

O bom funcionamento do sistema financeiro nacional é, sem dúvida, fundamental para o desenvolvimento das finanças públicas e da economia nacional. Ao tutelar seu regular funcionamento, as normas penais incriminam comportamentos que violam as regras destinadas a garantir transparência no funcionamento das instituições (e, por conseguinte, maior segurança dos investimentos e operações realizadas), ações estas que, pelas suas características, poderiam repercutir de forma sistêmica na própria estabilidade econômica do país.

Quando se fala em crimes contra o sistema financeiro nacional é fundamental ter em mente que a objetividade jurídica das condutas incriminadas é o prejuízo ao adequado funcionamento do sistema; logo, é tarefa igualmente fundamental entender e definir quais as características desse regular funcionamento. José Paulo Baltazar Junior relaciona como condições para o bom desenvolvimento das operações financeiras:

> a) confiança nas instituições; b) reforço no cumprimento das regras, como aquelas que tratam da manutenção de reservas técnicas; c) transparência dos riscos; d) baixos custos de transação; e) fragmentação da propriedade; f) formação eficiente dos preços.[27]

No entanto, para as finalidades do presente trabalho, não é necessário aprofundar as discussões acerca da constitucionalidade da política crimi-

---

[26] PRADO, Luiz Regis. *Direito penal econômico*. São Paulo: RT, 2010. p. 212.
[27] BALTAZAR JUNIOR, José Paulo. *Crimes federais*. Porto Alegre: Livraria do Advogado, 2007. p. 269.

nal que admite o uso do direito penal como "instrumento de regulação".[28] Independentemente de aceitarmos ou não a transformação da concepção moderna de bem jurídico que admite a supraindividualidade e as modalidades de perigo abstrato, o fato é que há uma questão muito mais evidente quando falamos do crime de evasão de divisas, constante na Lei nº 7.492/1986: como se demonstrará abaixo, a tutela penal ali prevista não mais se coaduna, hoje em dia, com a *normalidade econômica* a que aludiu Heloisa Estellita.

A evasão de divisas

O crime de evasão de divisas foi tipificado pela Lei nº 7.492/1986, a chamada Lei dos Crimes contra o Sistema Financeiro Nacional (também conhecida pela alcunha de "Lei dos Crimes de Colarinho Branco"). É praticamente uma unanimidade na literatura especializada que a motivação da criminalização da evasão de divisas era o reforço do controle estatal sobre as reservas cambiais:

> O fundamento do controle cambial e, por consequência, da incriminação, é que as divisas estrangeiras são necessárias para o pagamento das dívidas contraídas no exterior e para o equilíbrio das reservas cambiais. Por isso é privativo do Banco Central o direito de guardar moedas e divisas estrangeiras, bem como a administração exclusiva da operação de ingresso e saída dessas do país.[29]

Na década de 1980, o controle cambial era tema de suma importância para a economia brasileira. O milagre econômico da década anterior

---

[28] MALAN, Diogo. "Bem jurídico tutelado pela Lei nº 7.492/86", 2012, op. cit.

[29] BALTAZAR JUNIOR, José Paulo. *Crimes federais*, 2007, op. cit., p. 325. No mesmo sentido, afirmam José Carlos e Fernanda Tórtima: "O alvo da tutela jurídica são as reservas cambiais do País" (TÓRTIMA, José Carlos; TÓRTIMA, Fernanda Lara. *Evasão de divisas*, 2009, op. cit., p. 41). Já para Luiz Regis Prado, o tipo penal também tutela o erário (PRADO, Luiz Regis. *Direito penal econômico*. São Paulo: RT, 2012. p. 217).

alimentara-se de sucessivos empréstimos internacionais, criando dívidas que deveriam ser pagas ou, ao menos, administradas mediante o pagamento dos juros. Paralelamente, as reservas cambiais minguavam na medida em que, ao pagamento dos juros dos empréstimos somava-se a elevação do preço da principal matéria-prima para o desenvolvimento industrial brasileiro: o petróleo.

As crises do petróleo ocorridas em 1973 e 1979 transformaram as divisas (e principalmente o dólar norte-americano) em um bem escasso e extremamente valioso no Brasil. Importações eram limitadas, remessas de lucros ao exterior, proibidas, viagens internacionais constituíam um luxo para poucos. Qualquer ação que diminuísse as reservas cambiais brasileiras colocava em risco a possibilidade de pagamento da dívida externa e o custeio da importação de petróleo. A Lei nº 7.492/1986, promulgada em junho de 1986, antecipou em alguns meses a decretação da moratória (suspensão unilateral do pagamento) da dívida externa brasileira, ocorrida em 1987. Naquele contexto, parecia ser muito apropriada a criminalização das condutas de quem retirasse divisas do país fora dos canais autorizados. Vejamos o tipo penal, como definido na Lei nº 7.492/1986:

> [Evasão de divisas]
> Art. 22. Efetuar operação de câmbio não autorizada, com o fim de promover evasão de divisas do País:
> Pena – Reclusão, de 2 (dois) a 6 (seis) anos, e multa.
> Parágrafo único. Incorre na mesma pena quem, a qualquer título, promove, sem autorização legal, a saída de moeda ou divisa para o exterior, ou nele mantiver depósitos não declarados à repartição federal competente.

O tipo penal de evasão de divisas prevê três diferentes modalidades do crime. Embora possam ser vistas como etapas de um mesmo "processo" (obter divisas no mercado paralelo; retirar divisas do país; manter ocultas divisas no exterior), a escolha do legislador foi fazer recair a punição sobre cada momento de forma independente. Ao "partir" a evasão de divisas em três crimes autônomos, ampliaram-se as possibilidades de punição.

A primeira modalidade, prevista no *caput* do art. 22 da Lei nº 7.492/1986, consiste na realização de operação de câmbio não autorizada (elemento objetivo) com a finalidade de promover a evasão (elemento subjetivo). Por operação não autorizada, entende-se qualquer troca de moeda por divisas em estabelecimento que não tenha sido autorizado pelo Banco Central para realizar esse tipo de atividade, ou qualquer operação realizada fora das hipóteses autorizadas.

O exemplo mais simples é quando alguém compra dólares com um "maleiro" no aeroporto antes de embarcar para o exterior.[30] O crime está configurado com a simples operação de câmbio (troca de moeda por divisa), não se exigindo a efetiva saída da divisa. Basta que a finalidade seja comprovada para a consumação do crime.

Por sua vez, o parágrafo único prevê, como formas equiparadas do crime, outras duas modalidades: (a) a saída de moeda ou divisa para o exterior, a qualquer título; e (b) a manutenção de depósito no exterior, não declarado à repartição federal competente. Mais uma vez a péssima técnica legislativa empregada na Lei nº 7.492/1986 se fez presente, misturando em um único tipo penal condutas absolutamente diferentes.

A primeira figura do parágrafo único, (*promover, sem autorização legal, a saída de moeda ou divisa para o exterior*) é normalmente entendida como a saída física do numerário.[31] Dessa forma, ainda que não seja possível determinar quando/onde/como ocorreu a operação de câmbio não autorizada, ou ainda que as divisas tenham sido adquiridas de forma autorizada, a lei criminaliza a conduta de quem, efetivamente, retira do

---

[30] Veja-se que não há crime se a situação for inversa, de venda ao maleiro dos dólares excedentes da viagem logo depois de desembarcar, vindo do exterior. Embora presente o elemento objetivo (realizar operação de câmbio não autorizada) resta ausente o elemento subjetivo do tipo "com o fim de promover a evasão de divisas", como se vê do julgamento do HC nº 88.087/RJ, assim ementado: "3. De outro lado, no *caput* do art. 22, a incriminação só alcança quem 'efetuar operação de câmbio não autorizada': nela não se compreende a ação de quem, pelo contrário, haja eventualmente, introduzido no País moeda estrangeira recebida no exterior, sem efetuar a operação de câmbio devida para convertê-la em moeda nacional" (STF. HC nº 88.087/RJ, 1ª Turma. Rel. min. Sepúlveda Pertence, julgado em 17/10/2006).

[31] A respeito de outro entendimento, ver os trabalhos de PIERI, Ricardo. "Evasão de divisas?", 2006, op. cit.; TÓRTIMA, José Carlos; TÓRTIMA, Fernanda Lara. *Evasão de divisas*, 2009, op. cit.

controle brasileiro as divisas, levando-as para o exterior. A imagem associada a essa modalidade da evasão de divisas é a do sujeito embarcando em um avião com uma mala cheia de dólares.[32]

Por outro lado, há outras formas pelas quais as divisas podem ser afetadas que não estão abrangidas pela lei. Uma das hipóteses é aquela que envolve operações de importação e exportação, cujos contratos de câmbio não são honrados ou são fraudulentos. Haveria evasão de divisas na conduta do exportador que não internaliza o dinheiro recebido pelas mercadorias exportadas? Em outras palavras, é possível equiparar a saída de divisas da sua "não entrada" no SFN? A jurisprudência pátria entende que essa interpretação extensiva viola a taxatividade e considera a conduta atípica.[33]

Finalmente, a segunda figura do parágrafo único (terceira modalidade de evasão de divisas) consiste na manutenção de depósito no exterior, sem a devida comunicação às autoridades brasileiras. Trata-se da parte final do "processo" de evasão. Mesmo que não se consiga identificar o momento em que o sujeito conseguiu fazer a operação de câmbio irregular com a intenção de evadir divisas ou o modo pelo qual ele conseguiu retirar as divisas do país, bastará que se prove a existência do depósito para que se caracterize o crime.

---

[32] Hoje em dia, com a facilidade de telecomunicações e os avanços da informática, a quantidade de serviços financeiros apropriados diversificou-se. É cada vez mais raro ver casos como o do casal Sonia e Estevam Hernandes, fundadores da Igreja Renascer em Cristo, presos em 9 de janeiro de 2007, no aeroporto de Miami, tentando ingressar nos EUA, vindos do Brasil, com US$ 56,5 mil sem declaração. Nos EUA, o casal foi condenado a 10 meses de prisão (sendo cinco meses em prisão domiciliar e cinco em penitenciária, de forma alternada), ao passo que no Brasil a pena aplicada foi de quatro anos de reclusão. Fonte: <www1.folha.uol.com.br/folha/especial/2007/prisaonarenascer/>. Acesso em: 21 jun. 2012.

[33] "Não pode o intérprete estender o sentido da norma contida na primeira parte do parágrafo único da lei em comento, a fim de considerar típica a ausência de internalização do pagamento recebido, sob pena de absoluto desvirtuamento do comando normativo, o qual apenas criminaliza a saída de divisas do território nacional" (STJ. Resp. nº 914077/RS, 5ª Turma. Rel. min. Jorge Mussi, julgado em 7/12/2010). "O mero fato de não ter sido liquidado no Brasil o contrato de câmbio é incapaz de gerar a presunção de que a empresa exportadora recebeu o pagamento objeto do acordo e o mantém em instituição financeira situada fora do país" (STJ. Resp. nº 914077/RS, 5ª Turma. Rel. min. Jorge Mussi, julgado em 7/12/2010; STJ. HC nº 43688/PR, 6ª Turma. Rel. min. Paulo Medina, julgado em 5/6/2006).

Explicada assim, a aplicação do crime de evasão de divisas parece simples. Contudo, quando se dirige um olhar mais atento à letra da lei, percebe-se que se trata de tipo penal em branco, isto é, um crime que depende da existência de outras leis (ou, no caso, normas administrativas) sem as quais se perde a possibilidade de impor pena.[34] Vejam-se os trechos que grifamos na redação do tipo penal:

> Art. 22. Efetuar operação de câmbio *não autorizada*, com o fim de promover evasão de divisas do País:
> Pena – Reclusão, de 2 (dois) a 6 (seis) anos, e multa.
> Parágrafo único. Incorre na mesma pena quem, a qualquer título, promove, *sem autorização legal*, a saída de moeda ou divisa para o exterior, ou nele mantiver depósitos *não declarados à repartição federal competente*.

No primeiro caso, tratado acima, para que haja crime é preciso que a operação de câmbio ocorra sem autorização. Isso inclui o caso de uma operação realizada fora dos estabelecimentos fiscalizados pelo Banco Central (Bacen), bem como uma operação realizada fora das hipóteses ou dos limites autorizados pela autoridade monetária nacional. Fica evidente, aqui, que a finalidade subjacente na criminalização (além da proteção das divisas) é o controle, por parte do Bacen, da própria atividade financeira realizada pelas instituições autorizadas a operar com câmbio e que podem compreender não somente bancos, mas ainda casas de câmbio, agências de viagem e hotéis.

Os mais velhos devem se lembrar: há alguns anos, para comprar dólares era preciso apresentar uma passagem aérea, justificando a compra. Depen-

---

[34] "Parece não existir dúvida de que o art. 22 da Lei nº 7.492/86, ao definir o delito de evasão de divisas e manutenção de depósito no exterior, possui a natureza de norma penal em branco, principalmente porque as *elementares especiais de antijuridicidade* 'não autorizada' (*caput*), 'sem autorização legal' (1ª parte de parágrafo único) e 'repartição federal competente' (parte final do parágrafo único) transferem para a legislação extrapenal um dos pressupostos da ação típica. Significa afirmar, nesse sentido, que parte do conteúdo do art. 22 da Lei nº 7.492/86 é dado por normas administrativas editadas pelo BACEN, a ponto de ser-nos possível antecipar que o delito de evasão de divisas pressupõe um ilícito cambial, apesar de nem todo ilícito cambial configurar um delito de evasão de divisas" (FELDENS, Luciano; SCHMIDT, Andrei Zenker. *O crime de evasão de divisas*, 2006, op. cit., p. 155, grifos no original).

dendo do destino do viajante, variava o limite de dólares (ou de qualquer moeda estrangeira) que poderia ser adquirido. Daí a necessidade de punir quem obtivesse divisas de forma fraudulenta, fosse adquirindo fora dos estabelecimentos autorizados, fosse adquirindo com base em documentos falsos.

No segundo caso, a expressão "autorização legal" refere-se ao regime existente até 1998, segundo o qual era preciso dirigir-se ao Banco Central antes de promover a saída das divisas. Dependendo da hipótese, a saída poderia ser autorizada, negada ou limitada. Tratamentos de saúde no exterior, muitas vezes, eram custeados graças ao mercado paralelo de dólares, pois o Bacen não autorizava saídas expressivas para gastos com pessoas físicas. Foi a partir da Resolução nº 2.524, de 1º de julho de 1998, que se aboliu a necessidade de prévia autorização,[35] adotando-se o regime da simples declaração.

Por sua vez, a terceira modalidade de evasão de divisas "manutenção de depósito sem declaração" também depende da existência de norma administrativa que discipline a conduta do agente.

No plano administrativo, a obrigatoriedade de declaração dos recursos mantidos no exterior remonta ao Decreto-Lei nº 1.060/1969,[36] que exigia

---

[35] Resolução Bacen nº 2.524: "Estabelece normas para declaração de porte e de transporte de moeda nacional e estrangeira. O Banco Central do Brasil, na forma do art. 9º da Lei nº 4.595, de 31.12.64, torna público que o Conselho Monetário Nacional, em sessão realizada em 30.07.98, e tendo em vista o disposto no art. 65, §2º da Lei nº 9.069, de 30.06.95, resolveu: Art. 1º. As pessoas físicas que ingressarem no País ou dele saírem com recursos em moeda nacional ou estrangeira em montante superior a R$ 10.000,00 (dez mil reais) ou ao seu equivalente em outras moedas, nos termos do inciso III do §1º do art. 65 da Lei nº 9.069/95, devem apresentar à unidade da Secretaria da Receita Federal que jurisdicione o local de sua entrada no País ou de sua saída do País, declaração relativa aos valores em espécie, em cheques e em 'traveller's cheques' que estiver portando, na forma estabelecida pelo Ministro de Estado da Fazenda".

[36] Decreto-Lei nº 1.060/1969: "Dispõe sobre a declaração de bens, dinheiros ou valores, existentes no estrangeiro, a prisão administrativa e o sequestro de bens por infrações fiscais e dá outras providências. Os Ministros da Marinha de Guerra, do Exército e da Aeronáutica Militar, usando das atribuições que lhes confere o artigo 3º do Ato Institucional nº 16, de 14 de outubro de 1969, combinado com o §1º do artigo 2º do Ato Institucional nº 5, de 13 de dezembro de 1968, decretam: Art. 1º. Sem prejuízo das obrigações previstas na legislação do imposto de renda, as pessoas físicas ou jurídicas ficam obrigadas, na forma, limites e condições estabelecidas pelo Conselho Monetário Nacional, a declarar ao Banco Central do Brasil, os bens e valores que possuírem no exterior, podendo ser exigida a justificação dos recursos empregados na sua aquisição. Parágrafo

que fossem declarados ao Bacen os bens e valores existentes no exterior. Esse dispositivo foi complementado pela Resolução nº 139, do Conselho Monetário Nacional (CMN), que previa a competência do Ministério da Fazenda na definição de como seria feita a declaração. Essa lacuna só foi efetivamente preenchida em 1981, por meio do Ato Declaratório nº 7, da Receita Federal, o qual previa que as declarações mencionadas no Decreto-Lei nº 1.060/1969 e na Resolução CMN nº 139 estariam supridas pela declaração de imposto de renda.

Posteriormente, a Medida Provisória (MP) nº 2.224/2001 mudou o regime de declaração. A informação deveria, a partir de então, ser prestada ao Bacen. A MP nº 2.224/2001 foi complementada por nova resolução do CMN (Resolução nº 2.911/2001) e por uma circular do próprio Bacen (Circular nº 3.071/2001), a qual estabelecia forma (modelo de declaração disponível na internet), prazo para prestação das informações (15 de maio de 2002) e limite mínimo (só seria necessário realizar a declaração de bens de valores superiores a U$$ 100 mil).

A partir de então, ano após ano o Bacen edita nova circular alterando as datas e valores mínimos para declaração,[37] os quais já variaram entre US$ 100 mil, US$ 200 mil e US$ 300 mil.[38] A partir de 2010, foi estabelecida uma obrigatoriedade adicional, de declaração trimestral para valores acima de US$ 100 milhões. Como se vê, o crime de evasão de divisas está intimamente ligado aos instrumentos de regulação econômica.

único. A declaração deverá ser atualizada sempre que houver aumento ou diminuição dos bens, dinheiros ou valores, com a justificação do acréscimo ou da redução".

[37] Circulares Bacen nºˢ 3.110/2002, 3.181/2003, 3.225/2004, 3.278/2005, 3.313/2006, 3.345/2007, 3.384/2008, 3.442/2009, 3.854/2010 (Resolução), 3.523/2011 e 3.574/2012.

[38] Em se tratando de norma penal em branco, a jurisprudência mantém posicionamento no sentido de que vige a regra da ultratividade, segundo a máxima do *tempus regit actum*. Sendo assim, as alterações não retroagem para tornar atípicas condutas que, tendo em vista aquele contexto anterior, eram danosas ao bem jurídico tutelado (STJ. RHC nº 16172 SP, 5ª Turma. Rel. min. Laurita Vaz, julgado em 22/8/2005; TRF 3ª Região. ACR nº 20036181004682-0, 2ª Turma. Rel. des. Cotrim Guimarães, julgado em 23/2/2010; TRF 4ª Região. ACR nº 20057000008903-5/PR, 8ª Turma. Rel. des. Paulo Afonso Brum Vaz, julgado em 11/2/2009; TRF 4ª Região. ACR nº 20037000051539-8/PR, 8ª Turma. Rel. des. Paulo Afonso Brun Vaz, julgado em 6/5/2009).

Dilemas de aplicação do crime de evasão de divisas

Nos últimos 20 anos, a economia brasileira sofreu uma transformação radical: abertura para investimentos internacionais, estabilização da moeda, controle da inflação e equacionamento da dívida externa talvez sejam os exemplos mais evidentes. Tais mudanças tiveram grande impacto na regulação da economia brasileira, e as regras cambiais não ficaram alheias a essa modificação.

Exemplo concreto desse novo cenário nacional é a evolução das reservas cambiais brasileiras. Se nas décadas de 1980 e 1990 era possível falar em reservas negativas, devido aos pagamentos do serviço da dívida, hoje o Brasil pode se dar ao luxo de fazer empréstimos ao Fundo Monetário Internacional.

O gráfico 1, elaborado a partir de dados disponibilizados pelo Banco Central, mostra o crescimento das reservas brasileiras que, em março de 2013, superavam US$ 375 bilhões.

Gráfico 1
Evolução das reservas cambiais brasileiras (2000-2012)

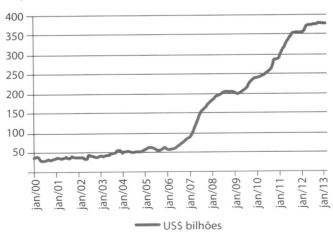

Fonte: Banco Central do Brasil. Disponível em: <www.bcb.gov.br/?RED-SERIERIH>. Acesso em: 1 fev. 2013.

Esse crescimento decorre de inúmeros fatores, entre os quais podemos citar a elevação do preço das *commodities* que o Brasil exporta e a diminuição das importações de petróleo,[39] como ilustra o gráfico 2.

Gráfico 2
Relação entre a importação de combustíveis, a produção nacional e a dependência externa (1970-2006)

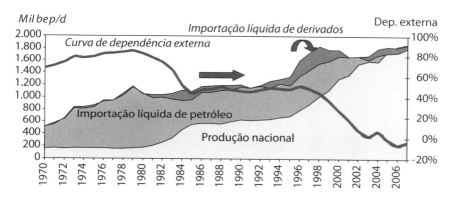

Dependência externa = importação líquida de petróleo e derivados/consumo aparente.
Consumo aparente = produção nacional de petróleo + importação líquida de petróleo e derivados.
Fonte: Anuário Estatístico ANP (2007).

Ora, dado o atual cenário econômico, não há como pretender aplicar a lei de 1986 – elaborada, como se viu, para reforçar a política econômica desenvolvida na época – sem que se promova ao menos uma adaptação à realidade atual.

Nesse sentido, o presente texto propõe a discussão de novas interpretações para as figuras típicas de evasão de divisas. Não se advoga a revogação do crime de evasão de divisas. Porém, o Poder Judiciário não pode tapar os olhos para o fato de que esse crime (como tantos outros

---

[39] Fonte: Anuário Estatístico ANP 2007. Gráfico constante da apresentação realizada por Edson Silva durante o XI Seminário Nacional de Petróleo e Gás Natural no Brasil – "Desafios e oportunidades" –, no dia 25/5/2010, em Brasília. Disponível em: <www.acaoresponsavel.org.br>. Acesso em: 1 fev. 2013.

da "família" do direito penal econômico) só se justifica enquanto gera, efetivamente, riscos concretos ou danos para a ordem econômica e o sistema financeiro.

Do ponto de vista normativo, é preciso e saudável que haja tipos penais que criminalizem condutas que atentam contra tais bens jurídicos supraindividuais. Do ponto de vista judicial, entretanto, tais tipos penais não podem ser aplicados e interpretados à revelia da realidade ou, mais precisamente, da política econômica vigente. As normas administrativas que integram tais tipos penais dão "corpo" (tipicidade) e "alma" (função social) a esses crimes. Sem elas, resta apenas um formalismo inócuo e incapaz de assegurar o bem social.

Comecemos pela modalidade constante do *caput* do art. 22: "Efetuar operação de câmbio não autorizada, com o fim de promover evasão de divisas do País". Considerando que qualquer indivíduo pode deixar o país com o equivalente a R$ 10 mil em divisas sem sequer precisar comunicar ao Estado, ainda faz sentido punir quem adquire quantia equivalente (ou menor) fora dos estabelecimentos autorizados a operar com câmbio? Afinal, ao transportar tais divisas ao exterior, o indivíduo sequer será instado a declarar tal fato, tornando inútil qualquer preocupação sobre como foram obtidas as referidas divisas.

Nem se diga que a punição se justifica para o controle da atividade de câmbio, pois quem vende ou compra as divisas sem intenção de promover a evasão pratica o crime do art. 16 da Lei nº 7.492/1986[40] e não o do art. 22 da mesma lei.[41] Com efeito, pune-se de forma diferenciada aquele que opera (inclusive câmbio) fora das regras e da autorização do Bacen com pena de um a quatro anos de reclusão. Completamente diferente (e mais grave) era a punição para quem adquiria divisas no mercado negro para evadi-las do país, com reclusão de dois a seis anos.

---

[40] Lei nº 7.492/1986: "Art. 16. Fazer operar, sem a devida autorização, ou com autorização obtida mediante declaração falsa, instituição financeira, inclusive de distribuição de valores mobiliários ou de câmbio: Pena – Reclusão, de 1 (um) a 4 (quatro) anos, e multa".

[41] Ver as recentes decisões do Superior Tribunal de Justiça: HC nº 118992/SP, 5ª Turma. Rel. min. Napoleão Nunes Maia Filho, *DJe*, 3 nov. 2009, e HC nº 95487/DF, 5ª Turma. Rel. min. Laurita Vaz, *DJe*, 3 ago. 2009.

Todavia, se na época da edição da lei qualquer aquisição era controlada e precisava de prévia autorização, hoje a situação é completamente diversa. Além de ser lícita a aquisição de qualquer quantia, é inócua (já que expressamente autorizada) a saída de divisas equivalentes a R$ 10 mil sem qualquer tipo de formalidade, mesmo que seja uma simples declaração.

Por conseguinte, impõe-se a aplicação da norma administrativa (Resolução Bacen nº 2.524/1998) no que tange ao valor de R$ 10 mil como marco de relevância penal para a modalidade prevista no *caput*. Em outras palavras, adquirir dólares em qualquer situação e para qualquer finalidade, desde que em valor inferior a de R$ 10 mil é um indiferente penal do ponto de vista das reservas cambiais.

Resta saber se haveria alguma outra razão que justificasse a punição dessa conduta. O bem jurídico "controle da informação" ou "controle do fluxo de capitais" não nos parece atender ao requisito de relevância penal.

O atual marco normativo para operações de câmbio é a Resolução Bacen nº 3.568, de 29 de maio de 2008 ("dispõe sobre o mercado de câmbio e dá outras providências"), em que está expressamente autorizada a aquisição de divisas em qualquer quantidade.[42] A mesma resolução prevê que a operação de câmbio deverá ser registrada no Sisbacen (Sistema de Informações do Banco Central), bem como identificado o comprador/vendedor. Porém, tanto o registro[43] como a identificação[44] são flexibili-

---

[42] Resolução Bacen nº 3.568/2008: "Art. 8º. As pessoas físicas e as pessoas jurídicas podem comprar e vender moeda estrangeira ou realizar transferências internacionais em reais, de qualquer natureza, sem limitação de valor, sendo contraparte na operação agente autorizado a operar no mercado de câmbio, observada a legalidade da transação, tendo como base a fundamentação econômica e as responsabilidades definidas na respectiva documentação".

[43] Resolução Bacen nº 3.568/2008: "Art. 9º. As operações no mercado de câmbio devem: [...] II. ser registradas no Sistema de Informações Banco Central do Brasil (SISBACEN); Parágrafo único. O Banco Central do Brasil pode definir formas simplificadas de registro para as operações de compra e venda de moeda estrangeira de até US$ 3.000,00 (três mil dólares dos Estados Unidos), ou do seu equivalente em outras moedas".

[44] Resolução Bacen nº 3.568/2008: "Art. 8º. [...] §5º. Sem prejuízo do dever de identificação dos clientes de que trata o artigo 18 desta Resolução, nas operações de compra e de venda de moeda

zados para operações de valor até US$ 3 mil. Da mesma forma, a movimentação ocorrida em conta de depósito de pessoas físicas ou jurídicas residentes, domiciliadas ou com sede no exterior só precisa ser registrada no Sisbacen quando os valores excederem R$ 10 mil (art. 26 da Resolução Bacen nº 3.568).

Portanto, fica evidente que não interessa ao "controle" das informações dos fluxos cambiais operações de baixo valor. A padronização da relevância penal no patamar de R$ 10 mil atende aos interesses de segurança jurídica e objetividade na construção da tipicidade penal.

A aquisição de dólares fora dos estabelecimentos autorizados pode também decorrer da intenção do agente de obter uma cotação melhor, em razão do não pagamento do IOF (imposto sobre operações financeiras) cobrado pelas casas de câmbio, o que caracterizaria modalidade de sonegação fiscal (art. 1º da Lei nº 8.137/1990, com pena de dois a cinco anos de reclusão). Assim, uma vez caracterizada a aquisição de dólares sem pagamento de IOF, cabe a instauração de ação penal pelo crime de sonegação fiscal, mas não se justificaria a punição dessa conduta por evasão de divisas, eis que já há norma específica para combater a sonegação.[45]

---

estrangeira até US$ 3.000,00 (três mil dólares dos Estados Unidos), ou do seu equivalente em outras moedas, é dispensada a apresentação da documentação referente aos negócios jurídicos subjacentes às operações de câmbio, bem como a guarda de cópia dos documentos de identificação do cliente. (Redação dada pela Resolução nº 4.113, de 26/7/2012)".

[45] Na verdade, sequer se justificaria a punição da sonegação fiscal, tendo em vista o entendimento do Supremo Tribunal Federal de que os crimes tributários (sonegação fiscal e descaminho) de valor inferior a R$ 10 mil são insignificantes. "1. Nos termos da jurisprudência consolidada nesta Suprema Corte, o princípio da insignificância deve ser aplicado no delito de descaminho quando o valor sonegado for inferior ao montante mínimo de R$ 10.000,00 (dez mil reais) legalmente previsto no art. 20 da Lei nº 10.522/02, com a redação dada pela Lei nº 11.033/04. 2. Ordem concedida" (HC nº 102935/RS, 1ª Turma. Rel. min. Dias Toffoli, *DJe*, 22 nov. 2010). No mesmo sentido: HC nº 104407/DF, 2ª Turma. Rel. min. Ayres Britto, *DJ*, 5 dez. 2011, e HC nº 97257/RS, 2ª Turma. Rel. min. Marco Aurélio, *DJ*, 2 dez. 2010. O valor de R$ 10 mil utilizado pelo Supremo Tribunal Federal para considerar o crime fiscal insignificante utiliza o parâmetro fixado na Lei nº 10.522/2001, segundo o qual ações de execução fiscal de valor inferior ficam suspensas. Recentemente, o Ministério da Fazenda editou portaria (Portaria MF nº 75, de 22 de março de 2012) determinando o não ajuizamento de execuções fiscais de débitos com a Fazenda Nacional,

Já no que tange à segunda modalidade, o caso é de completa perda de eficácia da norma penal. Afinal, até 1998, a retirada de divisas do país estava submetida a prévia autorização pelo Bacen. A partir, contudo, da edição da Resolução Bacen nº 2.524/1998, a saída das divisas passou a prescindir de prévia autorização, bastando a simples declaração (e mesmo assim, somente para valores superiores a R$ 10 mil).[46]

A mudança de nomenclatura não é meramente estilística, já que se trata de norma jurídica e não literária. Ao dispensar o cidadão de autorização, fica evidente a diminuição da importância das divisas como instrumento de política econômica. Não se poderia falar de afetação das reservas cambiais pela saída das divisas.

Ademais, o destinatário da informação não é o Banco Central, mas sim a Receita Federal,[47] evidenciando que não se trata de proteger reservas, mas de dificultar a ocultação de recursos não tributados. Mais uma vez, não se justifica a punição pelo crime de evasão de divisas, que protege as reservas cambiais, em detrimento da punição própria – a sonegação fiscal.[48]

---

cujo valor consolidado seja igual ou inferior a R$ 20 mil ou seu arquivamento quando já houver sido ajuizada.

[46] É importante frisar que mesmo antes de 1998 o art. 65 da Lei nº 9.069/1995 (lei que instituiu o Plano Real) já previa que valores em moeda nacional ou estrangeira que entrarem ou saírem do país não precisariam ser realizadas por meio de estabelecimento bancário e nem necessitariam que fosse identificado o beneficiário: "Art. 65. O ingresso no País e a saída do País, de moeda nacional e estrangeira serão processados exclusivamente através de transferência bancária, cabendo ao estabelecimento bancário a perfeita identificação do cliente ou do beneficiário. §1º. Excetua-se do disposto no *caput* deste artigo o porte em espécie dos valores: I. quando em moeda nacional, até R$ 10.000,00 (dez mil reais); II. quando em moeda estrangeira, o equivalente a R$ 10.000,00 (dez mil reais)".

[47] Resolução Bacen nº 2.524/1998: "Art. 1º. As pessoas físicas que ingressarem no País ou dele saírem com recursos em moeda nacional ou estrangeira em montante superior a R$ 10.000,00 (dez mil reais) ou ao seu equivalente em outras moedas, nos termos do inciso III do parágrafo 1º do art. 65 da Lei nº 9.069/95, devem apresentar à unidade da Secretaria da Receita Federal que jurisdicione o local de sua entrada no País ou de sua saída do País, declaração relativa aos valores em espécie, em cheques e em 'traveller's cheques' que estiver portando, na forma estabelecida pelo Ministro de Estado da Fazenda".

[48] O STF inclusive já admitiu relação entre o crime de evasão de divisas e os crimes contra a ordem tributária: "Considerados os artigos 22, parágrafo único, da Lei nº 7.492/86 e 1º, §1º, da Lei nº 9.613/98, está umbilicalmente ligado à acusação decorrente do que estabelecido

Nesse caso, apreendem-se os valores, lavra-se um auto e inicia-se um procedimento administrativo para apurar a licitude dos recursos. Caso se demonstre a inexistência de atividade lícita que tenha gerado os recursos, pune-se por sonegação. Mas a evasão de divisas não é mais um comportamento lesivo aos interesses do Estado na condução da política econômica e muito menos às reservas cambiais. Não é demais exigir coerência do Estado na aplicação do direito penal e não se pode punir por um crime quando, na verdade, pretende-se punir outro.

Em resumo, o fato é que quando a norma administrativa deixou de impor a necessidade de autorização, a norma penal deixou de contar com um instrumento normativo que a complementasse.[49] Não se pode esquecer que o parágrafo único prevê a necessidade de autorização ("Incorre na mesma pena quem, a qualquer título, promove, sem autorização legal, a saída de moeda ou divisa para o exterior") e não a simples declaração.

---

na Lei nº 8.137/90. Em síntese, vale dizer que a conclusão do processo administrativo fiscal quanto às infrações versadas nessa lei, sendo acolhida a defesa dos envolvidos, repercutirá relativamente aos demais crimes, ou seja, a evasão e a conversão de ativos líquidos e a aquisição, recebimento, troca, negociação, implemento de garantia, guarda em depósito, movimento ou transferência de valores. Logo, encontrando-se esta em fase de apuração no campo administrativo fiscal, não se pode partir para a sequência da persecução criminal" (STF. HC nº 105.293/RJ, 1ª Turma. Rel. min. Marco Aurélio, julgado em 4/9/2010).

[49] Ver trecho do excelente texto de José Carlos e Fernanda Lara Tórtima: "Agregado ao tipo encontra-se o elemento normativo constituído pela expressão *sem autorização legal*, referente à antiga necessidade de permissão oficial, que vigorava à altura da edição da lei, para que o interessado promovesse a saída do País de importâncias superiores a determinados limites, fixados de acordo com a natureza da operação e que variavam ao sabor das vicissitudes cambiais do governo. Naquela época, se alguém pretendesse adquirir moedas estrangeiras além dos limites estabelecidos pelo Banco Central, deveria a este se dirigir, requerendo autorização especial que poderia ser concedida ou, como quase sempre ocorria, indeferida" (p. 23-24). "Mas suprimidos, como se viu, aqueles limites, desaparece logicamente o instituto da antiga autorização legal e, inexistindo esta, requisitada no tipo penal como seu elemento normativo, torna-se a conduta, *ipso facto*, penalmente irrelevante [...] Nada impediria, todavia, que uma vez restaurados pela autoridade monetária os antigos controles e restrições, que o rigor da Lei 7.492/86 fosse, infelizmente para o país, plenamente restabelecido" (p. 51) (TÓRTIMA, José Carlos; TÓRTIMA, Fernanda Lara. *Evasão de divisas*, 2009, op. cit., grifo no original).

Isso não significa que a norma penal tenha perdido a validade.[50] Ela apenas não pode ser aplicada (perda de eficácia) enquanto não for editado novo ato normativo que a complemente. O mesmo ocorre, por exemplo, com os dispositivos que incriminam a venda de mercadorias em desrespeito às tabelas oficiais,[51] os quais só têm eficácia se houver norma que fixe preços. Revogada a tabela de preços, a norma penal perde eficácia, mas continua válida, aguardando que seja novamente necessária tal intervenção na economia, quando, então, tornará a ter relevância penal a conduta de violar a tabela de preços.

Por fim, chegamos à terceira modalidade da evasão de divisas, prevista na parte final do parágrafo único do art. 22, consistente na manutenção de depósito sem a correspondente declaração à autoridade competente. Trata-se de norma de plena eficácia (ao contrário da figura anterior), já que complementada pela Medida Provisória nº 2.224/2001, pela Resolução nº 2.911/2001 do CMN e pelas normas anuais do Bacen que especificam forma, prazo e valores que devem ser declarados.

Aqui, as discussões estão relacionadas à incriminação de comportamentos que não constem das obrigações impostas pelas normas administrativas. Tomemos como exemplo a Resolução nº 3.854/2010 do Bacen, que estabelece as seguintes obrigações:

a) pessoas físicas e jurídicas, residentes, domiciliadas ou com sede no país, que possuam quantia igual ou superior a US$ 100 mil, ou seu

---

[50] Fernanda Lara Tórtima, contudo, defende tratar-se de hipótese de *abolitio criminis*: "Por tudo o que foi exposto, pode-se afirmar que a manutenção das reservas cambiais em níveis satisfatórios deve ser perseguida através de políticas econômicas bem planejadas. É possível também afirmar que poucas são as condutas, causadoras de baixas nesses estoques de divisas, que poderiam, em um Estado que se queira intitular Democrático e de Direito, vir a ser coibidas pelo Direito, mormente pelo Direito Penal. [...] A otimização do controle deve ser perseguida através de fiscalização eficiente por parte dos órgãos administrativos e nunca por meio do Direito Penal, que só deve, como se sabe, atuar subsidiariamente" (TÓRTIMA, José Carlos; TÓRTIMA, Fernanda Lara. *Evasão de divisas*, 2009, op. cit., p. 30-31).

[51] Lei nº 1.521/1950: "Art. 2º. [...] VI. transgredir tabelas oficiais de gêneros e mercadorias, ou de serviços essenciais, bem como expor à venda ou oferecer ao público ou vender tais gêneros, mercadorias ou serviços, por preço superior ao tabelado, assim como não manter afixadas, em lugar visível e de fácil leitura, as tabelas de preços aprovadas pelos órgãos competentes".

equivalente em outras moedas, na data-base de 31 de dezembro de cada ano, estão obrigadas a declarar tais valores ao Bacen, por meio de formulário disponível na internet;

b) na hipótese de os valores excederem US$ 100 milhões, ou seu equivalente em outras moedas, nas datas-base de 31 de março, 30 de junho e 30 de setembro de cada ano, essa mesma declaração deverá ocorrer a cada trimestre, por meio do mesmo formulário.

Tomando-se essa norma administrativa como complemento da norma penal, a punição não pode alcançar hipóteses como: (a) a não declaração de valores inferiores a US$ 100 mil em 31 de dezembro;[52] (b) a não declaração desses depósitos à Receita Federal;[53] (c) a não declaração bens e direitos não especificados na resolução.[54]

Conclusões

Ao longo desse trabalho, demonstrou-se que o direito penal econômico é fruto de transformações na sociedade contemporânea e se respalda na vertente dogmática que aponta a existência e necessidade de tutela penal de bens jurídicos supraindividuais. Conceitos como ordem econômica, bom funcionamento do sistema financeiro nacional, boas condições de concorrência e livre iniciativa, transparência nas operações financeiras, fiscalização e *accountability* dos atores econômicos, adequado desenvolvimento das finanças públicas e da economia nacional, confiança nas instituições se transformam em bens jurídicos cuja afetação é capaz de gerar danos irremediáveis e incomensuráveis.

---

[52] Aliás, a própria Resolução nº 3.854/2010 do Bacen deixa isso claro: "Art. 2º. [...] §3º. Estão dispensadas de prestar a declaração de que trata esta Resolução as pessoas que, nas datas referidas no *caput* e no §1º deste artigo, possuírem bens e valores em montantes inferiores aos ali indicados".

[53] Sem embargo da eventual possibilidade de punição pelo crime de sonegação fiscal, se for o caso.

[54] A Resolução Bacen nº 3.854/2010 prevê, em seu art. 3º, para efeito de bens e valores que devem ser considerados na informação: "I. depósito; II. empréstimo em moeda; III. financiamento; IV. arrendamento mercantil financeiro; V. investimento direto; VI. investimento em portfólio; VII. aplicação em instrumentos financeiros derivativos; e VIII. outros investimentos, incluindo imóveis e outros bens".

Regulação econômica e direito penal econômico

No entanto, dado o caráter difuso e muitas vezes invisível desse bem jurídico, a tutela penal não exige a efetiva ocorrência de tais danos, mas é antecipada de modo a recair sobre o risco criado, criminalizando-se figuras de perigo abstrato. Revela-se, portanto, a opção de criação de tipos penais que punem o mero descumprimento de regras administrativas, bem como o uso do direito penal como instrumento de regulação.

Quanto ao crime de evasão de divisas, evidenciou-se a utilização do direito penal como mecanismo de reforço das normas administrativas que dão densidade à política econômica e, especificamente, à proteção das reservas cambiais. Contudo passados mais de 25 anos da edição da Lei nº 7.492/1986, que introduziu o crime de evasão de divisas no ordenamento, não se podem negar as enormes transformações pelas quais passou a economia brasileira e, especificamente, as reservas cambiais (volume, condições de formação, regras de controle etc.).

Nesse ponto, expresso o caráter acessório do crime de evasão de divisas às regras que definem a política econômica nacional – pois o crime se justifica e se esgota na proteção específica de uma norma de regulação econômica –, é razoável e adequada uma interpretação que vincule a aplicação do tipo penal a essas mesmas normas. Em outras palavras, não é possível levar o alcance da norma penal para além do alcance da regulação administrativa.

Não obstante a indiscutível validade da norma penal no plano jurídico, sempre que se apresente sua incompatibilidade com a realidade que a norma busque proteger, é necessário que a interpretação jurídica respeite também a *interpretação econômica*. Isso significa exigir, ao se aplicar a lei penal, a demonstração de correspondência dos comportamentos proibidos e aqueles dotados de relevância econômica, assim aferidos a partir das normas administrativas que regulam a atividade econômica.

Parafraseando Camões, "mudam-se os tempos, mudam-se as leis". Já é chegada a hora de mudar a aplicação, pelo Poder Judiciário, da evasão de divisas.

Referências

ARAÚJO JÚNIOR, João Marcello. O direito penal econômico. *Revista Brasileira de Ciências Criminais*, São Paulo, n. 25, 1999.

BACIGALUPO, Enrique. *Derecho penal econômico*. Buenos Aires: Hammurabi, 2004.

BALTAZAR JUNIOR, José Paulo. *Crimes federais*. Porto Alegre: Livraria do Advogado, 2007.

BATISTA, Nilo. Consumação e tentativa no crime de evasão de divisas. In: SHECAIRA, Sérgio Salomão (Org.). *Estudos criminais em homenagem a Evandro Lins e Silva*. São Paulo: Método, 2001.

BITENCOURT, Cezar Roberto. Princípios garantistas e a delinquência do colarinho branco. *Revista Brasileira de Ciências Criminais*, n. 11, São Paulo, 1995.

DEL VALLE, Carlos Perez. Introduccion al derecho penal econômico. In: BACIGALUPO, Enrique. *Derecho penal econômico*. Buenos Aires: Hammurabi, 2004.

DIAS, Jorge de Figueiredo. Breves considerações sobre o fundamento, o sentido e a aplicação das penas em direito penal econômico. In: PODVAL, Roberto; DIAS, Jorge de Figueiredo. *Temas de direito penal econômico*. São Paulo: RT, 2000.

ESTELLITA, Heloisa. Tipicidade no direito penal Econômico. *Revista dos Tribunais*, n. 725, São Paulo, 1996.

FELDENS, Luciano; SCHMIDT, Andrei Zenker. *O crime de evasão de divisas*: a tutela penal do sistema financeiro nacional na perspectiva da política cambial brasileira. Rio de Janeiro: Lumen Juris, 2006.

FERRAJOLI, Luigi. *Direito e razão*: teoria do garantismo penal. São Paulo: RT, 2002.

FRANCO, Alberto Silva. Globalização e criminalidade dos poderosos. In: PODVAL, Roberto; DIAS, Jorge de Figueiredo. *Temas de direito penal econômico*. São Paulo: RT, 2000.

GOMES, Luiz Flávio; BIANCHINI, Alice. *O direito penal na era da globalização*. São Paulo: RT, 2002.

GONÇALVES, Luiz Carlos dos Santos: Exame necroscópico da lei do colarinho branco. In: ROCHA, João Carlos de Carvalho et al. (Org.). *Crimes contra o sistema financeiro nacional*: 20 anos da Lei nº 7.492/86. Belo Horizonte: Del Rey, 2006.

MALAN, Diogo. Bem jurídico tutelado pela Lei nº 7.492/86. In: BOTTINO, Thiago; MALAN, Diogo (Org.). *Direito penal e economia*. São Paulo: Elsevier, 2012.

PEREIRA, Flávia Goulart. Os crimes econômicos na sociedade de risco. *Revista Brasileira de Ciências Criminais*, São Paulo, n. 51, 2004.

PEREZ LUÑO, Antonio Enrique. Derechos humanos y constitucionalismo en la actualidad: ¿Continuidad o cambio de paradigma? In: PEREZ LUÑO, Antonio Enrique (Org.). *Derechos humanos y constitucionalismo ante el tercer milenio*. Madri: Marcial Pons, 1996.

PIERI, Ricardo. Evasão de divisas? *Revista Brasileira de Ciências Criminais*, São Paulo, n. 62, 2006.

PRADO, Luiz Regis. *Direito penal econômico*. São Paulo: RT, 2012.

RAPOSO, Guilherme Guedes. *Teoria do bem jurídico e estrutura do delito*. Porto Alegre: Nuria Fabris, 2011.

REALE JÚNIOR, Miguel. *Instituições de direito penal*: parte geral. Rio de Janeiro: Forense, 2002. v.1.

SILVA SANCHEZ, Jesús Maria. *A expansão do direito penal*: aspectos da política criminal nas sociedades pós-industriais. São Paulo: RT, 2002.

SILVEIRA, Renato de Mello Jorge. A construção do bom jurídico espiritualizado e suas críticas fundamentais. *Boletim do Instituto Brasileiro de Ciências Criminais*, São Paulo, ano 10, n. 122, p. 14, jan. 2003.

SIMÕES, Pedro Coelho: A supraindividualidade como factor de superação da razão moderna. In: COSTA, José de Faria: *Temas de direito penal económico*. Coimbra: Coimbra Ed., 2005.

SOUSA, Susana Alves de. Direito penal das sociedades comerciais. In: FARIA COSTA, José de et al. *Direito penal económico e europeu*: textos doutrinários. Coimbra: Coimbra Ed., 2009.

SOUZA, Arthur de Brito Gueiros. Da criminologia à política criminal: direito penal econômico e o novo direito penal. In: SOUZA, Arthur de Brito Gueiros (Org.). *Inovações no direito penal econômico*: contribuições criminológicas, político-criminais e dogmáticas. Brasília: Escola Superior do Ministério Público da União, 2011.

SUTHERLAND, Edwin H. *White collar crime*: the uncut version. New Haven: Yale University Press, 1983.

TIEDMANN, Klaus. *Manual de derecho penal económico*. Valência: Tirant lo Blanch, 2010.

TÓRTIMA, José Carlos; TÓRTIMA, Fernanda Lara. *Evasão de divisas*: uma crítica ao conceito territorial de saída de divisas contido no parágrafo único do art. 22 da Lei nº 7.492/86. 2. ed. Rio de Janeiro: Lumen Juris, 2009.

Esta obra foi produzida nas
oficinas da Imos Gráfica e Editora na
cidade do Rio de Janeiro